复旦卓越·21世纪管理学系列

高级财务管理理论与实务

李志学　张泓波　主编

复旦大学出版社

前言

由于全球化进程出现各种难以预料的情况,对企业的国际化经营造成极大的困难和不确定性,我国企业面临前所未有的机遇与挑战。提高核心竞争能力和不断寻求市场竞争优势成为企业发展的必然选择。高级财务管理需要抓住这一特定历史时期企业发展和管理面临的特殊问题,捕捉企业财务管理的新问题和新变化,不断丰富和完善研究内容,拓展研究领域。为此,本书的编写包含了与我国企业财务管理实践密切相关的内容,主要包括以下四个部分。

(1) 企业财务战略、融资、投资与预算管理。该部分围绕企业发展目标及财务战略,对预算的执行以及业绩的评价等财务管理环节问题进行深度探讨。

(2) 企业并购、企业价值评估和公司重整与清算。该部分内容围绕公司价值和资本运作展开,探讨企业并购理论与实践中的问题;以企业价值评估为基础,研究企业价值的最大化;研究和分析了企业出现财务危机后的重整与清算方法。

(3) 期权理论与股权激励。该部分作为财务管理技术方法的加深,对期权理论进行较为系统的介绍,探讨了实物期权和股权激励中的期权方法,将财务管理与现代金融工程紧密联系了起来。

(4) 企业集团和跨国公司财务。该部分围绕企业集团及其跨国经营给财务管理带来的新问题,探讨和分析了母公司站在集团角度管控财务活动中资本结构优化、投资多元化、项目评估和汇率风险的特殊问题。

各章节内容及相应的最新案例,都密切结合企业财务管理的现状,让本书更具有实际应用价值和操作性。本书部分案例根据中国管理案例共享中心(CMCC)案例整理而得,在此表示感谢!

由于编者水平有限,错漏之处在所难免,敬请各位读者批评指正。

编者
2022 年 5 月

目录

第一章　导论	1
第一节　高级财务管理的内容	1
第二节　高级财务管理的产生	5
第三节　财务管理假设	11
案例研究与分析　招商银行数字化转型商业模式价值创造之路	15
第二章　财务战略	18
第一节　财务战略目标	18
第二节　财务战略规划	31
第三节　财务战略实施	43
案例研究与分析　海澜之家财务战略分析	48
第三章　企业融资与资本结构	52
第一节　资本结构理论	52
第二节　目标资本结构	59
第三节　金融体系：结构和功能	63
第四节　公司怎样发行证券	68
第五节　首次公开发行股票	72
第六节　股权质押	84
案例研究与分析　中世康恺融资渠道创新之路	91
第四章　企业价值评估	95
第一节　企业价值评估概述	95
第二节　现金流量折现估价法	105
第三节　其他估价方法	117
案例研究与分析　伊利乳业价值评估	128

第五章　预算管理 … 131
第一节　预算管理概述 … 131
第二节　预算管理理论的发展 … 135
第三节　"超越预算"理论 … 144
案例研究与分析　南港实业费用预算"信息孤岛"问题的解决之路 … 149

第六章　期权及其应用 … 152
第一节　期权的性质与类型 … 152
第二节　期权的价值评估方法 … 160
第三节　实物期权及其应用 … 177
案例研究与分析　对福润房地产开发有限公司的投资分析 … 189

第七章　投资理论与政策 … 192
第一节　投资组合理论 … 192
第二节　资本资产定价模型 … 200
第三节　资本预算机制 … 208
第四节　资产配置 … 213
案例研究与分析　H集团预算管理的不足 … 216

第八章　公司并购理论 … 221
第一节　公司并购的动因与作用 … 221
第二节　公司并购的类型 … 226
第三节　并购融资与支付对价 … 229
第三节　并购绩效评价方法 … 234
案例研究与分析　苏宁易购并购家乐福（中国） … 241

第九章　公司并购的运作 … 245
第一节　公司并购的流程及其监管 … 245
第二节　杠杆收购和管理层收购 … 258
第三节　公司并购的防御与整合 … 265
案例研究与分析　木林森并购朗德万斯 … 270

第十章　企业集团财务管理 … 274
第一节　利用内部资本市场进行资源配置 … 274

第二节	企业集团投融资管理	285
第三节	企业集团收益分配与均衡	293
第四节	企业集团财务公司	300
案例研究与分析	A集团公司资金池实践之惑	304

第十一章 跨国公司财务管理 ... 311

第一节	跨国公司财务管理概述	311
第二节	外汇风险管理	313
第三节	国际筹资管理	320
第四节	国际投资管理	328
案例研究与分析	中国化工集团巨资并购先正达的财务管理分析	345

第十二章 公司重整与清算 ... 350

第一节	公司重整与清算概述	350
第二节	公司重整	354
第三节	公司重整与清算	360
第四节	财务危机及其预警	364
案例研究与分析	大海集团破产重整	374

第一章 导 论

🎯 **学习目标**

1. 了解高级财务管理学的产生和发展；
2. 熟悉高级财务管理的特点与产生背景；
3. 掌握高级财务管理的内容范畴。

第一节 高级财务管理的内容

高级财务管理中的"高级"是一个相对概念，是相对于传统或者说"中级"财务管理而言的，其所蕴含的具体内容是随着管理科学的发展、财务环境的变化以及企业财务事项的出现而不断变化的。

一、高级财务管理的性质

对于何为高级财务管理以及高级财务管理应包括哪些内容，人们的认识不统一。这仍然是一个仁者见仁、智者见智的问题。高级财务管理与初级或中级财务管理有何区别？它的"高级"是如何体现的？

如果我们审视其他学科的"高级"定义，其含义也不统一，有着先进，或者复杂，又或者特殊的意思。与财务管理学科相近的、相对较为成熟的高级财务会计和高级管理会计是如何界定"高级"这一概念的？阎达五、耿建新曾明确指出"高级会计是随着社会经济的发展，对原有的财务会计内容进行补充、延伸和开拓的一种会计"。目前国内出版的各种《高级财务会计》是对原有财务会计内容进行横向补充、纵向延伸的一种以新出现的特殊业务为主的会计。卡普兰的《高级管理会计》中"高级"隐含的是"先进科学"的内容。他将管理会计放在企业的集权和分权体制以及委托代理契约中，进行与企业组织环境、管理过程相融合的研究。这里的"高级"不再是内容上的增补,而是实现管理会计管理机能的飞跃。

那么,高级财务管理是如何界定"高级"这个概念的?汤谷良认为高级财务管理和高级管理会计所体现的"高级"的思想是一致的,初级、中级和高级应该不是同一个平面上的差别,而是不同层面的差异。王化成则依据财务管理假设,将高级财务管理与初级、中级财务管理的内容进行划分。凡符合财务管理假设的内容,都归入初级、中级财务管理中;凡是对财务管理假设有突破的内容,都放入高级财务管理中。

陆正飞在2008年出版的《高级财务管理》中指出,"高级"主要体现在对特殊财务管理问题的介绍和讨论,该书分为上、下两篇,上篇介绍资本结构和融资行为、投资决策和股利理论等,体现为风险管理理念;下篇介绍公司并购、价值评估和公司重组与清算,属于对传统财务管理范围的拓展。

综上所述,相对于中级财务管理而言,高级财务管理内容可在两个方面得到拓展:一是对中级财务管理内容的横向拓展,也就是财务管理范围的拓展。比如集团企业财务管理、中小企业财务管理、跨国企业财务管理、非营利组织财务管理、公司并购、企业财务战略、企业价值评估、企业重整与清算等,这些内容突破了原来中级财务管理的假设条件,主要探讨企业整体和企业之间的财务管理问题。二是对原来中级财务管理内容的深化、探讨。比如绩效评价与价值管理、超越预算管理、期权及其应用、股权激励等,这些内容主要涉及对原来中级财务管理环节和方法的深化研究,目的在于丰富和发展财务管理的方法体系。上述两个方面内容的共同点是,它们同属于财务管理实务范围,而不是与财务管理理论的相互交叉。也就是说,财务管理理论框架、财务管理目标、财务管理假设、财务管理环境、资本结构理论、投资组合理论以及所有者财务论和经营者财务论等财务管理理论问题不属于高级财务管理的范围(见图1-1)。

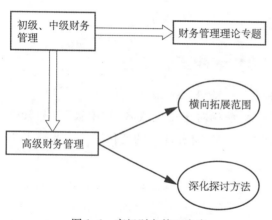

图1-1 高级财务管理内容

二、高级财务管理的内容

不管学术界对于高级财务管理的内容体系有多大的争执,我们是基于教学的需要来编写这本教材的。因此,本书认为高级财务管理是中级财务管理的拓展与延伸,并以此来完成对高级财务管理内容体系的界定。之所以冠于"高级"两字,是为了区别于阐述基本原理的初级财务管理和以普通理财主体的日常财务管理为研究内容的中级财务管理,表达财务管理由易到难的学习进程。

(一) 非日常财务决策及相关问题

从内容看,财务管理涵盖投资和筹资两大领域。投资是指为了在未来可预见的时期内获得收益,在一定时期向特定的标的物投放一定数额的资金或实物等非货币性资产的经济行为。现代大型企业除进行固定资产、无形资产和营运资金等日常的投资活动外,通常还会基于资本运作的需要或其他特殊目的进行一些非日常的投资扩张、收缩或重整。公司并购、公司紧缩和公司重整就是通过对企业的资产、负债和股权的整合,完成投资规模和结构的调整,实现企业的重组。本书的第八、第九章主要阐述与企业并购相关的财务原理与方法。

筹资是企业根据生产经营等活动对资金的需要,通过一定的渠道,采取适当的方式获取所需资金的一种行为。在日常的运作中,企业需要根据营运资金、固定资产和无形资产等投资活动,进行资金的筹集。这种资金的筹集或为债务融资,或为股权融资。股权融资虽然是每一个企业都必不可少的财务活动,但对一个企业来说,股权融资和首次公开募股(IPO)是单次的,股权再融资也不是经常会进行的。根据国外的有关统计资料显示,上市公司平均20年出售一次新股。中级财务管理主要阐述了股权融资的类型和特点,但基本没有涉及股权融资的方法与技术。因此,探讨私募股权融资和股票上市的财务问题也是十分有意义的。

期权是一种特殊的合约协议。它赋予持有人在某一特定日期或该日期之前的任何时间以固定价格购进或出售一种资产的权利。企业许多的财务决策都隐含期权,公司也要经常利用期权控制风险。将期权思想和方法运用到企业财务决策中,不仅有助于提升决策的科学性,而且对企业发展战略和可持续经营同样具有重要的意义。本书将在第六章中专门讨论与财务决策相关的期权与股权激励问题。

(二) 非日常或全局性财务管理环节

财务管理过程从总体上可划分为财务预测、财务决策、财务计划、财务控制和财务分析五个环节。这五个环节相互联系、相互配合,形成周而复始的财务管理循环过程,构成完整的财务管理方法体系。这些方面的常规问题在中级财务管理中已经有比较系统而全面的阐述与介绍。本书则以此为基础,阐述财务战略、预算管理、财务风险管理和业绩评价。

财政部颁布的《企业财务通则》明确指出:企业财务管理应当按照制定的财务战略进行。财务战略是为适应公司总体的竞争战略而筹集必要的资本,并在组织内有效地管理与运用这些资本的方略。它是企业整体战略规划的具体化,是进行财务预测的前提。本书将在第二章中专门讨论与财务战略相关的问题。

预算管理是指管理者通过对未来的详细计划,有效地配置财力、物力和人力等企业资源,以实现企业既定的战略目标。它既是财务战略实施的方法基础,也是财务控制和财务分析的重要依据。2014年10月,国务院发布《关于进一步深化预算管理制度改革

的决定》,要求财政预算实施全口径预算管理和跨年度滚动预算,积极推动了预算制度和方法的进一步完善。本书第五章将在财务预算的基础上,专门阐述预算管理问题。

财务控制是在财务管理过程中,利用有关信息和特定手段,对企业财务活动施加影响,以实现财务预算的目标。企业价值最大化是企业财务管理的目标。企业的价值只有在风险和报酬达到均衡时才能达到最大。一般而言,报酬和风险是正相关的,即报酬越大,风险越大。报酬的增加是以风险的增加为代价的,而风险的增加将会直接威胁企业的生存。因此,财务风险控制对企业的生存、发展和获利,均具有十分重要的意义。有效控制企业财务风险是新的《企业财务通则》对企业财务管理提出的三个基本要求之一。

(三) 特殊财务主体的财务管理

财务管理的基础是企业组织形式。现代企业的组织形式日益复杂,公司集团化发展和全球化市场运作,使其财务管理有别于一般公司的财务管理。高级财务管理摆脱了普通股份制公司单一的财务主体,会同时关注企业集团和国际企业等特殊企业的财务问题。本书将在第十、第十一和第十二章中专门讨论企业集团财务管理、跨国公司财务管理和企业重整与清算问题。

三、高级财务管理的基本特征

虽然高级财务管理的内容具有多变性,但作为一门有别于一般初级或中级财务管理的学科来说,也呈现出自身的特点。

(一) 从资金管理到价值型管理

传统的财务管理重点关注股东价值最大化,以资本利润率或者股东财富最大化来表现企业的成长和壮大,财务部门强调资金运营、资金筹措和投放,财务管理呈现典型的资金管理特点。高级财务管理是以企业价值最大化目标为出发点,以收益和风险的平衡发展为基本财务管理理念,以财务预警机制为监控手段,通过资产组合和风险控制,保障企业的可持续增长,并以相关的评价机制和激励机制来激励管理者和全体员工不断追求企业价值的最大化。

(二) 从资产运营到资本运营

财务理论的发展除了受到财务学科本身特质、相关学科相互关联的影响外,越来越受到理财环境和企业经营模式的影响。经济全球化的趋势下,跨国战略、并购浪潮、抵御区域性风险已经成为企业关注的热点。资本运营已成为企业实施战略性结构调整和谋求价值快速增长的重要手段,也已成为企业实现全球战略的捷径。初级或中级财务管理重点关注的是资产管理,关于资本运营的原理和方法较为零散和随机。在高级财务管理中,以资本、资产配置为内容,以企业价值最大化为行为准则,对资本运营进行较为系统描述。

(三)从保障型到战略型

初级或中级财务管理主要定位于企业特定发展阶段和特定组织结构模式下的投融资决策、财务控制与分析问题,与企业战略管理相差甚远,可以说是一种保障型财务管理。现代财务强调财务管理在企业战略管理中应该发挥更为广阔、深远的作用,应该侧重于企业财务的长期发展和规划。实现企业价值最大化必须突出战略管理与财务管理的结合,高级财务管理不再仅仅是获取竞争优势,而是实现企业整体价值的不断提高。

(四)从结果导向型到过程控制型

初级或中级财务管理主要是探索如何在财务管理中取得成功,对于如何面对逆境,使企业免遭损失和防范风险则重视不够。实践证明,由于理财环境的动荡以及人们对未来认知能力的局限性,企业可能的风险与损失是难免的,财务管理必须居安思危,防患于未然,把握企业财务失败的原因及制定预防措施,必须实现从结果控制向过程控制延伸的管理导向转变,充分重视人的行为因素。高级财务管理的职能在协调、沟通、激励、评价与奖惩等行为管理方法下而得以扩展延伸。

(五)从单一财务主体到复杂的财务主体

不同企业的组织形式是决定企业财务管理特征的主要因素。市场经济的发展与企业组织形态的多样化,要求财务管理必须关注不同规模、不同组织结构的企业的财务管理行为。高级财务管理既要分析单一组织的财务运作问题,也要研究多层组织结构(集团制)企业的财务管理问题;既要研究国内企业的一般财务问题,又要关注国际企业的特殊财务情况。

第二节 高级财务管理的产生

财务管理作为人类的一项经济管理活动,源远流长,随着社会环境的变迁、经济的发展、制度的演进与企业组织形式的不同而日渐丰富、不断创新。从学科发展看,财务管理一直被认为是微观经济理论的应用学科,是微观经济学的一个分支。1897 年美国财务学者托马斯·格林撰写了《公司财务》一书。这本书的出版标志着财务管理逐步从微观经济学中分离出来,成为一门独立的学科。财务管理学在其后的 100 余年发展历程中,不断地走向完善和成熟。

一、财务管理学的产生与发展

(一)西方财务管理学的发展

由于财务管理与金融环境、法律环境以及各国的企业成长、经济变化密切相关,财务管理的内容、体系以及重点有所不同。因此,自 19 世纪末诞生以来,不同学者对于财

务管理学科具体发展阶段的描述并不相同。一般认为,财务管理学科的发展大致经历了以下四个阶段。

1. 以筹资为重心的管理阶段

19世纪末到20世纪30年代以前,西方发达的工业化国家先后进入垄断阶段。随着经济和科学技术的发展,新兴行业大量涌现,企业需要筹集更多的资金来扩大规模,拓展经营领域。因此,这一阶段的财务管理主要研究如何利用普通股票、债券和其他证券来筹集资金;研究金融中介机构(如投资银行、商业银行、保险公司及信托投资公司)在公司筹资中的作用;研究财务制度原则等问题。

这一时期学术界的代表人物及其代表作除1897年格林的《公司财务》外,主要还有1910年米德的《公司财务》和1920年斯通的《公司财务策略》。格林详细地描述了公司资本的筹集问题,而米德主要研究企业如何有效地筹集资本。

2. 以内部控制为重心的管理阶段

20世纪20年代末开始的经济危机,大量企业倒闭,股价暴跌,企业生产经营很不景气,资产变现能力迅速下降。20世纪30—40年代,财务管理研究的重点由前一阶段的筹资问题,转向如何维持企业生存的问题,如企业资产的保值、变现能力、破产、清算以及合并与重组等。这一时期,西方各发达国家加强了对微观经济的干预,如美国政府分别在1933年和1934年颁布了《证券法》和《证券交易法》,要求企业公布财务信息。政府监管的加强客观上要求企业把财务管理的重心转向内部控制。在这种背景下,财务管理逐渐转向以内部控制为重心的资产管理阶段。财务分析也由过去将较多注意力放在资产负债表的右侧,转向资产负债表的左侧,开始重点关注对企业资金合理使用问题。

在财务研究上,威廉姆认为,金融资产的价格反映了该资产的"内在价值",可以用该资产未来预期股利现金流的折现价值来表示,提出了后来在价值评估中广泛使用的折现现金流方法。洛弗在《企业财务》一书中,首先提出了企业财务除筹措资本外,还要对资本周转进行有效管理。英国和日本的财务学者也十分重视资本运用问题的研究。例如,英国的罗斯在《企业内部财务论》一书中,强调企业内部财务管理的重要性,认为资本的有效运用是财务研究的中心。

3. 以投资为重心的管理阶段

20世纪50—70年代是西方发达国家经济发展的黄金时期。第二次世界大战结束以后,企业的规模越来越大,生产经营日趋复杂,越来越关注投资决策问题。投资问题成为企业财务管理重心,与资本筹集有关的问题逐渐退居第二位。随着第三次科技革命的兴起和发展,财务研究的方法也从定性向定量转化。数学模型得到发展,并用于存货、现金、应收账款和固定资产管理和决策;同时,运用电子计算机等先进的方法和手段,对风险与收益的关系以及资本结构等重大问题进行研究,取得了许多重大的突破,极大地促进了现代财务理论的发展。投资组合理论、现代资本结构理论、有效市场理论、资本资产定价模型、套利定价模型、期权定价模型以及代理理论等著名的财务理论均是在这一时期创立或奠定了基础。

1951年,美国财务学家乔尔·迪安出版了最早研究投资的财务理论著作——《资本预算》。该书着重研究如何利用资金时间价值确定贴现现金流量,使投资项目的评价和选择建立在可比的基础之上。

1952年,哈里·马科维茨在他的论文《资产组合选择》中认为,在若干合理的假设条件下,投资收益率的方差是衡量投资风险的有效方法。从这一基本观点出发进行研究,马科维茨于1959年出版了《组合选择》,该书从收益与风险的计量入手,研究各种资产之间的组合问题,提出了通过效用曲线和有效边界的结合,来选择资产组合,这些思想成为后来资产组合理论研究的重要基础。

1958年,莫迪格莱尼和米勒在《美国经济评论》上发表的《资本成本、公司财务和投资理论》论文中提出了著名的MM理论。MM理论在一系列假设条件的基础上提出:在无公司税的条件下,资本结构不影响企业价值和资本成本。这一结论虽然简洁、深刻,在逻辑上也得到充分肯定,但在实践中受到挑战。现实中企业的资本结构在不同行业和地区的分布具有一定的规律性,而不是随机的。为解释这一现象,莫迪格莱尼和米勒于1963年对其理论进行了修正,将公司所得税引入分析中,并得出结论:负债会因为赋税节余而增加企业价值,负债越多,企业价值越大,权益资本的所有者所获得的收益也越大。莫迪格莱尼和米勒由于在研究资本结构理论上所取得的突出成就,分别于1985年和1990年获得诺贝尔经济学奖。权衡理论和非信息对称理论是在MM理论的基础上发展起来的资本结构理论。权衡理论通过引入财务拮据成本和代理成本两个因素来研究资本结构。该理论认为,负债企业的价值等于无负债企业的价值加上赋税节余,并减去预期财务拮据成本的现值和代理成本的现值。斯蒂格利兹、诺斯和塔尔迈等人所提出的非信息对称理论虽然没有直接回答最佳资本结构问题,但它引起了财务思想的重大飞跃,由此产生了代理成本理论、控制权理论和财务契约理论,拓展了财务理论研究的视野,开辟了财务理论研究的新领域。

1964年,夏普、林特尔和特雷纳在马科维茨投资组合理论的基础上,各自独立地导出了资本资产定价模型(CAPM),系统地阐述了资产组合中风险与收益的关系,区分了系统性风险和非系统性风险,明确提出了非系统性风险可以通过投资组合方式分散等观点,从而建立起著名的资本资产定价模型。在资本资产定价模型的发展上,史蒂芬·诺斯做出了杰出的贡献。他针对资本资产定价模型的缺陷,放宽了模型的假设条件,于1976年在《经济理论学刊》上发表题为"资本资产定价的套利理论"的文章,系统阐述了一种全新的资本资产定价的套利模型。按照诺斯的假设,在均衡状态下,资产组合的非系统性风险完全可以分散,即影响资产收益率的非系统性因素趋于零。

1973年,美国两位学者费尔·布莱克和梅隆·斯科尔斯在美国的《政府经济学月刊》上发表了一篇题为《期权和公司债务定价》的文章,创立了布莱克-斯科尔斯期权定价模型,即B-S模型。尽管布莱克-斯科尔斯期权定价模型相当复杂、难解,但它却明

第一章 导 论

确告诉我们,在一系列合理的假设下,期权的价值可以通过标的资产的市场价格、期限、执行价格、无风险利率以及标的资产收益率的标准差五个变量精确地求解。这样,在风险中性的假设下,不仅是期权,绝大部分金融衍生品的定价难题都可以迎刃而解,甚至对资本预算也产生了深远的影响。

1976年,米切尔·詹森和威廉·麦克林在其论文《厂商理论:管理行为、代理成本及其所有权结构》中首次提出了代理关系的概念。他们认为:股东、债权人、经营者、员工和政府等相关利益人之间存在着委托-代理关系,各个相关利益人均有自身目标的效用函数。他们之间存在利害冲突和矛盾,他们的目标是追求自身效用的最大化。研究这些冲突以及如何解决这些矛盾的理论称之为代理理论。代理问题是现代财务管理理论的核心内容之一。

4. 以资本经营为重心的综合管理阶段

进入20世纪80年代,财务管理环境发生了巨大的变化:一是通货膨胀以及利率的影响;二是政府对金融机制放松控制以及由专业金融机构向多元金融服务公司转化;三是电子通信技术在信息传输以及电子计算机在财务决策、预算、控制中的大量应用;四是资本市场上新的融资工具的出现,如衍生金融工具和垃圾债券;五是企业的集团化和国际化等。

财务管理环境的变化对财务管理产生了重大影响,加剧了不确定性,使市场需求、产品价格以及成本的预测变得更加困难。这些不确定性的存在使财务管理的理论和实践都发生了显著变化,而且产生了更为细分的财务管理领域,如通货膨胀财务管理、企业集团财务管理、国际企业财务管理和企业并购财务管理等。

20世纪80年代以来,财务管理强调以计算机作为决策支持手段。已经形成的理论框架在不断地被完善,许多研究工作围绕着对已有的模型进行经验性的验证和修改。

纵观财务管理学的发展过程,我们可以看到,财务管理学经历了由简单到复杂、由不完善到完善的发展过程。财务管理学是一个动态的和发展的概念。在发展过程中,环境因素起着十分重要的作用,经济全球化趋势不可阻挡、知识经济时代的到来、计算机及网络技术的日渐成熟,必将引起财务管理思想、理论和方法的重大变革,为财务管理学注入新的思想和活力,使财务管理学不断地朝着现代化方向迈进。

(二)我国财务管理学的发展

我国财务管理学起步于20世纪初期,从20世纪80年代开始发展迅猛,不断走向成熟。纵观我国财务管理学的发展历程,大体可分为以下四个阶段。

1. "理企业之财"思想形成和学科奠基阶段

20世纪初至1949年前的半个世纪中,中国财务管理学的发展一方面表现为深受西方财务管理学思想和理论的影响,另一方面又深深地烙有我国传统理财思想的烙印。中国财务管理学在此基础上加以创新,尤其是在财务控制方面。

在20世纪初,上海、江苏、浙江的不少大中型企业开始设立专门的财务主任或财务总管,在一些大学中开设了专门的财务管理课程。1914年北洋政府颁布了《证券交易所法》。随后,北京证券交易所、上海证券物品交易所、上海华商证券交易所等交易所相继开业。受西方财务思想的影响以及中国企业财务实践的推进,理财的要义也逐步由我国传统的"为国理财"演进到"理企业之财",一批民族资本家提出了一系列独到的、富有极强操作性的财务管理思想。例如,郑观应提出的重视经营规划、成本核算和利润分成的见解;我国著名的近代实业家张謇提出的"制定预算、以专责成、事有权限"的思想;抗日战争时期,卢作孚的"无计划勿行动,无预算无开支"和"预算本为事业中的财务问题之一,但涉及事业的全部财务问题"的提法等。这些对中国企业实践中凝练出来的财务思想和观点不仅具有鲜明的中国特色,而且也与当时西方财务主要研究"财务筹资"理论相区别。

2. 以马克思政治经济学为唯一理论基础的发展阶段

1949年以后,一直到改革开放前,这段时间是我国政治和经济发展历程中一个特殊的阶段。企业财务管理是在计划经济体制下建立和发展的,表现出政府在企业财务管理体系的建立和发展过程中具有直接管理和强大推动作用的特点。在这一时期,企业没有投资和筹资决策权,财务管理的重心在内部财务管理与控制,尤其表现为对流动资金(产)管理、费用与成本控制以及强化经济核算制等的关注。

这一阶段的财务理论研究的典型特点是以马克思政治经济学作为唯一的基础理论,甚至把一些政治经济学应该研究、回答的问题,也纳入财务研究之中。财务管理研究的重点主要放在概念争议上,并在财务实践中总结形成了极富中国特色的财务控制的具体操作方法。

3. 以国营企业财务管理改革为核心的发展阶段

党的十一届三中全会拉开了全方位经济体制改革的序幕,我国财务理论研究也进入一个新的转折时期。随着企业自主权的逐步扩大、投融资体制的转变,企业投资所需的资金不再简单地由国家财政无偿拨款,而是越来越多地按市场经济规律,由企业通过资本市场筹措。国家对国有企业投入的基本建设资金,自1985年起由"拨款"改为"贷款"。这种做法虽然从事后来看有不尽科学合理之处,但从历史的角度看,确有其积极意义。其中一个明显的作用便是让企业感觉到,国家与企业之间的资金关系发生了变化,企业使用国家资金必须付出代价和承担责任。因此,自20世纪80年代以来,企业财务管理的重心逐步转移到了长期筹资管理和长期投资管理上来。

在20世纪80年代到90年代初期,财务理论研究主要围绕着国营企业的财务改革、财务管理改进这一核心全面展开。以马克思政治经济学作为唯一的基础理论的局面有所松动,理论依据不断拓宽;研究的目的不再只是为宏观财务政策提供理论解释或依据,更多的是要为国营企业自身的财务改革和财务管理提供思路;研究的范围十分广泛,成本管理始终是财务管理中不可缺少的部分。

4. 与国际逐步接轨的综合发展阶段

20世纪80年代末90年代初,证券市场在我国得以恢复,并在随后的20余年时间里迅速发展和不断完善。随着证券市场的发展,企业投资和融资渠道、方式发生了根本

性的变化,证券市场不仅成为越来越多的企业筹措资金的重要途径,也是许多大型企业进行资本运作的重要场所,同时也成为企业理财信息的重要来源之一。由于法律法规的约束以及投资人对财务运作的关注,投资、筹资和股利分配三大财务问题,很自然地成为上市公司财务管理的重心和焦点。在一定的意义上,正是证券市场的发展,我国企业的财务管理彻底摆脱了只有"内部"财务问题的历史,财务管理的内容和方法体系也因此日益丰富和完整,逐步与国际惯例接轨。

以1992年颁布、1993年实施的"两则两制"为起点和契机,随着我国证券市场的建立和成熟,在与国际惯例接轨的过程中,我国财务理论研究的视野、方法和内容等呈现出明显的发展,"财务管理是企业管理的中心"已经成为架构企业管理体系的基本理念,财务实证研究方兴未艾,"财务管理"已经被教育部单独列入专业目录,越来越多的高等财经院校包括综合性大学,开设"财务管理"专业,其财务管理教材的内容一般着重阐述财务管理基本理论与方法,以公司制企业尤其是上市公司为分析对象,重点以融资、投资和股利分配为内容来介绍企业财务管理的一般性问题,具有一定的系统性和完整性。

从财务的理论到实务,上述的内容是必不可少的,但是从学科的发展,从经济环境和产权体制变革的需要以及经济全球化竞争的变化看,这些内容又是远远不够的,必须不断充实和进一步完善。

二、高级财务管理的产生

作为财务管理学科的一个重要组成部分,高级财务管理在财务管理学科日渐成熟的过程中形成和发展。理论通常来源于实践的推动,高级财务管理也不例外。其产生与企业经营模式、组织形式和理财环境的变化密切相关。

(一)企业经营模式的演进和金融市场发展创新促使财务管理内涵的拓展

现代大企业经营不只是一个生产适销对路商品并实现其销售的商品研产销过程,同时又是一个持续地进行资本吞吐、资本配置和结构聚合与裂变的资本运动过程。企业经营管理领域逐步由生产经营型向资本经营型转变。资本经营型企业的投资不只是传统的固定资产、无形资产和营运资本的投资,更多的是进行资产、负债和股权的重组,通过优化配置来提高资本经营效益。

股权融资是任何一个企业都必不可少的财务活动。资本市场的发展和金融工具的创新,使企业股权融资逐步从吸收直接投资到发行股票并上市,吸收直接投资又从主要依靠创业家投入到向风险资本和私募股权基金融资,发行股票不只是非上市公司首次公开发行股票还包括上市公司股票再融资等。企业投融资活动的这种变化,意味着财务管理内容的进一步拓宽与深入。

(二)经营理财环境的变化导致财务管理理念的变革

无论是经济环境,还是金融和法律环境,甚至是企业内部的微观环境,无时无刻不处于变化之中,企业的经营和财务运作面临诸多的风险。经济的全球化和网络技术发展,在给企业带来发展机遇的同时,也加剧了企业的财务风险。在企业理财中,财务战略的制定、财务预算、财务风险控制和业绩评价对企业的生存、发展和获利具有越来越重要的意义,得到企业高度的重视。

(三) 企业组织形式的变化带来财务管理主体的扩展

中小企业成长为超大型企业,进而通过资本纽带形成企业集团,再到全球化的跨国公司或全球公司,这一演变意味着财务管理的主体从单一走向复杂,从职能化结构走向流程化结构,从财务经理理财层面向出资者、经营者和财务经理多层面的理财层次扩展。

正是在财务管理环境的变化与创新以及企业自身的变革与成熟的过程中,财务管理开始向高层次发展,高级财务管理逐步走向成熟,趋于系统化。

第三节 财务管理假设

假设是一门学科建立理论体系的基本前提,财务管理也不例外。但目前绝大多数面向本科学生的《财务管理》或《中级财务管理》的教材,很少会涉及这一块内容。在一些《高级财务管理》和面向研究生的《财务管理》教材中,有时还能看到财务管理假设。我们在本书中特别安排了学科体系分类中本应归属于《财务原理》或《初级财务管理》的内容,供读者夯实基础和深度学习参考。

会计主体、持续经营、会计分期和货币计量基本假设已成为学术界的共识,几乎所有学过会计学的人都会明白会计假设是什么,包括哪些内容。与会计学科不同,财务管理学界对于财务管理假设的研究较少,对财务管理假设的概念和财务管理基本假设包括哪些内容,目前尚有争议。现将具有一定代表性并且已获得一定认同度,由王化成教授在《高级财务管理学》一书中所阐述的观点推荐给大家①。

一、财务管理假设的内涵

财务管理是一门以财务管理环境为研究的逻辑起点、以财务管理假设为研究的前提、以财务管理目标为研究导向的学科。财务管理假设是建立财务管理理论体系的基本前提,也是企业财务管理实践活动的出发点。

那么,什么是"财务管理假设"呢?一般认为,假设是人们根据特定环境和已有知识所提出的、具有一定事实依据的假定或设想,是进一步研究问题的基本前提。根据假设的一般概念,结合财务管理的特点,可以把财务管理假设定义为:财务管理假设是人们

---

① 王化成:《高级财务管理学》,中国人民大学出版社,2007年8月,第11—19页。

利用已有的知识，根据财务活动的内在规律和理财环境的要求所提出的，具有一定事实依据的假定或设想，是进一步研究财务管理理论和实践问题的基本前提。

二、财务管理假设的构成

（一）理财主体假设

理财主体假设是指企业的财务管理工作不是漫无边际的，而应限制每一个在经济和经营上具有独立性的组织之内。它明确了财务管理的空间范围。这一假设将一个主体的理财活动同另外一个主体的理财活动相区分。在现代公司制企业中，客观上要求将公司的财务活动与股东的财务活动划分清楚。理财主体假设将公司与包括股东、债权人、企业员工在内的其他主体分开。

理财主体应具备以下特点：(1)理财主体必须有独立的经济利益；(2)理财主体必须有独立的经营权和财权；(3)理财主体一定是法律主体，但法律主体不一定是理财主体。一个组织只有具备这三个特点，才能真正成为理财主体。显然，与会计上的会计主体相比，理财主体的要求更严格。如果某个主体虽然有独立的经济利益，但不是法律主体，则该主体虽然可能是会计主体，但不是理财主体。

由理财主体假设可以派生出自主理财假设。要成为理财主体，必须可以自主地从事筹资和投资活动。当然，自主理财并不是说财权完全集中在财务人员手中。在现代企业制度下，财权是在所有者、经营者和财务管理人员之间进行分配的。但由于股东的权利一般不能单独行使，通常表现为一种集体决策权。在经营权和所有权日益分离的现代企业制度中，这种集体决策权更多的时候是象征性的。因此，两权分离的推行，使财权回归企业，经营者有权独立地进行财务活动，包括筹资和投资等重要决策。所有权和经营权的分离，更加显示出理财主体假设的实际意义。

（二）持续经营假设

持续经营假设是指理财主体是持续存在并且能执行其预计的经济活动。也就是说，除非有相反的证明，否则，每一个理财主体都会无限期地经营下去。它明确了财务管理的时间范围。

在设定企业作为理财主体以后，就面临一个问题：这个企业能存在多久。企业可能是持续经营的，也可能会因为某种原因发生变更甚至终止经营。在不同的条件下，所采用的财务管理原则和财务管理方法是不一样的。由于绝大多数企业都能持续经营下去，破产清算的毕竟是少数。即使可能发生破产，也难以预计发生的时间。因此，在财务管理中，除非有证据表明企业将破产清算，否则都假定企业在可以预见的将来持续经营下去。

持续经营虽然是一种假设，但在正常情况下，却是财务管理人员唯一可选择的办法，因而被财务管理人员广泛接受，成为一项公认的假设。在正常情况下，讨论投资和融资时假定企业持续是完全合理的,推测破产反而有悖情理。因为只有在持续经营的情况下,企业的投资在未来产生的资产才有意义,企业才会根据其财务状况和对未来现金流量的预测、业务发展的要求安排其借款期限。如果没有持续经营假设,这一切无从谈起。

持续经营假设可以派生出理财分期假设。按理财分期假设,可以把企业持续不断的经营活动,人为地划分为以便分阶段考核企业的财务状况和经营成果。根据持续经营假设,企业自创立之日起,直到解散停业为止,其生产经营活动和财务活动都是持续不断的,企业在其存在期内的财务状况是不断变化的。为了分阶段地考虑企业经营成果和财务状况,必须将持续经营的企业人为地划分为若干期间,这就是理财分期假设的实现基础。

(三) 市场有效假设

有效市场假设是指财务管理所依据的资金市场是健全和有效的。只有在有效的市场上,财务管理才能正常进行,财务管理的理论体系才能建立。最初提出有效市场假设的是美国财务学者法玛。法玛将有效市场分为强式有效、次强式有效和弱式有效三类。在弱式有效市场上,当前证券价格完全地反映了已蕴含在证券历史价格中的全部。这也就意味着,任何投资者仅仅根据历史的信息进行交易,均不会获得额外的盈利。在次强式有效市场上,证券价格完全反映所有公开的可用信息。这样,根据一切公开的信息,如公司的年度报告、投资咨询报告和董事会公告等都不能获得额外的盈利。在强式有效市场上,证券价格完全地反映一切公开的和非公开的信息,这也就意味着投资者即使掌握内幕信息也无法获得额外盈利。实证研究表明,美国等发达国家的证券市场均已达到次强式有效。我国有些学者认为,中国的股票市场已达到弱式有效,但尚未实现次强式有效。事实上,即使是发达的股票市场,也不是在所有的时间和所有的情况下都是有效的,时常会出现例外,所以称之为假设。

法玛的有效市场假设是建立在美国高度发达的证券市场和股份制占主导地位的美国理财环境的基础之上的,并不完全符合中国的国情。从中国理财环境和企业特点看,有效市场应具备以下特点:(1)当企业需要资金时,能以合理价格在资金市场上筹集到资金;(2)当企业有闲置资金时,能在市场上找到有效的投资方式;(3)企业理财上的任何成功和失误,都能在资金市场上得到反映。

有效市场假设的派生假设是市场公平假设。它是指理财主体在资金市场筹资和投资等财务活动完全处于市场经济条件下的公平交易状态。市场不会抹杀某一理财主体的优点,也不会无视某一理财主体的缺点。理财主体的成功和失败,都会公平地在资金市场上得到反映。因此,每一个理财主体都会自觉地规范其理财行为以便在资金市场上受到好评。市场公平假设还暗含着另外一个假设,即市场是由众多的理财主体在公平竞争时形成的,单一理财主体,无论其实力多强,都无法控制市场。

(四) 资金增值假设

资金增值假设是指通过财务管理人员的合理营运,企业资金的价值可以不断增加。

第一章 导 论

这一假设实际上指明了财务管理存在的现实意义。因为财务管理是对企业的资金进行规划和控制的一项管理活动，如果在资金运筹过程中不能实现资金的增值，财务管理也就没有存在的必要了。

企业财务管理人员在运筹资金的过程中，可能会出现以下三种情况：一是取得了资金增值；二是出现了资金的减值；三是资金价值不变。财务管理存在的意义绝不是后两种情况，而应该是第一种情况。当然，资金的增值是在不断运动过程中产生的，即只有通过资金的合理运筹才能产生价值的增加。在市场经济条件下，从整个社会来看，资金的增值是一种规律，而且这种增值只能来源于生产过程。但从个别企业来考察，资金的增值并不是一种规律，资金的增值也不一定来源于生产过程。从理财主体进行考察，资金增值只能是一种假设，而不是一项规律。因为企业在进行财务运作中，一定假定投资会产生增值，如果假定出现亏损，就不会投资了。

资金增值假设的派生假设是风险与报酬同增假设。此项假设是指风险越高，获得的报酬也越高（取得的增值越大或付出的成本越低）。资金的运筹方式不同，获得的报酬也就不一样。例如，国库券基本是无风险投资，而股票是风险很大的投资，为什么还有人将巨额的资金投向股市呢？这是因为他们假设股票投资取得的报酬要远远高于国库券的报酬。同样，有人将资金投向食品行业，有人投向房地产行业，有人投向金融衍生品，他们同样是根据风险与报酬同增这一假设来进行决策的。风险与报酬同增假设实际上暗含着另外一项假设，即风险是可以计量的。因为如果风险无法计量，财务管理人员不知道哪项投资风险大，哪项投资风险小，风险与报酬同增假设也就无从谈起。

资金增值假设说明了财务管理存在的现实意义，风险与报酬同增假设又要求财务管理人员不能盲目追求资金的增值，因为过高的报酬会带来巨大的风险。

（五）理性理财假设

理性理财假设是指从事财务管理工作的人员都是理性人，他们的理财行为也是理性的。他们会在众多的方案中，选择最有利的方案。在实际工作中，财务管理人员分为两类：理性的和盲目的。但不管是理性的还是盲目的理财人员，他们都认为自己是理性的，都认为自己做出的决策是正确的，否则，他们就不会做出这样的决策。尽管存在一部分盲目的理财人员，但从财务管理理论研究来看，只能假设所有的理财行为都是理性的，因为盲目的理财行为是没有规律的，没有规律的事情是无法上升到理论的高度的。

理性理财的第一个表现就是理财是一种有目的的行为，即企业的理财活动都有一定的目标；第二个表现是理财人员会在众多的方案中选择一个最佳的方案；第三个表现是理财人员发现正在执行方案是错误的方案时，都会及时采取措施纠正；第四个表现是财务管理人员都能吸取以往的教训，总结以往经验，不断学习新理论和方法，使理财行为由不理性变为理性，由理性变得更加理性。

尽管上述四个方面为理性理财行为假设提供了理论论据，但在实际工作中，仍有个别理财行为不是理性行为。另外，即使所有的理财行为都是理性行为，也不一定完全导致理性的结果。因此，理财的理性行为只是一种假设，而不是事实。

理性理财行为假设可派生出资金再投资假设。这一假设是指当企业有了闲置资金或产生了资金的增值,都会用于再投资。换句话说,企业的资金在任何时候都不会大量闲置。因为理财行为是理性的,企业必然会为闲置的资金寻找投资途径;又因为市场是有效的,就能够找到有效的投资方式。财务管理中的资金时间价值原理,就是建立在此项假设基础之上的。

案例研究与分析

招商银行数字化转型商业模式价值创造之路

【案例资料】

1987年在深圳创立的招商银行(CMB)是中国首家拥有一定规模和实力的股份制商业银行。该公司于2002年在上海证券交易所上市,2006年又在香港证券交易所上市。截至2018年年底,招商银行(以下简称"招行")在106个国家和地区拥有1 783家机构,主要集中在中国市场,并且集中在中国经济发达的地区。2019年,银行业发行了全球500个最大银行品牌的名单,招行排名第9位;在《财富》杂志世界500强中排名第188位;此后,它被评为"中国最佳零售银行""年度最佳客户体验银行"和"中国最佳电子交易银行"。2020年3月,招行在全球品牌价值500强中排名第74位。

1. 数字化时代下危机四伏的招行

近年来,商业银行发展的主要"竞技场"及发力点已经转变为零售业务,虽然招行一直在零售业务中保持领先地位,但是随着数字化浪潮来势汹汹,商业银行的零售业务不仅要面对同行业的竞争压力,还要警惕其他行业数字化下的金融产物,身处商业银行业的招行同样避无可避,危机四伏。一方面,财付通、支付宝等第三方机构已成功进军到支付方面。在存款项目上,有余额宝、理财通等;在借贷项目上,有花呗、微粒贷等;在汇款方面,有支付宝转账、微信转账等。在金融服务领域,新兴的移动支付表现突出,尤其是支付宝以及财付通,不可避免地影响到商业银行零售业务。截至2015年年底,第三方支付机构共发生821.45亿笔网上支付业务,总额达到49.48万亿元,比2014年分别增长了119.51%和100.16%,而银行业的增长率仅为27.29%和46.67%。同时,无论是ATM还是POS机,每台机器所对应的卡数量分别发生了21.78%和23.23%的下降幅度,整体形势不够乐观。另一方面,近年来互联网金融发展迅猛,互联网公司无论是从流量方面还是场景方面都呈现出了霸主地位,包括招商银行在内的商业银行,只能充当支付途径,无法保持银行与客户间的亲密关系,加大了银行与客户沟通时的压力。

为了解决客户流失的问题,招行将互联网公司的考核指标MAU(月活跃数量)作为招行新商业模式下的流量经营的标准。MAU可以很好地反映出使用APP的用户数量以及频率,展示"引流"状况。互联网企业也证明了只有MAU达到一定的数量,才有可能从量变达到质变。招行只有将MAU与AUM(客户资产规模)联系起来,相互转化,最终才能将数字资产转换为金融资产。

2. 招商银行数字化转型商业模式的价值创造

通常来说,银行为客户创造价值的场景式服务主要有"人""产品""场所"三种要素,"人"是指银行的客户或用户,"产品"是银行金融产品和服务,"场所"则是为客户提供交易的场地。而招商银行的数字化转型就是依靠现代金融科技去改变银行为客户创造价值的形式,进行商业模式的创新。在"人"这个场景中,招行注重长尾客户,以MAU为指标,不断扩大用户体系;在"产品"这个场景中,招行不再只关注金融产品,还建设生活服务产品,利用外拓场景变现;在"场所"这个场景中,招行从银行卡向APP过渡,从线下逐渐转为线上。整个流程从内到外重塑了招行的运营模式,并为零售业务赋能,创造价值。经过不断更迭,招商银行APP将"致力打造一亿人的财富APP"作为发展目标,"掌上生活"APP将"品质生活,没那么复杂"作为发展目标,形成了流程、产品和服务相平行的局面。

2020年,面对疫情对银行带来的冲击以及金融形势瞬息万变等一系列挑战,招行所探索出的数字化转型为招行提供了强大的生命力,两大APP平台承载了多数业务的办理,抵消了部分线下交易的风险,使其在各行业经营状况表现不佳的时候,业绩得以保持平稳增长。

【案例思考】

招商银行在数字化转型中探索的新商业模式为招行带来了怎样的价值创造?

【案例分析】

招行实现"以客户为中心,以APP为载体"的价值创造。通常来说,银行为客户创造价值的场景式服务主要有"人""产品""场所"三种要素,"人"是指银行的客户或用户,"产品"是银行金融产品和服务,"场所"则是为客户提供交易的场地。而招商银行的数字化转型就是依靠现代金融科技去改变银行为客户创造价值的形式,将APP作为数字化与金融科技的载体,进行商业模式的创新,挖掘新的价值。在"人"这个场景中,招行注重长尾客户,以MAU为指标,不断扩大用户体系;在"产品"这个场景中,招行不再只关注金融产品,还建设生活服务产品,利用外拓场景变现;在"场所"这个场景中,招行从银行卡向APP过渡,从线下逐渐转为线上。整个流程从内到外地重塑了招行的运营模式,并为零售业务赋能,创造价值。招行主要是以APP为数字化载体,以客户为中心,不断提升用户体验,打造最佳用户体验银行,在满足客户需求的同时也使自己实现了价值创造。

除此之外,招行的价值创造还表现在利用APP实现了数字化获客与数字化经营,一方面招行APP的MAU不断上升,两大APP都成为了"亿级APP",构建了"内环+中环+外环"的三环式获客体系。另一方面,招行利用两大APP在任何一天都可以销售几万杯的咖啡,是中国零售咖啡最多的平台,同时也是中国第二大出行预订平台以及第三大影票销售平台。在招行手机 APP 中,公积金服、社保查询以及缴费服务分别涵盖了 78 个城市、66 个城市、85 个城市。更重要的是,在受到疫情影响的情况下,招行的数字化转型使得招行的各项业绩可以保持平稳增长,为招行创造了财富价值。

（案例来源：本案例根据中国管理案例共享中心案例库"忽如一夜春风来,千树万树梨花开——招商银行数字化转型商业模式价值创造之路"改编。）

第二章 财务战略

学习目标

1. 了解财务战略的特征和内容；
2. 理解和掌握财务战略目标的内容与选择、财务战略的规划与实施；
3. 重点掌握财务战略规划的测算；
4. 能够对实务中财务战略目标的定位、财务战略组织实施的合理性做出客观判断。

第一节 财务战略目标

"战略"一词具有悠久的历史，它来源于希腊的军事用语（战略是火炮射程之外的军事行动），是指战争全局的筹划和指导原则。后用于其他领域，泛指重大的、全局性的或决定全局的谋划。

一、发展战略与财务战略

发展战略是企业在对现实状况和未来趋势进行综合分析和科学预测的基础上，制定并实施的中长期发展目标与战略规划。

譬如，IBM致力于咨询服务而放弃个人电脑（PC）业务；TCL跨国并购；可口可乐试图购买汇源果汁等都是企业发展战略的具体表现形式。

财务战略是企业发展战略的一个子系统，是对企业财务活动制定并实施的中长期目标和战略规划。

要点提示

> 需要注意财务战略不仅仅从属于企业发展战略,其还能够对企业发展战略产生重要影响。例如,财务战略对公司战略等具有制约作用;财务战略的选择会影响发展战略的实施。

(一)发展战略的作用与制定

1. 发展战略的作用

企业制定和实施发展战略,具有以下三个作用。

(1)发展战略可以为企业找准市场定位,明确发展方向。

(2)发展战略是企业执行层的行动指南,可以有效避免企业日常经营管理和决策迷失方向、浪费资源,丧失发展机会。

(3)发展战略是企业管理和内部控制的最高目标,有助于企业强化风险管理,提高决策水平,提升企业经营效率、效果和效益。

企业管理和控制的最终目的是实现发展战略,发展战略明确了企业运营管理的方向,对提高运营管理的效果和风险管控能力具有促进作用。

2. 发展战略的制定

企业应当在深入分析外部环境和内部资源的基础上,综合考虑宏观经济政策、国内外市场需求变化、技术发展趋势、行业及竞争对手状况、可利用的资源水平和自身优势与劣势等影响因素,制定科学合理的发展战略。

发展战略的制定通常分为发展目标和战略规划两个层次。

第一个层次为确定发展目标。企业发展目标作为指导企业生产经营活动的准则,通常包括盈利能力、生产效率、市场竞争地位、技术领先程度、生产规模、组织结构、人力资源、用户服务、社会责任等。

制定发展战略目标应注意的问题:发展目标应当突出主业,不能过于激进,不能盲目追逐市场热点,不能脱离企业实际,否则可能导致企业过度扩张或经营失败。与此同时,发展目标也不能过于保守,否则会丧失发展机遇和动力。

第二个层次为编制战略规划。在确定发展目标后,需要编制战略规划。在战略规划中明确企业发展的阶段性和发展程度,制定每个发展阶段的具体目标和工作任务,以及达到发展目标必经的实施路径,即制定追求发展目标的具体措施与阶段性过程。

可以参考百信鞋业、三株药业、巨人集团、太子奶等企业的发展启示。

(二)财务战略的特征

财务战略作为发展战略的子系统,它既是发展战略的重要组成部分,又有其独特性。财务战略是实现发展战略的关键因素。企业应当通过加强财务战略管理来促进发展战略目标的实现。企业财务战略的特征包括以下四方面。

1. 从属性

财务战略应体现企业整体战略的要求,为其筹集到适度的资金并有效合理投放,以实现企业整体战略。

2. 系统性

财务战略应当始终保持与企业其他战略之间的动态联系,并努力使财务战略能够支持其他子战略。公司战略形式多样,各种形式的战略最终目标都是为了实现公司整体发展战略,财务战略如此,品牌战略和营销战略亦然。但企业只要存在,就必然会发生资金流动,任何战略活动的实施都离不开财务战略的支持,财务战略天然地就与其他战略之间存在千丝万缕的关联。

3. 指导性

财务战略应对企业资金运筹进行总体谋划,规定企业资金运筹的总方向、总方针、总目标等重大财务问题。财务战略一经制订便应具有相对稳定性,成为企业所有财务活动的行动指南。例如,股利发放政策、投资回报率的基本要求都是根据财务战略制定的。

4. 艰巨性

在企业所有战略管理系统中,财务战略的制定与实施较企业整体战略下的其他子战略而言,往往更为复杂与艰巨,其中的一个重要原因是"资金固定化"特性,即资金一经投入使用,其使用方向与规模在较短时期内很难予以调整。再加上企业筹资与投资往往需要借助于金融市场,而金融市场复杂多变,增加了财务战略制定与实施的复杂性与艰巨性。

(三) 财务战略的内容

企业财务战略的内容应当根据各个企业的实际情况和发展战略确定,主要包括筹资战略、投资战略、收益分配战略和并购战略等。

1. 筹资战略

筹资战略是根据企业内外环境的现状与发展趋势,适应企业整体发展战略(包括投资战略)的要求,对企业的筹资目标、原则、结构、渠道与方式等重大问题进行长期、系统的谋划。

筹资应遵循成本性原则、稳定性原则、可得性原则、提高竞争力原则等。成本性原则是关注融资成本的高低;但成本不是融资考虑的唯一因素,其他因素也很重要。稳定性原则关注的是债务期限结构、融资结构与资产投资方向的匹配问题。通常情况下,长期资产需要长期融资来源支撑、短期资金投向需要短期资金来源支撑,保持一定的融资稳定性避免让企业随时面临偿债压力。可得性原则是需要考虑资金流动是否存在阻碍,包括是否存在外币资金管制、企业资本结构是否适应投资者的要求、企业公司治理等是否符合证券监管机构的管制要求等。提高竞争力原则,往往采用定向融资方式吸引投资者投资,获取资金时可能考虑到对方的战略投资者地位,该原则往往不仅仅考虑资金成本高低,而且希望通过建立投资关系获取对方品牌、管理、渠道等方面的经验。

企业应当根据战略需求不断拓宽筹资渠道,对筹资进行合理搭配,采用不同的筹资方式进行最佳组合,以构筑既体现战略要求又适应外部环境变化的筹资战略。

要理解好筹资战略,还需理解与掌握企业的融资方式。融资方式主要包括内部融资、债权融资、股权融资和资产销售融资。

企业可以选择使用内部留存利润进行再投资,即内部融资,内部融资的优点在于不受外部约束;不足之处在于融资额度有限,且常常会影响公司股利发放。

债权融资大致可以分为贷款和租赁两类。贷款分为短期贷款与长期贷款。从银行或其他金融机构贷款是许多企业获得资金来源的普遍方式。租赁是指企业租用资产一段时期的债务形式。债权融资在某种意义上起着税盾作用,一旦企业选择债权融资将会承担较高的还本付息压力,甚至可能引起破产。

股权融资是指企业为了新的项目而向现在的股东和新股东发行股票来筹集资金。优点在于当企业需要的资金量比较大时(如并购),股权融资具有很大优势,因为它不像债权融资那样需要定期支付利息和本金,仅仅需要在企业盈利时向股东支付股利;不足之处在于股份容易被恶意收购从而引起控制权的变更,并且股权融资方式的成本也比较高。

资产销售融资就是通过资产变现的形式获得资金。优点是简单易行,并且不用稀释股东权益。不足之处在于,这种融资方式比较激进,一旦操作了就无回旋余地,而且如果销售的时机选择不当,售得金额就会低于资产本身的价值。此外,企业筹资不是无限制的,往往会有各种局限,管理层还需要了解限制企业融资能力的多种因素(如债务融资约束和股利约束)。

【例 2-1】 某企业集团是一家大型国有控股企业,持有上市公司甲 65% 的股权和上市公司乙 2 000 万股无限售条件流通股。集团董事长在 2015 年的工作会上提出,"要通过并购重组、技术改造、基地建设等举措,用 5 年左右的时间使集团规模翻一番,努力跻身世界先进企业行列"。根据集团发展需要,经研究决定,拟建设一个总投资额为 8 亿元的项目,该项目已经国家有关部门核准,预计两年建成。企业现有自有资金 2 亿元,尚有 6 亿元的资金缺口。企业资产负债率要求保持在恰当水平,集团财务部提出以下方案解决资金缺口。

方案一:向银行借款 6 亿元,期限 4 年,年利率 10%,按年付息。

方案二:向银行借款 6 亿元,期限 1 年,年利率 4.5%,按年付息。

方案三:直接在二级市场上出售乙公司股票,该股票的每股初始成本为 18 元,现行市价为 30 元,预计未来成长潜力不大。

方案四:由集团按银行同期借款利率向甲公司借入其尚未使用的募股资金 6 亿元。

方案五:发行集团公司股票 3 000 万股,共计 6 亿元,发行后集团公司第一大股东的股权被稀释,公司股权分散,不再属于国有控股。

方案六:不再向股东支付现金股利,这可以再节省出 2 亿元现金;同时采取租赁设备的方法,减少另外的 4 亿元资金支付。

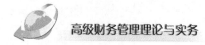

假定你是集团总会计师,请比较各个融资方案后选择较优方案,并说明理由。

分析:

(1) 方案一属于长期负债融资。

企业资产负债率将上升(或财务风险将提高;或偿债能力将下降;或资产负债率将难以保持在恰当水平);同时由于是长期借款,借贷利率很高,会给公司带来较大的付息压力。

(2) 方案二属于短期负债融资。

资产负债率还是上升,财务风险较大,不过融资成本大幅下降。需要注意的是,该项目属于长期投资项目,公司短期债务融资将无法实现与长期投资项目的期限匹配,存在较大的风险。

(3) 方案三属于销售资产融资。

集团在二级市场上出售乙上市公司的股权,变现速度快(或资金到账快);无还本付息压力(或可使资产负债保持在恰当水平);可提升集团当年利润(或可获得投资收益;或可使净资产收益率上升);乙公司未来成长性较差,不会由于出售其股份而导致机会成本太高。

(4) 方案四属于违规资金占用。

根据国家有关上市公司规则规定,上市公司应按照招股说明书规定的用途使用募股资金,控股股东不能违规占用上市公司资金(或募股资金有特定用途,不得挪用;或占用上市公司资金不合规、不合法;或募股资金不得随意拆借),方案四不具可行性。

(5) 方案五属于股票融资。

虽然发行股票既不会提高负债率,也不会发生相应成本,但发行股票后将导致集团公司股权稀释,有可能使得公司丧失国有控股权。而控股权是非常重要的,因此该方案不可取。

(6) 方案六属于内部融资和租赁融资混合方式。

公司通常都会保持稳定的股利政策,如果公司大幅度削减股利支付,很可能会引起投资者的反对进而影响公司股价。相对而言,租赁融资的方法比较可取。

综合而言,公司应选择方案三实现融资需要。

2. 投资战略

投资战略主要解决战略期间内投资的目标、原则、规模、方式等重大问题。在企业投资战略设计中,需要明确其投资目标、投资原则、投资规模和投资方式等。

投资目标包括收益性目标、发展性目标和公益性目标等。收益性目标通常是企业生存的根本保证,确保实现可持续发展则是企业投资战略的直接目标,而公益性目标则越来越受企业重视,并有利于企业长远发展和维护良好的社会形象。例如,越来越多的企业参与社会慈善事业,树立了较好的企业形象,也突出地履行了企业社会责任;企业投资可以在获得可持续发展的基础上给投资者稳定的回报。收益性和发展性也是任何企业投资的最根本目标。

投资原则包括集中性原则、适度性原则、权变性原则和协同性原则等。

（1）集中性原则要求企业把有限资金集中投放到最需要的项目上。

（2）适度性原则要求企业投资要适时适量，风险可控。

（3）权变性原则要求企业投资要灵活，要随着环境的变化对投资战略做出及时调整，做到主动适应变化，而不是刻板的投资。这一要求突出了投资战略需要密切关注市场环境、技术环境、政策环境甚至是消费市场环境。例如，老福特固执坚持福特汽车设计理念；施乐不屑与佳能在微型复印机方面竞争等，都与企业是否适应外部环境变化息息相关，体现了权变性投资原则的重要性。

（4）协同性原则要求按照合理的比例将资金配置于不同的生产要素上，以获得整体上的收益。企业还需要对投资规模和投资方式等做出恰当安排，确保投资规模与企业发展需要相适应，投资方式与企业风险管理能力相协调。投资规模不宜扩张过快，避免公司资金、管理、人员、信息系统都无法跟上投资扩张的速度，避免企业倒在快速扩张的途中；投资时需要关注投资风险和企业管理投资风险的能力与水平，不可在缺乏严谨的风险控制程序和能力的基础上去追求高风险、高回报的项目，导致企业陷入巨大风险之中。

3. 收益分配战略

广义上来看，企业的收益需要在其利益相关者之间进行分配，包括债权人、企业员工、国家与股东等。然而，前三者对收益的分配大都比较固定，只有股东对收益的分配富有弹性，所以股利分配战略成为收益分配战略的重点。目前，收益分配战略则拓展到员工与企业投资者之间，有时甚至会形成严重的利益冲突。例如，某公司由于工人生活条件及待遇问题，发生了多起员工轻生事件，反映了劳资双方冲突以及收益分配不平衡等问题。

股利分配战略要解决的主要问题是确定股利战略目标、是否发放股利、发放多少股利以及何时发放股利等重大问题。从战略管理角度，股利分配战略目标为：促进公司长远发展；保障股东权益；稳定股价，保证公司股价在较长时期内基本稳定。错误的公司股利发放战略，不仅会导致公司股价下跌，也可能会引起债权人等利益相关者的不满，有时公众也会抱怨。例如，英国石油公司在污染墨西哥湾的情况下试图大幅发放股利引起公众不满，导致企业形象受损。

4. 并购战略

企业实施并购战略通常可以达到快速实现战略和经营目标、扩大市场份额、补充或获得资源与能力、获得协同效应等目的。在实施并购战略时，企业要合理评估并购战略可能带来的风险，比如难以对目标企业进行正确预测与评估、达到协同效应的条件过高、需要承接一些不必要的附属业务、并购义务过重等，为此企业在实施并购战略时应当充分评估目标企业的情况，合理估计并购价格，制定合适的并购方式和策略，以确保并购后的整合能够成功，协同效应能够实现，从而为企业整体战略的实施奠定基础。例如，为了获取汽车生产技术，上海汽车集团成为韩国双龙汽车的第一大股东；TCL 为了

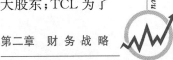

实现其国际化战略并购汤姆逊彩电；吉利汽车并购沃尔沃乘用车业务，试图在更高的平台整合汽车行业。

二、财务战略目标的作用与内容

（一）财务战略目标的作用

财务战略目标的作用是贯彻落实企业发展战略、明确企业财务管理与决策的发展方向、指导企业各项财务活动。它是做好财务战略规划、制定财务战略并组织实施的前提。

（二）财务战略目标的内容

财务战略目标通常有持续盈利能力目标、长期现金流量现值目标、企业可持续成长目标、经济增加值最大化目标等。财务战略目标既从属于企业发展战略目标，也从属于企业财务管理目标。通常来讲，财务管理目标包括利润最大化、每股收益最大化、股东财富最大化等。财务战略目标是财务管理目标的具体化，而且更加侧重于长远目标和可持续发展。

1. 持续盈利能力目标

创立企业的主要目的是盈利，盈利是反映一个企业综合能力的一项重要指标。之所以特别强调持续性，主要是考虑到利润计算的短期性特征，突出长期稳定的盈利特征才是财务战略追求的目标。

持续盈利能力目标的优点主要有：(1)盈利能力的计算以会计核算为基础，比较容易量化和验证，也相对比较可靠；(2)指标直观，比较容易考核；(3)将盈利目标及其可持续性融为一体，在一定程度上可以防止企业的短期行为或者片面追求短期利润的行为。

持续盈利能力目标的缺点主要有：(1)没有考虑货币时间价值和资本成本，容易导致盈利指标虚高，业绩反映不实；(2)没有考虑所获得利润和投入资本之间的关系，企业通过不断追加投资以获取持续盈利，和企业在资本一定的情况下通过提高现有资本利用效率以达到持续盈利目的是不同的，但是持续盈利能力财务战略目标在这一点上并不清晰；(3)没有考虑获得的利润所承担的风险，比如，实现的销售利润所形成的应收账款的收账风险，获得的投资收益所承担的市场风险，相关资产的流动性风险等。

2. 长期现金流量现值目标

在长期现金流量现值目标下，企业财务战略决策者的工作核心是有效管理现金流量，其财务战略目标是促使归属于企业所有者的预计未来现金流量现值最大化。企业的长期所有者不仅关心企业的盈利能力，更关心企业长期净现金流量，因此，长期现金流量越充裕，表明企业财务实力越强，所有者的真实回报就越高。

长期现金流量现值目标的优点主要有：(1)考虑了货币时间价值和资本成本，使业绩目标更加客观合理；(2)考虑了收账风险等，可以有效避免财务目标偏重会计利润，降低资金风险;(3)有助于实现企业价值最大化,协调企业管理层和所有者之间的利益矛盾。

长期现金流量现值目标的缺点主要有:(1)未来现金流量的可控性和预测性相对较差,影响该财务战略目标的可操作性;(2)容易导致企业为了追逐现金最大化而影响资金使用效率和财务管理效率,如忽视影响现金流计算的项目应收账款等,也可能会导致资金使用效率下降或影响企业正常业务的开展;(3)该目标有时难以与企业的生产目标、销售目标、成本目标等相协调,从而容易出现与实务的脱节。

3. 企业可持续成长目标

企业可持续成长目标认为,在现代市场经济中,企业发展的可持续性比管理效益和效率更为重要,企业财务战略的基本目标应当是追求企业的可持续成长。成长是企业存在和发展的基础和动力,追求成长是财务战略管理者精神本质的体现。从财务角度看,企业的成长性是提高盈利能力的重要前提,是维持长期现金流量的基础,是实现企业价值最大化的基本保证,成长能力往往成为财务能力体系中最为核心的能力。

企业可持续成长目标的优点主要有:(1)综合考虑了各方面因素,最契合企业整体发展战略目标要求;(2)能够有效解决企业长期协调发展问题,避免单一财务指标目标的局限性。

企业可持续成长目标的缺点主要有:(1)在财务上较难量化,目标过于笼统,容易与具体财务目标和活动相脱节;(2)受经济不确定性和经济周期、产业周期及产品生命周期的影响,要始终保持可持续成长有很大挑战性。

4. 经济增加值最大化目标

现代企业战略财务管理要求企业建立以价值管理为核心的战略财务管理体系。价值管理是一个综合性的管理工具,它既可以用来推动价值创造的观念,并深入公司各个管理层和一线职工中,又与企业资本提供者(包括企业股东和债权人)要求比资本投资成本更高收益的目标相一致。经济增加值最大化目标可以满足价值管理的要求,有助于实现企业价值和股东财富的最大化。

为了便于读者理解经济增加值最大化目标,本书简单解释与其相关的如下几个基本概念。

经济增加值(EVA)是企业投资资本收益超过加权平均资本成本部分的价值,或者企业未来现金流量以加权平均资本成本率折现后的现值大于零的部分。其计算公式是:

经济增加值 = (投资资本收益率 − 加权平均资本成本率) × 投资资本总额

其中,投资资本总额等于企业计算期所有者权益和有息负债总额的平均数,有息负债一般仅指有息长期负债;投资资本收益率是企业息前税后利润除以投资资本总额后的比率;加权平均资金成本根据各项资金占全部资金的比重和各个别资本成本加权平均计算确定。

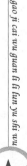

加权平均资本成本＝负债比重×负债的税后成本＋权益比重×权益资本成本

要点提示

　　计算时,负债成本要使用税后成本。

　　经济增加值最大化目标的优点主要是:(1)考虑了资本投入与产出效益;(2)考虑了资本成本的影响,有助于控制财务风险;(3)有助于企业实施科学的价值管理和业绩衡量。

　　经济增加值最大化目标的缺点主要是:(1)对于长期现金流量缺乏考虑;(2)有关资本成本的预测和参数的取得有一定难度。

三、财务战略目标选择

　　现代企业财务管理正逐步转向价值创造和以价值最大化为基本目标。因此,在现代经济环境下,财务战略目标的选择应当以价值为基础,综合考虑各方面因素,来设计企业业绩的衡量指标体系和具体的发展目标。在传统的业绩衡量标准中,产量和市场份额等指标在提供财务业绩信息方面存在较大缺陷,有可能出现在亏损的情况下还增加产量和市场份额的情形,从而不能及时反映出企业价值已遭受损害。其中,产值、销售收入及其增长指标忽视了生产成本和销售费用、管理费用等,会计净利润、每股收益指标只注重账面利润,忽视了资本成本等。

　　价值管理是一个综合性的管理工具,采用价值管理,能将管理者的决策重点放在价值的驱动因素上,统筹规划好远期总体目标及管理程序。基于价值的管理强调在各个层面上都能做出有利于增加价值的决策,从而要求上至总经理下至一线员工都能树立创造价值的观念,并能深刻理解影响企业价值的关键性变量,将价值最大化战略转化为具体的长期和短期目标,以期在组织内部传达管理部门的期待目标。价值管理的有效性已经被可口可乐、通用电气、爱默生电气等公司的成功证明。

　　在价值管理理念下,企业可以设计一套以价值为基础的财务和非财务业绩衡量指标体系,作为管理层实现其战略目标而应当完成的指标(通常的财务指标是过去发展的结果,往往是会计信息的基本特征;非财务指标代表未来的发展趋势,最终会影响财务绩效并体现在公司未来价值之中)。这些指标衡量的目标与价值管理战略目标一致,并可以对传统的业绩衡量指标起到很好的补充作用。关键性的非财务业绩衡量指标主要包括设备利用率、生产周期、交货成本及其时间、应收应付款项周转率、单位产品成本、劳动生产率和废品率等。关键性的财务业绩衡量指标主要以经济增加值最大化为核心,再辅以长期盈利能力、长期现金流量现值等目标,如总资产收益率、资本收益率、净现值等。

四、企业不同发展阶段的财务战略

企业财务战略管理的目的之一就是控制企业的总体风险(包括经营风险和财务风险)。

经营风险和财务风险都高的战略会使企业的总体风险处于很高的水平,增加企业破产的可能性,从而会使企业的评估等级降低,不利于企业的健康成长。经营风险和财务风险都低的战略尽管可以控制企业的总体风险,使企业的总体风险处于一个较低的水平,但企业价值在股市上往往被低估,很容易受到"猎食者"的关注或者被敌意收购。企业管理当局往往使企业的财务风险与经营风险作反向搭配,使财务风险服务于经营风险。为了控制企业的总体风险,企业在不同时期应当运用不同的财务战略。

(一)初创阶段的财务战略

在企业生命周期的初创期,企业未来的经营情况具有极大的不确定性,因此企业生命周期的初始阶段明显是经营风险最高的阶段。新产品是否有销路,是否被既定客户接受;如果受到发展和成本的制约,市场能否扩大到足够的规模;如果所有这些方面都没有问题,企业能否获得足够的市场份额来判断其在行业中的地位,以上都是潜在的风险。对大多数企业来说,这时控制经营风险比控制财务风险更为重要。因为再好的融资方案也不能代替企业的经营战略以求企业取得成功,如果企业的基本业务经营不好,那么最好的融资方案也仅仅是延缓它的灭亡而已。

因此,在企业初创期,融资来源一般是低风险的权益资本。股份制企业可以通过发售股票方式吸引风险投资者进行融资,有限责任公司可以通过实收资本进行融资。这时企业的经营风险很高,财务风险低,企业的成长前景是或者高速发展或者充满问号,所以此时企业的资金需求很大,内部积累一般满足不了资金缺口,股利政策基本偏向于低股利甚至是零股利政策。风险投资者承担巨大风险所要求的回报主要来源于股价的上涨所带来的未来出售股票的收益。初创期的公司财务发展战略如表 2-1 所示。

表 2-1 初创期的公司财务战略

类型	战略
经营风险	很高
财务风险	低
资金来源	风险资本
股利政策	零股利
成长前景	高速或充满问号

(二)成长阶段的财务战略

在企业生命周期的成长期,产品试制成功,一旦新产品或服务已成功地进入市场,销售数量就开始快速增长,企业的经营风险仍然很高但有所降低,财务风险比较低。这不仅代表了产品整体业务风险的降低,而且表明需要调整企业的战略,公司战略应当调整到营销管理上来。竞争策略重点强调营销活动,以确保产品销售增长令人满意以及增加市场份额和扩大销售量。这些表明企业风险尽管比初始阶段低了,但在销售额快速增长的阶段仍然很高。

因此要控制资金来源的财务风险,需要继续使用权益融资,但也可以进行一定的负债融资。由于这一阶段的企业评估等级有所建立,为了获取低成本和高弹性的资金,企业可以采取发行诸如认股权证、可转换债券等证券的方式进行融资。在此阶段,企业也开始产生现金流入,可以提高股利分配水平以吸引新的投资者。处于成长期的企业的融资来源主要是新进入的投资者所注入的资金和少量负债所筹集的资金,资产负债率开始升高,以利用财务杠杆效应。此外,公司的光明前景还驱动着股票价格上涨(见表2-2)。

表 2-2 成长期的企业财务战略

类型	战略
经营风险	高
财务风险	低
资金来源	成长型的权益投资者
股利政策	不分或少分红利
成长前景	高速
市盈率	高
每股净利润	低
股价	趋势向高,波动大

(三)成熟阶段的财务战略

在企业生命周期的成熟期,企业战略出现重大调整,由以前的关注市场和市场份额转移到关注盈利能力和获取利润上来。由于产量过剩,非常激烈的价格竞争标志着成长阶段的结束。一旦这个行业已经稳定,销售额很大而且相对稳定、利润也较合理,那么就标志着成熟期的开始。这时,企业的经营风险很小,也产生了大量的现金流,同时企业的再投资机会变得狭窄,资金需求降低。企业开始大量利用负债进行筹资,以利用财务杠杆效应,进行合理避税,因而资产负债率变高。由于再投资的机会减少,企业很难找到能够满足股东原先要求的预期报酬率的投资项目,所以企业会提高股利支付率,把富余的资金分配给股东,以实现股东财富的最大化。此时,企业的股票价格趋于平稳(见表2-3)。

表 2-3　成熟期的企业财务战略

类型	战略
经营风险	中等
财务风险	中等
资金来源	留存收益加负债
股利政策	高支付
成长前景	中到低
市盈率	中等
每股净利润	高
股价	稳定,小幅震荡

(四) 衰退阶段的财务战略

在企业生命周期的衰退期,企业逐渐从行业中退出,销售业绩开始下滑,高额的固定成本使企业很快陷入亏损的境地,因而企业的财务战略应当转到考虑使用短期资金上来。在此阶段,企业的资金来源渠道主要是借款,以进行合理避税,最大限度地提高企业利润。在衰退期,企业濒临倒闭,现金净流量减少,所产生的利润基本上都会通过股利的形式分配给股东(见表 2-4)。

表 2-4　衰退期的企业财务战略

类型	战略
经营风险	低
财务风险	高
资金来源	负债
股利政策	100%以上的股利支付率
未来增长前景	不好
市盈率	低
目前每股盈利	中
每股盈利的未来发展前景	向下
股票价格	下降,波动大

【例 2-2】　阅读材料,回答问题:

(1) X 公司的产品利润率很高,但占有的市场份额很小。为了扩大生产规模,公司

力图通过向银行借款融资来满足资金需要。但银行经过对 X 公司考核后认为 X 公司不符合贷款条件。X 公司转而希望通过上市股权融资来获取资金,但由于公司市场份额很低,并没有通过监管机构的审核。最后,公司获得了风险投资的青睐,但对方提出一定要限制公司的股利政策发放,甚至要求股利要减少为零。X 公司董事会认为这会伤害到投资者的利益,打算放弃风险融资的机会。

(2) Y 公司产品处于快速增长的市场中且占有较高的市场份额,但公司一直无法通过生产经营活动创造稳定的正现金流量。Y 公司经过市场调研做出判断,决定进一步吸引投资并扩大生产规模。Y 公司希望获取银行的资金支持,并向对方提出了 2 亿元的借款要求,该借款额度将使 Y 公司资产负债率达到 60%;此外,Y 公司决定减少股利支付额度,通过大幅度削减股利的方式来获取内部资金。

(3) Z 公司的主要产品成为公司现金流的主要贡献者,每年会带来大量现金,但由于公司生产的产品属于传统产业,未来市场的成长性前景一般。Z 公司为此向银行借入大量借款提高了资产负债结构比例,同时,Z 公司不断向股东支付现金股利或者通过股票回购的方式提高现有股票市价。但 Z 公司的这一战略受到了公司财务经理的强烈质疑,他认为 Z 公司此举增加了公司财务风险,而且公司应开辟新的投资方向来提高资金使用效率。

要求:

(1) 请分析 X 公司的上述财务行为是否合适,并说明理由。

(2) 试分析 Y 公司的上述财务行为正确与否,并说明理由。

(3) 请分析 Z 公司财务经理的疑问是否合理,并说明理由。

分析:

(1) X 公司的财务行为完全失当,主要原因在于:该公司属于低市场份额的初创期,产品风险较高,此时获得银行借款会进一步提高财务风险,银行也不会对其进行融资;此外,对于未来发展具有很大不确定性的企业,上市融资也会比较困难;风险投资是最适合企业现阶段发展的融资战略,但风险投资要求减少股利发放是合适的,初创期的企业应减少或不发放现金股利,以增加资金来源。

(2) Y 公司产品属于成长期,市场处于上升和膨胀的过程,公司应扩大生产规模。Y 公司通过大幅增加负债融资的行为不妥,因为成长期企业可以适度负债,但此时经营风险仍然较大,不适宜大量负债融资,尤其是这将导致公司负债率达到 60%。此外,公司减少股利支付额度是正确的财务行为,通过内部资金来源支撑企业发展会更为稳健,也符合成长期财务战略的基本要求。

(3) Z 公司属于成熟期的企业发展阶段,由于其产业发展前景一般,因此公司不断通过发放现金股利和回购股票来为股东提供稳定回报,同时由于经营风险较低,现金流充裕,因此增加负债融资并不会带来更高的财务风险和还款压力。因此,该公司的财务战略是相对正确的。

第二节 财务战略规划

一、财务战略规划的作用

确立企业财务战略目标后,企业需要针对财务战略目标进行具体的战略规划设计。企业应当在全面评估当前财务状况和生产经营能力的基础上,分析与既定财务战略目标之间的差距,然后指出企业为达到目标应当采取的措施和行动。

财务战略规划是企业组织实施财务战略的重要基础,在企业财务管理中具有十分重要的作用。财务战略规划的设计需要考虑以下多种因素。

(1) 财务战略规划通常需要根据未来发展可能出现的不同情形,比如在最差情形、一般情形和最好情形下,对企业财务发展态势做出估计和假设,从而做出相应的财务规划,有利于提高企业的应变能力和防范风险的能力。

譬如,企业发展过程中的资金需求,必须要结合企业在不同发展状况下的销售预测,具体测算在不同情形下企业发展所需要的资金额,从而确定明确的融资规划以支持企业成长,不同的销售情形对应于不同的融资战略。

(2) 财务战略规划通常需要明确企业不同生产经营活动的投资计划与企业可行的融资方案选择之间的关系,从而有利于企业优化资本结构,强化资产负债匹配及其管理,提高企业营运能力。

财务战略对于公司整体战略而言是支持性、辅助性的战略,企业投资计划可能会涉及长期和短期、内部和外部等;相应的财务战略规划就需要考虑如何结合投资方向和类型来有选择地提供融资支持,包括根据成本、风险和战略要求等确定与投资计划相匹配的融资战略方案。例如,长期的投资活动更需要长期的资金来源做支撑,短期的经营活动和投资活动需要短期资金来支撑,这样的融资规划更为稳健。此外,还可以根据企业融资成本、未来利率走向等因素确定恰当的资本结构和债务期限结构。甚至,当公司存在较大的外汇敞口时,如何通过货币资金套期措施来规避风险也是财务战略规划需要考虑的问题之一。

(3) 财务战略规划通常需要针对意外事件的出现而采取的举措和对策做出规划,从而尽可能避免企业财务状况的大起大落,这有利于促进企业长期可持续平稳发展。意外事件的出现通常具有不可预测性,但企业应能够从财务战略出发设定应急预案,通过一定的财务行为来应对危机。譬如,风险规避型企业预留大量货币资金以备不时之需。

二、财务战略规划的基础

企业财务战略规划应当遵循目标导向、因地制宜、随机应变的原则,即针对不同企业因其规模、产业分布、产品类别、营销模式、国际化程度等的不同而应有所不同,从而确保财务战略规划的长期性、综合性和针对性。为确保财务战略规划的高质量,企业应当做好以下基础工作。

(一) 营业额(销售额)预测

所有财务战略规划都要求进行营业额(销售额)预测。基于未来经济状况的不确定性,企业应当根据未来宏观经济发展趋势、产品或者业务发展规划、有关市场供求状况等做好营业额(销售额)的预测。而且,预测通常会设定几种不同的情形,不同情形下企业都需要进行不同的战略规划设计,以应对不同的具体情况。

例如,假设最理想状态下企业的销售收入可以实现 20% 增长;一般状态下可以实现 15% 增长;较差状态下销售收入增长率为 5% 等。

销售预测对财务预测的质量有重大影响。如果销售的实际状况超出预测很多,企业没有准备足够的资金添置设备或储备存货,则无法满足顾客需要,不仅会失去盈利机会,并且会丧失原有的市场份额。相反,销售预测过高,筹集大量资金购买设备并储备存货,则会造成设备闲置和存货积压,使资产周转率下降,导致权益收益率降低,股价下跌。

(二) 试算报表

企业应当根据财务战略目标和营业额(销售额)预测等,编制试算的资产负债表、利润表、现金流量表等,从而为企业整个生产经营和投融资安排奠定基础。通常编制预测财务报表,都是依赖对销售额的预测,销售额预测是进行报表预测编制的基础,报表中的各项数字往往都依赖于销售额的固定比例。因此,试算表的编制是在销售额预测的基础上,确定公司整个生产经营活动和投融资活动的策略。

要点提示

> 公司经营性资产与经营性负债一般是按照同比例与销售收入增长率一起变动,原因在于这类资产和负债与公司业务量紧密相关,而公司的业务量主要是靠销售拉动,因此销售对经营性资产和负债具有决定性作用。经营性资产一般包括流动资产和非流动资产,需要注意的是,在具体案例分析过程中,可能还会提出其他具体要求,譬如案例中可能出现流动资产中现金保持某个固定数额或最低要求、固定资产规模不需要扩大等,这些都表明这两类资产无需随着销售收入变动而变动,意味着不要按比例计算这两类资产。

(三) 资产需要量

企业应当根据财务战略规划要求,确定计划的资本性支出和净营运资本支出,从而确定企业为实现财务战略目标所需要的资产总额及其构成。通常,资产是销售收入的函数,根据历史数据可以分析出该函数关系。根据预计销售收入,以及资产与销售收入的函数,可以预测所需资产的数额。大部分经营负债也是销售的函数,也应预测负债的自发增长,这种增长可以减少企业外部融资的数额。

 要点提示

> 资本性支出就是固定资产的变动;净营运资本支出就是流动资产减流动负债的变动。企业资金的需要量最主要就是集中在资本性支出和净营运资本支出,前者也隐含地反映了生产规模是否要扩大。

(四) 筹资需要量

企业应当根据财务战略规划要求尤其是资产需要量,确定所需要的资金总额、资本结构、筹资方式和相应的筹资安排等。

 要点提示

> 资金来源包括内部留存收益(净利润扣除现金股利)、长短期借款、股权融资等。

筹资需要量预测方法可以用下列公式表示:

$$Z = (A_0/S_0 - L_0/S_0)(S_1 - S_0) - S_1 R_1 (1 - d_1) - (D - I)$$

其中,Z 表示预测期需要从外部筹集的资金总额;A_0 基期经营性资产总额;L_0 基期经营性负债总额;S_0 基期销售额;S_1 预测期销售额;d_1 预测期股利分配比例;R_1 预测期销售利润率;D 预测期计提折旧总额;I 预测期更新改造支出总额。

这里需要特别指出,更新改造支出是指维持基期原有生产能力需要进行的投资,不包括扩大生产能力的增量投资。

(五) 追加变量

企业应当根据财务战略规划要求做好追加变量的预计工作。比如企业在进行财务规划时,预计营业额(销售额)和成本费用按照某个比例增长,预计资产和负债按照另一个比例增长,在这种情况下就需要增加其他变量(如追加负债或发行股票等)来加以协调,这个变量就是追加变量,否则很难实现利润表和资产负债表之间的平衡。在某些情况下,追加变量的预测是做好资产需要量、融资需要量的预计和有关报表的试算平衡所必不可少的。

追加变量是财务预测中实现报表平衡的关键,外部筹资的安排需要考虑预测期资

产负债率 f、股利分配率 d 的限制,因此,预测期增量借款 X_1,增量股权融资 X_2 应该满足下列条件：

$$X_1 = TA_1 f_1 - TA_0 f_0 - (L_0/S_0)(S_1 - S_0)$$
$$X_1 + X_2 = Z$$

其中,TA_1 和 TA_0 分别表示预测期和基期资产总额。因此,预测期资产负债率和利润分配比例等变量决定了负债的规模和股权融资的规模,可见,融资战略需要考虑的主要问题是未来期间的资本结构和利益分配的政策安排。

(六) 经济指标假设

企业应当明确在整个计划期间里所处的经济环境,并据此做出相应的有关经济指标假设。

表 2-5 是标准资产负债表,即按照会计准则规定编制并对外披露的资产负债表。但一般这类报表主要是用于对外公开信息披露,作出财务预测规划则需要对其进行改动。

表 2-5　标准资产负债表

金融资产	经营性负债
经营流动资产	金融负债(长期+短期)
经营固定资产	所有者权益

表 2-6 是管理资产负债表,即在标准资产负债表基础上将经营性负债左移,形成净营运资产;多余的金融资产右移,可提供部分资金供给。表 2-6 的左边代表了资金的运用;右侧代表了资金的具体来源。

表 2-6　管理资产负债表

金融资产(必备)	金融负债－金融资产(多余)
经营流动资产－经营性负债(净营运资产)	所有者权益
经营固定资产	

表 2-7 反映了资产与负债变动的过程,反映了财务预测规划中使资产负债表获得平衡的方法,即依靠追加变量来保证报表的平衡。需要注意的是,如果题目中有对资本结构的强制性规定,追加变量就可能是通过增加发行股票的方式,来保证满足资金供应。总而言之,要关注题目的具体要求随机而动。

表 2-7　财务预测追加变量计算

金融资产变动(必备)	净金融负债变动——追加变量
经营流动资产变动－经营性负债变动	所有者权益变动＋留存收益－现金股利
经营固定资产变动	

【例 2-3】 某公司 2021 年 12 月 31 日简要资产负债表如表 2-8 所示。

表 2-8 2021 年 12 月 31 日某公司简要资产负债表   单位:万元

资产		负债与所有者权益	
现金	600	应付账款	1 800
应收账款	1 800	应付费用	1 200
存货	2 800	长期借款	2 000
固定资产净值	4 800	实收资本	4 000
		留存收益	1 000
资产合计	10 000	负债与所有者权益合计	10 000

该公司 2021 年度的销售收入为 16 000 万元,但固定资产生产能力已经饱和,若增加收入需增加固定资产投资。销售净利率为 10%,其中 60% 的净利润分配给投资者。预计 2022 年销售收入将提高到 20 000 万元。

要求:

(1) 确定该公司 2022 年需从外界追加的资金量(假定 2022 年与 2021 年的销售净利率和利润分配政策均相同)。

(2) 假设该公司所需增加的外部资金采用发行债券方式取得 500 万元,剩余部分依靠发行股票来筹集。请计算该公司总负债占资产比重。

(3) 假设该公司现金项目不仅不需要追加还可以释放多余的 100 万元,且决定不再发放股利,试问是否还需要追加对外融资额?如果追加需多少资金?

分析:

(1) 资产占用资金增量=(600+1 800+2 800+4 800-1 800-1 200)×(20 000-16 000)/16 000=1 750(万元)

对外需筹资量=1 750-20 000×10%×(1-60%)=950(万元)

(2) 销售收入增长率=(20 000-16 000)/16 000=25%

资产负债率=(2 000+500+1 800×1.25+1 200×1.25)/(10 000×1.25)=50%

(3) 资产占用资金增量=(1 800+2 800+4 800-1 800-1 200)×(20 000-16 000)/16 000=1 600(万元)

对外筹资额=1 600-100-20 000×10%=-500(万元)

计算结果表明,无需追加对外融资,企业现金释放加内部留存就可以满足扩张的资金需要。

【例 2-4】 追加变量实例

假设 F 公司最近年度的财务报表如表 2-9 所示。

表 2-9 F公司利润表资产负债表　　　　　　　　　　　单位:万元

利润表	资产负债表			
收入 1 000	资产	500	负债	250
成本 800			权益	250
利润 200	总额	500	总额	500

假设所有项目都与收入以相同的幅度增长,则预计报表如表 2-10 所示。

表 2-10 F公司预计报表　　　　　　　　　　　　　　单位:万元

预计利润表	预计资产负债表			
收入 1 200	资产	600	负债	300
成本 960			权益	300
利润 240	总额	600	总额	600

问题:净利润为 240 万元,但权益只增加了 50 万元。

【方法一】对外支付股利:240－50＝190 万元,在这种情况下,股利就是追加变量(协调变量)。

【方法二】债务额:600－490＝110 万元,在这种情况下,债务就是追加变量(协调变量),需要偿还负债 110(＝250－140)万元,如表 2-11 所示。

表 2-11 F公司预计资产负债表

资产 600	负债	110
	权益	490
总额 600	总额	600

【例 2-5】 A 公司确定的财务战略目标是实现企业的可持续增长,其有关资料如下:

(1)2020 年财务报表主要数据如表 2-12 所示。

表 2-12 A公司 2020 年财务报表　　　　　　　　　　单位:万元

项目	2020 年
销售收入	3 200
净利润	160
本期分配股利	48
本期留存利润	112
流动资产	2 552

(续表)

项目	2020年
固定资产	1 800
资产总计	4 352
流动负债	1 200
长期负债	800
负债合计	2 000
实收资本	1 600
期末未分配利润	752
所有者权益合计	2 352
负债及所有者权益总计	4 352

(2) A公司流动负债均为无息流动负债,长期负债为有息负债(利率为5%,预计未来几年可保持不变)。据历史资料分析,该公司资产和流动负债与销售收入保持同比例增长。

(3) 2021年的目标销售增长率为20%,为了筹集高速增长所需的资金,公司拟在保持2020年销售净利率、资产周转率和收益留存率不变的情况下,将权益乘数提高到2。

要求:

(1) 预计2021年财务报表的主要数据(具体项目见表2-12)。

(2) 计算确定2021年的外部筹资额。

分析:

(1) 预计2021年财务报表的主要数据如表2-13所示。

表2-13　A公司2021年预计财务报表　　　　　　　单位:万元

项目	2020年	2021年
销售收入	3 200	3 840
净利润	160	192
股利	48	57.6
本期留存利润	112	134.4
流动资产	2 552	3 062.4
固定资产	1 800	2 160
资产总计	4 352	5 222.4
流动负债	1 200	1 440
长期负债	800	1 171.2[资产负债率=50%=(1 440+长期负债)/5 222.4]

(续表)

项目	2020年	2021年
负债合计	2 000	2 611.2
实收资本	1 600	1 724.8(倒挤)
期末未分配利润	752	886.4(752＋3 200×1.2×160/3 200×112/160)
所有者权益合计	2 352	2 611.2(5 222.4×50%)
负债及所有者权益总计	4 352	5 222.4

注:权益乘数为2时,资产负债率为50%。

(2) 计算确定2021年的外部筹资额。

外部融资额中负债的金额:1 171.2－800＝371.2(万元)

外部融资额中权益的金额:1 724.8－1 600＝124.8(万元)

外部融资额＝371.2＋124.8＝496(万元)

【例2-6】 运用销售百分比法进行财务战略规划预测

财务预测的销售百分比法,假设资产、负债和费用与销售收入存在稳定的百分比关系,根据预计销售额和相应的百分比预计资产、负债和所有者权益,然后利用会计等式确定融资需求。

预测的步骤如下所示。

(1) 确定资产和负债项目的销售百分比。

确定资产和负债项目的销售百分比,可以根据统一的财务报表数据预计,也可以使用经过调整的用于管理的财务报表数据预计。假设B公司2022年预计销售收入为4 000万元,2021年经调整的资产负债表的数据如下表所示,表中资产负债比率计算为根据2021年销售收入(3 000万元)计算的各项经营资产和经营负债的百分比。假设固定资产等长期资产按收入比例而增减变动(见表2-14)。

各项目销售百分比＝基期资产(负债)÷基期销售额。

表2-14　B公司2022年净经营资产的预计　　　　　　　　　　　　单位:万元

项目	2021年	销售百分比	2022年
应收票据	8	0.27%	11
应收账款	398	13.27%	531
预付账款	22	0.73%	29
其他应收款	12	0.40%	16
存货	119	3.97%	159
待摊费用	32	1.07%	43
一年内到期的非流动资产	45	1.50%	60

(续表)

项目	2021年	销售百分比	2022年
其他流动资产	8	0.27%	11
长期股权投资	30	1.00%	40
固定资产	1 238	41.27%	1 651
在建工程	18	0.60%	24
无形资产	6	0.20%	8
长期待摊费用	5	0.17%	7
其他非流动资产	3	0.10%	4
经营资产合计	1 944	64.82%	2 594
应付票据	5	0.17%	7
应付账款	100	3.33%	133
预收账款	10	0.33%	13
应付职工薪酬	2	0.07%	3
应交税费	5	0.17%	7
其他应付款	14	0.47%	19
预提费用	9	0.30%	12
预计负债	2	0.07%	3
一年内到期的非流动负债	50	1.67%	67
其他流动负债	3	0.10%	4
长期应付款	50	1.67%	67
经营负债合计	250	8.33%	335
净经营资产总计	1 694	56.47%	2 259

资产、负债项目占销售额的百分比,也可以根据以前若干年度的平均数确定。

(2) 预计各项经营资产和经营负债。

根据预计2022年销售收入(4 000万元)和各项目销售百分比计算的各项经营资产和经营负债。

$$资金总需求=预计净经营资产合计-基期净经营资产合计$$
$$=2\ 259-1\ 694=565(万元)$$

B公司2022年需要筹资565万元,如何筹集该笔资金取决于它的筹资政策。通常,筹资的优先顺序如下:①动用现存的金融资产;②增加留存收益;③增加金融负债;④增加股本。

(3) 预计可以动用的金融资产。

B公司2021年底的金融资产为56万元。根据过去经验,B公司至少要保留20万元的货币资金,以备各种意外支付。

$$可动用金融资产 = 56 - 20 = 36(万元)$$
$$尚需筹集资金 = 565 - 36 = 529(万元)$$

(4) 预计增加的留存收益。

留存收益是公司内部的筹资来源。只要公司有盈利并且不是全部支付股利,留存收益会使股东权益增长,可以满足或部分满足企业的筹资要求。这部分资金的多少,取决于收益的多少和股利支付率的高低。

$$留存收益增加 = 预计销售额 \times 计划销售净利率 \times (1 - 股利支付率)$$

假设B公司2022年计划销售净利率为4.5%(与2021年实际接近)。由于需要的筹资额较大,2022年B公司不支付股利。

$$留存收益增加 = 4\,000 \times 4.5\% = 180(万元)$$
$$需要的外部筹资数额 = 529 - 180 = 349(万元)$$

(5) 预计增加的借款。

需要的外部筹资额,可以通过增加借款或增发股本筹集,涉及资本结构管理问题。通常,在目标资本结构允许时企业会优先使用借款筹资。如果已经不宜再增加借款,则需要增发股本。

假设B公司可以通过借款筹集资金345万元,则有

$$筹集资金总额 = 动用金融资产 + 增加留存收益 + 增加借款$$
$$= 36 + 180 + 349$$
$$= 565(万元)$$

追加的349万元借款,我们可以视之为追加变量,保证了新报表的资金平衡。

三、财务战略规划的内容

财务战略规划的内容包括投资战略规划、筹资战略规划、财务发展规划、资本结构规划、研究与开发规划等。其中最核心的是投资战略规划和筹资战略规划。

(一) 投资战略规划

企业广义的投资战略包括直接投资战略和间接投资战略,投资战略规划需要做好这两方面的战略规划。

1. 直接投资战略规划

直接投资是指企业为直接进行生产或者其他经营活动而在土地、固定资产等方面

进行的投资。它通常与实物投资相联系。直接投资战略规划需要以企业的生产经营规划和资产需要量预测为基础进行,继而确定企业需要直接投资的时间、规模、类别以及相关资产的产出量、盈利能力等,以满足企业财务战略管理的需要。

例如,企业意图进入汽车行业,从而通过并购或利用资金直接购买相应的生产资料,如土地、厂房、机器设备等,进行实体经济经营活动。

2. 间接投资战略规划

间接投资指企业通过购买证券、融出资金或者发放贷款等方式将资本投入到其他企业,其他企业进而再将资本投入到生产经营中去的投资。间接投资通常为证券投资,其主要目的是获取股利或者利息,实现资本增值和股东价值最大化。间接投资战略规划的核心问题是如何在风险可控的情况下确定投资的时机、金额、期限等,尤其是投资策略的选择和投资组合规划。

按照现代投资理论,组合投资是企业降低风险、科学投资的最佳选择,即企业并不只是投资一种证券(或者一种金融资产),而是寻求多种证券(或者金融资产)组合的最优投资策略,以寻求在风险既定情况下投资收益最高,或者在投资收益一定情况下风险最小的投资策略。

间接投资组合战略规划通常主要包括债券投资组合战略规划、股票投资组合战略规划和混合投资组合战略规划等,并据此划分为积极和消极两类。其中,当投资者认为市场是无效的或者效率较低的,就会选择积极的投资组合策略,以获取无效率或低效率市场带来的额外收益。

如果市场并不是有效的市场,证券价格不能完全反映影响价格的信息,那么市场中存在错误定价的证券。在无效的市场条件下,投资者有可能通过分析和良好的判断力,以及信息方面的优势,识别出错误定价的证券,通过买入"价值低估"、卖出"价值高估"的证券,获取超出市场平均水平的收益率,或者在获得同等收益的情况下承担较低的风险水平。

当投资者认为市场是有效的,就会选择消极的投资组合策略。此时所有的信息都会及时地纳入价格中,投资者很难获取获利机会。总而言之,积极策略的重点是预期影响资产价值的因素,消极策略则较少用到预期。

3. 股票投资组合战略规划

根据股票性质的不同,通常可以将股票分为价值型股票与成长型股票。价值型股票是指收益稳定、价值被低估、安全性高的股票,其市盈率和市净率通常较低;成长型股票通常是收益增长速度快、未来发展潜力大的股票,其市盈率和市净率通常较高。

按照这一标准,在任何股票市场上,股票都可以进一步细分为四种类别:一是高价值型;二是高增长型;三是低价值型;四是低增长型。企业在进行股票投资时,无疑将追逐高价值型和高增长型股票或者是两者的组合。价值型股票的投资者比成长型股票的投资者一般表现得更有耐心,更倾向于长期投资。与此相反,一旦市场有变,成长型股票的投资者往往会选择快进快出,进行短线操作。

衡量股票投资价值及其成长性的指标通常有市盈率（每股股价/每股收益，即 P/E）和市净率（每股股价/每股账面净资产，即 P/B），一般认为，较高的企业收益及其增长率将增加企业的净资产及其成长性，假设市盈率或者市净率不变，如果被投资企业收益增长或者净资产增加，就表明股票价值将上升，因此，对于高价值型或者高增长型股票投资者来讲，将非常关注企业收益和净资产的成长性。就价值型股票投资来说，可以分为低市盈率型股票投资、反向型股票投资、收益型股票投资。其中，对于低市盈率型股票投资，企业通常集中关注每股收益指标并投资于市盈率相对较低的股票。对于反向型股票投资，企业通常集中关注企业账面净资产价值并投资于市净率相对较低的股票。就增长型股票投资来说，可以分为持续增长型股票投资和收益加速增长型股票投资。其中，对于持续增长型股票投资，企业通常集中关注并购买收益具有稳定持续增长特点的公司股票。对于收益加速增长型股票投资，企业通常集中关注并购买具有收益加速增长预期的公司股票。

针对股票投资，企业也可以根据风险管理水平和对市场的合理估计，兼顾价值型股票投资和增长型股票投资，做好混合股票投资规划。

 要点提示

> 价值型股票通常是成熟型企业，成长性较低但现金流丰裕；成长型股票属于初创期或发展期企业，目前现金流较低但未来增长速度很快，且风险较高。具体表现在市净率上，就是价值型股票的市净率较低，其给股东的回报主要是当期现金流回报；成长型股票市净率较高，其给股东的回报是未来资本利得。

4. 混合投资组合战略规划

混合投资组合战略规划是根据企业风险偏好情况和可供选择的投资品种，将债券品种和股票品种组合在一起进行投资的战略规划。

（二）筹资战略规划

筹资战略规划主要解决筹集资金如何满足生产经营和投资项目的需要以及债务筹资和权益筹资方式的选择及其结构比率的确定等规划问题。企业在进行筹资战略规划时，要根据最优资本结构的要求，合理权衡负债筹资比率和权益筹资比率。一般情况下，企业为了获取财务杠杆利益，在风险可控的情况下，将会选择采用负债融资，但如果企业财务风险较大，负债资本成本较高，企业通常选择增发股票等权益融资较为合适。企业在具体进行筹资战略规划并选择筹资方式时，应当综合考虑维持财务的灵活性和筹资决策对股票价格及企业价值的影响。

从企业成长角度以及负债融资及股权融资角度来看，具体来讲，企业筹资战略规划可以分为以下两种。

1. 快速增长和保守筹资战略规划

对于快速增长型企业，创造价值最好的方法是新增投资，而不是可能伴随着负债筹资的税收减免所带来的杠杆效应。因此,最恰当的筹资策略是那种最能促进增长的策略。在选择筹资工具时,可以采用以下五种方法。

(1) 维持一个保守的财务杠杆比率,它具有可以保证企业持续进入金融市场的充足借贷能力。

(2) 采取一个恰当的、能够让企业从内部为企业绝大部分增长提供资金的股利支付比率。

(3) 把现金、短期投资和未使用的借贷能力用作暂时的流动性缓冲品,以便于在那些投资需要超过内部资金来源的年份里能够提供资金。

(4) 如果非得用外部筹资的话,那么选择举债的方式,除非由此导致的财务杠杆比率威胁到财务灵活性和稳健性。

(5) 当上述方法都行不通时,采用增发股票筹资方式或者减缓增长。

2. 低增长和积极筹资战略规划

对于低增长型企业,通常没有足够好的投资机会,在这种情况下,出于利用负债筹资为股东创造价值的动机,企业由于具有良好的经营现金流能够尽可能地减少资金链断裂的风险,此时可以尽可能多地借入资金来增加财务杠杆;或者可以利用这些资金回购自己的股票,也是增加财务杠杆的另一种方式,这些都属于增加股东财富型的理财行为。这一筹资战略规划为股东创造价值的方法通常包括以下三种。

(1) 通过负债筹资增加利息支出获取相应的所得税利益,从而增进股东财富。

(2) 股票回购向市场传递积极信号,从而推高股价。

(3) 在财务风险可控的情况下,高财务杠杆比率可以提高管理人员的激励动机,促进其创造足够的利润以支付高额利息。

第三节 财务战略实施

一、财务战略实施的组织

组织结构涉及组织内部人员的分工与协作、权责划分、监督与激励等。企业应当选择并采用这样一种结构:能以最简单的方式执行经营任务,同时不会产生不必要的问题和复杂情况。组织结构应由企业的战略方向和战略活动决定,最佳结果就是战略与组织结构有效匹配。适当的组织结构对战略的有效实施起着关键作用。

一般来说,企业实施新的财务战略的流程是:当企业出现新问题,组织绩效下降,原有的财务战略无法解决,故此时需要建立新的组织结构,改进组织绩效,从而实施新战略,至此企业实现了新的战略。

(一) 财务战略实施的组织结构影响因素

组织机构确立的根本目的是实现公司整体战略,包括财务战略的顺利实施。设计

组织结构应当考虑以下四方面因素。

(1) 企业发展战略的要求。企业的战略是一个重要考虑因素。在计划组织结构时,最根本的目的必须是确保形式上的结构不妨碍企业主要目标的实现,就是要对工作进行安排,使员工能够以最有效的方式工作。

组织结构直接影响的是组织内部的分权程度、决策权力的控制与人财物的分配,包括监督的层级与力度。因此从效率成本的角度讲,适合公司发展战略的组织结构能够使信息在企业内部低成本、及时地传递以便于准确、顺利地决策;从监督控制的角度讲,合适的组织结构能够做好岗位分离、职责明确,历史发展经验表明,通过组织构架的设计来实现监督控制问题是成本很低的一种制度安排。

(2) 企业经营所处的环境。企业经营所处的环境是关键因素。为了将工作划分为可管理的若干部分,并将这些部分进行归类使其能够有效沟通,就需要判断企业经营所处的环境是稳定的还是高度复杂且不断变化的。稳定的环境允许企业采用较为严格的、常规的组织结构,而不断变化和不确定性的环境就要求企业采用更为灵活的、可调整的组织结构。

(3) 企业所采用的技术。企业所采用的技术也与组织结构的确定有关。批量化的生产技术通常需要企业采用高长型、更为集中的组织结构。当企业达到一定规模时,从上到下的控制就会变得非常困难,因此就要求企业采用分权式的组织结构。规模也具有类似的重要性。当企业达到一定规模时,从上到下的控制就会变得非常困难,因此就要求企业采用分权式的组织结构。

(4) 企业人员和文化。由于专有信息传递的困难,技能熟练的、独立的专业人员通常要求采用分权式的组织结构并要求取得自主权,这会提高公司的决策效率。但同时也对公司的监督与控制提出了更高的要求。

(二) 财务战略实施的组织结构类型

财务战略实施的组织结构类型主要包括创业型组织结构、职能制组织结构、事业部制组织结构等。

1. 创业型组织结构

创业型组织结构是指企业的所有者或者管理者对若干下属实施直接财务控制,并由下属执行一系列财务及相关工作任务。这一结构类型的弹性较小并缺乏专业分工,其成功主要依赖于个人能力。但随着企业发展,个人能力为主的创业型组织结构无法承担日益复杂的业务,企业的组织结构需要进一步调整。这是多数小型企业的标准组织结构模式。

2. 职能制组织结构

职能制组织结构是指企业不同部门有不同的业务职能,在统一的财务战略目标和规划下,营销部门负责产品的营销和推广;生产部门负责生产客户所需产品;财务部门负责核算和控制财务活动等,有关财务战略的具体目标和措施需要细化和落实到具体的业务部门中。理论上,各部门之间相互独立,但是在实务中部门之间通常有一定的相互作用和影响。它是组织结构中的典型模式,这一模式表明组织结构向规范化和专门化又迈进了一步,适用于单一产品企业。随着企业不断扩张经营规模和经营范围,企业需要将职权和责任分派给专门单元的管理者。

职能制组织结构的优点主要有以下四方面。

(1) 能够通过集中单一部门内所有某一类型的活动来实现规模经济。

(2) 可以将不同关键活动指定由某职能部门执行,从而提高企业战略执行能力。

(3) 由于任务为常规和重复性任务,因而工作效率得到提高。

(4) 便于董事会监控各个部门。

职能制组织结构的缺点主要有以下四方面。

(1) 由于对战略重要性的流程进行了过度细分,在协调不同职能时可能出现问题。

(2) 难以确定各项产品产生的盈亏。

(3) 导致职能间发生冲突、各自为政,而不是出于企业整体利益进行相互合作。

(4) 等级层次以及集权化的决策制定机制会放慢反应速度。

职能制组织结构如图 2-1 所示。

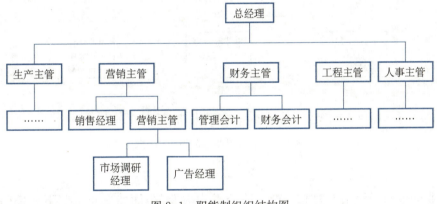

图 2-1　职能制组织结构图

3. 事业部制组织结构

当企业逐步成长,拥有多个产品线之后,或者由于消费者市场迅速扩张企业必须进行跨地区经营时,企业的协调活动就变得比较困难。在这一阶段,事业部制组织结构就应运而生。事业部制组织结构是指企业按照产品、服务、市场或者地区定义出不同的事业部,然后把财务战略目标、任务和规划要求细分到各个事业部,由事业部负责运营、协调、控制等工作,并以事业部为基础进行财务和非财务的考核。它适用于有多个产品线或者消费者市场区位不同需要跨区经营的企业。

事业部制组织结构的优点主要有以下两方面。

(1) 公司能够把多种经营业务的专门化管理和公司总部的集中统一领导更好地结合起来。

（2）各事业部能够相对自主、独立地开展生产经营活动，从而有利于培养综合型高级管理人才。

事业部制组织结构的缺点主要有以下四方面。

（1）对事业部经理的素质要求较高，公司需要有许多对特定经营领域或地域比较熟悉的全能型管理人才来运作和领导事业部内的生产经营活动。

（2）各事业部都设立有类似的日常生产经营活动管理机构，容易造成职能重复，管理费用上升。

（3）各事业部有各自独立的经济利益，容易产生对公司资源和共享市场的不良竞争，有可能引发不必要的内耗，使总公司协调的任务加重。

（4）总公司和事业部之间的集权分权关系处理起来难度较大也比较微妙，容易出现要么分权过度，削弱公司的整体领导力，要么分权不足，影响事业部的经营自主性。

根据区域或产品的分类差异，事业部制还可以进一步区分为区域事业部、产品事业部等。区域事业部制组织结构如图2-2所示，产品事业部类同。

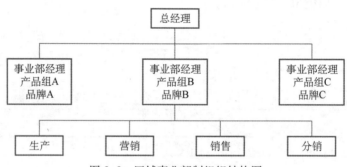

图2-2　区域事业部制组织结构图

4．战略业务单位组织结构

企业的成长最终需要将相关产品线归类为事业部，而然后将这些事业部归类为战略业务单位。

战略业务单位组织结构主要适用于规模较大的多元化经营的企业。它的优点主要有以下三方面。

（1）降低了企业总部的控制跨度。采用这种结构后，企业层的管理者只需要控制少数几个战略业务单位而无须控制多个事业部。

（2）由于不同的企业单元都向总部报告其经营情况，因此控制幅度的降低也减轻了总部的信息过度情况。

（3）这种结构使具有类似使命、产品、市场或技术的事业部之间能够更好地协调。

战略业务单位组织结构的缺点主要有以下两方面。

（1）由于采用这种结构在事业部层次之上多了一个垂直管理层，因此总部与事业部和产品层的关系变得更疏远。

（2）战略业务单位经理为了取得更多的企业资源会引发竞争和摩擦，而这些竞争会造成职能性失调并会对企业的总体绩效产生不利影响。

战略业务单位组织结构如图2-3所示。

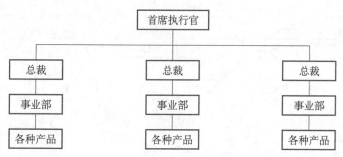

图2-3　战略业务单位组织结构图

5. 矩阵制组织结构

矩阵制组织结构是为了处理非常复杂项目中的控制问题而设计的。这种结构在职能和产品或项目之间起到了联系的作用。这样，员工就拥有了两个直接上级，其中一名上级负责产品或服务，而另一名负责职能活动。

矩阵制组织结构的优点主要有以下四方面。

（1）由于项目经理与项目的关系更紧密，因而他们能更直接地参与到与其产品相关的战略中来，从而激发其成功的动力。

（2）能更加有效地优先考虑关键项目，加强对产品和市场的关注，从而避免职能型结构对产品和市场的关注不足。

（3）实现了各个部门之间的协作以及各项技能和专门技术的相互交融。

（4）双重权力使企业具有多重定位，这样职能专家就不会只关注自身业务范围。

矩阵制组织结构的缺点主要有以下四方面。

（1）可能导致权力划分不清晰（比如谁来负责预算），并在职能工作和项目工作之间产生冲突。

（2）双重权力容易使管理者之间产生冲突。员工必须知道其工作的各个方面应对哪个上级负责。

（3）管理层可能难以接受混合型结构，并且管理者可能会觉得另一名管理者将争夺其权力，从而产生危机感。

（4）协调所有的产品和地区会增加时间成本和财务成本，从而导致制定决策的时间过长。

矩阵制组织结构如图2-4所示。

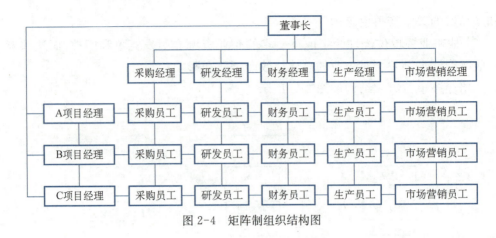

图 2-4 矩阵制组织结构图

二、财务战略的实施与监控

企业应当根据财务战略,制定年度财务计划,编制全面预算,将财务战略分解、落实到产销水平、资产负债规模、收入及利润增长幅度、投融资安排、投资回报要求等各个方面,确保财务战略的有效实施。

企业需要做好财务战略的宣传、教育培训工作,将财务战略及其分解落实情况传递到内部各管理层级和全体员工。

企业财务战略实施过程中,企业管理层和财务部门需要加强对财务战略实施情况的监督检查和动态监控,定期收集和分析相关信息,对于明显偏离财务战略的情况,应当及时进行内部报告;由于经济形势、产业政策、行业状况、不可抗力、企业发展战略等因素发生重大变化,确需对财务战略做出调整的,应当按照规定程序调整财务战略。

案例研究与分析

海澜之家财务战略分析

在激烈的市场竞争环境下,民营企业要在竞争中获得发展机会,就需要制订有效的财务战略。对企业财务战略进行研究,有助于企业解决当前困境,助力企业成长。

【案例资料】

海澜之家是中国服装界的龙头企业,2018年,在服装业持续低迷的背景下,其在男装市场的销量占比高达41.87%,并以轻量化的资产配置迅速实现规模扩张,旗下门店近7 000家。然而,近年来其财务数据逐年递减,财务比率连年下滑,本案例从投资战略、融资战略、股利战略与营运战略四个方面对海澜之家财务战略进行介绍和分析。

一、投资战略

(一) 入股互补型企业，弥补资源短板

近年来，服装市场女装板块发展迅猛，"二孩"政策促使婴童市场同样呈爆发式增长。对此，海澜之家积极作出响应，逐渐形成多元化的经营格局。海澜之家女装业务拥有一定市场基础，通过入股时尚快销品牌的方式，与对方企业达成理念共享。而对于婴童市场，海澜之家相对陌生，创立新品牌需要投入大量精力且经营风险较大。因此，通过收购成熟童装品牌的方式，海澜之家成为英式婴童品牌第二大股东而非直接控股，进而展开渗透式学习。

(二) 加强全渠道融合，探索新零售转型

在新零售的发展态势下，海澜之家的线上渠道步入快速发展阶段，而物流运输作为新零售业态中的重要一环，需要通过高效的信息系统与现代化的物流系统对产品的各个环节实施有效管理，并通过物流系统对供应商和门店的需求作出快速反应。鉴于此，海澜之家于2017年公开发行可转债募集资金，投身物流园区建设，为企业线上业务的快速增长做足准备。

(三) 自主创新研发，打造技术壁垒

2015—2017年，海澜之家研发费用逐年递减，2015年研发费用的增加主要由设计费用提高所致，并未开展具体的研发项目，随后两年更是呈负增长的发展态势（详见表2-15）。自2018年起，企业对于新产品坚持自主创新，不再依赖上游供应商，针对不同品牌的产品风格及形象定位设计开发新品，研发投入同比增长95.74%，是其投资方向的一大转折点。

表 2-15　海澜之家 2014—2018 年研发费用支出

年份	研发费用/万元	变动幅度/%
2014	2 245.55	—
2015	2 741.55	22.09
2016	2 664.94	−2.79
2017	2 504.26	−6.03
2018	4 901.83	95.74

资料来源：公司年报由作者计算，下同。

二、融资战略

(一) 供应链管理达成信用融资

供应链融资是海澜之家的主要融资渠道。在供应链上游，海澜之家与供应商签署购货协议，实行3/7结算方案，仅预付货款的30%，其余货款依据实际销售情况按月支付，有效减少了资金在采购端的占用，同时通过退货协议将尾货风险转至上游供应商。在供应链下游，则与加盟商签订加盟合同，加盟商须一次性缴纳100万元押金，合同期

满无息退还,基于此,海澜之家实际上以零成本获得了融资。

(二)可转债扩大外部融资

为提升持续盈利能力,海澜之家公开发行可转债募集资金,用于信息化、物流仓储及技术研发的全面升级。可转债申请后可转换为公司股票,近似股权融资,也被视为定向增发的替代品,相较于定向增发与债权融资,其发行限制更少、融资成本更低、审批流程更宽松,更重要的是无须考虑资金的偿还问题,这正是海澜之家选取此种融资方式的原因。

(三)跨领域合作实现战略融资

2018年,海澜之家向腾讯实施战略性融资,腾讯以25亿元入股5.31%,直接跃升为海澜之家第三大股东。这一合作在使海澜之家获得巨额融资的同时,也为其线上模式的探索提供了数据分析和技术支持。海澜之家积极地与互联网巨头寻求业务契合点,保持与跨领域行业的链接,加快数字化转型进程,迎合数字化发展大势,旨在在数字经济的冲击下突出重围。

三、股利战略

海澜之家股利政策以可持续发展为依据,但更强调对大众股东的合理回报。2014年以来,海澜之家股利分配连续且稳定,一直保持较高的分配政策,且分配方式单一,均以现金股利的形式派发。截至2018年年末,企业累计分红16次,分红金额超过100亿元,5年来年均股本支付率高达61.25%,分派的最高水平是2016年,每10股派息4.90元(详见表2-16)。

表2-16 海澜之家2014—2018年普通股现金分红情况

年份	每10股派息/元	分红总额/亿元	净利润/亿元	股本支付率/%
2014	3.80	17.07	23.79	71.75
2015	3.30	14.83	29.54	50.20
2016	4.90	22.01	31.23	70.48
2017	4.80	21.57	33.29	64.79
2018	3.80	16.94	34.56	49.02

四、营运战略

海澜之家采用共赢理念进行前后端整合。前端通过联合开发、零售导向的赊购、直销商品可退货的方式从供应商获取高品质的产品,并设立专注于尾货处理的品牌"海一家";后端则通过与加盟商的合作减少销售中间环节,加盟商可为其提供优质的店铺资源,而现销模式有效控制了供应链下游时资金的占用。在该过程中,海澜之家专注于供应链管理和品牌管理,以轻资产模式迅速推动企业发展。

【案例思考】
请结合上述案例并进一步查阅资料,分析海澜集团在财务战略上的缺点并提出解决方案。

【案例分析】
一、进一步完善融资渠道

在海澜之家的融资体系中,传统债券型融资较为欠缺。实际上,银行等传统金融机构在对外放贷时,以抵押物质量与可信度作为对轻资产型企业的评判标准并不能准确反映偿还债务的能力。企业内部须严格把控产品质量,重视提升商业信誉,积累更多无形的品牌价值,同时积极与外部机构协商,确定适用的评判指标,如对于供应链融资,以核心竞争力为评判依据,审查企业供应链整体的管理能力及上下游核心企业的资信水平。另外,企业也要内外并行,争取更多传统金融机构的贷款支持,进一步完善融资渠道。

二、减少现金股利的分配

海澜之家一贯分配高比例的现金股利,其与留存收益呈反向变动,因而缩减了内部融资的规模。在衡量分配比例时,应与投融资战略充分结合,判断股利分配后能否满足总体战略实施资金需求和填补兼并资金缺口。同时,海澜之家还要兼顾各方利益群体,高比例的现金股利有利于吸引短期投资者,也会向市场传递利好信息,但大股东更注重长远利益,希望增加内部积累以实现价值增值。企业应平衡好投资回报与公司发展之间的关系,将全局性理念贯穿股利政策制定的始终,适当减少分配现金股利,营造良好的战略环境。

三、充分利用自由现金流

海澜之家除满足日常运营所需资金外,还保有巨额的现金剩余。流动资金的持有量并非越多越好,相反,过多持有流动资金会增加不必要的运营成本,有损资产的获利能力。海澜之家在选择供应商时,不应局限于企业规模,而应以提升产品质量为核心,对于有技术优势的小型企业,可提供专项资金支持,并可与其签订优先供货协议。此外,要重视短期资本的投资,将部分闲置资金投入短期资本市场,购买股票、债券、基金、黄金、期货等变现能力较强且资产收益高于现金的流动性资产,提升资本的保值、增值能力。

第三章 企业融资与资本结构

学习目标

1. 了解公司发行证券的方式,了解资本结构理论的研究历程;
2. 理解和掌握金融体系、IPO 以及股权质押;
3. 掌握企业资本结构理论;
4. 掌握目标资本结构,能够运用正确的方法开展资本结构决策。

第一节 资本结构理论

资本结构是指公司债务筹资与权益筹资的比例关系,也就是通常所说的杠杆比率。资本结构是否会影响公司价值,在公司财务理论上迄今为止依然是一个未解之谜,即所谓的"资本结构之谜"(capital structure puzzle)。后面的分析将说明,在完善的资本市场环境中,资本结构将不会影响公司价值。但是,现实中的资本市场并非完善,因为资本市场存在三大缺陷,即不对称的税负、不对称的信息和交易成本。由于这些缺陷的存在,资本结构将会影响公司价值。

一、市场观点:无公司税下的 MM 理论

资本结构理论旨在解释下述两个相关的问题:第一,杠杆比率变化是否会影响公司价值;第二,如果杠杆比率会影响公司价值,那么,最优的负债水平究竟应该是多少。为了回答上述问题,有必要使用一些公司价值估算模型。模型中将要使用的一些符号定义如下:S 表示普通股价值;D 表示债券价值;V 表示公司价值;$EBIT$ 表示营业利润,I 表示年债券利息;$E=EBIT-I$,S 表示归于普通股股东的收益,K_d 表示债务资本成本;K_s 表示普通股资本成本;K_0 表示加权平均资本成本;T 表示公司所得税税率。

首先,假设预期未来各年的 $EBIT$ 保持不变,且全部收益都用于发放股利。那么公司股票价值 S 的估算模型为:

$$S = \frac{(EBIT - K_d \times D)(1 - T)}{K_s} \tag{3-1}$$

式(3-1)可用来反映使用负债对公司股票价值产生的影响。经简单变换,可得:

$$K_s = \frac{(EBIT - K_d \times D)(1 - T)}{S} \tag{3-2}$$

式(3-2)可用来估算股权资本成本 K_s。

其次,假设公司资本由普通股票和债券两部分构成,那么加权平均资本成本为:

$$K_0 = \frac{D}{V} \times K_d \times (1 - T) + \frac{S}{V} \times K_s \tag{3-3}$$

式(3-3)可用来测算杠杆比率变化对加权平均资本成本的影响。

最后,公司价值 V 的基本估算模型为:

$$V = \frac{EBIT \times (1 - T)}{K_0} \tag{3-4}$$

式(3-4)经变换又可得:

$$K_0 = \frac{EBIT \times (1 - T)}{V} \tag{3-5}$$

1958 年,莫迪格莱尼和米勒提出了无公司税条件下的资本结构理论,即 MM 理论。该理论的前提假设是:(1)经营风险是可衡量的,有相同经营风险的公司即被认为处于同一风险等级;(2)投资者对公司未来收益和取得这些收益所面临风险的预期一致,亦即投资者对公司未来 $EBIT$ 的估计完全相同;(3)资本市场是完善的,从而没有交易成本,投资者可同被投资公司一样以同等利率获得借款;(4)无论借债多少,公司及个人的负债均无风险,故负债利率为无风险利率;(5)投资者预期的 $EBIT$ 不变,亦即假设公司的增长率为零,从而所有的现金流量都是年金。

基于上述假设,MM 理论提出的命题(1)为:在没有公司所得税的情况下,公司价值独立于其资本结构。也就是说,无论公司是否负债,加权平均资本成本都将保持不变,因此,公司价值就唯一地取决于 $EBIT$。

命题(1)以公式表示如下:

$$V_L = V_U = \frac{EBIT}{K_0} = \frac{EBIT}{K_{su}} \tag{3-6}$$

其中:V_L 表示有负债公司 L 的价值;V_U 表示无负债公司 U 的价值;K_{su} 表示处于既定风险等级的无负债公司 u 的股权资本成本。

命题(2)为:如果负债公司的负债资本成本和股权资本成本都不因负债的增加而提高,那么,由于负债资本成本小于股权资本成本,加权平均资本成本就会随资产负债率的提高而下降。MM 理论之所以认为在不同的杠杆比率下加权平均资本成本 K_0 保持不变,是因为随着资产负债率的上升,负债公司的股权资本成本 K_{sl} 也将相应增加。负债公司的股权资本成本 K_{sl} 等于同一风险等级的无负债公司的股权资本成本 K_{su} 加上风险报酬。这里,风险报酬取决于无负债公司股权资本成本 K_{su} 和负债成本 K_d 之差与资产负债率 D/S 的乘积。以公式表示为:

$$K_{sl} = K_{su} + (K_{su} - K_d) \times \frac{D}{S} \tag{3-7}$$

把命题(1)与命题(2)联系起来,MM 理论的含义是:K_d 小于 K_s 的利益,正好被股权资本成本 K_s 的上升抵消。所以,在负债增加的过程中,加权平均资本成本 K_0 和公司价值 V 不变。

MM 理论利用套利原理证明了上述命题(1)。根据前述假设,如果两个公司预期的 $EBIT$ 相同,仅因有无负债而导致公司价值不同,那么投资者就会出售价值高估公司的股票,同时购买价值低估公司的股票,进行套利活动。经过套利过程,投资者的年度收益将增加,而风险不变,因为他只是以投资者自制的负债杠杆替代被投资公司 L 的负债杠杆。这样的套利活动将持续到两个公司的市场价值相同为止。据此,MM 理论认为,在经历了一系列这样的套利过程达到均衡之后,负债公司和无负债公司的价值将无差异,即公司价值独立于其资本结构。

MM 理论命题(2)的证明是在命题(1)的基础上进行的。根据式(3-2),有

$$K_{sl} = \frac{EBIT - K_d \times D}{S} \tag{3-8}$$

又根据命题(1)及 $V = S + D$,有

$$V_L = V_U = S + D = \frac{EBIT}{K_{su}} \tag{3-9}$$

经变换,得:

$$EBIT = K_{su}(S + D) \tag{3-10}$$

将式(3-10)代入 K_{sl} 的计算公式,有

$$K_{sl} = \frac{K_{su}(S + D) - K_d \times D}{S}$$

$$= \frac{K_{su} \times S + K_{su} \times D - K_d \times D}{S}$$

$$= \frac{K_{su} \times S + (K_{su} - K_d) \times D}{S}$$

$$= K_{su} + (K_{su} - K_d) \times \frac{D}{S} \tag{3-11}$$

上述命题及其证明,都是基于资本市场完善这一前提假设的。现实的资本市场并不完善,存在如前所述的三大缺陷。因此,据以证明上述命题的投资者套利行为就不可能完全进行。因此,上述命题与实际情况必然存在差距。

二、公司所得税观点:有公司税下的 MM 理论

公司支付给债权人的利息可以在税前列支,但支付给股东的红利却只能从税后利润中开支。由于存在这种税负不对称,债务融资就成为比权益融资更为便宜的融资方式。这就是资本结构的公司所得税观点。根据这一观点,在全部举债而没有权益融资的情况下,公司价值将达到最大。1963 年,莫迪格莱尼和米勒提出了有公司税时的 MM 模型:假设在有公司所得税的情况下,负债会因利息的减税作用而增加公司价值。具体命题如下。

命题(3):负债公司价值 V_L,等于同一风险等级的无负债公司的价值加上节税价值。以公式表达为:

$$V_L = V_U + T \times D \tag{3-12}$$

式(3-12)中:$V_U = EBIT \times (1-T)/K_{su}$;$T$ 表示公司所得税税率。

根据此命题,公司负债越多,V_L 就越大。

命题(4):负债公司的股本资本成本 K_{sl},等于同一风险等级的无负债公司的股本资本成本 K_{su} 加上风险报酬。以公式表达为:

$$K_{sl} = K_{su} + (K_{su} - K_d)(1-T) \times \frac{D}{S} \tag{3-13}$$

式(3-13)与式(3-7)的差异仅在于 $(1-T)$。由于 $(1-T)<1$,所以,有公司所得税时 K_{sl} 上升的幅度小于无公司所得税时 K_{sl} 上升的幅度。也正是由于这一特性,才产生了命题(3)的结果,即负债增加会提高公司价值。

三、个人所得税观点:Miller 模型

事实上,公司所得税只是影响公司价值的税收因素之一。在公司所得税之外,还存在个人所得税。投资者从公司获得的个人所得,还需要交纳个人所得税。而且,股票投资的红利收益、债权投资的利息收益以及资本利得等不同的投资所得,其应税税率未必相同。这就形成了资本结构的个人所得税观点。

资本结构的个人所得税观点认为,股票投资收益和债券投资收益的个人所得税税率不同,(至少部分地)抵消了公司所得税不同的差异。1976 年,米勒提出了一个将公司所得税及个人所得税均包括在内的模型,用来估计负债杠杆对公司价值的影响。

设：T_c 表示公司所得税税率；T_s 表示个人股票投资所得税税率；T_d 表示个人债券投资所得税税率。

前述 MM 理论的所有前提假设不变，再加上公司所得税和个人所得税因素，那么，无负债公司价值的估算公式为：

$$V_U = \frac{EBIT \times (1-T_c) \times (1-T_s)}{K_{su}} \qquad (3\text{-}14)$$

可见，由于 T_s 的存在，V_U 会降低。

负债公司价值的估算公式则为：

$$V_L = V_U + \left[1 - \frac{(1-T_c)(1-T_s)}{(1-T_d)}\right] \times D \qquad (3\text{-}15)$$

式(3-15)即存在公司所得税和个人所得税情况下估算负债公司价值的 Miller 模型。其证明过程如下：

设 CF 表示负债公司的年现金流量，则有

$$CF_L = (EBIT - I)(1-T_c)(1-T_s) + I(1-T_d) \qquad (3\text{-}16)$$

式(3-16)中：I 表示利息；$(EBIT-I)(1-T_c)(1-T_s)$ 表示归股东的税后收益；$I(1-T_d)$ 表示归债权人的税后收益。

式(3-16)可改写为：

$$CF_L = EBIT(1-T_c)(1-T_s) - I(1-T_c)(1-T_s) + I(1-T_d) \qquad (3\text{-}17)$$

式(3-17)中，第一项等同于无负债公司的税后收益，故可用 K_{su} 进行折现；后两项与利息支付有关，故可用 K_d 折现。

$$\begin{aligned}
V_L &= \frac{EBIT \times (1-T_c) \times (1-T_s)}{K_{su}} - \frac{I \times (1-T_c) \times (1-T_s)}{K_d} + \frac{I \times (1-T_d)}{K_d} \\
&= V_U + \frac{I}{K_d} \times [(1-T_d) - (1-T_c) \times (1-T_s)] \\
&= V_U + \frac{I \times (1-T_d)}{K_d} \times \left[1 - \frac{(1-T_c) \times (1-T_s)}{(1-T_d)}\right] \\
&= V_U + \left[1 - \frac{(1-T_c) \times (1-T_s)}{(1-T_d)}\right] \times D
\end{aligned} \qquad (3\text{-}18)$$

根据 Miller 模型，可做如下讨论：

(1) $[1-(1-T_c)(1-T_s)/(1-T_d)] \times D$ 代表在同时存在公司所得税和个人所得税情况下的负债杠杆效应，即负债所带来的公司价值的增加额。它代替了有公司所得税时 MM 模型中的 TD。

(2) 如果忽略所有的税，即令 $T_c=T_s=T_d=0$，那么，$[1-(1-T_c)(1-T_s)/(1-T_d)]\times D=0$，从而，$V_L=V_U=EBIT/K_0=EBIT/K_{su}$。这就与无公司所得税时的 MM 模型相同。

(3) 如果忽略个人所得税，即令 $T_s=T_d=0$，那么，$[1-(1-T_c)(1-T_s)/(1-T_d)]\times D=T_c\times D$。这就与有公司所得税时的 MM 模型相同。

(4) 如果股票投资个人所得税税率与债券投资个人所得税税率相等，亦即令 $T_s=T_d$，那么，$(1-T_s)$ 与 $(1-T_d)$ 两项可以约去，从而 $[1-(1-T_c)(1-T_s)/(1-T_d)]\times D=T_c\times D$。这也与有公司所得税时的 MM 模型相同。

(5) 如果 $(1-T_c)(1-T_s)=(1-T_d)$，则 $[1-(1-T_c)(1-T_s)/(1-T_d)]\times D=0$，即负债杠杆效应为零。这就意味着，使用负债减税的利益，正好被股票投资个人所得税所抵消。这也与有公司所得税时的 MM 模型相同。

由以上讨论可以看到，如果忽略个人所得税，或者股票投资个人所得税税率与债券投资个人所得税税率相等，或者两者虽不相等但满足 $(1-T_c)(1-T_s)=(1-T_d)$，则 Miller 模型与 MM 模型便无差异。换言之，只有当存在个人所得税，股票投资个人所得税税率与债券投资个人所得税税率不相等，且不满足 $(1-T_c)(1-T_s)=(1-T_d)$ 时，Miller 模型才比 MM 模型有更丰富的含义。

四、代理成本观点

股东、债权人和经理之间存在着利益冲突。资本结构的代理成本观点就来源于这些权利人之间的利益冲突。代理成本观点认为，由于存在上述利益冲突，负债会影响公司价值。但是，负债究竟会增加还是减少公司价值？这个问题的答案并不是十分确定的，因为，负债既可能因为利益冲突而增加代理成本，从而减少公司价值，又可能因为负债的监督效应而减少代理成本，从而增加公司价值。

诚如我们熟知的，债务融资将导致的一个主要利益冲突是，股东将剥夺债权人的财富，即产生所谓的资产替代问题。资产替代问题产生的基本原因是，公司将贷款资金投资于一个较高风险（相对于获得贷款时债权人所了解到的投资风险）的项目，使贷款的实际风险增大，从而降低了这笔负债的价值。

债务融资将导致的另一个主要利益冲突是，当经理与股东利益一致时，负债将削弱公司对好项目（净现值为正的项目）进行投资的积极性，即产生所谓的投资不足问题。之所以会产生投资不足问题，根本原因就在于，那些风险不大但净现值为正的项目，虽然能够增加公司价值，但其预期收益中的大部分将属于债权人，因此，股东和经理就缺乏投资于该类项目的积极性。换言之，公司股东和经理主要不愿意为债权人打工。显然，投资不足也会对公司价值产生不利影响。

既然债权人的利益可能因为公司的资产替代或投资不足问题而受到侵害，那么，债权人就一定会采取措施保护自身的利益。最通常的做法是通过签订协议中的限制性条款来避免上述代理冲突,诸如限制公司的杠杆比率、流动性比率和分红比例等。除此之外,投资者还可以通过降低他们对公司所发行的债券的出价,来避免未来财富的潜在损失。所有这些都会增加公司负债的代理成本,从而减少公司的市场价值。

负债的代理成本还可能源自其他方面。例如,雇员专用性程度越高的公司,负债代理成本越大。这是因为,雇员专用性程度越高,一旦公司破产或面临破产威胁,雇员另谋出路的难度就越大。因此,这样的公司负债过多,就会增加雇员的不安全感,从而获得和留住雇员的成本将随着负债的增加而上升。也就是说,这样的公司为了获得和留住雇员,就不宜过度负债。类似地,产品或劳务专用化程度越高的公司,负债的代理成本也越大。

当然,负债融资也可能会减少公司的代理成本,即所谓的负债监督效应。具体而言,负债监督效应有两方面的表现:第一,由于公司负债利息的支付和本金的偿还在时间和金额上都具有刚性,因此,公司在负债之后,管理层为了还本付息,就不得不努力工作,实现盈利,以避免陷入因公司失去偿债能力而被炒鱿鱼的窘境。第二,当公司拟发行新债时,潜在的债权人会认真分析公司的预期收益和风险情况,以估算公司债务的公允价值。对于现有的债权人和股东而言,无异于享受了一次免费的外部监督,从而减少了现有债权人和股东的监督成本。根据代理理论,经理的利益与股东的利益并不一致,经理们往往置股东的利益于不顾而追求自身利益的最大化。由此,Jensen(1986)提出了自由现金流理论:资本结构要有利于激励经理们交出现金而不是让他们把现金放在低于资本成本的投资上,或者是浪费在组织的低效率上。这个问题的解决方法就是负债,负债使公司必须对外支付现金。Stulz(1990)认为,由于负债是公司一系列支付现金的承诺,因此可以减少管理者可自由运用的现金,舒缓管理者与股东之间的冲突,这便是负债融资产生的利益。如果负债真的减少了管理者可自由运用的现金,则较高杠杆的公司没有资源可以被浪费在无获利性的合并上。Harris and Raviv(1991)认为,违约是一种监督工具,当管理者被密切监督时,他们将会更加努力地工作。

五、破产成本观点

破产成本观点认为,公司负债之后,就会产生预期破产成本。这种预期的破产成本会抵消由于税负不对称等导致的杠杆利益。

负债带来的预期破产成本,包括直接成本和间接成本两方面。前者主要包括通知费用、法庭费用和诉讼费用等;后者是指由于处理财务危机和应付破产程序而引起的各种成本和损失,诸如管理层为处理财务危机和应付破产程序而花费的精力,陷入财务危机的公司因在与供应商或销售商谈判中处于不利地位而导致的利益让步,不得不出售资产所发生的损失等。其中,公司为应付财务危机或面临破产时不得不出售资产所发生的损失,与公司资产的专用性程度密切相关。一般地,资产专用性程度越高,出售资产的交易成本或潜在损失就越大。类似地,陷入财务危机或面临破产的公司不得不出售无形资产的交易成本通常大于出售有形资产的交易成本,因此,拥有更多无形资产的公司的预期破产成本较高。

考虑到预期破产成本,公司负债就不再是越多越好。如果没有其他原因(诸如税负不对称)导致的杠杆利益,那么,即使负债很少,也会因预期破产成本而导致公司价值的下降。也就是说,仅就预期破产成本而言,公司应该无负债。现实中,负债程度越高预期破产成本越大,从而越发严重地抵消因负债节税作用而带来的杠杆利益。因此,过度负债便是不可取的。

总之,与公司所得税观点不同,破产成本观点不主张极端的100%负债融资。公司适当的负债程度,取决于税负不对称等导致的杠杆利益与预期破产成本等的权衡。

六、融资优序观点

融资优序观点是由 Myers 和 Majluf 于 1984 年提出的。它是从信息不对称的角度来分析公司融资行为的。该理论观点假设:职业经理人是保护现有股东利益的;资本市场不完善,职业经理人比外部投资者拥有信息上的优势。因而,该理论观点认为:公司在融资时首先偏好内部融资,因为筹集这些资金不会传送任何可能降低股票价格的逆向信号;当公司需要外部融资时首先会发行债券,股票发行只是放在最后关头,这个优先次序的产生是因为债券的发行更不可能被投资者理解为一种坏预兆。如果投资者比公司内部人员关于公司资产价值拥有较少的相关信息,则公司的股东权益价值在市场上的定价可能是错误的。在股东权益被低估时,职业经理人不愿意发行股票为投资项目筹集资金,因为股价过低可能会使新投资者获取的收益大于新项目的净现值,在这种情况下,即使新项目的净现值为正,该项目也会被拒绝。所以,职业经理人只有在股东权益被高估时才愿意发行股票;然而,在这种情况下,自然不会有人愿意购买,因而股权融资被认为是不好的信息。这时如果公司能够运用对信息敏感性不强的资金来代替股票为投资项目融资则是较好的选择,比如内部资金或无风险债务,这样就可以避免投资不足。因此,公司更喜欢采取内部融资(保留利润)或无风险举债融资或非高风险债券融资,而不采取发行股票融资方式。

总结起来,融资优序观点的主要内容是:①相对于外部融资而言,公司更倾向于内部积累;②分红是具有刚性的,公司现金流的变化表现在对外部融资需求的变化上;③若公司需要外部融资,在进行权益融资前会首先考虑负债融资;④每个公司的资产负债率反映了它对外部资金的累计需求。

第二节 目标资本结构

资本结构在理论上还是一个并未完全解开之谜,公司的实际融资行为又受到多方面因素的影响。那么,公司是否应该有一个理想的或者说目标的资本结构?若是的话,

那又该如何进行目标资本结构决策?

一、目标资本结构

关于公司是否应该有一个理想的或目标的资本结构,在理论上存在争议,在实践中同样也有不尽相同的见解。但是,大多数业界人士还是对此持赞同意见。在美国的一项调查中,170位被调查的财务经理中有102位坚信公司存在最优资本结构,他们中的大多数为公司设计了目标债务比率。而且,目标债务比率的设计多建立在对公司经营风险理性估计的基础之上。至于究竟哪些因素决定或影响着公司目标债务比率的设定,在一项对美国前1 000位(以销售额排序)工业公司的调查中,212家公司的财务经理做了回答。结果显示:85%的财务经理将"公司管理层"排在第一位,其次是投资银行和商业银行。

陆正飞和高强(2003)的调查显示在全部397家样本公司中,有351家公司认为应该设定一个合理的目标资本结构,占88%;而不认同的公司仅为46家,占12%。做出肯定回答的351家公司,在被问及"就自己公司的实际状况而言,合理的资本结构应该为多少"时,回答情况如表3-1所示。从表3-1中的数据来看,约70%的公司认为,合理的资本结构应该位于40%~60%。

表3-1 合理资本结构的范围

合理的资本结构	样本数	所占比例(%)
30%以下	17	4.84
30%~40%	58	16.52
40%~50%	129	36.75
50%~60%	114	32.48
60%~70%	32	9.12
70%以上	1	0.29
合计	351	100.00

关于公司目前实际的资产负债率情况,全部397家样本公司回答的结果如表3-2所示。从表3-2中的数据来看,资产负债率为60%以上的公司只占样本总数的20.65%;资产负债率在30%~40%以及30%以下的公司占样本总数的43.58%;资产负债率在40%~60%的公司占样本总数的35.77%。可见,只有35.77%的公司的实际资产负债率确实位于绝大多数公司所认为的合理资本结构区间(40%~60%)之内。这就意味着中国上市公司中只有1/3多公司的实际融资行为是比较理性的,即能够按照公司认为的合理资本结构目标理性地安排资本结构。

表 3-2 公司目前的资产负债率

公司目前的资产负债率	公司数	所占比例(%)
30%以下	99	24.94
30%~40%	74	18.64
40%~50%	74	18.64
50%~60%	68	17.13
60%~70%	44	11.08
70%以上	38	9.57
合计	351	100.00

进一步的调查还发现，在认为公司应该设定一个合理的资本结构的 351 家公司中，有 44% 的公司目前的资产负债率未达到自己认为合理的资本结构区间，说明目前相当数量上市公司的资产负债率偏低，未达到自己认为合理的资本结构所允许的资产负债率水平。当然，同时也发现约 1/4 的样本公司，其目前的资产负债率已经超过了自己认为合理的资本结构所允许的资产负债率水平。

在实践中，将财务风险控制在可以接受的范围之内是非常重要的。为此，公司必须善于把握资本结构的上限。回答这一问题的 396 家样本公司的回答情况如表 3-3 所示。

表 3-3 公司最高的承债能力

公司最高的承债能力	公司数	所占比例(%)
40%	43	10.86
50%	45	11.36
60%	110	27.78
70%	155	39.14
80%及以上	43	10.86
合计	396	100.00

从表 3-3 中的数据来看，只有约 10% 的公司认为自己的承债能力可以超过 80%；认为最高的承债能力是 70% 的公司最多，约占 39%；认为最高的承债能力是 60% 的公司其次，约占 28%。总的来看，不同上市公司所认识到的最高承债能力差异较大，不太集中。这或许反映了不同公司面临的经营风险和其他环境条件的差异性，也可能反映了不同公司的管理当局对公司面临的经营风险等的主观感受不尽相同。

二、目标资本结构决策

美国 AT&T 公司在评论经营风险与财务风险的关系时曾指出，在考虑公司借多少债才算安全时,必须考虑公司自身的经营风险。这种风险随行业的不同而千差万别,它主要与产品的性质及市场需求有关。此外,债务政策与公司未来的获利能力也有着很大的关系。这就意味着,公司在进行目标资本结构决策时,需要考虑各自面临的具体环境因素,不可以简单仿效。

如果说资本结构优化的目标是股东财富最大化,那么,将股东财富这样一个相当抽象的概念用于指导目标资本结构决策实践,就需要解决其可操作性的问题。也就是说,实际确定目标资本结构时,我们就必须以一个更为具体且可操作的指标近似地代表股东财富。这个指标通常就是每股收益(EPS)。因为,在企业外部因素既定的情况下,股东财富归根到底取决于公司为其创造的净收益。

公司 EPS 的大小,除了取决于营业利润(EBIT),还受到以下两个因素的影响:一是固定财务支出(利息及优先股股息);二是流通在外的普通股股数。当公司资产规模及资产风险,从而 EBIT 既定时,公司的负债比例越高,固定财务支出就越大,而流通在外的普通股股数则越小;反之亦然。因此,负债比例的改变会导致 EPS 的改变。一般地,当公司实现的 EBIT 足够大时,公司多负债有助于提高 EPS;反之,则会导致 EPS 下降。那么,究竟 EBIT 为多大时负债有利,EBIT 为多少时又是发行普通股有利呢?为此,我们就要通过式(3-19)求得无差异点的 EBIT,即能使债务融资与股权融资产生同样大小的 EPS 的 EBIT。

$$\frac{(\overline{EBIT}-I_1)(1-T)-D_{P1}}{N_1}=\frac{(\overline{EBIT}-I_2)(1-T)-D_{P2}}{N_2} \qquad (3-19)$$

其中:$\overline{EBIT}$ 表示无差异点的营业利润;I_1、I_2 分别表示两种融资方案下的年利息;D_{P1}、D_{P2} 分别表示两种融资方案下的年优先股股息;N_1、N_2 分别表示两种融资方案下流通在外的普通股股数;T 表示公司所得税税率。

EBIT-EPS 分析法的局限在于,这种分析方法只考虑了资本结构对每股收益的影响,并假定每股收益最大,股票价格也就最高。但把资本结构对风险的影响置于视野之外是不全面的。因为随着负债的增加,投资者的风险加大,股票价格和公司价值也会有下降的趋势,所以,单纯地用 EBIT-EPS 分析法有时会做出错误的决策。

目标资本结构决策的另一种方法是杠杆比率分析法。其基本思路是:①选择一定数量的反映财务杠杆状况的比率;②确定各比率的标准值;③计算不同融资方案下的财务杠杆比率预期值;④将预期值与标准值进行对比,判断各融资方案可行与否。

在采用杠杆比率分析法确定目标资本结构时,需要注意以下五点:①标准值因行业而异;②各公司有其特殊性,需做进一步调整;③计算财务杠杆比率预期值时所使用的 $EBIT$ 值,可以是多个不同的预测值;④这里所指的财务杠杆比率主要是资产负债率和固定费用比率;⑤资产负债率可以表达为"总负债/总资产"或"总负债/净资产"等;⑥固定费用比率可以表达为利息抵付次数即"$EBIT/I$",或现金流固定费用比率即"($EBIT+$折旧)/[利息+优先股股利/$(1-T)$+还本额/$(1-T)$]"。

杠杆比率分析法的最大优点在于，通过事先确定好目标杠杆比率，使公司在具体融资过程中选择融资方式时变得更为理性。但是，这种方法的不足之处是，确定目标杠杆比率时很难找到定量化的依据，而不得不含有主观判断。

第三节　金融体系：结构和功能

金融体系的基本作用是充当一个通道，"储蓄者"的现金盈余通过它传递给需要资金的公司。能够有效（便宜、快速和安全）执行现金转移任务的金融体系是公司持续发展的主要驱动力量。如果没有金融体系，企业家们将只能使用自己的储蓄存款和公司内生资金为其经营活动提供资金。金融体系通过允许存在现金短缺为公司利用经济中的现金盈余部门提供了另一种选择。大多数现金盈余是由家庭部门提供的，总体而言，个人储蓄多于个人消费。此外，暂时拥有多余现金的公司可以在短期内将其多余现金借给现金赤字公司。但是，家庭部门的储蓄不会全部流入现金短缺的公司。这些公司通常还需要与需要资金来弥补预算赤字的政府竞争。

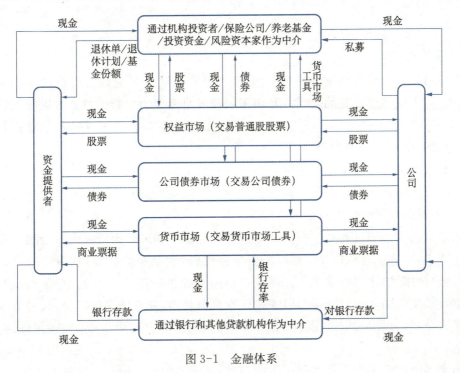

图 3-1　金融体系

图 3-1 描述了金融体系的各个组成部分以及它们相互作用的方式。想要筹集资金的现金赤字公司在右边（我们没有把现金赤字政府包括在内，因为我们聚焦于公司的筹资行为）；资本的供给者在左边，绝大多数是家庭部门。便利资金在这两个团体之间转移的机构和流程构成了我们所说的金融体系。为了解金融体系是如何运作的，我们考

察两种可供选择的融资渠道——直接融资和间接融资,现金盈余部门的多余资金通过这两个渠道转移到资金短缺公司。

一、直接融资

对于想要筹集资金的公司而言,最显而易见的方式是通过直接向储蓄者出售证券获取现金。证券是公司发行的一种凭证,详细规定公司获取资金的条件。权益证券又称为股票,是确认购买者在公司所有者地位的凭证。它为持有者提供对公司收益和资产的剩余求偿权(在所有合约求偿权结算后),并赋予持有者在股东大会上对所提事项(如公司董事会的选举等)的表决权。债务证券又称为债券,是确认购买者作为公司债权人身份的凭证。它为持有者提供对公司收益和资产的优先索偿权(位于股东之前)。债券凭证规定借款的条件和条款,包括借款金额、借款期限、公司必须支付的利率、对资金使用的限制,以及当公司对债务违约时债权人拥有的权利等。当证券可转让时,它可以在证券市场上交易,如图3-1中间部分所示,后面部分还会对它进行详述。公司可以使用的将证券出售给潜在购买者的方法将在后面部分考察。

二、间接融资或中介融资

尽管直接融资具有很重要的意义,但很多公司无法进入金融市场直接向投资者出售证券。对于很多新成立的公司以及由于规模太小而无力发行大量证券以吸引投资者的公司而言,情况就是这样。投资者一般不愿意购买不知名公司或股份数量相对较少公司发行的证券,或是因为很难评估证券发行人的风险,或是因为证券的流动性较差,这意味着这些证券不能以接近于可感知的公允价值的价格快速出售。这些公司必须依靠间接融资或中介融资来筹集权益和债务资本。有时候,信誉很好的大公司也依靠间接融资,尤其是在筹集短期资金时。

间接融资是指通过商业银行、保险公司、养老基金和风险投资公司等金融中介机构来筹集资本,这些中介机构作为最终的资金接受者(现金短缺公司)和最终的资金提供者(现金盈余家庭)之间的代理人。商业银行通常提供期限从1天到10年的短期和中期贷款。长期负债和权益资本可以通过证券私募获得,通常面向保险公司、养老基金或风险投资公司。风险投资公司专门为成立时间不长,只有有限历史记录的公司提供权益资本。

为了弄清楚金融中介是如何运作的,我们考察一家商业银行。如图3-1底部所示,银行可以通过支票账户和储蓄账户形式从存款人处获得现金,也可以通过出售短期证券(又称为可转让存单,negotiable certificate of deposit,CD)方式从投资人处获得现金,然后银行通过提供短期和中期贷款把资金借给公司。

注意直接融资和间接融资的根本区别。在直接融资情形下,最终的储蓄者持有公司发行的证券(债券和股票);在间接融资情形下,最终的储蓄者持有银行发行的证券,如支票、储蓄账户和CD。银行中介融资非常重要,因为它便利并增加了最终储蓄者与现金短缺公司之间的资金流动。个人储蓄者可能不愿意把多余的现金直接借给公司(担心它们不能把钱收回来吗),但他们可能发现把现金存入银行很方便,银行可以随后将其出借给公司。银行提供间接证券,如银行存单,它们对储蓄者很具吸引力,因为只需相对较少数量的资金就能开户,而且其安全一般由政府担保,通常能在需要时取出。银行向公司提供贷款,对于公司而言非常便利,因为这些贷款所包含的资金数量相对较大,能够被快速借到并使用几年时间,当公司遇到困难时还可以重新协商。当然,银行执行这一中介职能必须获得补偿。它们的回报是提供给存款者的利率与向接受贷款公司索要更高利率之间的差额或利差。

通过中介机构筹资是公司的主要筹资渠道。表3-4列示了自1860年以来美国不同金融机构持有资产的相对份额。可以注意到两个趋势:①尽管没有调整通货膨胀影响,金融机构所持金融资产价值上升(如表3-4底部所示);②银行所持金融资产份额降低,养老基金和投资基金所持份额相应上升。从20世纪90年代初期以来,非银行金融机构已经持有公司发行证券的2/3以上。它们使用从最终储蓄者处收到的现金,直接从公司或在证券市场上购买这些证券。如图3-1顶部所示,作为交换,这些储蓄者将收到保险单、退休计划和投资基金份额。非银行中介机构向储蓄者提供保险和养老金产品。投资基金是进入证券市场,分散风险和进行投资管理的方便廉价的方式。

表3-4 1860—2008年美国不同金融机构持有资产的相对份额

金融中介类型	1860年	1900年	1939年	1970年	1980年	1990年	2000年	2008年
银行(包括商业和储蓄银行)	89%	81%	65%	58%	56%	43%	29%	37%
保险公司(包括人寿、财产和意外伤害保险公司)	11%	14%	27%	19%	16%	16%	14%	13%
养老基金	0	0	2%	13%	17%	23%	26%	19%
投资基金	0	0	2%	4%	4%	10%	22%	21%
其他	0	5%	4%	6%	7%	8%	9%	10%
规模合计(10亿美元)	1	16	129	1 328	4 025	11 503	28 570	43 226

资料来源:Kaufman and Mote, *Economic Perspectives* (pp.2-21, May/June 1994), Federal Reserve Bank of Chicago. the Board of Governors of the Federal Reserve System, *Flow of Funds Accounts*.

如果一家公司能向非银行金融机构或个人投资者出售债务证券,它为什么还要从银行借钱呢?这个问题涉及银行执行的一项微妙功能——监控。为了理解这项功能能够取得的效果,可以想一想投资者考虑购买债券时面临的问题。他们想知道发行公司是否已经告诉他们有关公司偿债能力的所有信息。如果公司隐瞒了表明公司偿还借入资金存在潜在困难的信息怎么办?投资者试图通过在债券发行者与资金出借者之间签订的书面合同中增加限制性保护条款来保护自己,这种书面合同被称为契约。例如,这些限制性保护条款可能要求公司保持一个最低的营运资本额,并限制公司出售资产,支付股利或发行新债的能力。但是,限制性保护条款不如内部人士有效,内部人士可以直接监督经理人的行为,阻止他们采取对债券持有者不利的行动。银行可以成为这种内部人士。在执行这项任务时,银行起到监控作用,可为债券购买者提供额外保护。换言之,尽管大公司可以直接向投资者出售债务证券,它们还是愿意从银行借入资金,支付更高的利率以使潜在的债券购买者放心。这种情况下,公司不是在从银行借款还是发行债务证券之间选择,公司可能需要取得一些银行借款,从而为公司进入债券市场提供便利。

三、证券市场

我们现在转向阐述证券市场,上市证券(如债务和权益证券)在这个市场中发行,然后在投资者之间交易。如图 3-4 所示,证券市场可以从几个维度分类:是一级市场还是二级市场,是权益证券交易市场还是债务证券交易市场,是国内市场(在一国内)还是国际市场(超出国内监管范围)。

1. 一级市场与二级市场

一级市场是新发行证券首次出售给投资者的市场。当公司首次向公众出售权益证券时,这种发行被称为首次公开发行(IPO)。当公司回到市场再次进行权益证券的公开发行时,通常是在几年以后,这个过程被称为增发。不应该将增发与二次公开发行或二次分销混淆,后者是指投资者把较早期间直接从公司购入的相对较大数量的权益证券出售给公众。二次公开发行的一个例子是福特基金会把它最初从福特汽车公司收到的大量股份公开销售。

在证券发行之后,会在二级市场中交易。投资者在二级市场中买卖这些证券,这些交易不再为发行公司提供现金。这些证券按照供求均衡所确立的价格在投资者之间交易,在这个过程中,市场执行两个重要功能:使证券报价能够反映所有公开可得的信息;提供便利交易所要求的流动性。这些功能是通过证券基于公允价格在投资者之间连续交易执行的,而公允价格是指在开市期间能够观察到的价格,可使潜在的买方和卖方迅速交易证券并按照相对较低的成本完成交易结算。

确切地说,公允价格究竟是什么?对这个问题的回答很容易写出一章内容来。简单地说,大量累计经验证据表明,发达市场经济具有相当有效的证券市场,这意味着这些市场中的证券价格反映了与发行证券公司相关的所有公开可得信息。换言之,公允价格在某种意义上是指它们提供了对公司证券真实但不可观测价值的最佳估计。二级市场的存在对公司发行证券的交易至关重要,因为当投资者知道他们不久以后就能将证券在活跃而有效的二级市场中出售时,他们会更愿意在一级市场中购买这些证券。

2. 权益市场与债务市场

权益证券或公司股票在权益市场或股票市场交易。如图 3-1 中间部分所示,这些市场既可以是有组织的证券交易所,也可以是场外交易市场。前者是有监管的市场,只有在公司满足很多严格的条件时才允许其证券挂牌上市。在场内股票交易中,股票是通过交易所会员交易的,交易所会员可能为交易商或经纪人。交易商交易他们自己拥有的股票,而经纪人代表第三方交易,本身不拥有被交易的股票。非上市证券通常是小公司的股票,在场外交易市场交易。这些市场不要求公司满足场内交易市场的上市要求。在场外交易市场中,股票通过由电话和计算机网络连接的交易商交易,而不是在场内交易市场实地交易。

在大多数工业国家,股票市场上的大量交易是由机构投资者完成的。机构投资者的活动提供了另一种金融中介的例子,如图 3-1 的顶部所示:保险公司或养老基金以保险单或养老合同形式向最终储蓄者发行间接证券,然后将收到的资金投资于现金赤字公司发行的证券。这些证券既可以在金融市场上买到,也可以直接从发行公司购得。后一种渠道称为私募,如图 3-1 右上部所示,将在下一部分讨论。

债务证券在债务或信贷市场交易。信贷市场通常根据在其中交易的债务证券的到期时间来识别。原始期限不超过 1 年的债务证券称为货币市场工具,在货币市场发行和交易。公司票据的期限在 1~5 年,公司债券的期限超过 5 年。这些证券在债券市场中交易。两种货币市场票据如图 3-1 所示:①银行发行的存单,我们在之前讨论金融中介时提到过;②商业票据,由具有很高信用等级的公司发行,从市场中筹借短期负债,作为从银行借入短期资金的一种替代方式。1970 年、1980 年、1990 年、2000 年以及 2008 年美国金融市场中发行证券的数量在表 3-5 中列示。注意 1999 年之后发行证券数量的增长以及债务证券超过普通股、优先股和可转换证券占据的统治地位。

表 3-5　美国市场发行的证券

证券类型	1970 年	1980 年	1990 年	2000 年	2008 年
证券工具	23	37	108	1 243	1 548
普通股	4	13	20	169	166
优先股	0	2	4	12	51
可转换债券	3	4	5	16	21
合计	30	56	137	1 400	1 786

资料来源:Securities Data Corporation Platinum.

3. 国内市场与国际市场

信誉卓著的大公司可以通过在其他国家的当地市场出售其证券,从本国金融市场之外筹集资金。这些外国证券既可以用外币标价,也可以用发行公司本国货币标价。例如,美国公司可以在日本公司债券市场出售用日元标价或用美元标价的外国债券。

或者，公司也可以在欧洲市场出售债券，欧洲市场是不受发行者所在国直接控制和司法管辖的市场。例如，一家美国公司可以向德国、法国和日本投资者同时出售以美元标价（欧洲美元债券）或以日元标价（欧洲日元债券）的欧洲债券。在这种情况下，一些国际银行作为英国投资账户和欧洲债券等的销售代理人，这些债券在持有人居住国之外出售，是不记名债券，而且不受影响国内发行的法律、税收和监管规定约束。因此，公司可以按照低于在本国市场或其他国家市场出售同样应税债券的利率发行欧洲债券。

公司如果发行以外币标价的债券，将会面临外币价值发生不可预期波动的风险，称为外币风险或汇率风险。

除外国债券和欧洲债券外，国际市场中的其他证券还包括外国股票（在外国出售的股票）、欧洲股票（在欧洲市场出售的股票）和欧洲商业票据。前两个是相当于外国债券和欧洲债券的权益证券，第三个是国内商业票据在欧洲市场的变形。

第四节　公司怎样发行证券

公司在大多数情况下可以通过公开发行方式向公众出售其债务和权益证券，也可以通过私募方式向合格的投资者（满足监管当局制定的一些最低标准的个人和金融机构）出售债务和权益证券。这两种分销渠道通常都要受到监管。在美国，监管机构是证券交易委员会。大多数具有发达证券市场的国家都有执行类似功能的机构。下面将讨论一些公司选择私募方式的原因以及证券公开发行采用的机制。

一、私募

选择私募发行证券的公司可使发行适应特定需求，比如发生未预期事件时可以选择重新协商发行问题。此外，与公开发行不同的是，私募不需要到政府部门注册登记，而这是一个成本高昂的过程。显然，私募为公司提供了一种灵活、周到和快速的筹资方式。私募的缺点在于，私募发行证券缺少有组织的交易，这使认购这些证券的投资者很难顺利将其转售。因此，在绝大多数情况下，对于公司而言，私募要比公开发行更加昂贵。即便这样，这可能是不知名公司筹集资金的唯一方式。

二、公开发行

规模相对较大的公司在向批准证券发行和分销，以及监管证券随后在公开市场交易的政府机构登记注册之后，可以向公众发行证券。为使公开发行过程顺利进行，公司将利用投资银行提供的服务。在最初阶段,投资银行对公司应该发行证券的类型和数量提出建议。然后,投资银行寻求所有政府监督机构的批准,确定证券的合适售价(既能被公司接受又对购买者具有吸引力的价格),并确定发行的最佳时期。最后,投资银行通过在发行中激起投资者的广泛兴趣确保证券被购买。最后一个步骤涉及证券向公众的营销和分销,是投资银行在公开发行中执行的最重要功能。

我们使用一个新股发行的例子来阐述这个过程,如图 3-2 所示。除私募外,公司还可以通过公开增发的方式将股票发行给任何感兴趣的购买者,也可以通过配股发行仅将股票发行给现有股东。

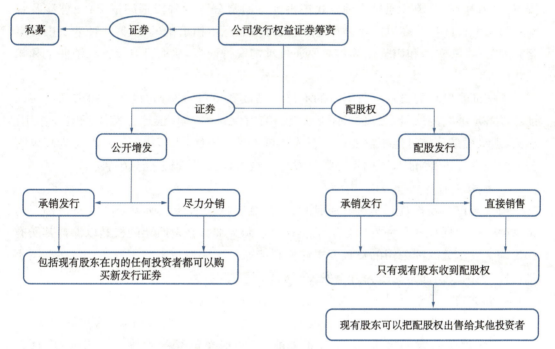

图 3-2　公司及其投资银行分销权益证券使用的替代方法

1. 公开增发

在公开增发中,投资银行既可以尽力代表公司出售证券,也可以先买下证券然后自担风险转卖给公众。在第一种情况下,投资银行担当公司的代理人,按照"尽力基础"(best efforts basis)分销证券。在"尽力基础"交易中,如果投资银行没能在特定期间内分销出事先确定的最低数量股票,发行就会被取消。

在第二种情况下,投资银行的作用是担任承销商。当一项发行为承销发行时,银行从公司手中买入证券,以便再以更高的价格将其转卖给公众。银行出售证券给公众的价格与银行支付给发行公司的价格之间的价差就是银行获得的补偿。美国权益证券承销发行的研究表明,差价为证券价值的 2%～8%,取决于证券的规模和质量以及当时的市场条件。为了降低证券不能按照一定利润水平出售的风险,并尽可能使证券发行被更多的潜在购买者所了解,发起交易的投资银行(又称为发起人、主承销商或账簿管理人)与其他投资银行一起成立承销辛迪加。然后,发起人把一些证券出售给辛迪加成员,再由辛迪加成员出售给公众。为了进一步扩大和加速分销,也会成立销售集团,吸收其他同意销售所分配证券以获取相应手续费的投资银行(销售集团成员不担任承销商)。如果需要,在分销期间,承销辛迪加成员也可以在公开市场上购买证券以支持其价格并确保发行成功。差价在各类中介之间是如何分配的?在典型的交易中,发起人收取差价的15%~20%,承销辛迪加成员得到20%~30%,剩余部分作为销售减让支付给销售集团成员。

尽管权益证券和债务证券的新发行通常采用承销方式,但在很多情况下,证券还是按照"尽力基础"分销。通过这种方式销售证券通常分为两种极端的情况:一种涉及首次向公众发行证券的高风险小公司,投资银行不愿意承担承销风险;另一种涉及声誉卓著的大公司,其实力和声誉使其不需要通过承销发行证券,从而可以节省承销佣金和相关费用。

承销证券发行的投资银行提供的不仅仅是证券发行机制,它也在告知市场它相信证券具备足够高的质量,否则它不会承销。换言之,一方面,银行也发挥了鉴证作用。显然,顶级质量公司可能不需要这种正式认可。另一方面,银行也可能不愿意为高风险公司的证券提供"鉴证",它们担心如果发行失败,自己的信誉会受到损害。

2. 配股发行

当公司仅向新投资者出售普通股时,显然会降低现有股东所持公司权益份额。防止这种财产权稀释的一种方法是给予现有股东购买部分新发股票的权利以保持其所有权份额。大多数欧洲公司的章程要求它们只能通过配股发行来筹集资本。但在美国不是这样,美国公司通常通过公开增发发行股票。

我们通过一个例子来说明配股发行机制,为简便起见,不考虑发行成本。假设欧洲发动机公司(EEC)刚刚宣布将通过配股方式发行100万新普通股,认购价为80美元(认购价就是新股的售价)。在宣布之前,EEC股票的交易价为100美元,流通在外股票为400万股。接下来,EEC将通知股东,他们持有的每一股都享有一份配股权,而且这种权利会在未来的某一特定日期(通常是在发行日后的几个星期)作废。在此日期之前,这些股份通常被称作附配股权股票,而在此日期之后,则被称为不附配股权股票。股东有三种选择:①他们可以行使权利,认购发行的股票;②如果他们不想购买新股,也可以把权利出售给感兴趣的投资者;③他们可以什么都不做,任由权利作废。

现在有几个问题需要回答:①为什么要把认购价(80美元)设定为低于宣布配股发行之前的市场价(100美元)?②购买一股新股需要多少配股权?③当股票变为不附配股权股票时,股票价格将会发生怎样的变化?一份配股权的价值是多少?④配股发行对现有股东财富将产生怎样的影响?⑤投资银行在配股发行中发挥什么作用?

(1) 制定恰当的认购价。认购价(80美元)被设定在低于市场价(100美元),是因为配股权仅在几个星期内有效。如果市场价在配股权到期前降到认购价以下,理智的股东就不会行使该权利,按照高于现行市价的价格购买股票。因此,为了确保发行的成功,公司必须将认购价设定为在现行市价基础上有足够大折价的价格,以降低市场价有可能在配股权有效期内下降到认购价以下的风险。

(2) 购买1股新股票所要求的配股权数量。在该次发行宣布之前,流通在外股份为400万股,因此EEC授予的配股权将为400万份。这就代表每股新发行的股票有4份配股权(400万"老"股份除以100万新股份)。换言之,包括现有股东在内的任何投资者都将需要拥有4份配股权才能购买1股新股票。概括而言,如果N_0是老股份的数量,N_n是新股份的数量,那么为获得1股新股份所需要的配股权数量 $N=N_0/N_n$。

(3) 不附配股权的每股价格和每份配股权的价值。在宣布配股之前,拥有4股股票的股东持有股票的价值为400美元(100美元的4倍)。因为她持有4份配股权,所以她现在就有机会以80美元取得第5份股票。如果她买了这股票,她将拥有5股EEC股票,价值480美元(=400美元+80美元)。于是可以得出,在行使配股权后每股股票的价格将不再是100美元,而是96美元(=480美元/5)。100美元的股票与96美元的股票之间的唯一差别在于前者是附配股权股票(股票上面附有权利),后者是不附配股权股票(股票上面不再附有权利)。因此,两者之间4美元的价差代表每份配股权的价格。

为了对这些结果加以概括,如果用N代表购买1股新股票所需配股权数,不附配股权的股票价格可用以式(3-20)计算得出。

$$不附配股权的股票价格 = \frac{N \times 附配股权的股票价格 + 认购价格}{N+1} \quad (3-20)$$

每份配股权的价值是附有认股权的股票价格与不附认股权的股票价格之间的差额,即

$$每份认股权的价值 = 附有认股权的股票价值 - 不附认股权的股票价格 \quad (3-21)$$

(4) 配股发行对现有股东财富的影响。配股权是公司向现有股东发行的一种选择权,赋予他们在固定的期间内(配股权的期限)按照固定的价格(认购价格)购买公司股票的权利(而不是义务)。这种权利被称为看涨期权。正如前面提到的,获得这种权利的股东可以行使权利,按照认购价格购买新发股票,也可以将权利出售给其他投资者,还可以放弃这些权利。

不管股东是通过购买新股行使期权还是出售期权,他最初的财富都不会发生变化,如表3-6所示。一个投资者从最初持有480美元价值(包括4股EEC股票和80美元现金)开始,会以同等金额的财富结束。只有当股东任由他的配股权过期时(通常由于疏忽或因为在他能行使或出售配股权之前已到期),他的财富才会因发行受到影响,因为配股权随后就毫无价值了。

第三章 企业融资与资本结构

表 3-6　配股权发行对现有股东财富的影响

初始财富	决策	最终财富
4 股（100 美元/股）共 400 美元 现金有 80 美元	情形 1： 使用 4 份配股权， 以 80 美元购买 1 股新股	5 股（96 美元/股）共 480 美元 现金无 合计 480 美元
合计 48 美元	情形 2： 出售 4 份配股权，每份 4 美元，得到 16 美元	4 股（96 美元/股）共 384 美元 现金有 96 美元 合计 480 美元

（5）投资银行在配股发行中的作用。在配股发行中，公司可以把股票直接出售给股东（而且一些公司确实是这么做的），但是，总是存在市场价格低于认购价格或者一些投资者不行使配股权购买新股的可能性。为了避免出现这种情况，公司可以与投资银行组成的承销辛迪加签订包销协议。辛迪加同意按照认购价减去接收费后的价格买下在配股有效期内没有卖掉的所有股票。在这种情况下，投资银行仅承销配股发行中的未售部分，相应获得包销费。

3. 公开发行的发行成本

数据表明，如果用筹资总额的一定比例计量公开发行的发行成本，那么少量发行的成本要高于大量发行的成本。而且，配股发行要比承销发行便宜，不附加备用协定的配股发行是公司筹集新权益资本最便宜的方法。

第五节　首次公开发行股票

一、概述

首次公开发行股票，是股份公司向社会公众进行股权融资的一种重要方式。

股份有限公司运用普通股融资，与发行优先股、公司债券及长期借款等其他长期融资方式相比，有其优点和缺点。

（一）普通股融资的优点

从发行公司的观点来看，普通股融资的优点主要有以下五个方面。

1. 普通股没有固定股利负担

公司有盈利，并认为适于分配股利的情况下，就可以分配股利给股东；公司盈利较少或资金短缺等情况下，公司可以少支付或不发放股利。这一特点使公司的现金收支具有很大的灵活性。

2. 普通股融资的风险小

普通股股本没有固定的到期日，也不存在固定的股利支付义务，公司在清算之前不需偿还原始投资,它是公司的永久性资本,可以保证公司对资金的最低需要,稳定公司资金来源,促进公司长期持续稳定地发展。

3. 普通股的发行会增强公司信誉

用普通股融资得到的资本是公司的股权资本,它反映了公司的资本实力。发行较多的普通股可以提高公司的信用地位,为债权人提供更多的安全保障,同时也增强了公司的举债能力。公开上市能够改善公司的形象,从而增强公司的市场竞争力。这是因为,公开上市的公司能够比其他公司获得更多的社会公众关注和媒体关注,这些持续关注和跟踪报道一方面能够提高公司的知名度,另一方面提供了公司规范经营管理的外在激励。在这种关注下,上市公司取得成功的可能性也就越来越大。

4. 普通股融资的限制较少

利用优先股、公司债券及长期借款融资,通常有许多限制,影响公司经营的灵活性,而利用普通股融资没有资金使用上的约束。普通股在使用上不受投资者的直接干预,既可用于长期资产投资,在某种程度上也可用于永久性占用的流动资产投资。

5. 普通股公开上市给公司创始人和管理人员带来巨大的好处

通过公开发行股票的方式,公司创始人原先拥有的不可流通的股权可以在市场上自由地买卖,并且发行之后的市盈率(股票的价格与每股收益之比)一般较高,股票的发行价格将远远超过原始股权的账面价值。与此同时,公开发行也给公司的创始人提供了调整其投资组合的机会。一般来说,一家私人企业的创始人会把绝大多数资金都投入自己的企业,但风险非常集中。而通过首次公开发行,创始人的投资变成了公司的可流通的股票,其财富获得了很好的流动性,他们可以通过自由市场交易调整投资组合以降低风险。

对于公司员工来说,公开上市也具有好处。大多数上市公司的激励计划都包含股票期权,它对公司员工来说是一种很好的激励机制。一旦员工持有了公司的股票,成为公司的所有者,他就有激情去关心公司的发展,为公司的成长献计献策。如果公司的员工在首次公开发行之前已经拥有公司的股票,那么他们的财富也将获得成倍的增长。公司股票价格的上升,不仅带来了员工个人财富的增长,更增强了他们对公司的忠诚度。

(二)普通股融资的缺点

1. 普通股融资的资本成本较高

普通股投资风险大,按照风险与收益对等原理,股东要求获得相应的较高投资报酬率,从而使公司通过股本筹资的期望资本成本也加大;与此同时,普通股股利是从税后收益中支付的,不具节税作用,且其融资费用(发行成本)高于其他融资方式,这些都直接加大了公司资本成本。公司上市的费用是比较庞大的。值得注意的是,公司上市的费用不仅应考虑到在上市过程中所发生的费用,还要考虑到上市之后所受到的持续外部监管而发生的费用。

2. 普通股融资会分散公司的经营控制权

增加普通股发行,会稀释原有股权,导致其他股东分享公司的投票权和控制权,冲淡了原股东的特权。如果公司增加的普通股数额与公司的盈利不能成比例增加,势必会稀释每股净收益,引起普通股市价下跌,并有被收购的风险。

3. 增加公司对外公布财务状况的成本

上市公司的生产经营成果和财务状况需要公开披露,接受公众的监督,增强对社会公众股东的责任。这样,一方面增加公司的财务披露成本,另一方面也会让竞争者了解公司的一些商业秘密。信息披露的义务会影响公司的日常经营决策。在股票市场上,投资者往往关注公司的短期盈利,这将直接影响上市公司所做战略决策的持久性。披露战略决策的相关信息往往意味着公司短期盈利的削减,可能会造成股票价格的短期下跌,所以上市公司往往不愿意披露公司的长期战略规划。

二、IPO 的程序

(一) IPO 上市

IPO 是一种公开筹资权益资本的方式。首先,通过向社会公众公开发行股份,筹集大量权益资本,可以迅速扩大公司的规模,解决公司发展的资金"瓶颈"。其次,IPO 将促进公司管理平台的升级。公司 IPO 上市以后,公司管理将从原来的产业平台进一步发展到资本平台,从原来的只需关注产业、市场变化发展到更要关注资本市场、关注社会公众投资者利益。公司的管理层关注导向将发生重要转变,对企业管理水平的上升提出更高的要求。此外,在 IPO 过程中,公司的历史沿革、规范运作、治理结构等方面都需要进行清晰的梳理和规范,这有助于促进公司在规范管理方面实现重要跨越。最后,IPO 过程也是风险投资和企业投资者的重要退出机制,上市后产生的财富效应对风险投资者、企业创业者而言都具有巨大的吸引力。因此,对公司的长远发展而言,IPO 是一项重要的里程碑式事件。

(二) 我国企业 IPO 上市的制度安排

1. 主板市场的上市要求

目前,我国 IPO 上市采用保荐制度,即由保荐人(通常为具有保荐人资格的证券公司)负责拟上市公司的筛选,并向证券监督管理机构推荐,证券监督管理机构根据拟发行人条件予以核准或不予核准。根据《首次公开发行股票并上市管理办法》的规定,发行人须具备以下条件:

(1) 主体资格。发行人应当是依法设立且合法存续的股份有限公司。发行人自股份有限公司成立后,持续经营时间应当在三年以上,但经国务院批准的除外。发行人的注册资本已足额缴纳,发起人或者股东用作出资的资产的财产权转移手续已办理完毕,发行人的主要资产不存在重大权属纠纷。发行人最近三年内主营业务和董事、高级管理人员没有发生重大变化,实际控制人没有发生变更。发行人的股权清晰,控股股东和受控股股东、实际控制人支配的股东持有的发行人股份不存在重大权属纠纷。

(2) 独立性要求。发行人的独立性要求是为了确保上市公司与其控股公司在业务、财产、人员、财务、机构等方面保持独立,以保护中小股东利益。

(3) 规范运作。发行人运行应当规范,应当建立完善的公司治理制度、内部控制制度等,以确保上市公司的有效运营和资产安全。

(4) 财务要求。最近三个会计年度净利润均为正数且累计超过人民币 3 000 万元。最近三个会计年度经营活动产生的现金流量净额累计超过人民币 5 000 万元;或者最近三个会计年度营业收入累计超过人民币 3 亿元;发行前股本总额不少于人民币 3 000 万元;最近一期末无形资产(扣除土地使用权、水面养殖权和采矿权等后)占净资产的比例不高于 20%;最近一期末不存在未弥补亏损。

2. 创业板市场的特殊要求

2009 年 10 月 23 日,深证交易所正式启动创业板开板仪式,首批 28 家创业板公司于 10 月 30 日在深交所挂牌上市,标志着我国的创业板市场正式成立并开市交易。

创业板定位于服务成长型创业企业,重点支持具有自主创新能力的企业。针对创业型公司自主创新能力强、规模较小、业绩不确定性大、经营风险高等特点,创业板企业的上市条件有所降低。

与主板市场对发行人的要求相比,创业板市场对发行人的要求在主体资格、独立性、规范运作方面基本一致,只是在主体资格上,要求最近两年主营业务和董事、高级管理人员均没有发生重大变化,实际控制人没有发生变更,相对于主板市场上的三年期要求,要求略有降低。在财务要求方面,与主板市场相比,我国创业板市场对其发行前的净利润要求有所降低,但与国外的创业板市场相比仍然偏高。近年来无论是主板还是创业板市场,IPO 发行主要强调信息披露的真实、完整、准确、不得有误导性陈述或重大遗漏。

(三) IPO 的主要程序

从发行人的角度,主板市场与创业板市场的 IPO 程序基本相同,主要包括以下几个阶段。

1. 明确 IPO 目标

企业 IPO 上市的第一步是从投资人或管理层形成上市意向开始的,通过对企业基本情况的判断,并通过与财务顾问或证券公司初步咨询,分析公开发行并上市的可行性。进一步在投资人与管理层之间形成一致共识,明确 IPO 上市目标。

2. 确定 IPO 中介机构

明确上市目标后,需要聘请专业的中介机构,包括证券公司、律师、会计师事务所以及资产评估机构形成上市专业团队。各中介结构从不同角度对发起人进行初步的尽职调查,然后按照双向选择的原则,确定合作关系。

3. 改制与重组

明确上市中介机构后,由企业与中介机构协商制定企业改制方案。通过改制与重组过程,将企业改组为股份有限公司形式,为规范运作和发行上市打下良好基础。股份制改组的主要方式包括三类:第一类是以发起设立的方式设立股份有限公司,按照设立过程中的资产剥离情况,又可以进一步分为整体改制、部分改制和合并改制。第二类是有限公司以整体变更的形式变更为股份公司,整体变更过程中对原有限公司的账面净资产按照一定的折股比例折算为股份公司的股本。整体变更过程中的账面资产不需要按照资产评估结果作账面调整,否则,无法连续计算持续经营年度。第三类是以公开募集设立的方式设立股份有限公司,这种方式是以原公司的投资人作为发起人,通过公开发行募集资金的方式设立股份有限公司,如兰花科创(SH.600123)。目前第一类和第二类方式是我国企业股份制改组的主要形式。

股份制改组从形式上最终表现为完成股份公司成立并办理工商登记。其实质是通过赋分制改组确定明晰的法人财产权,建立符合上市公司要求的、规范的公司治理结构与运行架构。改组过程中主要遵循以下原则:①突出公司主营业务,形成核心竞争力和持续发展的能力;②按照《中华人民共和国公司法》(以下简称《公司法》)、《上市公司治理准则》的要求建立合理的治理结构、规范运作;③有效避免同业竞争,减少和规范关联交易。

4. 上市辅导

股份制改组完成以后,需要由保荐机构(通常为证券公司)对发行人的董事、监事、高级管理人员以及5%以上持股股东和实际控制人(或其法定代表人)进行上市辅导。通过辅导程序,帮助拟发行人的管理层掌握发行上市、规范运作等方面的有关法律法规和规则,如知悉信息披露和履行承诺等方面的责任和义务,并协助其建立起规范的组织制度与运行机制。辅导工作由证监会驻各地的派出机构负责监督实施,并负责相应的辅导验收。

5. 制作与提交IPO申报材料

我国目前的IPO发行制度采用保荐人制度,即企业的发行上市必须经具有保荐业务资格的保荐人推荐,保荐人的主要职责就是将符合条件的企业推荐上市,并对申请人适合上市、上市文件的准确完整以及董事知悉自身责任义务等承担保证责任。在保荐人以及各中介机构的协助下,拟发行公司需要按照《公开发行证券的公司信息披露内容与格式准则第9号的首次公开发行股票并上市申请文件》的要求制作招股说明书等申报材料,由保荐人保荐并向中国证监会申报。

6. 证监会核准发行申请

证监会根据发行人的申请材料,由相关职能部门对发行人的申请文件进行初审,并由发行审核委员会审核,证监会根据发行审核委员会的审核结果作出予以核准或不予核准的决定,并出具相关文件。股票发行申请未获核准的,自证监会作出不予核准决定之日起6个月后,发行人可再次提出股票发行申请。

7. 公开发行与上市

发行人自证监会核准之日起6个月内,应当由承销商组织公开发行股票。经过公开发布招股意向书等发行文件,进行初步询价与路演推介,根据初步询价和累计投标询价(中小企业板和创业板公司可不经过累计投标询价)的结果确定最终的发行价格和发行数量。经过网下机构投资者配售和网上公开发行募集资金,实现公开发行股份、募集资金到位。

公开发行完成之后,发行人向证券交易所提出上市申请,由证券交易所核准同意后,发行人股票在证券交易所挂牌上市。

(四) IPO 定价机制

1. IPO 定价机制

IPO发行价格是新股发行过程中最关键的决策之一。发行价格决定了企业的融资额和发行风险,关系到发行人、投资者、承销商等多方利益,甚至还会影响到股票发行后二级市场的平稳性。

IPO发行价格主要取决于IPO定价机制(或称发售机制)。目前,全球范围内主要使用四种IPO定价机制,包括固定价格机制、拍卖机制、累计投标机制和混合定价机制。其中,累计投标定价机制最为常用,以美国、英国为代表的主要境外成熟市场大多采用该种方式对新股进行定价;固定价格机制主要应用于新兴市场国家,如马来西亚、泰国等;拍卖机制则主要运用于日本、法国等。

固定价格机制是由承销商与发行人在发行前根据一定的标准确定一个固定的发行价格,由投资者根据该固定的发行价格进行认购。进一步划分,固定价格又分为允许配售与不允许配售两种方式。其中前者是指在股票定价时,承销商拥有自由分配股票的权利,即承销商可以对一些机构投资者实行配售;后者是指不实行配售,针对全体投资者的公开发行。

拍卖机制下,发行价格由投资者以投标的形式竞价得出。拍卖机制能够吸引更广泛的投资者群体,普通投资者与承销商的优质客户完全处于平等的地位,并且采取公允、透明的配售机制,减少了经销商与少数投资者控制公司股票配售的情况发生。但拍卖机制存在两个突出的问题:一是赢者诅咒,知情投资者只会给予合理的报价,并且会在股票报价过高的情况下退出拍卖。然而处于信息劣势的投资者却对定价合理与定价过高无识别能力,为了获取股票,报价往往过高,导致拍卖股票全部被非知情投资者所购买;二是搭便车行为,为了能获得新股上市的超额收益,在发行价格拍卖中,投机者往往报出高价以保证最终能够以发行价格获得股份,如果拍卖参与者中投机者比例较高,最终IPO定价将偏高。

累计投标机制是指承销商先向潜在的购买者推介股票,然后根据投资者的询价结果制定发行价格的定价机制。首先,承销商和发行人通过路演、询价的形式,向投资者(通常为机构投资者)收集对股票需求订单和定价信息。其次,由承销商根据收集的询价信息建立一个询价记录,以记录新股发行的所有相关信息(包括每一个提交

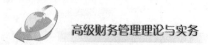
高级财务管理理论与实务

的报价以及对应的报价机构投资者名称及申购数量),这样,承销商可以掌握股票的需求情况及销售前景,使其能够根据市场需求对发行价格进行调整,形成最终的发行价格。最后,再根据询价记录的信息自主确定对投资者的股票发售与分配。

在累计投标方式下,投资者可以通过路演、与管理层交流、阅读招股意向书和研究报告等形式对发行人进行比较充分地了解,从而可以降低发行人与投资者之间的信息不对称程度。同时,承销商可以充分了解投资者对新股的需求程度,从而根据市场需求确定发行价格。累计投标机制为了保证投资者向承销商提供真实的需求信息,在发行新股时,承销商利用自由分配股份的权利,向经常性投资者适当倾斜,经常性投资者可以获得比偶然性投资者更多的新股份额,这样经常性投资者就更愿意报出其真实的需求信息。因为如果他们提供的信息经常有误,将可能失去经常性投资者的待遇。

混合定价机制是指将上述三种基本定价机制结合起来的一种定价机制,如累计投标/固定价格、累计订单询价/拍卖、拍卖/固定价格等。其中累计投标/固定价格最为广泛,即在一次 IPO 过程中对不同的份额分别采用累计投标和固定价格两种方式,一般采用累计订单询价机制向境内外投资者配售一部分股票;另一部分额度则用固定价格发售给本地中小投资者。

2. IPO 折价问题

投资银行负责新证券的发行。在美国,一旦证券与交易委员会(SEC)评议注册登记表及向有兴趣的投资者发放初步募股书,投资银行就在全国范围内组织"路演",广为公布有关即将进行的发行信息。路演有两个目的:第一,吸引潜在的投资者,为他们提供有关信息;第二,为发行公司和承销商收集证券出售价格的信息。大量的投资者与承销商商谈他们购买首次公开发行证券的意向。这些预购表示称为预约。统计潜在投资者的过程称为预约准备。预约为发行公司提供有价值的信息,因为大机构投资者时常对证券市场的需求、发行公司的前景、竞争者情况具有敏锐的洞察力。投资银行经常根据投资机构反馈的信息重新修订证券销售价格和销售数量的初次估算值。

为什么投资者会对投资银行真实地表露自己的意向呢?他们少吐露点真情从而可降低交易价格不是更好吗?投资银行所分配的首次公开销售股票的数量,部分是根据投资者对预售所表露的兴趣的高低而定的。当一个公司希望获得较大数量的配额时,就需要表达出它对证券前景的乐观情绪。反过来,承销商要按谈判价格把证券提供给投资者,以引导他们参与预约过程并分享他们的信息。这样首次公开发行通常能以较低的价格完成,股票在公开证券市场交易的当天所发生的价格暴涨,就反映了这种偏低的定价。

例如,在 1995 年 8 月 8 日就发生了一个著名的偏低定价的案例。网景公司的股价为每股 28 美元,第一个交易日收盘时达到每股 58.25 美元,按发行价购买股票的投资者在第一个交易日内的回报率就为 108%。这种偏低定价水平远远超过通常发生的、人们能够接受的程度。但是，偏低定价似乎是一种普遍的现象。图 3-3 提供了世界有关资本市场公开发行的股票第一天上市的平均回报率。这种结果表明，对投资者来说，首次公开发行的股票，价格极具吸引力。偏低的首次公开发行价吸引了所有的投资者，而机构投资者获得了大量的原始股。一些人认为这对一些小投资者是不公平的，但这里的分析表明，这种明显的打折是优质优价服务的最公平形式。因为，机构投资者提供了投资银行需要的服务，特别是提供了许多有价值的信息。按该种方式分配股票大大提高了信息的收集及传播的效率。

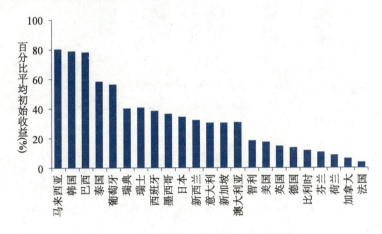

图 3-3　配股权发行对现有股东财富的影响

资料来源：T Loughran, JR Ritter, K Rydquist, Initial Public Offerings: International Insights, *Pacific—Basin Finance Journal* 2(1994), pp. 165-169.

对首次公开发行进行适当的定价是困难的，并且也不是每次都能做到偏低定价。有些股票发行后表现很差，有些甚至不能全部售完，承销商被迫把手中未售出的证券拿到二级市场亏本出手。显然，投资银行要承担承销的价格风险。有趣的是，尽管投资于首次公开发行的初期有很好的业绩，但是，从长期来看，它的长期业绩仍然较差。图 3-4 把首次公开发行后 5 年内每年的股价表现和同一规模的其他公司的股票表现相比较，可以发现首次公开发行的业绩年复一年地不尽如人意。这也许意味着，在一般情况下，投资大众对这些公司的前景总是过于乐观。

投资银行处于新证券发行的核心。它们提供咨询、推销证券（在调查完市场对发行的接纳程度后）以及承销发行所要筹集的金额。它们还承担市场价格在发行价格确定和证券出售之间发生变化的风险。

此外，投资银行还承担合理定价的责任。特别是当一家公司第一次转为公众公司时，购买者对公司的经营相对不太了解。举例说，一个只买 1 000 股股票的买家却花很长时间来研究这家公司毕竟成本过于昂贵。与之相反，买家很可能依靠他们对投资银行的判断——假想后者已经对该公司进行细致考察。给定这种信息不对称的情况，哪些因素可以防止投资银行对发行证券定价过高呢？当承销商有把价格定高的短期动机时，也有确保其客户不要支付太多钱的长期动机；假如客户在这次交易中输了钱，他们

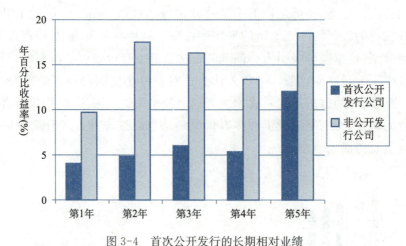

图 3-4　首次公开发行的长期相对业绩

资料来源：T Loughran, JR Ritter, K Rydquist, The New Issues Puzzle, *The Journal of Finance* 50(March 1995), pp. 23-51.

在以后的交易中就可能会甩掉这个承销商。因此，只要投资银行以后还想留在这个圈子里做事，合理定价便符合它们自身的利益。换句话说，许多财务经济学家认为，每个投资银行都有一个"信誉资本"储存库。发行新股的错误定价以及不道德交易很可能减少这种信誉资本。

选择投资银行有竞价出售法(competitive offer)和议价出售法(negotiated offer)两种基本方法。在竞价出售法里，发行公司可以将证券出售给出价最高的承销商。在议价出售法里，发行公司与某一家承销商合作。由于公司通常不和许多承销商同时进行谈判，议价交易可能就蒙受缺乏竞争之苦。

尽管竞价在其他商业领域也经常发生，但令人惊奇的是，在投资银行业务里，除非是与最大的发行公司之间才可能出现议价交易。投资银行争辩说，在确定发行价格和费用清单之前，它们都必须花费很多的时间和精力来了解发行人。除非是在大的发行公司的条件下，这些承销商在没有近乎百分之百的把握确定能得到承销合同前是不愿意花费时间和精力的。

研究显示，议价交易的发行成本高于竞价交易的发行成本。然而，许多财务经济学家认为发行公司并不一定会在议价交易中受到损害。他们指出，承销商通过谈判获得了很多关于发行公司的信息，而这些信息可能会提高发行成功的可能性。

五、IPO 定价偏低的原因分析

我们在前面已经提到过，首次公开发行的价格一般是偏低的。例如，在前面提到网景公司股票的发行价是每股 28 美元，发行第一天的收盘价就涨至每股 58.25 美元，这是定价偏低的一个极端的例子。与定价偏低有关的成本是上市成本的一个主要组成部分,因此研究人员对此进行了许多研究以便更好地认识这个现象。

首次公开发行股票定价偏低的趋势引起了广泛兴趣。比如,首次公开发行股票定价偏低增加了上市的成本,从而阻碍了一些企业上市。然而对投资者而言,定价偏低的首次公开发行股票就像是"免费的午餐"或者说稳赚不赔,这是大多数投资者梦寐以求的。网景公司上市之前,人们普遍相信其股票的认购量将大大超过发行量,许多分析家预计该股票在二级市场上的交易价格将远远高于发行价格。事实上正如前面中描述的那样,那些以发行价购入并随即转手在二级市场上售出的投资者赚取的利润超过了100%。

(一)承销商的动机

在制定发行价格时,承销商会衡量提高或降低价格所带来的成本和收益。发行价格太低会增加上市的成本,因此为了吸引客户,承销商会把发行价格定得尽可能高。然而,如果价格过高,新股可能销售不出去,导致承销商只能把未售出的股票留在自己手里,这种可能性抵消了前一种趋势的影响。因为持有未售出股票的成本直接(公司承诺)或间接构成了对承销商声誉的损害,这种因素在定价选择上有着重要的影响,促使承销商用低价发行股票。

巴伦(1982)分析了在承销商和上市公司之间可能出现的一种利益冲突,这种冲突是由于双方动机不同而且承销商掌握了更多的市场信息所导致的。由于承销商的信息优势,它在制定发行价格方面更有发言权。要是承销商和上市公司的动机一致就不成问题,但这是不可能的。承销商的动机是将发行价格定得尽可能低,确保所有的股票都可以轻易地售出以使自己不致承担太大的风险。于是承销商为新股制定较低的价格,这样他的任务就可以轻易完成而且风险较小。

虽然这种解释听上去言之有理,而且有时情况可能的确如此,但穆斯卡瑞拉和维特萨本斯(1989)进行的研究表明,巴伦的解释也许并不完善。他们调查了38家投资银行,这些作为样本的投资银行为自己的上市作承销商,所以不存在巴伦提到的信息和动机的冲突问题。这些投资银行把自己的股票价格平均定低7%,而同时作为承销集团牵头人的上市公司则把自己的股票价格平均定低了13%。

承销商定价偏低的另一个原因是,如果股票发行后业绩不佳可能会遭到投资者的起诉。这会增加承销商的费用支出。特尼克(1988)考察了这种可能性,指出1933年证券法出台后越来越多的承销商担心会受到起诉。特尼克比较了1933年以前和以后的两组样本,发现初期回报率即定价偏低的程度在1933年法案出台后大大提高了。这一发现为该理论提供了佐证。

然而瑞克和维特萨本斯(1993)提供了近年来的有关数据,这些数据使我们又开始怀疑承销商对法律责任的关注对定价到底有多大影响。他们考察了93家在首次公开发行之后遭到起诉的公司,这些公司与其他首次公开发行公司一样都对自己的股票制定了较低的发行价格,就是说定价偏低并不能使公司免于被起诉。不仅如此,公司解决法律纠纷平均支付的费用只占发行收入的15%,基本上相当于价格被压低的水平。从

第三章 企业融资与资本结构

上市公司的角度看,因为有可能受到起诉而丧失发行收入15%的费用(假设公司受到起诉)就把发行价格定低15%,这是毫无道理的。但不管怎样,既然承销商也可能是被起诉的对象,他还是有理由制定较低的股票发行价格。

(二)发行公司管理者比投资者掌握更多信息的情况

通常,企业上市的目的是为紧随其后的更大规模增资发行铺平道路。企业的经理们先以一次小规模发行投石问路,如果发行取得成功,那么接下来就可以筹集更多的股权资本。在这种情况下,投资银行常常建议上市公司首次公开发行时最好制定较低的发行价格,以使投资者在公司进行二次发行时对其有一个良好的印象。通常认为如果投资者在上市公司首次公开发行时赚了钱,他们就很可能认购该公司增发的股票。

许多学术论文都提到,预期企业经营良好而且有进一步投资机会的企业经营者非常倾向于为其股票制定较低的发行价格。他们认为,投资者明白,只有高素质的公司才愿意低价发行股票,因此,如果企业在首次公开发行中制定了较低的发行价格并随后又再次发行股票,投资者往往会对这些股票青睐有加。因此,是否要制定较低的发行价格取决于企业在近期内是否要寻求外部融资。虽然这种观点似乎言之有理,但对新股发行定价的经验研究却并没有为其提供佐证。

(三)某些投资者比其他投资者掌握更多信息的情况

洛克(1986)写了一篇极富创见的论文,提出由于人们认为首次公开发行定价往往偏低,于是就认购所有首次公开发行的股票,这可能会带来某种危害。古奇曾经说过:"我绝不加入任何愿意接纳我为成员的俱乐部。"他的名言有助于我们理解这种危害。能够买到首次公开发行的股票有点像被邀请加入一家高级俱乐部。既然热门股通常定价偏低,因此对其往往有较大的需求,这使得购买到热门股十分不易。当然被邀请加入俱乐部是好事,但当受到邀请时你得问一问这是否真是一家高级俱乐部。同样,当你的经纪人可以帮你买到首次公开发行股票时,你必须问清楚这种首次公开发行股票是否真的很热门。

为了更好地理解洛克的观点,假设有两种投资者:消息灵通者和消息不灵通者。消息灵通者可能付出了相当的代价,做了一定的研究,因此知道股票的实际价值,所以只有当首次公开发行股票定价确实偏低时他们才会认购。消息不灵通者不知道股票的实际价值,因此认购了所有首次公开发行的股票。不幸的是,他们得到了所有定价过高的"垃圾"类股票,而只得到了很少一部分定价偏低的"明星"类股票。

如果新股的价格并不偏低,那么平均而言,消息不灵通者遭受的亏损是系统性的。投资者得到的是劣质股票,这就是经济学家所说的"胜利者的诅咒"。这个词是分析拍卖时产生的,指的是在拍卖中获胜的竞标者最终发现,他是拍卖室里所有人中愿意以最高的价格购买标的的人——因此付出了过高的代价。同样,如果因为消息灵通者没有认购而使其他投资者购得了认购的股票,那么这些在首次公开发行中认购到股票的投资者也可能遇到此类问题。由于可能出现类似"胜利者的诅咒"之类的问题,知道自己信息不灵的人就不参加拍卖。同样,消息不灵通者通常不认购首次公开发行的股票。

洛克在文章中提出,投资银行出于提高新股对投资者吸引力的考虑,会为新股制定较低的价格,以此吸引消息不灵通者认购。按照这种思路推理出的一个结论是:首次公开发行的风险越高,就越可能遇到"胜利者的诅咒",它的价格也就一定会偏低。贝蒂和雷特(1986)的研究支持了这种观点。

科恩和瓦尔特(1989)对新加坡的首次公开发行和凯勒哈瑞吉(1993)对芬兰首次公开发行的研究为洛克的模型提供了更为直观的检验。这些国家在销售和分配股票时使用的是英国式的固定价格法,定量分配的程度是从公布的信息中获得的。两项研究表明:(1)认购者买到了较多的定价偏高的股票和较少的定价偏低的股票;(2)由于总体而言投资者得到的劣质股票较多,所以即使有的股票定价偏低,投资者最终也无法从中获利。

(四) 投资者掌握承销商不知道的信息的情况

洛克的模型为使用英国式固定价格法的国家新股定价偏低的情况提供了很好的解释。另外它还给美国消息不灵通的投资者上了很重要的一课,这些投资者只知道首次公开发行股票平均定价偏低并把这当作是一个盈利机会。但是,洛克模型却无法解释为什么在使用评估定价法的美国新股定价也常常偏低。

回忆一下评估定价的过程,承销商根据从潜在投资者那里获取的信息为首次公开发行股票制定价格。如果投资者对新股表现出浓厚的兴趣,承销商就制定较高的发行价格。反之则制定较低的发行价格。

因为投资者提供的信息影响到发行价格,所以他们有可能故意掩饰对于首次发行的真实看法。特别地,投资者可能故意对上市公司的前景表示悲观,希望借此以更有利的价格购得销售的股票。当市场上有一两个市场领导者,如费迪利特投资公司时,要获得真实的信息是非常困难的。市场领导者的决定很可能影响其他投资者的决定。威奇(1993)指出有影响力的投资者是决定发行能否取得成功的一个关键因素,因为小投资者会无视自己掌握的信息而按照市场领导者发布的意见来决定是否认购新股。比如,如果费迪利特投资公司表示对某一新股不感兴趣,小投资者就可能不再关心自己掌握的信息而决定不认购新股,从而导致该股票的首次公开发行以失败告终。

本维尼斯特和斯平特(1989)、本维尼斯特和威尔海姆(1990)分别指出,投资银行使用评估定价法为新发行股票定价并分配的做法有助于他们从大投资者那里取得明确可靠的信息。他们特别建议投资银行以下面的方式为首次公开发行的股票定价并分配。

(1) 投资银行在制定首次公开发行股票的价格时,对投资者提供的信息做出低调的反应。

(2) 提供较多积极信息的投资者可以购得较多的股票。对投资者提供的信息做出低调反应指的是,当投资者表现出非常积极的购买意向时,投资银行很可能低估了发行价格;为了得到更多的股票,此时投资者将真实地表达对新股的看法。汉雷(1993)提供的经验证据证明,投资银行就是以上面提到的方式制定首次公开发行股票价格的。它按照发行价格高于还是低于投资银行在招股说明书中制定的初始价格区间将首次公开发行分为三类。

① 当投资者表示对新股有很大的需求时,投资银行会把发行价格定在高于招股说明书中的预期价格区间。网景公司上市时就出现过这种情况。如果投资者表示了对新股的较大需求但投资银行却对此反应低调,那么首次公开发行股票的价格就会被定得偏低。汉雷发现当首次公开发行价高于初始水平时,其价格平均偏低20.7%。

② 当投资者的意见与投资银行的初始预期一致时,发行价格一般就与招股说明书中的预期价格水平一致。汉雷发现这类的首次公开发行价平均低估了10%。

③ 当投资者表示对新股没有什么兴趣时,发行价格一般低于预期的价格水平,而且发行可能被放弃。这些新股价格偏离的程度最小。汉雷发现当发行价格低于招股说明书的预期价格水平时,首次公开发行股票定价平均偏低0.6%。

希望从定价偏低的新股中获得收益的个人投资者必须明白,并不是所有首次公开发行股票的定价都是偏低的,而且他们也未必能得到那些定价确实偏低的股票。

第六节 股权质押

一、股权质押的概念

股权质押又称股权质权,是指出质人以其所拥有的股权作为质押标的物而设立的质押。按照目前世界上大多数国家有关担保的法律制度规定,以标的物为标准,质押可分为动产质押和权利质押。股权质押就属于权利质押的一种。因设立质押而使债权人取得对质押股权的担保物权,为股权质押。

对在股权上设立担保物权,许多国家的法律都有规定,如法国《商事公司法》、德国《有限责任公司法》。比较典型的是日本法律的有关规定。日本《有限公司法》第32条规定"得以份额为质权的标的";日本《商法》第207条又规定"以股份作为质权标的的,须交付股票"。可见,日本的公司法对以有限责任公司股东所拥有的股权和股份有限责任公司股东所拥有的股权为质权标的而设立股权质押分别做了比较明确的规定。

我国《公司法》对股权质押缺乏规定,但《公司法》颁布之前施行的《股份有限公司规范意见》允许设立股份抵押。《公司法》之后出台的《担保法》,才真正确立了我国的质押担保制度,其中包括关于股权质押的内容。2020年5月28日,《中华人民共和国民法典》(以下简称《民法典》)通过表决,自2021年1月1日起施行,《担保法》同时废止。《民法典》第四百四十条第四项规定"可以转让的基金份额、股权"可以出质,第四百四十三条又做了进一步补充。

二、股权质押的标的物

股权质押的标的物,就是股权。股权是股东出资而取得的,依法定或公司章程规定的规则和程序参与公司事务并在公司中享受财产利益的,具有转让性的权利[①]。一种权利要成为质押的标的物,必须满足两个最基本的要件:一是具有财产性,二是具有可转让性。

(一)作为质押标的物的股权的内涵

关于股权的内容,传统公司理论一般将股权区分为自益权和共益权。自益权为财产性权利,如分红权、新股优先认购权、剩余财产分配权、股份(出资)转让权;共益权是公司事务参与权,如表决权、召开临时股东会的请求权、对公司文件的查阅权等。而在一人公司中,共益权已无存身之地,股东权利只有自益权。

因此,有些学者主张,与其继续沿用自益权和共益权的传统分类方法,不如将股权区分为财产性权利与公司事务参与权。还有学者认为股权包括财权权的内容和人身非财产权的内容。据以上对股权内容的划分,有人断言,股权质押是仅以股权中的财产权内容为质权的标的。

首先,股权从其本质来讲,是股东转让出资财产所有权于公司(即股东的投资行为)而获取的对等的民事权利,不论股东投资的直接动机如何,其最后的目的在于谋求最大的经济利益。换言之,股东获取股权以谋得最大的经济利益为终极关怀。既然股东因其出资所有权的转移而不能行使所有权的方式直接实现其在公司中的经济利益,那么就必须在公司团体内设置一些作为保障其实现终极目的的手段的权利,股东财产性权利与公司事务参与权遂应运而生,即两者分别担当目的权利和手段权利的角色。

而且,两种权利终极目的的相同性决定了两者能够必然融合成一种内在统一的权利,目的权益就成为缺乏有效保障的权利,目的权利与手段权利有机结合而形成股权。可以说,股权中的自益权与共益权或财产性权利与公司事务参与权或目的权利与手段权利,只是对股权具体内容的表述。实际上这些权利均非指独立的权利,而属于股权的具体权能,正如所有权对占有、使用、收益和处分等权利一样。正是由于这些所谓的权利和权能性,股权成为一种单一的权利而非权利的集合或总和。因而,作为质权标的的股权,决不可强行分割而只承认一部分是质权的标的,而无端剔除另一部分。

其次,股权作为质权的标的,是以其全部权能作为债权的担保。在债权到期不能受到清偿时,按照法律的规定,需处分作为质押物的股权以使债权人优先受偿。对股权的处分,自然是对股权的全部权能的一体处分,其结果是发生股权转让的效力。如果认为股权质押的标的物仅为股权中的财产性权利,而股权质押权的实现也仅能处分股权中的财产性权利,不可能处分未作为质押标的物的公司事务参与权。这显然是极其荒谬的。

---

① 孔祥俊:《民商法新问题与判解研究》,人民法院出版社,第280—281页。

(二) 作为质押标的物的股权的表现形式

如前所述,股权是股东以其向公司出资而对价取得的权利。在有限责任公司中,股东拥有股权是以其对公司的出资为标准,出资比例的多寡决定并且反映股权范围的大小。在股份有限公司中,股东拥有股权是以其拥有的股份为表现,股份的多寡决定并且反映股权范围的大小。在有限责任公司中,股东的出资证明书是其拥有股权和股权大小的证明,但出资证明与股票不同,它不是流通证券。在股份有限公司中,股权的证明是股票,股东持有的股票所载明的份额数证明股东拥有的股权的大小。

股票是股权的载体,即股票本身不过是一张纸,只是由于这张纸上附载了股权方成为有价证券,具有经济价值,股权才是股票的实质内容。股票是流通证券,股票的转让引起股权的转让。所以,对有限责任公司,股权转让又常常用出资转让或出资份额转让的称谓来代替,而对股份有限公司,股权转让则多以股份转让或股票转让的称谓来代替。因此,股权质押,对有限责任公司,又常被称为出资质押或出资份额质押,对股份有限责任公司则称为股权置权。

(三) 对股权质押标的物的限制

可转让性是对股权可否作为质押标的物的唯一限制。

首先,对有限责任公司的股权出质,我国《公司法》第七十一条对有限责任公司股东转让出资做了明确规定。

(1) 股东向作为债权人的同一公司中的其他股东以股权设质,不受限制。

(2) 股东向同一公司股东以外的债权人以股权设质,必须经全体股东过半数同意,而且该同意必须以书面形式即股东会议决议的形式达成。

(3) 在上一条情形中,如果过半数的股东不同意,又不购买该出质的股权,则视为同意出质。该种情形,也必须经过股东会决议,并且应在股东会议中明确限定其他股东行使购买权的期限,期限届满,明示不购买或保持缄默的,则视为同意出质。

其次,《公司法》规定了股份有限公司的质权限制。

(1) 发起人持有的本公司股份,自公司成立之日起三年内不得设立质权。

(2) 公司董事、监事、经理持有的本公司股份,在其任职内不得设立质权。

外商投资企业股权质押,仅指外商投资有限公司和外商投资股份有限公司的投资者以其拥有的股权为标的物而设立的质押,应遵照《外商投资企业投资者股权变更的若干规定》。

(1) 外商投资企业的投资者以其拥有的股权设立质押,必须经其他各方投资者同意。若有一个股东不同意,便不能出质。不同意的股东即使不购买,也不能视为同意出质。

(2) 投资者用于出质的股份必须是已经实际缴付出资的。

(3) 因为我国外商投资企业法律规定外商投资企业实行授权资本制,允许外商投资企业的投资者在企业成立后按照合同约定或法律规定或核准的期限缴付出资。所以在外商投资企业中,股权的取得并不以是否已经实际缴付出资为前提。

(4) 除非外方投资者以其全部股权设立质押,外方投资者以股权出质的结果不能导致外方投资者的比例低于企业注册资本的25%。

另外,对公司能否接受本公司的股东以其拥有的股权出质,有些国家的法律规定在满足一定条件时是允许的,如日本《商法》第210条、德国《有限责任公司法》第33条的规定即是适例。我国《公司法》规定,公司不得接受本公司的股票作为抵押权的标的。《关于外商投资企业股权变更的若干规定》规定,投资者不得将其股权质押给本企业。可见,我国法律绝对禁止股东或投资者将其拥有的股权质押给本公司。

三、股权质押担保功能

股权质权作为一种担保物权,是为担保债权的实现而设立的,股权质押担保力的大小直接关系到债权的安全,与质权人的切身利益相关。因而,对股权质权担保功能的分析,于质权人来说,显得至为重要。

(一) 对出质权价值的分析

股权质权的担保功能源于股权的价值,股权的价值是股权质权担保功能的基础,股权担保功能的大小最终取决于股权价值的大小。股权价值的内涵包括两项:一是红利,二是分配的公司剩余财产。因此,出质股权价值的大小取决于以下三点。

(1) 可获得红利的多寡。这又由公司的盈利能力、公司的发展前景等决定。以股票出质的,股票的种类,优先股还是普通股,也是主要的影响因素之一。

(2) 可分得的公司剩余财产的多寡。这又由公司的资产及负债状况决定的;以股票出质的,股票的种类是关键的影响因素。在此,有一个很重要的问题需要澄清,即股东以其拥有的股权出质,绝不是指股东以其对公司的出资为质。

如前所述,股东向公司的出资行为,使股东获得股权,使公司获得出资财产的所有权,股东无权直接支配已出资的财产,股权也不是已经出资财产的代表权。

(3) 出质股权的比例。股权比例即股东的出资比例或股份份额。股权比例越高,则股东可获得的红利和可分得的公司的剩余财产也越多,反之亦然。因而,出质权的大小与出质权的比例成正比。

(二) 出质股权交换价值的分析

股权的交换价值是股权价值的表现形式,是股权在让渡时的货币反映,即股权的价格。出质股权的交换价值是衡量股权质权担保功能的直接依据,也是债权的价格。出质股权的交换价值是以其价值为基础,但也受其他因素的影响。

(1) 市场的供求。特别是对以股票出质的股权质权,股票市场的供求状况极大地影响着股票的价格。

(2) 市场利率。市场利率的高低往往与股票的价格成反比。

(3) 股权质权的期限,即股权合同的期限。股权的交换价值非一个恒值,是随着时间的推移而变化的。因而,股权质权的期限对出质股权的交换价值也有至关重要的影响。

据以上分析,可知股权质权与其他质权相比,其担保功能有如下三个特点。

(1) 质物价值的不稳定性。股权的价值极易受公司状况和市场变化的影响,特别在以股票出质的情形下,股票的价值经常地处在变化之中。因而对股权质权的担保功能较难把握,对质权人而言,风险比较大。

(2) 质物价值是一个预期值。因股权价值的不稳定性,从而在设立股权质押时,当事人协商确定出资额或股份额的多少,即确定以多大的出资额或股份额为出质标的物才可对债权人充足担保,事实上是以当事人或第三人(如资产评估机构)的预期价值为基础。而该预期值常会与实际状况相背离,使质权人承担着其债权得不到充足担保的风险。

(3) 出质股权的种类不同,其担保功能也有差异。以股票出质的,因股票是有价证券,其流通性、变现性强,因而其担保功能较强。以出资出质的,其股权的流通性、变现性较差,因而其担保功能相对较弱。

四、股权质押的设立

股权质押的设立以当事人合意并签订质押合同而设立。

(一) 股权质押合同是要式合同

《民法典》规定,出质人与质权人应当以书面形式订立质押合同。

(二) 股权质押合同是要物合同

这是指质权的成立,不仅需要当事人订立契约,而且以交付标的物为必备条件。我国《民法典》未规定以股票交付质权人占有为必备要件,主要是因为目前股票已无纸化,股票的储存及转让都通过电脑控制运行。因此,《民法典》采用股票质押的登记为股票质押成立的必备要件,以代替股票的转移占有。

(三) 股权质押成立的公示

关于质权成立的公示效力,在立法上有两种主张:其一,成立要件主义或有效要件主义,即将公示方法作为质权的成立、发生对抗第三人效力的必须具备条件。德国民法采用这种主张。其二,对抗要件主义,即质权只需当事人合意即发生效力,但只有公示,才可以发生对抗第三人的效力。日本民法采用这一主张。股权质押的公示形式,以股份出质的,多采用以股票交付的方式;以出资额出质的,则采用以在股东名簿上进行登记的方式。

我国《民法典》对股权成立的公示,采用有效要件主义,即以公示作为质押合同生效的必备要件,并以此对抗第三人。对公示的形式,无论是以股份出质还是以出资额出质,均采取登记的方式,只是登记的机关不同。

对外商投资企业投资者设立股权质押,按照《关于外商投资企业投资者股权变更的若干规定》,质押合同除满足《担保法》的有关规定外,尚需经审批机关批准,并向原登记机关办理备案。未按规定办理审批和备案的,质押合同不能成立。可见,以外商投资企业投资者的股权设立的质权,因其标的物的特殊性,其设立不仅需当事人合意,尚得受行政机关的监管。审批机关的批准及在登记机关的备案,是该种质押合同的生效要件和对抗要件。

五、股权质押的效力

股权质押的效力,是股权质押制度的核心内容。股权质权的效力是指质权人就质押股权在担保债范围内优先受偿的效力及质权对质押股权上存在的其他权利的限制和影响力。

(一) 股权质押对所担保债权范围的效力

因权利质押,法律未作特别规定的,准用动产质权的有关规定,所以与动产质权相同,股权质权所担保的债权范围,一般由当事人在质押合同中约定。但各国的立法大都有关于质押担保范围的规定,主要包括主债权、利息、迟延利息、实行质权的费用及违约金。

法律对质押担保范围的规定,有两方面的作用:一是为当事人约定担保范围提供参考,或者说提供范本;二是在当事人对质押担保范围未作约定或约定不明时,援以适用。

(二) 股权质权对质物的效力

股权质权对质物的效力范围,一般应包括以下两方面。

(1) 质物,即出质股权。质物是质权的行使对象,当然属于质权的效力范围。

(2) 孳息,即出质股权所生之利益,主要指股息、红利、公司的盈余分配等。

(三) 股权质权对质权人的效力

股权质权对质权人的效力,是指股权质押合同对质权人所生之权利和义务。首先,股权质权人所享有的权利,一般应包括以下三方面。

(1) 优先受偿权。质权人可就出质股权的价值优先受偿。这是质权人最重要的权利。这种优先受偿权主要体现在两方面:第一,质权人就出质股权之价值优先于出质人的其他债权人受清偿。第二,质权人就出质股权优先于后位的质权人优先清偿。从理论上讲,质权以交付占有为设立要件,这就排除了出质人再就质物设立质权的可能性,但依外国的立法例,物的移转占有,不以现实交付为限,而允许简易交付、指示交付,这些变相占有做法,使得在同一质物上设定两个以上质权成为可能。

(2) 物上代位权。因出质股权灭失或其他原因而得有赔偿金或代替物时,质权及于该赔偿金或代替物。

(3) 质权保全权。质权保全权,又被称为预行拍卖质物权,是指因质物有败坏之虞,或其价值有明显减少的可能,足以害及质权人的权利时,质权人得预行处分质物,以所得价金提前清偿所担保的债权或代充质物。对股权质权,因股权价值的不稳定性,使股权价值易受市场行情和公司经营状况的影响而发生较大变化,尤其对股票,此倾向更甚。所以股权质权人所享有的质权保全权,对确保其债权的安全极为重要。

(四) 股权质权对出质人之效力

出质人以其拥有的股权出质后,该股权作为债权之担保物,在其上设有担保物权,出质人的某些权利因此受到限制,但出质人仍然是股权的拥有者,其股东地位并未发生变化,故而出质人就出质股权仍享以下三方面的权利。

(1) 出质股权的表决权。质押登记只是将股权出质的事实加以记载,其目的是限制出质股权的转让和以此登记对抗第三人,而不是对股东名册加以变更。在股东名册上,股东仍是出质人。据此,可以推断,出质股权的表决权,应由出质人直接行使。

(2) 新股优先认购权。在股权的诸多权能中,包含新股优先认购权,属于股权中的财产性权利,是股东基于其地位而享有的一个优先权,非股东不能享有。所以在股权质押期间,该权能仍属于出质人享有。

(3) 余额返还请求权。股权质权实现后,处分出质权的价值在清偿债权后尚有剩余的,出质人对质权人有请求返还权。出质人的义务,在股权质押期间,主要为非取得质权人的同意,不得转让出质股权。

六、股权质权的实现

股权质权的实现是指股权质权人于其债权已届清偿期而受清偿时,处分出质权而使其债权优先得到清偿。股权质权的实现是质权人所享有的优先受偿权的落实,是设立股权质权的最终归结。

(1) 股权质权的实现,与动产质权相同,一般需具备如下两个要件:其一,须质权有效存在。国外的立法例,一般规定以股票出质的,需转移占有,"质权人若非继续占有股票,不得以其质权对抗第三者"。其二,需债权清偿期满而未受清偿。所谓未受清偿,不仅指债权全部未受清偿,也包括债权未全部受清偿。

(2) 股权质权的实现,需与出质股权进行全部处分,这包含两层含义:一是指对作为出质标的物的全部股权的处分。即使受担保清偿尚有部分甚至少部分届期未受清偿,也需将全部出质股权进行处分,不允许只处分一部分而搁置其余部分,此即为质物的不可分性。二是指对出质标的物的股权的全部权能的一体处分,而不允许分割或只处分一部分权能。这是由股权的不可分性所决定的。

(3) 禁止流质。禁止在质押合同中订立流质条款,或即使在合同中订立了流质条款也视为无效,这已是各国立法的通例。所谓流质条款是指当事人在质押合同中约定,债权已届清偿期而未清偿时,质物的所有权归质权人所有。以权利出质的,法律无特别规定的,准用关于动产质押的规定,因而对股权质押,也是禁止流质。即非通过法律规定的对质物的处分方式,出质股权不得自然归质权人所有。

(4) 质权实现的方式,即对质物处分的方法。质权实现的方式有三种,即折价、变卖、拍卖。但由于股权质权的物的特殊性,因而股权质权的实现方式有其自身的特点。

① 股权质权的实现,其结果是发生股权的转让。所以出质股权的处分必须符合公司法关于股权转让的规定。对以出资为质权标的物的,可以折价归质权人所有,也可以变卖或拍卖的方式转让给其他人。但对以股份出质的,必须在依法设立的证券交易场所进行转让;对记名股票,应以背书交付的方式进行转让;对无记名股票应在证券交易场所以交付的方式进行转让。因而不宜采用折价或拍卖的方式。

② 以出资出质的,在折价、变卖、拍卖时,应通知公司,由公司通知其他股东,其他股东可在同等条件下行使优先购买权。

首先,应注意股东的优先购买权与质权人的优先受偿权的区别。股东的优先购买权是指有限责任公司股东的出资在发生转让时,在同等条件下,公司其他股东有优先于非股东购买该欲转让出资的权利。而质权人的优先受偿权是指质权人就质物的价值有优先受偿的权利。但质权人对出质的出资于处分时无优先购买权。

其次,股东在出质时未行使购买权,并不剥夺股东在质权实现时再行使购买权。因为股权出质,仅是在股权上设立担保物权,并不必然导致股权的转让。所以,对以出资为质权标的的,股权质权于实现时,其他股东仍可行使优先购买权。

③ 因股权质权的实现而使股权发生转让后,应进行股东名册的变更登记,否则该转让不发生对抗公司的效力。

④ 对以外商投资企业中方投资者的股权出质的,其股权质权实现时,必须经国有资产评估机构进行价值评估,并经国有资产管理部门确认。

⑤ 受出质权担保的债权期满前,公司破产的,质权人可对该出质股权分得的公司剩余财产以折价、变卖、拍卖的方式实现其质权。

 案例研究与分析

中世康恺融资渠道创新之路

【案例资料】

为了改变传统医疗行业固有的弊端,自 2011 年行业中出现第一批"互联网+医疗"企业后,伴随着资本的推动和政策的导向,2014—2015 年"互联网+医疗"迎来了发展的第一波高峰。在传统医疗行业中,占据 70% 以上医疗成本的是胶片使用及存储费用。我国胶片多进口于日本和美国,成本巨大,尤其是美国还要加收 25% 的关税。因此,我国痛定思痛,一定要改变传统胶片市场,降低成本,将这部分资金留在国内用于国内相关项目建设。那么,如何解决这一成本高昂、历史悠久的难题呢?

成立于 2017 年的北京中世康恺科技有限公司借着政策和技术的东风应运而生。

一、初期融资策略

在创业初期,中世康恺创始人将自己的积蓄尽数投入到数字影像远程诊断系统的

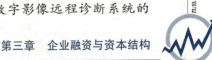

研发中。随着企业建设进程的不断推进,中世康恺也曾希望通过引入天使投资人或风险资本以获取资金,但因为中世康恺有着自己的经营理念和发展目标,中世康恺在接纳投资、选择合伙人时格外慎重。曾有天使投资人接触过中世康恺,表达了投资意愿,但双方最终未能就话语权达成一致。

中世康恺采取了先依靠自由资金维持,在精准定位商业模式后再谈外源融资的策略。这种方式能为企业节约销售成本及人工成本,进而在开拓市场的同时为企业提供内源融资,缓解了创业初期的资金压力。另外,定位准确有利于企业的规模建设和战略布局,为自己提供了良性发展空间,进而为企业后续寻求优质外源融资创造了谈判的机会。

二、成长决策

1. 员工持股实现内部融资

企业建立之初,收益尚不稳定,进行外部融资门槛、成本都比较高,且存在分散公司控制权的风险,除此之外,中世康恺亟需更多人才建立起商业版图,引进了华为模式的员工持股融资计划,为中世康恺融入发展资金和智慧。2017年底,中世康恺首次推出员工持股融资计划,持股的数量由员工的岗位性质、工龄、季度绩效以及个人业绩考评等指标来综合确定。中世康恺通过工会对员工所持股份进行集中托管,根据公司的发展需求,每年将净利润的10%~25%用于持股员工的分红。员工持股计划推出后,大部分有购股权限的员工都会选择购买公司的股份。一方面,购买股份可以获得一定的分红回报,且伴随着公司的成长,回报将越来越可观;另一方面,参与股权购买也是向公司表达共同成长的一种方式,有利于获得更好的成长机会。通过员工持股计划,中世康恺获得了一定的可自由使用的融通资金,同时在企业与员工之间建立起了有效的利益共同体,实现了"融资"与"融智"双管齐下的目标。

2. 招商平台串联投资者和市场建设

当前的数字影像市场仍是一片蓝海,"占地盘"就成为了中世康恺的主要目标和任务,这也对中世康恺的人才队伍提出了更高的要求。很快,中世康恺就得到了某招商平台的关注。该平台是业内知名的"独角兽企业孵化器",平台上聚集了众多具有良好发展前景、有技术能力的创业项目,以及手握资金寻找投资目标的合伙人,为他们达成合作提供机会。在接受长达半年的跟踪考察之后,中世康恺得以入驻该招商平台,有了与众多投资人接触的机会,并且构建起了自身"企业+城市合伙人"的发展模式。在选择城市合伙人时,中世康恺确定了两条关键的标准:①具备某一地区的医疗系统资源,有能力与当地的医院达成合作,保证业务落地;②愿意开展长期合作,与中世康恺共同实现战略发展。如果能够顺利找到合伙人,那么中世康恺不仅可以获得发展资金,还能够聚集一支将业务发展到全国各地的人才队伍。为此,中世康恺也一直积极地准备着。

3. 疫情与"直播经济"带来新契机

在新冠肺炎疫情背景下,中世康恺迅速开发了"冠医云新冠病毒肺炎免费义诊平台"小程序,为民众免费阅片,共提供1 000多例义诊服务,帮助确诊55例新冠疑似患者;3月18日,中世康恺新冠肺炎远程诊断平台英文版上线,驰援全球抗疫。数字胶片的价值被进一步挖掘,中世康恺的估值也大幅提升。疫情期间,"直播带货"成为了爆款,招商平台也抓住机会,为平台上的创业者举办了直播宣讲会。意识到这是个机会,中世康恺也进行了宣讲。直播中,中世康恺对"冠医云"的技术基础、数字胶片的发展市场以及商业模式进行了全面解说,并诚挚地发出"城市合伙人"的邀请。中世康恺表示承担项目落地的所有前期费用,分散城市合伙人的风险。直播当晚,中世康恺就收到了3 000万元左右的合作意向金,而在三天内,这个数字上涨为8 000万元,加入的城市合伙人达到了200人左右,这对于中世康恺来说是一个巨大的惊喜,但中世康恺没有因为这份惊喜昏头——资金入账也意味着项目落地的压力。更重要的是,中世康恺想要寻找的是能够长期合作的合伙人,而在一些还未出台数字胶片相关标准的地区,实现盈利还需要时间,中世康恺也会继续跟城市合伙人沟通,从中找到真正契合的合作伙伴。

【案例思考】

作为初创企业,中世康恺为什么拒绝了天使投资人的投资?

【案例分析】

1. 中世康恺的发展阶段

中世康恺成立于2017年,是我国首个健康医疗大数据产业生态战略联盟成员单位,已经在广东、江苏、山东、辽宁、吉林、黑龙江、重庆、河南、贵州、甘肃等多省、区、市设立分公司或办事机构,并与当地卫生主管部门及医疗机构建立深度合作关系,成功入围中国电信驻马店分公司DICT生态合作伙伴。因此,我们可以将中世康恺生命周期定位为初创阶段迈向扩张阶段的过程,在这个阶段,中世康恺对于资金和人力的需求都开始凸显。

2. 中世康恺的商业模式

中世康恺是一家专注于数字胶片普及应用的平台型科技企业,基于其核心技术"冠影云",为医院铺设数字胶片阅片、储存云平台,并在将来通过大数据分析以实现医疗资源定向化及数据科技结合应用。数字胶片市场此时仍是一片蓝海,中世康恺的主要任务就是"占山头",与医院进行合作,努力实现"冠影云"技术更大范围的应用和覆盖。中世康恺的收入就来源于数字胶片的应用,每人次使用数字胶片都能给中世康恺带来收入。

3. 资金来源与融资情况

中世康恺创立之初的资金来源为创始人的自有资金,由于企业目前整体规模较小,研发投入主要集中于初创阶段的初期,成本集中于人工成本和市场开拓费用,属于轻资产型的企业。虽然企业自身的留存收益能够使企业"活下来",但是想要进一步扩大经营规模,需要进一步融入资金。

4. 拒绝的原因

根据上述分析,中世康恺拒绝天使投资的原因有以下三点。

（1）中世康恺的内源性融资能够满足企业生存的资金需求,是其优先选择的融资方式,这也符合优序融资理论的结论。

（2）避免企业控制权被分散,无论是上市企业的股权融资还是风险投资,都会影响创业者对于企业发展的话语权,风险投资要求创业者与投资人具有契合的经营理念和充分的信任,否则将会对创业企业的发展造成极大的影响。

（3）"互联网十医疗"行业作为国家政策扶持的新兴行业吸引了更多积极投资的风险投资人,使创业企业融资渠道得到拓宽。

第四章 企业价值评估

学习目标

1. 了解价值评估的含义及内容；
2. 熟悉经济利润模型和相对价值模型；
3. 掌握现金流量折现估价法。

企业价值评估是企业财务管理的重要工具之一，具有广泛的用途，是现代财务的必要组成部分。企业价值的内涵，涵盖了企业发展的可持续性、风险性和战略性等多方面特征。企业价值评估包含了对企业生存和发展至关重要的非财务业绩信息，尤其注重对企业可持续发展能力的评估。

第一节 企业价值评估概述

一、企业价值评估的含义

在国际价值评估惯例中，以企业股东（或投资人）权益或部分权益作为交易对象所进行的价值评估，一般称之为企业价值评估（business valuation，BV）。在评估实务中，所评估的企业价值还可以进一步分为企业整体价值（business enterprise value），即全部权益和付息债务的价值之和，企业全部权益价值（total equity value）和部分权益价值（partial equity value）。

在 2005 年中国资产评估协会发布的《企业价值评估指导意见（试行）》中第一章第三条是这样定义的：企业价值评估是指注册资产评估师对评估基准日特定目的下企业整体价值股东全部权益价值或部分权益价值进行分析、估算并发表专业意见的行为和过程。

企业价值评估一般有两个方面的应用：一个是咨询性业务或非法定评估业务的应用，另一个就是法定评估业务的应用。由于这两个方面的应用所关注的对象、所运用的方法和程序以及对于法律法规和行业准则所适用的程度都有所不同，因此形成了两个流派。

第一个方面的应用主要是企业价值评估和企业的证券价值评估，多半是应用于金融领域和证券市场以及企业自身的财务管理，具体可以分为三个方面的应用。①证券投资市场。比如说，证券市场上的证券分析师们采用企业价值评估方法对市场上的一些上市企业进行价值评估，然后看看这些由企业财务指标反映出来的"真实价值"是否与该股票的市场价值一致，从而认定这个企业的股票是否被市场低估或高估了。此外，其他各种投资者都可以运用企业价值评估的手段为他们的投资提供参考或依据。②在企业并购中的应用。无论是收购企业还是目标企业都要对被并购的目标企业进行价值评估，从而得出自己心中的合理价位。尤其在一些敌意收购中，价值的评估将起到核心和关键的作用。此外，对于并购之后的企业能产生协同效应也是企业价值评估的任务，而且这也是需要在并购之前做的工作，并对并购决策起到十分重要的影响作用。③在企业的财务管理中发挥直接的影响。既然企业的目标就是价值的最大化，那么企业的财务决策和企业战略都与企业的价值有着千丝万缕的联系。企业价值评估可以帮助企业了解自己的价值，接受如何提高企业价值的建议，并同时消除被恶意收购的担心。

企业价值评估应用的另一个领域就是法定评估业务领域，也就是职业评估师主要提供服务的领域。根据目前大多数国家的情况，职业评估师提供服务的方式主要有三种：价值评估、评估审核和评估咨询。其中，价值评估的主要对象是非上市的封闭持股企业或企业的股权，而且主要是针对企业整体交易、企业的股权交易和课税等目的的法定评估。

根植于现代经济的企业价值评估与传统的单项评估有着很大的不同，它是建立在企业整体价值分析和价值管理的基础上，把企业作为一个经营整体并主要依据企业未来现金流量来评估企业价值的评估活动。企业价值评估考虑的因素更全面、更复杂，不但涉及企业的外部宏观环境、行业发展情况、市场结构、市场需求等外部因素，还涉及企业内部的一般性资源（如厂房设备、土地、原材料等）以及企业特殊的资源和能力（如核心技术、战略思想、组织文化、品牌和商标、销售渠道等），而后者反映了"企业是由人力资本与物质资本构成的一个特殊契约"①的独特性质，是企业持续获利能力的重要源泉和企业竞争优势形成的基础。在现代经济中企业并购行为十分普遍的背景下，企业价值评估对于投资者正确分析企业的价值和发展前景、做出购并和出售等有关资本运营的重大决策、企业管理当局在激烈的市场竞争中加强企业价值管理、提升企业市场价值等，都具有十分重要的意义。如果说企业价值最大化是企业家和管理者不懈追求的目

---

① 王诚军："国际评估业发展历史和当代特点"，《国有资产管理》，1998年第4期，第39—42页。

标,那么合理确定企业的价值则将成为财务管理人员的重要责任之一。

价值评估的意义存在于广泛的范围之内,但在不同的环境中对于不同的人来说,估价扮演的角色是不同的,估价的目的和作用也具有显著的差异。

正确理解价值评估的含义,需要注意以下三点。

(1) 价值评估是一种经济"评估"方法。评估是一种定量分析,但它并不是完全客观的和科学的;价值评估是一种"分析"方法,要通过符合逻辑的分析来完成。

(2) 企业价值评估提供的信息不仅仅是企业价值一个数字,还包括评估过程产生的大量信息。价值评估提供的是有关"公平市场价值"的信息。价值评估不否认市场的有效性,但是不承认市场的完善性。在完善的市场中,企业只能取得投资者要求的风险调整后收益,市场价值与内在价值相等,价值评估没有什么实际意义。在这种情况下,企业无法为股东创造价值。股东价值的增加,只能利用市场的不完善才能实现。价值评估认为市场只在一定程度上有效,即并非完全有效。价值评估正是利用市场的缺陷寻找被低估的资产。当评估价值与市场价格相差悬殊时必须十分慎重,评估人必须令人信服地说明评估值高于市场价格的原因。

企业价值受企业状况和市场状况的影响,随时都会变化。价值评估依赖的企业信息和市场信息也在不断流动,新信息的出现随时可能改变评估的结论。因此,企业价值评估提供的结论应该有很强的时效性。

(3) 价值评估的目的是帮助投资人和管理当局改善决策。它的主要用途表现在以下三个方面。

① 价值评估用于投资分析。价值评估是基础分析的核心内容。投资人信奉不同的投资理念,有的人相信技术分析,有的人相信基础分析。相信基础分析的人认为企业价值与财务数据之间存在函数关系,这种关系在一定时间内是稳定的,证券价格与价值的偏离经过一段时间的调整会向价值回归。他们据此原理寻找并且购进被市场低估的证券或企业,以期获得高于市场平均报酬率的收益。

② 价值评估用于战略分析。战略是指一整套的决策和行动方式,包括刻意安排的有计划的战略和非计划的突发应变战略。战略管理是指涉及企业目标和方向、带有长期性、关系企业全局的重大决策和管理。战略管理可以分为战略分析、战略选择和战略实施。战略分析是指使用定价模型清晰地说明经营设想和发现这些设想可能创造的价值,目的是评估企业目前和今后增加股东财富的关键因素是什么。价值评估在战略分析中起核心作用。例如,收购属于战略决策,收购企业要估计目标企业的合理价格,在决定收购价格时要对合并前后的价值变动进行评估,以判断收购能否增加股东财富,以及依靠什么来增加股东财富。

③ 价值评估用于以价值为基础的管理。如果把企业的目标设定为增加股东财富,而股东财富就是企业的价值,那么,企业决策正确性的根本标志是能否增加企业价值。不了解一项决策对企业价值的影响,就无法对决策进行评估。在这种意义上说,价值评估是改进企业一切重大决策的手段。为了搞清楚财务决策对企业价值的影响,需要清

晰描述财务决策、企业战略和企业价值之间的关系。在此基础上实行以价值为基础的管理,依据价值最大化原则制定和执行经营计划,通过度量价值增加来监控经营业绩并确定相应报酬。

二、企业价值评估的对象

(一) 价值评估的分类

价值评估可以从不同的角度进行分类,常见分类有以下四种。

1. 按评估主体分类

按评估主体分类,可以分为内部评估和外部评估。内部评估是指由资产的占用者自己或者聘请中介机构进行的评估,其评估结果主要是为企业内部的经营管理服务。外部评估是指企业外部的专业评估机构独立进行的评估,其评估结果是为外部投资者和研究人员服务。

2. 按评估客体分类

按评估客体分类,可以分为企业价值评估、股票价值评估、债券价值评估、不动产价值评估、自然资源价值评估以及无形资产(专利等)价值评估等。由于各种资产均具有不同的特点和运行机理,因而对它们进行估价的假设以及适用的模型、方法也表现出较大的不同。本章主要阐述企业价值评估。

3. 按评估的范围分类

按评估的范围分类,可以分为整体资产评估与单项资产评估。整体资产评估是指对某一企业或企业集团的全部资产(包括企业整体、股票、债券等)进行的评估。单项资产评估是指对某企业的某一项或若干项资产(如专利、自然资源、不动产等)进行的评估。

4. 按评估的方法分类

按评估的方法分类,可以分为现金流量折现估价法、经济利润(EVA)估价法、相对价值比较估价法等几种。这些方法应用的原理和估价的模型各不相同,因而它们适用的场合和范围也各不相同,如现金流量折现估价法主要应用于有现金流入的资产。EVA估价法与现金流折现估价法原理相同,但主要是从股东的价值增值角度来考察的。相对价值比较估价法主要应用于能找到多个价值已知的相似资产的资产。

(二) 价值评估的前提假设

由于同一资产的价格在不同的用途和经营环境条件下会有所不同,因此在评估时,评估人员就必须对资产的未来用途和经营环境作出合理的判断。一般把评估人员对资产未来用途及经营环境的设定规范,即资产评估的前提假设分为三种情况,即持续经营假设、公开市场假设和破产清算假设。

1. 持续经营假设

持续经营假设是指假设资产仍按当初的设计、建造或改造后的设备，以当前正在使用的方式和目的继续使用下去。在这一前提假设下，资产的未来用途和经营环境不变，投资者仍采取原来的资产利用方式并从中获益。适用这一前提假设的价值评估，要求待评估的资产具备三个条件：待评估资产按原来用途使用下去，资产的性能仍能发挥作用，资产所提供的服务正在而且可以继续满足某种经济需要，或者说资产有剩余使用年限；改变资产的用途从经济上看不可行，从法律上看不允许；市场对这种资产有需求，由现有的和类似的用户继续使用该资产比较切实可行。

2. 公开市场假设

公开市场假设是指假定资产都可以在公开市场上出售，资产交易是在理想的环境下进行的，是在有组织的市场上发生的。资产买卖双方地位平等，买者想买而不急于买，卖者想卖而不急于卖，双方有足够的时间搜集信息。投资者不再局限于原有的经营方式，而考虑资产的最大最佳效用，考虑在允许的范围内将资产用于最佳用途时的资产的价格。在这种情况下，资产的价格取决于资产的交换能力，也即取决于潜在的投资者使用该项资产获利的可能性和潜在投资者的多少。

3. 破产清算假设

破产清算假设是指资产在某种压力下，被强制进行整体或拆零拍卖，或经协商在公开市场上出售（强制出售）。在这种情况下，资产交易双方地位不平等，交易时间短，资产价格大大低于继续使用或公开市场假设条件下的价格。

评估人员在评估前必须全面了解和把握资产交易变动的背景，以及评估结果使用者准备如何使用价值评估报告。在评估的前提假设确定之后，才能确定用什么方法来进行评估。

(三) 企业价值评估的价值标准

在企业价值评估中需要注意区分会计价值与经济价值、现时市场价值与公平市场价值的关系。

1. 会计价值

会计价值是指资产、负债和所有者权益的账面价值。会计价值与市场价值是两回事。

会计报表以交易价格为基础。例如，某项资产以 2 000 万元的价格购入，该价格客观地计量了资产的价值，并且有原始凭证支持，会计师就将它记入账簿。过了几年，由于技术更新该资产的市场价值已经大大低于 2 000 万元，或者由于通货膨胀其价值已远高于最初的购入价格，记录在账面上的历史成交价格与现实的市场价值已经毫不相关了，会计师仍然不修改他的记录。会计师只有在资产需要折旧或摊销时，才修改资产价值的记录。会计师选择历史成本而舍弃现行市场价值的理由有两点：①历史成本具有客观性，可以重复验证，而这正是现行市场价值所缺乏的。会计师和审计师的职业地位，需要客观性的支持。②如果说历史成本与投资人的决策不相关，那么现行市场价值

也同样与投资人决策不相关。投资人购买股票的目的是获取未来收益,而不是企业资产的价值。企业的资产不是被出售,而是被使用并在产生未来收益的过程中消耗殆尽。与投资人决策相关的信息,是资产在使用中可以带来的未来收益,而不是其现行市场价值。

其实,会计报表数据的真正缺点,主要不是没有采纳现实价格,而在于没有关注未来。会计准则的制定者不仅很少考虑现有资产可能产生的未来收益,而且把许多影响未来收益的资产和负债项目从报表中排除。表外的资产包括良好管理、商誉、忠诚的顾客、先进的技术等;表外的负债包括未决诉讼、过时的生产线、低劣的管理等。

历史成本计价受到很多批评:①制定经营或投资决策必须以现实的和未来的信息为依据,历史成本会计提供的信息是面向过去的,与管理人员、投资人和债权人的决策缺乏相关性。②历史成本不能反映企业真实的财务状况,资产的报告价值是未分配的历史成本(或剩余部分),并不是可以支配的资产或可以抵偿债务的资产。③现实中的历史成本计价会计缺乏方法上的一致性,其货币性资产不按历史成本反映,非货币性资产在使用历史成本计价时也有很多例外,所以历史成本会计是各种计价方法的混合,不能为经营和投资决策提供有用的信息。④历史成本计价缺乏时间上的一致性。资产负债表把不同会计期间的资产购置价格混合在一起,使之缺乏明确的经济意义。因此,价值评估通常不使用历史购进价格,只有在其他方法无法获得恰当的数据时才将其作为质量不高的替代品。

2. 经济价值

经济价值是经济学家所持的价值观念,它是指一项资产的公平市场价值。所谓"公平的市场价值"是指在公平的交易中,熟悉情况的双方,自愿进行资产交换或债务清偿的金额。资产被定义为未来的经济利益。所谓"经济利益",其实就是现金流入。资产就是未来可以带来现金流入的东西。由于不同时间的现金不等价,需要通过折现处理,因此,资产的公平市场价值就是未来现金流量的现值。

未来现金流量计价,又称按照未来售价计价。从交易属性上看,未来售价计价属于产出计价类型;从时间属性上看,未来售价属于未来价格。它也被经常称为资本化价值,即一项资产未来现金流量的现值。

未来价格计价有以下特点:未来现金流量现值面向的是未来,而不是历史或现在,符合决策面向未来的时间属性。经济学家认为,未来现金流量的现值是资产的一项最基本的属性,是资产的经济价值,只有未来售价计价符合企业价值评估的目的。因此,除非特别指明,企业价值评估的"价值"一般是指未来现金流量现值。

3. 现时市场价值

现时市场价值是指按现行市场价格计量的资产价值,它可能是公平的,也可能是不公平的。

首先,作为交易对象的企业,通常没有完善的市场,也就没有现成的市场价格。非上市企业或者它的一个部门,由于没有在市场上出售,其价格也就不得而知。对于上市企业来说,每天参加交易的只是少数股权,多数股权不参加日常交易,因此市价只是少数股东认可的价格,未必代表公平价值。

其次,以企业为对象的交易双方,存在比较严重的信息不对称。人们对于企业的预期会有很大差距,成交的价格不一定是公平的。

再次,股票价格是经常变动的,人们不知道哪一个是公平的。

最后,评估的目的之一是寻找被低估的企业,也就是价格低于价值的企业。如果用现时市价作为企业的估价,则企业价值与市场价格相等,我们什么有意义的信息也得不到。

(四) 企业的整体价值

企业价值评估的一般对象是企业整体的经济价值,主要体现在以下四个方面。

1. 整体不是各部分的简单相加

企业作为整体虽然是由部分组成的,但是它不是各部分的简单相加,而是有机结合。这种有机的结合,使企业总体具有部分所没有的整体性功能,所以整体价值不同于各部分的价值之和。企业整体能够具有价值,在于它可以为投资人带来现金流量。这些现金流量是所有资产联合起来运用的结果,而不是资产分别出售获得的现金流量。

2. 整体价值来源于要素的结合方式

企业的整体价值来源于各部分之间的联系。只有整体内各部分之间建立有机联系时,才能使企业成为一个有机整体。各部分之间的有机联系,是企业形成整体的关键。例如,企业资源的重组即改变各要素之间的结合方式,可以改变企业的功能和效率。

3. 部分只有在整体中才能体现出其价值

企业是整体和部分的统一。部分依赖整体,整体支配部分。部分只有在整体中才能体现出它的价值,一旦离开整体,这个部分就失去了作为整体中一部分的意义。

4. 整体价值只有在运行中才能体现出来

企业是一个运行着的有机体,一旦成立就有了独立的"生命"和特征,并维持它的整体功能。如果企业停止运营,整体功能随之丧失,不再具有整体价值,它就只剩下一堆机器、存货和厂房,此时企业的价值是这些财产的变现价值,即清算价值。

(五) 企业整体经济价值的类别

企业整体价值可以分为实体价值和股权价值、持续经营价值和清算价值、少数股权价值和控股权价值等类别。

1. 实体价值与股权价值

当一家企业收购另一家企业的时候,可以收购卖方的资产,而不承担其债务;或者购买它的股份,同时承担其债务。例如,甲企业以20亿元的价格买下了乙企业的全部股份,并承担了乙企业原有的10亿元的债务,收购的经济成本是30亿元。对于甲企业的股东来说,他们不仅需要支付20亿元现金(或者印制价值20亿元的股票换取乙企业的股票),而且要以书面契约形式承担10亿元债务。实际上他们需要支付30亿元来购买乙企业的全部资产,其中20亿元现在支付,另外10亿元将来支付。因此,企业的资产价值与股权价值是不同的。

企业全部资产的总体价值,称为"企业实体价值"。企业实体价值是股权价值与债务价值之和。股权价值在这里不是所有者权益的会计价值(账面价值),而是股权的公平市场价值。债务价值也不是它们的会计价值(账面价值),而是债务的公平市场价值。

大多数企业购并是以购买股份的形式进行的,因此评估的最终目标和双方谈判的焦点是卖方的股权价值。但是,买方的实际收购成本等于股权成本加上所承接的债务。

2. 持续经营价值与清算价值

企业能够给所有者提供价值的方式有两种:一种是由营业所产生的未来现金流量的现值,称为持续经营价值(简称续营价值);另一种是停止经营,出售资产产生的现金流,称为清算价值。这两者的评估方法和评估结果有明显区别。必须明确拟评估的企业是一个持续经营的企业还是一个准备清算的企业,评估的价值是其持续经营价值还是其清算价值。在大多数的情况下,评估的是企业的持续经营价值。

一个企业的公平市场价值,应当是续营价值与清算价值较高的一个,一个企业持续经营的基本条件,是其持续经营价值超过清算价值。依据理财的"自利原则",当未来现金流量的现值大于清算价值时,投资人会选择持续经营。如果现金流量下降,或者资本成本提高,使得未来现金流量现值低于清算价值,则投资人会选择清算。

3. 少数股权价值与控股权价值

企业的所有权和控制权是两个极为不同的概念。首先,少数股权对于企业事务发表的意见无足轻重,只有获取控制权的人才能决定企业的重大事务。我国的多数上市企业"一股独大",大股东决定了企业的生产经营,少数股权基本上没有决策权。其次,从世界范围看,多数上市企业的股权高度分散化,没有哪一个股东可以控制企业,此时有效控制权被授予董事会和高层管理人员,所有股东只是"搭车的乘客",不满意的乘客可以"下车",但是无法控制"方向盘"。

在股票市场上交易的只是少数股权,大多数股票并没有参加交易。掌握控股权的股东,不参加日常的交易。我们看到的股价,通常只是少数已经交易的股票价格,它们衡量的只是少数股权的价值。少数股权与控股股权的价值差异,明显地出现在收购交易当中。一旦控股权参加交易,股价会迅速飙升,甚至达到少数股权价值的数倍。在评估企业价值时,必须明确拟评估的对象是少数股权价值,还是控股权价值。

买入企业的少数股权和买入企业的控股权,是完全不同的两回事。买入企业的少数股权,是承认企业现有的管理和经营战略,买入者只是一个旁观者。买入企业的控股权,投资者获得改变企业生产经营方式的充分自由,或许还能增加企业的价值。

这两者如此不同,以至于可以认为:同一企业的股票在两个分割开来的市场上交易。一个是少数股权市场,它交易的是少数股权代表的未来现金流量;另一个是控股权市场,它交易的是企业控股权代表的现金流量。获得控股权,不仅意味着取得了未来现金流量的索取权,而且同时获得了改组企业的特权。在两个不同市场里交易的,实际上是不同的资产。

从少数股权投资者来看,$V_{(当前)}$是企业股票的公平市场价值。它是现有管理和战略条件下企业能够给股票投资人带来的现金流量现值。对于谋求控股权的投资者来说,$V_{(新的)}$是企业股票的公平市场价值。它是企业进行重组,改进管理和经营战略后可以为投资人带来的未来现金流量的现值。新的价值与当前价值的差额称为控股权溢价,它是由于转变控股权增加的价值。

总之,在进行企业价值评估时,首先要明确拟评估的对象是什么,搞清楚是企业实体价值还是股权价值,是续营价值还是清算价值,是少数股权价值还是控股权价值。它们是不同的评估对象,有不同的用途,需要使用不同的方法进行评估。

三、企业价值评估的方法

依据企业价值的定义,评估方法应是现金流量折现法。但是,在实际操作中,人们并不拘泥于这一种方法,而是可以采用多种方法对一家企业进行价值评估。在企业持续经营的前提下,人们评估企业价值的方法有十几种,但总的说来,可以把这十几种方法划分为三大类:成本法、市场法和折现法。

(一) 成本法

成本法也称重置成本法,使用这种方法所获得的企业价值实际上是对企业账面价值的调整数值。这种方法起源于对传统的实物资产的评估,如土地、建筑物、机器设备等,而且着眼点是成本。成本法的逻辑基础是所谓"替代原则":任何一个精明的潜在投资者,在购置一项资产时,愿意支付的价格不会超过建造一项与所购资产具有相同用途的代替品所需的成本。因此,如果投资者的待购资产是全新的,其价格不会超过其替代资产的现行建造成本扣除各种损耗的余额。

成本法在评估企业价值时的假设是企业的价值等于所有有形资产和无形资产的成本之和,减去负债。成本法在评估企业价值时,可以回答这样的问题:购买的所有资产并把这些资产组装为一个运营企业需要多少成本?这种方法强调被评估企业资产的重置成本。使用这种方法,主要考虑资产的成本,很少考虑企业的收益和支出。在使用成本法评估时,以历史成本原则下形成的账面价值为基础,适当调整企业资产负债表的有关资产和负债,来反映它们的现时市场价值。

成本法在评估企业价值时的优点是账面价值的客观性和可靠性。成本法以历史成本的账面价值为基础,而会计学上对历史成本原则的批评,直接导致了人们对成本法的种种非议。

历史成本原则是现代会计核算的最基本和最主要的会计原则之一,在实践中得到了广泛的承认和应用。但是,对历史成本原则的争议却从来没有停止过。批评者认为,历史成本的最大特点是面向过去。从会计确认的基础看，历史成本会计是建立在过去已发生的交易或事项基础上的。不论权责发生制还是收付实现制，都是针对已发生的过去交易而言的。前者指因过去交易而引起的权利和义务；后者指因过去交易而引起的现金收付。它们的共同特点是建立在已发生的交易或事项的基础上。因此，总的说来，历史成本提供的是面向过去的信息，相对于未来缺乏决策相关性。以历史成本的账面价值为基础估算企业内在价值，缺乏逻辑和经济学基础。具体而言，成本法是以企业单项资产的成本为出发点，忽视了企业的整体收益和获利能力，而且在评估中不考虑那些未在财务报表上出现的项目，如企业的组织资本，企业自创的无形资产，企业的销售渠道和企业的服务等。

（二）市场法

当未来现金流量实在难以计算时，研究者经常转向市场，将目标企业与其他类似的上市企业进行比较，并选用合适的乘数来评估标的企业的价值，这就是企业价值评估的市场法。市场法的关键就是在市场上找出一个或几个与被评估企业相同或相似的参照物企业，分析、比较被评估企业和参照物企业的重要指标，在此基础上，修正、调整参照物企业的市场价值，最后确定被评估企业的价值。因此，市场法又称相对价值法。

市场法的逻辑依据也是"替代原则"。根据替代原则，一个精明的投资者在购置一项资产时，愿意支付的价格不会高于市场上具有相同性能的替代品的市场价格。由于市场法是以"替代原则"为理论基础，以市场上的实际交易价格为评估基准，所以市场法的假定前提是股票市场是成熟、有效的，股票市场管理是严密的，目标企业和参照上市企业财务报告的数据是真实可靠的。股票市场越发达、越完善、越有效，市场法评估的企业价值就越准确。在股票市场存在重大缺陷、不充分、不完善、缺乏效率的情况下，难以采用这种方法。

在运用市场法时，选择什么样的企业作为参照物对分析的结果起着决定作用。交易所涉及的企业、市场环境和结构方式各不相同，如何确定参照物呢？从内在价值的定义而言，可比企业意味着企业应当具有相似的未来现金流量模式以及一定的经营风险或财务风险。这些风险应当是相似的或者它们之间的差异是可以量化的，这样才能对目标企业的现金流量采用合适的贴现率进行贴现。

在实际操作中，选择可比企业的方法是，通过考虑增长前景与资本结构等方面，选择相似的同行业或密切相关行业的企业，这样可以从大量的上市企业中选出几个可比的上市企业。然后，对这几个企业进行分析、对比，判断这组可比企业乘数对目标企业价值的意义。所以，在实际设计分析过程和使用分析结果时都要慎重，不能脱离实际。

市场法以目标企业的市价作为比较对象，而股票市价存在着不稳定的问题。比如，有的上市企业的股价非理性地大幅波动，而企业的"内在价值"是不应该这样剧烈变化的。这样，市场法评估出的企业价值不是客观的，所以评估所选择的时机非常关键。

除此之外，在非公开上市市场兼并中普遍存在的控制权溢价问题也无法在企业比较分析方法中发现出来。作为谨慎性原则的另一种表现，在决定兼并价格时通常要在交易价值的基础上增加30%～50%的控制权溢价。当然,如果把参照物限定在最近发生兼并或收购活动的企业,那么可比企业价值就变成了可比兼并价值。在这种模型中,可比性企业的权益市场价值和调整后的市场价值都是根据相关交易的收购价格计算得出的。由于交易本身考虑了各种定价信息,由此得出的交易乘数中已经包含了控制权溢价。

(三) 折现法

折现法是计算企业公平市场价值最妥当的方法。企业的公平市场价值即是其未来能产生的收益折现。

折现法依据折现的对象的不同,又可以分为股利折现法、现金流量折现法和以会计净收益(利润)为基础的折现法。

折现法还有两个"改进型":一个是调整现值法(adjusted present value,APV);一个是经济利润法(economic value added,EVA)。APV指出,传统折现法主要用加权平均资本成本作为折现率,而对企业总体业务统一使用加权平均资本成本进行折现不够科学,应该根据产生现金流的不同业务事项单独估计它们的资本成本并折现,最后将各部分折现值相加。EVA的基本思想是:利润率不能超过资本成本。一个企业或生产单位仅在它的营业收益超过所利用的资本成本时才为其所有者创造了价值。企业的价值等于投资资本加上预计经济利润现值。其中,预计经济利润等于投资成本乘以投资资本回报率与加权平均的资本成本的差额。经济利润模式将现金流量折现模式中的价值驱动因素、投资资本回报率和增长率转化为单一的数字,因而可以了解企业在任何单一年份的经营情况,而现金流量法却做不到。

合适的企业价值评估方法依赖于了解评估的对象和目的,这可能也是所谓的"相机决策"。在很多情况下,人们可以将三种方法结合起来使用,获得多个价值指标,然后经过比较、调整,获得最终的价值数据,它有可能不是一个确定的数值,而是一个数值范围,或者还有概率分布。每一种方法使用的前提和条件不同,账面价值为基础的成本法有可能与决策更相关。每一种方法使用的前提是不一样的。使用现金流量折现法的前提是,企业的未来预期收益和获得这种收益相关联风险是可以预测的。如果不了解或忽视每种方法的使用前提条件,那么评估出来的结果是不可靠的。

本章主要阐述现金流量折现估价法、经济利润模型和相对价值模型。

第二节 现金流量折现估价法

现金流量折现估价法是企业价值评估使用最广泛、理论上最健全的模型。

一、自由现金流量

将企业价值定义为获得现金流量的现值,是基于下面的考虑:①现代资本结构理

论、企业竞争战略理论、企业竞争优势理论认为,创造企业价值和实现企业价值最大化是企业经营的主要目的;企业价值是由各种不同的创造因素所组成,而且这些创造价值的因素要经过整合才能产生效果;企业价值不是单项资产简单组合,而是各项单项资产的整合,如果整合成功,可以产生 1+1>2 的效果,即企业价值可能大于单项资产的组合。②可持续发展理论认为,企业存在或购并的目的,不是企业过去实现的收益、现在拥有的资产价值,而是企业未来获得现金流量的能力,只要企业未来现金流量为正,企业就可持续经营下去,企业就有存在的价值,并且可以产生某种效用价值,形成企业价值。正是由于现代企业价值具有上述特点,不能通过利润、单项资产价值、给投资者带来的收益等概念来准确地表示企业价值的内涵,只有利用各种因素共同作用的未来现金流量的现值来恰当地衡量企业价值。

采用现金流量法评估企业价值的现金可以是净现金流量,也可以是未来自由现金流量。本书仅讨论未来自由现金流量评估企业价值。

现金流量决定企业的价值创造能力,企业只有拥有足够的现金才能从市场上获取各种生产要素,为价值创造提供必要的前提,而衡量企业的价值创造能力正是进行价值投资的基础。现金流量指标日益取代利润指标成为评估上市企业股票价值的一个重要标准,其中,自由现金流量在美国和欧洲的价值评估和资产管理领域得到了广泛应用,大量的投资银行、财务咨询、信用评级等机构十分关注企业的自由现金流量,而且美国上市企业年报中常常披露自由现金流量。

自由现金流最早是由美国西北大学拉巴波特、哈佛大学詹森等学者于 20 世纪 80 年代提出的一个全新的概念,是指"企业产生的、在满足了再投资需求之后剩余的、不影响企业持续发展前提下的、可供企业资本供应者/各种利益要求人(股东、债权人)分配的现金"。这一概念提出以后就引起了众多国际顶级理财专家的关注,如卡普兰(1990)详尽地阐述了自由现金流量的计算方法;康纳尔(1993)对自由现金流进行了专门的论述等。

在拉巴波特、詹森自由现金流量概念的基础上,不少财务学家对自由现金流量进行了研究,并给出了各自的理解。他们对自由现金流量的基本认定是:扣除必要的运营资本和长期资本投资之后的经营活动所带来的现金流量即为自由现金流量。其所谓的"自由",表现为不影响企业的持续经营或投资增长对现金流量的要求,可以将这部分"剩余"现金流量自由地分派给企业的投资者。例如,提高股利分配比率,实施股票回购等。

由于定义者所处的角度不同,对自由现金流量的认识出现了一些差异,并因此而形成常见的关于自由现金流量的两种分类:企业实体自由现金流量和股权自由现金流量。这两种分类的主要分歧点在于是否将筹资活动产生的现金流量,即发行和偿还债务本息纳入自由现金流量的范畴。

首先,从企业的角度来看,企业经营所需要的资金是由各类收益索偿权持有人来提供的,既包括股权投资者(含优先股持有者等),还包括债权投资者。因此,企业实体自

由现金流量是指扣除税收、必要的资本性支出和运营资本增加后的、能够支付给所有的清偿权者的现金流量,可以用公式表示为:

$$FCFF = EBIT(1-t) + NCC - WCInv - FCInv$$

其中:FCFF 为公司实体自由现金流量;EBIT 为息税前利润;t 为企业所得税率;NCC 为非现金成本项,主要包括折旧和摊销;WCInv 为运营资本投资,等于运营资本净增加额;FCInv 为必要的资本性支出,等于固定成本投资。

其次,从股东的角度来看,作为企业剩余收益索偿权的所有人,在企业自由现金流量的基础上,还要扣除债务的利息和本金,如果仍有剩余现金,即属于股东的自由现金流量。其计算公式为:

$$FCFE = EBIT(1-t) + NCC - FCInv - WCInv - net\ borrowing$$

其中:FCFE 为股东自由现金流量;net borrowing 为发行新债—清偿债务本息。

自由现金流量与经营现金流量不同的是,自由现金流量没有严格的定义,因此它被蒙上了一层神秘的面纱。同时,自由现金流量被冠以的名称也众多,有袭击者现金流量(raiders cash flow)、超额现金流量(surplus cash flow)、可分配现金流量(distributable cash flow)、可自由使用的现金流量(disposable cash flow)等。

尽管有关自由现金流量概念的具体表述多种多样,但简单地讲,自由现金流量就是企业产生的在满足了再投资需要之后剩余的现金流量,这部分现金流量是在不影响企业持续发展的前提下可供分配的最大现金余额。

自由现金流量主要有两种表现形式:企业实体自由现金流量和股权自由现金流量。企业实体自由现金流量是企业产生的在满足了再投资需要之后剩余的现金流量,这部分现金流量是在不影响企业持续发展的前提下可以"自由"分配给企业全部资本提供者(包括债权人和股东)的最大现金额;股权自由现金流量是企业自由现金流量在扣除了债权人要求的现金流量之后的剩余现金流量,反映企业可以"自由"分配给股东的最大现金额。这里所说的"自由",是以扣除了满足企业持续发展所需的短期资金占用和长期资本支出为前提的。

如果我们把向债权人借款所引起的现金净流量称为债权人自由现金流量,则企业自由现金流量和股东自由现金流量的关系为:

$$FCFF = FCFE + net\ borrowing$$

即 $FCFF = FCFE + CFD$

其中:CFD 为债权人自由现金流量。

现金流量比传统的利润指标更能说明企业的盈利质量。首先,针对利用增加投资收益等非营业活动操纵利润的缺陷,现金流量只计算营业利润而将非经常性收益剔除在外。其次,会计利润是按照权责发生制确定的,可以通过虚假销售、提前确认销售、扩大赊销范围或者关联交易调节利润,而现金流量是根据收付实现制确定的,上述调节利润的方法无法取得现金因而不能增加现金流量。可见,现金流量指标可以弥补利润指标在反映企业真实盈利能力上的缺陷。如果一家企业的现金总是处于入不敷出的状况,无论其账面利润如何耀眼,也逃脱不了陷入财务困境的悲惨结局。美国安然的破产以及新加坡上市的亚洲金光纸业沦为垃圾企业的一个重要原因就是现金流量恶化,只有那些能迅速转化为现金的收益才是货真价实的利润。对高收益低现金流的企业,特别要注意的是有些企业的收益可能是通过一次性的方式取得的,而且只是通过会计科目的调整实现的,并没有收到现金,这样的企业很可能存在未来业绩急剧下滑的风险。

自由现金流量与经营活动现金净流量相比,更具优势。经营现金净流量指标本身没有反映为了持续经营的需要而不得不投入的资源,单从经营活动所产生的净现金流量判断企业的经营态势会有偏颇之处,企业经营能力的真正提高还需将维持经营生产能力的成本扣除再加以衡量。自由现金流量正是指将经营活动所产生的现金流用于支付维持现有生产经营能力所需资本支出后,余下的能够自由支配的现金,该指标大于 0 是企业健康发展的标志,它旨在衡量企业未来的成长机会,因为稳定充沛的自由现金流量意味着企业用于再投资、偿债、发放红利的余地就越大,企业未来发展趋势就会越好。单单一个自由现金流量指标就可以对企业的盈利能力、偿债能力和红利支付能力进行一次综合测评,省时省力。

而且,计算自由现金流量所需的财务报表信息来源比净利润和经营现金净流量要广,净利润指标仅来自利润分配表,经营现金净流量指标仅来自现金流量表,而自由现金流量的信息来源则包括资产负债表、利润分配表、现金流量表。综上所述,自由现金流量不受会计方法的影响,受到操纵的可能性较小,可以在很大程度上避免净利润和经营活动现金净流量指标在衡量上市企业业绩上的不足,进而能够有效刻画上市企业基于价值创造能力的长期发展潜力。

二、自由现金流量折现模型

折现现金流量法是收益法中的主要方法,其最终计算公式如下:

$$V_0 = \sum_{t=1}^{n} \frac{预计未来现金流量_t}{(1+折现率)^t}$$

$$= \frac{FCF_1}{1+r_{wacc}} + \frac{FCF_2}{(1+r_{wacc})^2} + \cdots + \frac{FCF_n}{(1+r_{wacc})^n} + \frac{V_n}{(1+r_{wacc})^n}$$

其中:n 代表收益年限;FCF^t 代表第 t 年末的期望自由现金流量;r_{wacc} 代表加权平均资本成本率;V_n 是企业的预测期期末价值,或称持续价值。

通常,持续价值的预测是通过对超过 n 年的自由现金流量假定一个固定的长期增长率(g_{FCF})实现的,而该 g_{FCF} 通常以企业收入的期望长期增长率为基础确定。

$$V_n = \frac{FCF_{n+1}}{r_{wacc} - g_{FCF}} = \frac{1 + g_{FCF}}{r_{wacc} - g_{FCF}} \times FCF_n$$

折现现金流量法侧重于企业所有投资者的现金流量,不用估计企业的借款决策对收益的影响。该方法的优点是,在对企业估值时,不需要明确地预测股利、股票回购或债务的运用。

由于折现现金流量法是以预期的现金流量和折现率为基础的,考虑到获取这些信息的难易程度,最适合用这个方法来评估的资产或企业一般目前现金流量为正,而将来一段时间内的现金流量和风险能够可靠地估计,并且可以根据风险得出现金流量的折现率。资产越不能达到上述理想状态,用折现现金流量法进行价值评估就越难。

(一) 计算企业自由现金流量

自由现金流量是企业可向所有投资者(包括债权人和股东)支付的现金流量。自由现金流量的计算公式如下:

$$FCF = EBIT \times (1 - t) + D - FCInv - WCInv$$

其中:FCF 为自由现金流量;t 为企业所得税税率;D 为折旧;$FCInv$ 为资本支出;$WCInv$ 为净营运资本的增加。

企业的自由现金流量等于企业当前和未来投资产生的自由现金流量之和,也就是企业从继续其现有项目和启动新项目中将获得的总的净现金流量。对企业自由现金流量的估计要预测未来的销售收入、营业费用、税费、资本需求以及其他因素,使在考虑许多关于企业未来前景的具体细节时更具灵活性,但是,围绕每个假设都不可避免地会有一些不确定性,往往需要实施敏感性分析,将这种不确定性转化为一定范围内的潜在价值。

(二) 使用加权平均资本成本率评估企业价值

与自由现金流量的概念相一致,用于自由现金流量折现的折现率应当反映所有资本提供者的机会成本,并按照它们各自对企业总资本的相对贡献加权,得出加权平均资本成本率。使用加权平均资本成本率对未来自由现金流量折现,还依赖于以下假设。

(1) 项目承担平均风险,即假设被评估项目的系统风险相当于企业投资的平均系统风险。

(2) 企业的债务与股权比率保持不变,即假设企业可以持续地调整其债务水平,以使按照市值计算的债务与股权比率保持不变,从而使股权和债务的风险以及加权平均资本成本不会随着债务水平的变动而变动。

(3) 企业所得税是唯一要考虑的市场摩擦,即假设债务对企业价值的影响主要是通过利息税盾效应起作用,其他如财务困境成本或代理成本等市场摩擦在所选择的债务水平上不显著。

实务中,上述假设对很多投资项目和企业来说也是合理的近似。

加权平均资本成本率的计算公式如下:

$$r_{wacc} = \frac{E}{E+D}r_E + \frac{D}{E+D}r_D(1-\tau)$$

其中：E 为股权的市值；r_E 为股权资本成本；D 为净债务的市值；r_D 为债务资本成本；t 为企业所得税税率。

【例 4-1】 W 公司 2011 年的销售收入为 51 800 万元。假设公司在 2012 年的销售收入增长 9%，但是以后每年的销售收入增长率将逐年递减 1%，直到 2017 年及以后，达到所在行业 4% 的长期增长率。基于公司过去的盈利能力和投资需求，预计 EBIT 为销售收入的 9%，净营运资本需求的增加为销售收入增加额的 10%，资本支出等于折旧费用。已知公司加权平均资本成本率为 12%。

要求：

（1）根据以上资料，确定该企业的预测期各年的自由现金流量；

（2）计算 W 公司的持续价值；

（3）计算 W 公司的企业价值；

（4）如果 W 公司目前的净债务为 1 000 万元，发行在外普通股的股数为 10 000 万股，计算该企业的每股价值。

分析：

（1）基于上述资料，预测 W 公司的未来自由现金流量如表 4-1 所示。

表 4-1 W 公司预测期的自由现金流量   单位：万元

年份	2011	2012	2013	2014	2015	2016	2017
销售收入	51 800	56 462	60 979	65 248	69 163	72 621	75 526
相对上年的增长率		9.00%	8.00%	7.00%	6.00%	5.00%	4.00%
EBIT（销售收入的 9%）		5 082	5 488	5 872	6 225	6 536	6 797
减：所得税（25%）		(1 271)	(1 372)	(1 468)	(1 556)	(1 634)	(1 699)
加：折旧		—	—	—	—	—	—
减：资本支出		—	—	—	—	—	—
减：净营运资本的增加（销售收入增加额的 10%）		(466)	(452)	(427)	(392)	(346)	(291)
自由现金流量		3 345	3 664	3 977	4 277	4 556	4 807

（2）计算该公司持续价值（预测期期末的企业价值）。

$$V_{2007} = \left(\frac{1+g_{FCF}}{r_{wacc}-g_{FCF}}\right) \times FCF_{2007} = \left(\frac{1.04}{0.12-0.04}\right) \times 4\,807 = 62\,491 \text{（万元）}$$

（3）计算该公司企业价值。

$$V_0 = \frac{3\,345}{1.12} + \frac{3\,664}{1.12^2} + \frac{3\,977}{1.12^3} + \frac{4\,277}{1.12^4} + \frac{4\,556}{1.12^5} + \frac{4\,807}{1.12^6} + \frac{62\,491}{1.12^6} = 48\,135 \text{（万元）}$$

(4) 计算该公司每股价值。

股权价值＝48 135－1 000＝47 135（万元）

每股价值＝47 135/10 000＝4.7135（元）

三、现金流量折现模型的影响因素

用自由现金流量折现模型进行企业估价时，需要确定的输入参数主要有自由现金流量的预测、折现率（资本成本）估算、预计现金流量的持续年数、自由现金流量的增长率和增长模式预测。

(一) 预测未来自由现金流量

"现金流量"是指各期的预期现金流量。不同资产的未来现金流量表现形式不同，债券的现金流量是利息和本金，投资项目的现金流量是项目引起的增量现金流量。

企业的价值取决于未来的自由现金流量，而不是历史的现金流量，因此需要从本年度开始预测企业未来足够长时间范围内（一般为5～10年）的资产负债表和损益表。这是影响到自由现金流量折现法估价准确度的最为关键的一步，需要预测者对企业所处的宏观经济、行业结构与竞争、企业的产品与客户、企业的管理水平等基本面情况和企业历史财务数据有比较深入的认识和了解，熟悉和把握企业的经营环境、经营业务、产品与顾客、商业模式、企业战略和竞争优势、经营状况和业绩等方面的现状和未来发展远景预测。

(二) 预计资本成本

"资本成本"是计算现值使用的折现率。折现率是现金流量模型中一个重要的参数，它反映企业未来收益的投资回报率，也反映了获得这个未来预期收益的风险程度。折现率是现金流量风险的函数，风险越大则折现率越大，因此折现率和现金流量要相互匹配。股权自由现金流量只能用股权资本成本来折现，实体自由现金流量只能用企业实体的加权平均资本成本来折现。

在现金流量模型中确定折现率是比较复杂的技术问题之一。价值评估有很多不确定性，要通过定性分析与定量分析相结合的办法，综合分析企业资产、经营以及环境等各方面的情况，才能得出适当的结果。一般来说确定折现率有如下几个原则：①折现率等于无风险报酬率加上风险报酬率，折现率肯定不低于无风险报酬率；②企业评估的折现率与行业平均回报率有一定的关联；③折现率必须与企业的经济收益定义相匹配，如企业经济收益是股权现金流量，则要用反映企业股权收益的回报率作为折现率；④企业评估的折现率确定没有固有的原则和程序，完全要根据被评估企业的实际情况，考虑分析的因素越多，越全面，则推导出来的结果就越理想。

企业资本一般可分为三大类，即债务资本、股权资本和混合类型资本，混合类型资本包括优先股、可转换债券和认股权证等。从投资者角度看，资本成本是投资者投资特定项目所要求的收益率,或称机会成本。从企业的角度来看,资本成本是企业吸引资本市场资金必须满足的投资收益率。资本成本是由资本市场决定的,是建立在资本市场价值的基础上的,而不是由企业自己设定或是基于账面价值的账面值。债务和优先股属于固定收益证券,成本的估算较为容易,可转换债券和认股权证等混合类型证券,由于内含期权,成本一般可分为两部分进行估算,其中内含期权的估算可用 Black-Scholes 期权定价公式法和二项式定价模型进行估算。普通股成本的估算模型较多,具体有:资本资产定价模型(CAPM)、套利定价模型(APM)、各种形式的扩展资本资产定价模型、风险因素加成法、Fama French 三因素模型等模型。这些模型的共同点在于:①都建立在证券市场有效的前提下,存在无风险基准收益率和无套利定价机制;②基本原理都是股权资本成本=无风险收益+风险补偿,只是在风险补偿因素及估算上存在差异。

资本资产定价模型是应用最为广泛的权益资本成本股价模型。传统的资本资产定价模型建立在资本市场有效、投资者理性、厌恶风险并且投资组合分散程度充分和有效等假设基础之上,因此只考虑补偿系统风险因素,用单一的 β 来反映证券市场的系统风险程度。

根据资本资产定价模型(CAPM)计算企业股权资本成本的公式为:

$$r_E = r_f + \beta \times (r_m - r_f)$$

其中:r_E 为股权资本成本;r_f 为无风险收益率;β 为风险系数;r_m 为市场组合收益率。

β 系数的预测方法较多,常用的有以下三种方法。

(1)在资本市场发达的国家,由市场服务机构收集、整理证券市场的有关数据、资料,计算并提供各种证券的 β 系数。

(2)估算证券 β 系数的历史值,用历史值代替下一时期证券的 β 值。

(3)用回归分析法估测 β 值。

债务成本是企业在为投资项目融资时所借债务的成本,企业债务成本与以下因素有关。

(1)市场利率水平:市场利率上升,企业债务成本会随之上升。

(2)企业的违约风险:企业的违约风险越高,债务的成本越高,企业的资产负债率越高,则债务的边际成本越高。

(3)债务具有抵税效应:由于利息在税前支付,所以税后债务成本与企业的税率有关,企业的税率越高,债务税后成本就越低。

企业加权平均资本成本计算公式为:

$$r_{wacc} = r_d \times (1-t) \times w_d + r_E \times w_e$$

其中:r_{wacc} 为加权平均资本成本;r_d 为债务税前资本成本;w_d 为债务比重;t 为所得税率;r_E 为股权资本成本;w_e 为股权比重。

(三) 预计现金流量的持续年数

产生现金流量的时间通常用"年"数来表示。现金流量的持续年数无非是两种情况：无限期和有限期。从理论上说,现金流量的持续年数应当等于资源的寿命。企业的寿命是不确定的,通常采用持续经营假设,即假设企业将无限期地持续下去。实际上企业经营30~50年或以上,从计算现值来说,也就相当于无限期了。当然,也有不同的情况,可能企业经营的期限受到法律或合同等规定的限制。现金流量为有限期的情况多半是由于法定注册经营期限的问题,这种情况多出现在我国的中外合资企业或外商独资企业中。此时,如果采用有限期现金流量计算,则肯定要考虑企业的终值,即在企业有限经营期限终止时的价值。测算企业终值的办法有很多,而最好的办法就是未来收益的资本化。

预测无限期的现金流量数据是很困难的,时间越长,远期的预测越不可靠。为了避免预测无限期的现金流量,大部分估价将预测的时间分为两个阶段。第一阶段是有限的、明确的预测期,称为"详细预测期",或简称"预测期",在此期间需要对每年的现金流量进行详细预测,并根据现金流量模型计算其预测期价值;第二阶段是预测期;以后的无限时期称为"后续期"或"永续期",在此期间假设企业进入稳定状态,有一个稳定的增长率,可以用简便方法直接估计后续期价值。后续期价值也被称为"永续价值"或"残值"。这样,企业价值被分为两部分：

$$V = V_n + V_s$$

其中：V 为企业价值；V_n 为预测期价值；V_s 为后续期价值。

因此,预测的时间范围涉及预测基期、详细预测期和后续期。

1. 预测的基期

基期是指作为预测基础的时期,它通常是预测工作的上一个年度。基期的各项数据被称为基数,它们是预测的起点。基期数据不仅包括各项财务数据的金额,还包括它们的增长率以及反映各项财务数据之间联系的财务比率。

确定基期数据的方法有两种：一种是以上年实际数据作为基期数据；另一种是以修正后的上年数据作为基期数据。如果通过历史财务报表分析认为,上年财务数据具有可持续性,则以上年实际数据作为基期数据。如果通过历史财务报表分析认为,上年的数据不具有可持续性,就应适当进行调整,使之适合未来的情况。

2. 详细预测期和后续期的划分

实务中的详细预测期通常为5~7年,如果有疑问还应当延长,但很少超过10年。企业增长的不稳定时期有多长,预测期就应当有多长。这种做法与竞争均衡理论有关。

竞争均衡理论认为,一个企业不可能永远以高于宏观经济增长的速度发展下去。如果是这样,它迟早会超过宏观经济总规模。这里的"宏观经济"是指该企业所处的宏观经济系统,如果一个企业的业务范围仅限于国内市场,宏观经济增长率是指国内的预期经济增长率；如果一个企业的业务范围是世界性的,宏观经济增长率是指世界的经济增长速度。竞争均衡理论还认为,一个企业通常不可能在竞争的市场中长期取得超额利润,其净资本回报率会逐渐恢复到正常水平。净资本回报率是指息前税后利润与净资本(负债加股东权益)的比率,它反映企业净资本的盈利能力。如果一个行业的净资本回报率较高,就会吸引更多的投资并使竞争加剧,导致成本上升或价格下降,使净资本回报率降低到社会平均水平。如果一个行业的净资本回报率较低,就会有一些竞争者退出该行业,减少产品或服务的供应量,导致价格上升或成本下降,使净资本回报率上升到社会平均水平。一个企业具有较高的净资本回报率,往往会比其他企业更快地扩展投资,增加净资本总量。如果新增投资与原有投资的盈利水平相匹配,则能维持净资本回报率。但是,通常企业很难做到这一点,竞争使盈利的增长跟不上投资的增长,因而净资本回报率最终会下降。实践表明,只有很少的企业具有长时间的可持续竞争优势,它们都具有某种特殊的因素,可以防止竞争者进入。绝大多数企业都会在几年内恢复到正常的回报率水平。

竞争均衡理论得到了实证研究的有力支持。各企业的销售收入的增长率往往趋于恢复到正常水平。拥有高于或低于正常水平的企业,通常在3～10年中恢复到正常水平。

判断企业进入稳定状态的主要标志是两个:①具有稳定的销售增长率,它大约等于宏观经济的名义增长率;②具有稳定的净资本回报率,它与资本成本接近。

预测期和后续期的划分不是事先主观确定的,而是在实际预测过程中根据销售增长率和投资回报率的变动趋势确定的。

(四) 后续期现金流量增长率的估计

后续期价值的估计方法有许多种,包括永续增长模型、经济利润模型、价值驱动因素模型、价格乘数模型、延长预测期法、账面价值法、清算价值法和重置成本法等。这里只讨论现金流量折现的永续增长模型。

永续增长模型如下:

$$V_s = \frac{CF_{t+1}}{CC + g_{FCF}}$$

其中:V_s 为后续期价值;CF_{t+1} 为第 $t+1$ 年末的预期现金流量;CC 为资本成本;g_{FCF} 为现金流量增长率;t 为预测期基期数。

在稳定状态下,实体现金流量、股权现金流量和销售收入的增长率相同,因此,可以根据销售增长率估计现金流量增长率。

根据竞争均衡理论,后续期的销售增长率大体上等于宏观经济的名义增长率。如果不考虑通货膨胀因素,宏观经济的增长率大多在2%～6%。

极少数企业凭借其特殊的竞争优势,可以在较长时间内超过宏观经济增长率。判定一个企业是否具有特殊的、可持续的优势,应当掌握具有说服力的证据,并且被长期的历史所验证。即使是具有特殊优势的企业,后续期销售增长率超过宏观经济的幅度也不会超过2%。绝大多数可以持续生存的企业,其销售增长率可以按宏观经济增长率估计。

单纯从后续期估价模型看,似乎增长率的估计很重要,其实后续期增长率估计的误差对企业价值影响很小。永续增长要求有永续的资本支出来支持,较高的永续增长率要求较高的资本支出和增加较多的经营营运资本。本期净投资会减少实体现金流量,模型的分子(现金流量)和模型的分母(资本成本与增长率的差额)均减少,对分数值的影响很小。有时候,改变后续期的增长率甚至对企业价值不产生任何影响。问题在于新增投资产生的回报率是否可以超过现有的回报率。由于竞争的均衡趋势限制了企业创造超额利润的能力,使其回报率与资本成本接近,每个新项目的净现值会逐步趋近于零。在这种情况下,销售增长并不提高企业的价值,是"无效的增长"。

【例 4-2】 甲企业是一家化工企业,其 2011 年和 2012 年的财务资料如表 4-2 所示:

表 4-2　2011 年及 2012 年财务资料表　　　　　单位:万元

项目	2011 年	2012 年
流动资产合计	1 144	1 210
长期股权投资	0	102
固定资产原值	3 019	3 194
累计折旧	340	360
固定资产净值	2 679	2 834
其他长期资产	160	140
非流动资产合计	2 893	3 076
总资产	3 983	4 266
股本(每股 1 元)	3 641	3 877
未分配利润	342	409
股东权益合计	3 983	4 286
营业收入	2 174	2 300
营业成本	907	960
销售及管理费用	624	660
其中:折旧	104	110
长期资产摊销	20	20
利润总额	643	680
所得税率(30%)	193	204
净利润	450	476
年初未分配利润	234	342
可供分配利润	684	818
股利	342	409
未分配利润	342	409

企业2012年的销售增长率5.8%,预计今后的销售增长率可稳定在6%左右,且资本支出、折旧与摊销、营运资本以及利润等均将与销售同步增长,当前的国库券利率8%,平均风险溢价2%,企业的股票β值为1.1。

要求:(1) 计算企业2012年的股权自由现金流量;

(2) 计算企业的股票价值。

解答:

(1) 因为该企业没有负债,所以净利润即为息前税后利润。

息前税后利润=476(万元)

折旧和摊销=110+20=130(万元)

营运资本增加=1 210-1 144=66(万元)

资本支出=长期资产净值变动+折旧摊销=3 076-2 879+130=367(万元)

实体现金流量=息前税后利润+折旧和摊销-营运资本增加-资本支出
=476+130-66-367=173(万元)

由于企业没有负债,股权现金流量=实体现金流量=173(万元)

(2) 息前税后利润=476×(1+6%)=504.56(万元)

折旧摊销=130×(1+6%)=137.8(万元)

营运资本增加=20×2年营运资本-20×1年营运资本=1 210×(1+6%)-1 210=72.6(万元)

资本支出=367×(1+6%)=389.02(万元)

20×2年股权现金流量=实体现金流量
=息前税后利润+折旧和摊销-营运资本增加-资本支出
=504.56+137.8-72.6-389.02=180.74(万元)

权益资本成本=8%+1.1×2%=10.2%

股权价值=$\dfrac{180.74}{10.2\%-6\%}$=4 303.33(万元)

每股价值=$\dfrac{4\ 303.33}{3\ 877}$=1.11(元/股)

四、现金流量折现法的优缺点

现金流量折现法是将企业的可向所有投资者提供的实体价值减去债务价值以及其他优于普通股的投资者要求(如优先股)。实体价值和债务价值等于各自折现的现金流量,而现金流量要用反映其风险的折现率来折现。只要折现率选择适当,能够反映每一现金流量的风险,得出的结果与直接向股东进行现金流量折现的股本价值完全相同。

使用现金流量折现法的优点在于:对增加实体价值的业务组成部分价值评估,而不仅仅是对股本评估,有助于明确和了解单独的投资和股本拥有者筹资来源的价值;有助于寻求价值创造过程对价值形成的影响;与资本预算编制过程相适应;可以使用简单的个人计算机比较周密地处理大多数复杂情况。该方法使用的自由现金流量反映企业业务所产生的可以向企业所有资本供应者(包括债务与股本)提供的现金流量。实际上,自由现金流量也等于向所有资本供应者支付或收取的现金流量总额(利息、股息、新的借款、偿还债务等)。只要对自由现金流量作出预测,根据相应的资本成本进行折现,价值评估工作便可完成。

使用现金流量折现法的缺点在于:对特定自由现金流量的预测缺乏依据;不可能通过对实际的和预计的自由现金流量进行比较来跟踪了解企业的进展情况,因为任何一年的自由现金流量都取决于在固定资产与流动资金方面的高度随意的投资。管理阶层很容易只是为了改善某一年的自由现金流量而推迟投资,致使长期的价值创造遭受损失。如何对自由现金流量进行历史的比较?如何将自由现金流量与其他企业的自由现金流量相比?企业的经济状况如何表示才能有助于经营者及其他人了解企业?使企业价值增加或减少的因素是什么?以上问题都是现金流量折现法所无法解答的。

因此,需要了解企业潜在的经济价值驱动因素。由于价值是以自由现金流量折现为基础,企业潜在的价值驱动因素也必须能够驱动自由现金流量,或降低折现率。有两个关键因素可以驱动自由现金流量与价值:企业销售收入、利润及资本基础的增长率;投资资本的回报率。每1元投资资本获利较高的企业,其价值要高于每1元投资资本获利较少的类似企业。同样,增长率较高的企业其价值要高于增长率较低的企业。投资资本回报率越高,自由现金流量越高,只要营业利润的增长率同样也很理想;只要投资资本回报率大于用于进行现金流量折现的加权平均的资本成本,较高的增长率就能产生较高的价值。

企业的增长率每年并非固定不变,企业也并非将相同比例的利润用于投资,每年的资本回报率也不尽相同。但关键的价值驱动因素——投资资本回报率(相对加权平均的资本成本而言)与增长率在一定时间内普遍适用于所有企业。

因此,企业为增加其价值,必须增加其现行投放资本的盈利水平,增加新资本投资回报率,在新资本回报率超过加权平均的资本成本的前提下提高增长率,降低资本成本。

第三节　其他估价方法

一、经济利润模型

经济利润模型是美国思腾斯特管理咨询企业在20世纪80年代推出的一种业绩评

估工具。自它诞生以来,除被广泛运用于企业的业绩评价外,也被作为一种价值评估的工具运用于对企业价值的评估。关于 EVA 的详细内容,我们将在第十一章业绩评价中详细阐述,本章主要讨论如何用经济利润评估企业的价值。

(一) 经济利润的计算

简单地讲,EVA 是指经过调整的息前税后经营利润(NOPAT)减去该企业现有资产经济价值的机会成本后的余额,EVA 可表述为:

$$经济利润 = 息前税后经营利润 - 资本投入额 \times 加权平均资本成本 = NOPAT - N_A \times r_{wacc} = N_A \times (ROIC - r_{wacc})$$

其中:$ROIC$ 为投入资本回报率;N_A 为资本投入额。

由上述公式可以看到,计算 EVA 指标有三个重要的因素需要考虑,即息前税后经营利润 NOPAT、资本投入额 N_A 以及加权平均资本成本 r_{wacc}。

1. 税后经营利润(或称息前税后利润)

根据资产负债表进行调整得到,其中包括利息和其他与资金有关的偿付,而利息支付转化为收益后,也是要"扣税"的。这与会计报表中的净利润是不同的。

2. 资本投入额

$$N_A = N_{AE} + N_{AD}$$

其中:N_{AE} 为股权资本投入额;N_{AD} 为债务资本投入额。

这一指标是企业经营所实际占用的资本额,它与总资产、净资产等概念不同。计算时,可以选用年初的资产总额,也可以选用年初与年末资产总额的平均值。

3. 加权平均资本成本

$$r_{wacc} = w_e r_E + w_d r_d \times (1-t)$$

其中:w_e 为股权资本比例;r_E 为股权资本成本;w_d 为债权资本比例;r_d 为债务税前资本成本;t 为所得税率。

加权平均资本成本既考虑了债务资本,又考虑了权益资本。

EVA 计算公式表明,提高企业经济利润有四种途径。

(1) 提高已有资产的收益,即在不增加资产的条件下,通过降低成本、降低纳税,提高资产的使用效率。

(2) 在收益高于资本成本的条件下,增加投资,扩大企业规模。

(3) 减少收益低于资本成本的资产占用。

(4) 调整企业的资本结构,实现资本成本的最小化。

(二) 经济利润计算中的项目调整

在实际应用中,经济利润指标还需要对部分会计报表科目的处理方法进行调整,以纠正会计报表信息对真实业绩的扭曲。本书仅对几个主要的项目加以阐释。

1. 研究开发费用和市场开拓费用

在股东和管理层看来,研究开发费用是企业的一项长期投资,其有利于企业在未来提高劳动生产率和经营业绩,因此和其他有形资产投资一样应该列入企业的资产项目。同样,市场开拓费用,如大型广告费用会对企业未来的市场份额产生深远影响,从性质上讲也应该属于长期性资产。而长期性资产项目应该根据该项资产的受益年限分期摊销。

但是,根据稳健性原则,企业必须在研究开发费用和市场开拓费用发生的当年将其列作期间费用一次性予以核销。这种处理方法把它与一般的期间费用等同起来,实际上否认了两种费用对企业未来成长所起的关键作用。这种处理方法的一个重要缺点就是可能会诱使管理层减少对这两项费用的投入,这在效益不好的年份和管理人员即将退休的前几年尤为明显。这是因为将研究开发费用和市场开拓费用一次性计入费用当年核销,会减少企业的短期利润,减少这两项费用则会使短期盈利情况得到改观,从而使管理人员的业绩上升,收入提高。美国的有关研究表明,当管理人员临近退休之际,研究开发费用的增长幅度确实有所降低。计算经济附加值时的调整就是将研究开发费用和市场开拓费用资本化。即将当期发生的研究开发费用和市场开拓费用作为企业的一项长期投资加入到资产中,同时根据复式记账法的原则,资本总额也增加相同数量。然后根据具体情况在几年之中进行摊销,摊销值列入当期费用抵减利润。摊销期一般为3~8年,根据企业的性质和投入的预期效果而定。

据统计,美国企业研究开发费用的平均有效时间为 5 年。经过调整,企业投入的研究开发费用和市场开拓费用不是在当期核销,而是分期摊销,从而不会对经理层的短期业绩产生负面影响,鼓励经理层进行研究开发和市场开拓,为企业长期发展增强后劲。而我国上市企业没有义务在年报中披露研究开发费用的具体数额,只是将其作为管理费用的一部分。上市企业在使用经济利润指标时可以根据内部数据自行调整。

2. 商誉

当企业收购另一目标企业并采用购买法(purchasing method)进行会计核算时,购买价格超过被收购企业净资产公允价值的部分就形成了资产负债表资产项下的商誉。

根据我国《企业会计准则》的规定,商誉作为一种无形资产列示在资产负债表上,在一定的期间内摊销。这种处理方法的缺陷表现在两个方面:第一,商誉之所以产生,主要是与被收购企业的产品品牌、声誉、市场地位等有关,这些都是近似永久性的无形资产,不宜分期摊销;第二,商誉摊销作为期间费用会抵减当期的利润,影响经营者的短期业绩,这种情况在收购高科技企业时尤为明显,因为这类企业的市场价值一般远高于净资产。但实际上经营者并没有出现经营失误,利润的降低只是由会计处理的问题造成的。其结果就会驱使管理者在评估购并项目时首先考虑购并后对会计净利润的影响,而不是考虑此并购行为是否会创造高于资本成本的收益从而为股东创造价值。

计算经济利润时的调整方法是不对商誉进行摊销。具体而言,由于财务报表中已经对商誉进行摊销,在调整时就将以往的累计摊销金额加入到资本总额中,同时把本期摊销额加回到税后净营业利润的计算中。这样利润就不受商誉摊销的影响,从而可鼓励经理层进行有利于企业发展的兼并活动。

3. 折旧

计算折旧的方法很多,大体上可分为平均折旧法和加速折旧法两大类。平均折旧法,尤其是其中的直线折旧法应用最为广泛,其最大的优点是直观、明了、计算简便,便于掌握和运用。对于大多数企业而言,对厂房、设备等固定资产采用直线折旧法是可以接受的。然而,对于拥有大量长期设备的企业而言,运用直线折旧法来计算经济增加值会造成很大的偏差,不利于对新设备的投资。究其原因,主要是相对于资产本身价值的不断下降,经济利润方法中扣减的资本成本也在下降,从而造成旧的资产比新资产便宜得多的假象。这样一来,管理者就会更少地使用昂贵的新设备来取代廉价的旧设备。

为了消除这种扭曲现象,拥有长期设备的企业可以采用加速折旧法,如偿债基金法来取代直线折旧法。在偿债基金折旧法中,前几年提取的折旧很少,在随后的几年中会迅速增加。但是,每年提取的折旧总额与经济利润方法中扣除的资本成本之和不变,如同偿还抵押贷款一样。这样,拥有一项资产就像租赁一项资产一样,消除了不利于采用新设备的影响。这种做法与经济现实也更加接近,因为大多数长期设备在使用初期贬值很少,随着技术老化和物理磨损共同发挥作用,在使用末期价值会急剧下降。

4. 递延税项

当企业采用纳税影响会计法进行所得税会计处理时,受税前会计利润和应纳税所得之间的时间性差额影响的所得税金额要作为递延税项单独核算。

递延税项的最大来源是折旧。例如,许多企业在计算会计利润时采用直线折旧法,而在计算应纳税所得时则采用加速折旧法,从而导致折旧费用的确认出现时间性差异。正常情况下,其结果是应纳税所得小于会计报表体现的所得,形成递延税项负债,企业的纳税义务向后推延,这对企业是明显有利的。

EVA 的支持者认为,递延税项支出应该忽略不计,因为它们不是付现成本。因此,在计算经济利润时,对递延税项的调整是将递延税项的贷方余额加入到资本总额中,如果是借方余额则从资本总额中扣除。同时,当期递延税项的变化加回到息前税后营业利润中。也就是说,如果本年递延税项贷方余额增加,就将增加值加到本年的息前税后营业利润中,反之则从息前税后营业利润中减去。

5. 各种准备

各种准备包括坏账准备、存货跌价准备、短期投资的跌价准备、长期投资减值准备、固定资产减值准备、无形资产减值准备等。

根据我国企业会计制度的规定,企业要为将来可能发生的损失预先提取准备金,准备金余额抵减对应的资产项目,余额的变化计入当期费用冲减利润。出于稳健性原则,使企业的不良资产得以适时披露,以避免公众过高估计企业利润而进行不当投资。作为对投资者披露的信息,这种处理方法是非常必要的。

但对于企业的管理者而言,这些准备金并不是企业当期资产的实际减少,准备金余额的变化也不是当期费用的现金支出。提取准备金的做法一方面低估了企业实际投入经营的资本总额,另一方面低估了企业的现金利润,因此不利于反映企业的真实现金盈利能力;同时,企业管理人员还有可能利用这些准备金账户操纵账面利润。因此,计算经济利润时应将准备金账户的余额加入资本总额之中,同时将准备金余额的当期变化加入税后净营业利润。

6. 非正常营业利润

非正常营业利润包括短期投资收益、营业外收入、营业外支出和补贴收入。通常持有的短期投资是作为剩余资金的存放形式,并要求保持其流动性和获利性。因此,该资产并不代表产生经营利润的资本,不应该包括在正常业务经营所用资本范围之内。相应的,短期投资收益也不应该包括在正常业务经营利润范围之内。营业外收入和营业外支出反映企业在生产经营以外的活动中取得的各项收入和各项支出。这些收入和支出与企业的生产经营活动及投资活动没有直接的关系。因此,在计算 NOPAT 时也应当扣除。在利润表调整中,短期投资收益、营业外收入、营业外支出、补贴收入均作为非正常营业收支从利润表中剔除掉,这些收支的累计税后数值对于股东权益也有影响,因此资本的调整中也应该考虑这些项目的影响。

(三) 经济利润估价模型

与传统的会计利润指标不同,经济利润不仅对债务资本计算成本,而且对权益资本也计算成本(机会成本)。如果 EVA 的值为正,则表示企业获得的收益高于为获得此项收益而投入的资本成本,即企业为股东创造了财富;相反,如果 EVA 的值为负,则表示企业在毁灭股东的财富。

根据现金流量折现原理可知,如果某一年的投资资本回报率等于加权平均资本成本,则企业现金流量的净现值为零。此时,息前税后利润等于投资各方的期望报酬,经济利润也必然为零,企业的价值与期初相同,既没有增加也没有减少。如果某一年的投资资本回报率超过加权平均资本成本,则企业现金流量有正的净现值。此时,息前税后利润大于投资各方期望的报酬,也就是经济利润大于零,企业的价值将增加。如果某一年的投资资本回报率小于加权平均资本成本,则企业现金流量有负的净现值。此时,息前税后利润不能满足投资各方的期望报酬,也就是经济利润小于零,企业的价值将减少。

因此,企业价值等于期初投资资本加上经济利润的现值:

$$EV = IC + EVA_0$$

其中：EV 为企业实体价值；IC 为投资资本；EVA_0 为经济利润增加现值。

公式中的期初投资资本是指企业在经营中投入的现金。

$$A = OE + L$$

其中：A 为全部投资资本；OE 为所有者权益；L 为净债务。

【例 4-3】 乙企业 2011 年的部分财务数据和 2012 年的部分计划财务数据如下表所示：

表 4-3　2011 年和 2012 年部分计划财务表　　　　　　　单位：万元

项目	2011 年	2012 年
营业收入	572	570
营业成本	507	506
销售及管理费用	17	15
财务费用	12	12
其中：借款利息（平均利率 8%）	6.48	6.4
利润总额	36	37
所得税率（30%）	10.8	11.1
净利润	25.2	25.9
短期借款	29	30
长期借款	52	50
股东权益	200	200

该企业的加权平均资本成本 10%。企业预计在其他条件不变的情况下，较长一段时间内会保持 2012 年的收益水平。

要求：根据以上资料，使用经济利润法计算企业价值。

解答：

2011 年投资成本 = 所有者权益 + 有息债务 = 200 + 52 + 29 = 281（万元）

2012 年息前税后利润 = 息税前利润 × (1 − 所得税率)
　　　　　　　　　　= (37 + 6.4) × (1 − 30%) = 30.38（万元）

2012 投资成本 = 200 + 50 + 30 = 280（万元）

2012 年经济利润 = 息前税后利润 − 投资成本 × 加权平均资本成本
　　　　　　　　= 30.38 − 280 × 10% = 2.38（万元）

企业价值 = 期初投资成本 + 经济利润现值 = $281 + \dfrac{2.38}{10\%} = 304.8$（万元）

二、相对价值模型

经验和理论都证明,当两种金融资产具有相同的盈利预期时,其价值是相等的,这在经济学上叫作"一价论"。这种方法也同样可以应用到企业价值评估中来。目前国际上在对企业进行整体价值评估时大量地采用了比较的方法,通过发现某一资产相对于目前市场上确定价格的其他类似资产而言有多少价值,其具体做法就是考察类似企业在市场上的定价对待评估企业进行评估并得出价值。其关键步骤有三个:首先是选定参照企业必须与待评估的企业具有相类似最好是有同样的行业背景、规模技术及竞争能力;其次是需要以某种方式对价值进行标准化,通常的做法就是选择一个标准化的衡量尺度;最后就是运用标准化的比率系数对企业进行评估。

相对价值法又称市场法,其理论基础是类似的资产应该有类似的价值。可选择的对比对象可以是竞争对手或上市企业,选择的对比企业与目标企业的关联程度越高,则企业估值越准确。

相对价值法是用正常股市交易情况下同类企业的交易价格作为参考来估算目标企业价值。它的假设前提是:存在一个支配企业市场价值的主要变量(如盈利等);证券市场为半强式效率市场,因为这种情况下市场价值与该变量(如盈利等)的比值,各企业是类似的、可以比较的。

最常用的相对价值法有市盈率法和市净率法两种。

(一) 市盈率模型

1. 基本模型

$$PE = \frac{P}{EPS}$$

其中:PE 为市盈率;P 为每股市价;EPS 为每股净利。

运用市盈率估价的模型如下:

$$EV = PEV \times EPS$$

其中:EV 为目标企业每股价值;PEV 为可比企业平均市盈率;EPS 为目标企业的每股净利。

该模型假设股票市价是每股净利的一定倍数。每股净利越大,则股票价值越大。同类企业有类似的市盈率,所以目标企业的股权价值可以用每股净利乘以可比企业的平均市盈率计算。

2. 模型原理

根据股利折现模型,处于稳定状态企业的股权价值为:

$$P_0 = \frac{D_1}{r_s - g}$$

其中：P_0 为股权价值；D_1 为股利$_1$；r_s 为股权成本；g 为增长率。

两边同时除以 NPS_0：

$$\frac{P_0}{EPS_0} = \frac{D_1/EPS_0}{r_s - g}$$

$$= \frac{EPS_0 \times (1+g) \times P_d/EPS_0}{r_s - g}$$

$$= \frac{EPS_0 \times (1+g)}{r_s - g}$$

$$= PE_0$$

其中：EPS_0 为每股净利；P_d 为股利支付率；PE_0 为本期市盈率。

上述根据当前市价和同期净利计算的市盈率，称为本期市盈率，简称市盈率。

这个公式表明，市盈率的驱动因素是企业的增长潜力、股利支付率和风险（股权资本成本）。这三个因素类似的企业，才会具有类似的市盈率。可比企业实际上应当是这三个比率类似的企业，同业企业不一定都具有这种类似性。

如果把公式两边同除的当前"EPS_0"，换为预期下期"EPS_1"，其结果称为"内在市盈率"或"预期市盈率"：

$$\frac{P_0}{EPS_1} = \frac{D_1/EPS_1}{r_s - g}$$

$$PE_1 = \frac{P_d}{r_s - g}$$

其中：PE_1 为内在市盈率。

如果用内在市盈率为股票定价，其结果应与现金流量折现模型一致。计算市盈率用价格乘数模型定价的目的是认识影响市盈率可比性的因素，以便合理选择可比企业，防止误用市盈率估价模型。

在影响市盈率的三个因素中，关键是增长潜力。所谓"增长潜力"类似，不仅指具有相同的增长率，还包括增长模式的类似性，如同为永续增长，还是同为由高增长转为永续低增长。

上述内在市盈率模型是根据永续增长模型推导的。如果企业符合两阶段模型的条件，也可以通过类似的方法推导出两阶段情况下的内在市盈率模型。它比永续增长的内在市盈率模型形式复杂，但是仍然由这三个因素驱动。

3. 模型的适用性

市盈率模型的优点：首先，计算市盈率的数据容易取得，并且计算简单；其次，市盈率把价格和收益联系起来，直观地反映投入和产出的关系；再次，市盈率涵盖了风险补偿率、增长率、股利支付率的影响，具有很高的综合性。

市盈率模型的局限性：如果收益是负值，市盈率就失去了意义。再有，市盈率除了受企业本身基本面的影响以外,还受到整个经济景气程度的影响。在整个经济繁荣时市盈率上升,整个经济衰退时市盈率下降。如果目标企业的 β 值为1,则评估价值正确反映了对未来的预期。如果企业的 β 值显著大于1,经济繁荣时评估价值被夸大,经济衰退时评估价值被缩小。如果 β 值明显小于1,经济繁荣时评估价值偏低,经济衰退时评估价值偏高。如果是一个周期性的企业,则企业价值可能被歪曲。

因此,市盈率模型最适合连续盈利,并且 β 值接近于1的企业。

如果目标企业的预期每股净利变动与可比企业相同,则根据本期市盈率和预期市盈率进行估价的结果相同。

值得注意的是:在估价时目标企业本期净利必须要乘以可比本期净利市盈率,目标企业预期净利必须要乘以可比企业预期市盈率,两者必须匹配。这一原则不仅适用于市盈率,也适用于市净率;不仅适用于未修正价格乘数,也适用于后面所讲的各种修正的价格乘数。

(二) 市净率模型

1. 基本模型

$$PB = \frac{P}{B}$$

其中:PB 为市净率;P 为股票市价;B 为每股净资产。

这种方法假设股权价值是净资产的函数,类似企业有相同的市净率,净资产越大则股权价值越大。因此,股权价值是净资产的一定倍数,目标企业的价值可以用每股净资产乘以平均市净率计算。

$$E = PBV \times NAV$$

其中:E 为股权价值;PBV 为企业平均市净率;NAV 为企业净资产。

2. 市净率的驱动因素

如果把股利折现模型的两边同时除以同期股权账面价值,就可以得到市净率:

$$\begin{aligned}
\frac{P_0}{BVE_0} &= \frac{D \times (1+g) \div BVE}{r_s - g} \\
&= \frac{\dfrac{D_0}{EPS_0} \times \dfrac{EPS_0}{BVE} \times (1+g)}{r_s - g} \\
&= \frac{ROE_0 \times P_d \times (1+g)}{r_s - g} \\
&= PB_0
\end{aligned}$$

其中:BVE 为股权账面价值;ROE 为股东权益收益率;PB_0 为本期市净率。

该公式表明,驱动市净率的因素有权益报酬率、股利支付率、增长率和风险。其中权益报酬率是关键因素。这四个比率类似的企业,会有类似的市净率。不同企业市净率的差别,也是由于这四个比率不同引起的。

如果把公式中的"BVE_0"换成预期下期的"BVE_1",则可以得出内在市净率,或称预期市净率。

$$\frac{P_0}{BVE_1} = \frac{D_0 \times (1+g) \div BVE_1}{r_s - g}$$

$$= \frac{\dfrac{D_0}{EPS_1} \times \dfrac{EPS_0}{BVE_1} \times (1+g)}{r_s - g}$$

$$= \frac{P_d \times ROE_1}{r_s - g}$$

$$= PB_1$$

其中:PB_1 为内在市净率。

使用内在市净率作为价格乘数计算企业价值,所得结果与现金流量模型的结果应当一致。

3. 模型的适用性

市净率估价模型的优点:首先,净利为负值的企业不能用市盈率进行估价,而市净率极少为负值,可用于大多数企业。其次,净资产账面价值的数据容易取得,并且容易理解。再次,净资产账面价值比净利稳定,也不像利润那样经常被人为操纵。最后,如果会计标准合理并且各企业会计政策一致,市净率的变化可以反映企业价值的变化。

市净率的局限性:首先,账面价值受会计政策选择的影响,如果各企业执行不同的会计标准或会计政策,市净率会失去可比性。其次,固定资产很少的服务性企业和高科技企业,净资产与企业价值的关系不大,其市净率比较没有什么实际意义。最后,少数企业的净资产是负值,市净率没有意义,无法用于比较。

因此,这种方法主要适用于需要拥有大量资产、净资产为正值的企业。

(三) 相对价值模型的应用

1. 可比企业的选择

相对价值模型的应用关键是选择可比企业。通常做法是选择一组同业的上市企业,计算出它们的平均市价比率,作为估计目标价值的乘数。

在使用市净率和收入乘数模型时,选择可比企业的方法与市盈率类似,只是它们的驱动因素有区别。

2. 修正的市价比率

选择可比企业的时候,若要求的可比条件较严格,或者同行业的上市企业很少的时候,经常找不到足够的可比企业,解决问题办法之一是采用修正的市价比率。

(1) 修正市盈率。

在影响市盈率的诸驱动因素中,关键变量是增长率。增长率的差异是市盈率差异的主要驱动因素。因此,可以用增长率修正实际市盈率,把增长率不同的同业企业纳入可比范围。

$$PEG = PE/(g \times 100)$$

其中:PEG 为修正市盈率;g 为预期增长率。

修正的市盈率,排除了增长率对市盈率的影响,剩下的部分是由股利支付率和股权成本决定的市盈率,可以称为"排除增长率影响的市盈率"。

(2) 修正市净率。

市净率的修正方法与市盈率类似。市净率的驱动因素有增长率、股利支付率、风险和股东权益净利率。其中,关键因素是股东权益净利率。因此,

$$PBG = PB/(ROE_n \times 100)$$
$$P = PBV \times ROE \times 100 \times BVPS$$

其中:PBG 为修正市净率;ROE_n 为预期股东权益净利率;PBV 为修正平均市净率;ROE 为目标企业股东权益净利率;$BVPS$ 为目标企业每股净资产。

如果候选的可比企业在非关键变量方面也存在较大差异,就需要进行多个差异因素的修正。修正的方法是使用多元回归技术,包括线性回归,或其他回归技术。首先,使用整个行业全部上市企业甚至跨行业上市企业的数据,把市价比率作为因变量,把驱动因素作为自变量,求解回归方程。然后,利用该方程计算所需要的乘数。通常,多因素修正的数据处理量较大,需要借助计算机才能完成。

此外,在得出评估价值后还需要全面检查评估的合理性。

企业的股票流动性高于非上市企业。因此,非上市企业的评估价值要减掉一部分。一种简便的办法是按上市成本的比例减少其评估价值。当然,如果是为新发行的原始股定价,该股票将很快具有流动性,则无须折扣。再如,对于非上市企业的评估往往涉及控股权的评估,而可比企业大多选择上市企业,上市企业的价格与少数股权价值相联系,不含控股权价值。因此,非上市目标企业的评估值需要加上一笔额外的费用,以反映控股权的价值。

总之,由于认识价值是一切经济和管理决策的前提,增加企业价值是企业的根本目的,所以价值评估是财务管理的核心问题。价值评估是一个认识企业价值的过程,由于企业充满了个性化的差异,因此每一次评估都带有挑战性。不能把价值评估(或资产评估)看成是履行某种规定的程序性工作,而应始终关注企业的真实价值到底是多少,它受哪些因素驱动,尽可能进行深入的分析。

在产权交易和证券市场相对规范的市场经济发达的国家,相对价值法是评估企业价值的重要方法。优点是可比企业确定后价值量较易量化确定,但在产权市场尚不发达、企业交易案例难以收集的情况下,存在着可比企业选择上的难度,即便

选择了非常相似的企业,由于市场的多样性,其发展的背景、内在质量也存在着相当大的差别。这种方法缺少实质的理论基础作支撑,这就是运用相对价值法确定目标企业最终评估价值的局限性所在,仅作为一种单纯的计算技术对其他两种方法起补充作用。

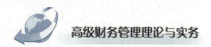

案例研究与分析

伊利乳业价值评估

【案例资料】

牛奶中含有人体生长发育和新陈代谢所需要的营养成分,有利于消化吸收的。随着国家对关于发展乳品行业的相关政策与鼓励生育政策的相继出台,乳品行业也发展得越来越顺畅,迎来了新的机遇与挑战。因此,如何利用科学的方法对乳品企业进行企业评估是投资者和企业管理者关注的现实问题。

伊利乳业主要从事各类乳制品的生产、加工及销售业务。作为稳居全球乳业第一阵营,蝉联亚洲田乳业第一,是中国规模最大、产品品类最全的乳制品企业之一,通过20多年的磁力线,成功发展为集液态奶、奶类、冷饮、奶酪等生产、销售的综合型企业。因此,本案例将对该企业进行价值评估。

1. 方法选用

市盈率法主要适用于连续盈利,并且 β 系数(个股收益与行业收益的平均相关联程度)接近于 1 的企业。2015—2020 年伊利乳业净资产收益率分别为:2015 年 23.99%,2016 年 26.29%,2017 年 24.91%,2018 年 24.29%,2019 年 25.66%,2020 年 21.68%。伊利股份市盈率(PE)2016 年 5 月为 18.63,2017 年 8 月为 23.47,2018 年 11 月为 23.32,2020 年 3 月为 33.60。在收集了妙可蓝多等上市企业 2016—2020 年的个股收益数据并进行分析得出伊利股份的 β 系数(个股收益与行业收益的平均相关联程度)为 0.082,而且依照个股走势与大盘走势的平均相关联程度可以得出其 β 系数为 1.259,无论在行业层面还是在大盘层面,其 β 系数都显著不接近于 1。因此不能运用市盈率法进行价值评估。

市净率法主要适用于需要拥有大量资产、净资产为正值的企业。伊利股份属于乳制品行业,2016—2020 年每股净资产分别为:2016 年 3.81 元,2017 年 4.13 元,2018 年 4.59 元,2019 年 4.29 元,2020 年 4.67 元。因此可以运用市净率法进行价值评估。

2. 价值评估

假设同行业的上市企业与伊利股份有类似的权益收益率、股利支付率、增长率和风险,因此存在可比性。在收集同行业上市企业股票 2020 年 12 月 31 日的收盘价后,相关数据如表 4-4 所示。

表 4-4 2020 年三季报公告的财务指标

股票代码	股票名称	2020年12月31日收盘价(元)	2020年12月31日每股净资产(元)	2020年12月31日实际市净率	2020年12月31日净资产收益率(%)	修正市净率
600887	伊利股份	44.37	4.67	9.5	21.68	
600882	妙可蓝多	57.10	3.61	15.8	4.09	
600597	光明乳业	16.26	4.88	3.33	7.34	
002946	新乳业	17.61	2.39	7.35	9.19	
600429	三元股份	4.97	3.25	1.53	−0.94	
605179	一鸣食品	17.66	—	9.32	13.92	
002570	贝因美	6.22	1.78	3.5	2.94	
300898	熊猫乳业	47.34	4.82	13.1	7.78	
600419	天润乳业	14.59	5.74	2.54	8.21	
002329	皇氏集团	4.54	2.63	1.72	1.51	
平均数				6.769	7.572	0.8940

股票每股股价=同行平均市净率×目标企业每股净资产=6.769×4.67=31.6112元/股。低于 2020 年 12 月 31 的收盘价 44.37 元,说明伊利股份的股票被市场高估了。

3. 结果修正

以上假设同行业的上市企业与伊利股份有类似的权益收益率、股利支付率、增长率和风险,因此存在可比性。但是事实上是有差异的,因此还要对结果予以修正。由于市净率的驱动因素有权益净利率、股利支付率、增长率和风险,其中权益净利率是关键因素。因此,修正市净率可按以下公式计算:

$$修正市净率=\frac{实际市净率}{权益净利率\times 100}=\frac{6.769}{7.572\%\times 100}=0.8940$$

$$目标企业价值=平均修正市净率\times 目标企业股权收益率\times 100 \\ \times 目标企业每股净资产\times 股数 \\ =0.8940\times 21.68\%\times 100\times 4.67=90.5136(元/股)$$

4. 结果评价

修正后得出的目标企业每股价值 90.5136 元,与修正前的每股价值 31.6112 元相差甚远,原因就在于修正过程是通过对权益收益率的修正实现的。伊利股份的权益收益率为 21.68%,远大于本行业的平均值 7.572%,而权益收益率作为市净率的关键驱动因素,是需要在修正中发挥重要作用的。因此可以认为,其修正后的每股价值 90.5136 元远高于 2020 年 12 月 31 日的收盘价 44.37 元,说明伊利股份的股票被市场低估了。

【案例思考】

运用市净率模型有哪些优缺点?

【案例分析】

(1) 市净率模型的优点如下四方面。

第一,市净率比市盈率能更好地释放风险,保证投资者的利益。

第二,净资产值比净利润更具有现实意义,更能反映企业的整体实力与成长性,也就是说,市净率指标用来反映企业的内在价值更加具有可靠性。

第三,在股价飞涨的情况下,投资者根据市净率作出投资决策时,所承受的风险明显小于按市盈率作出的投资决策所承受的风险。

第四,即使是收益为负的公司,即不能够用市盈率进行价值评估的公司,也可以使用价格与账面价值比率进行价值评估。

(2) 市净率模型的缺点如下三方面。

第一,与收益一样,账面价值受折旧及其他因素的会计处理方法的影响,当公司之间的会计标准相差比较大的时候,各公司间的价格与账面价值比率就无法进行比较了。

第二,对于固定资产较少的服务性公司来说,账面价值可能没什么意义。

第三,如果一家公司的收益长期是负的,那么,股权的账面价值就会变成负的,价格与账面价值比率也会变成负的。价格与账面价值比率就会变得没有意义。

第五章 预算管理

学习目标

1. 掌握预算管理系统的基本环节和主要内容；
2. 熟悉企业预算管理理论的发展状况；
3. 了解"超越预算"的原理和特征。

预算管理，是管理者通过对未来一定时期的详细计划，有效地配置财力、物力和人力等资源，以实现企业既定的战略目标。《中级财务管理》课程讲述了财务预算及其编制方法，本章进一步讨论预算管理的理论与实务问题。

第一节 预算管理概述

一、预算管理的内涵

预算是对企业未来一定时期预计经营活动的数量说明。广义上的预算是指全面预算，它是对所有以货币及其数量形式反映的、有关企业未来一段时间内全部经营活动的行动计划与相应措施的数量说明。

国内外学者对预算管理的内涵从不同的角度作出了一些新的解释，如认为预算是公司治理结构下的企业运行规则，是一种与企业发展战略相配合的战略保障体系，是与整个企业业务流、资金流、信息流以及人力资源流的要求相一致的经营指标体系。美国会计学家齐默尔曼则认为，预算是进行决策分权、经营业绩评价和奖惩的系统的一部分。它不仅是企业组织结构的一个部分，而且还将对知识和信息进行分类总结，并通过向拥有决策权的管理人员传递这些知识和信息的方式来协助决策的制定[①]。

---

① 杰罗尔德·L.齐默尔曼：《决策与控制会计》，东北财经大学出版社，2000年.

在企业界，一部分管理人员对预算管理的认识存在一些误区。

（1）全面预算就是指一套涵盖所有会计科目的表格，最终得出企业下一年度经营成果和财务状况的具体预测结果。它将导致的管理失误是，预算仅仅追求财务数据上的严密性，不切合业务实际，因此常受到其他业务部门的质疑。各个部门则各行其是，那一整套表面上逻辑严密的预算表格最终还是被束之高阁、无人问津。预算的确涉及大量的数据和表格，但预算管理的本质绝不是数据的罗列，而是一种与公司治理结构相适应，涉及企业内部各个管理层次的权利和责任安排。而且，预算管理也并不仅仅关注经营结果，重视经营过程和经营质量是预算控制的内在要求。

（2）预算管理的焦点就是"降低成本"。通过预算管理，目标成本的思想自然引入成本控制环节，实行预算管理见效最快的方法往往也就是对成本的控制。但如果预算管理一定要与"削减开支"联系在一起，则是陷入了误区。

（3）预算管理是财务部的工作任务。这种认识的不当是显而易见的，预算管理的对象包含着企业的全部经济活动，而预算工作也涉及企业内部几乎所有的单位与人员。预算管理如果由财务部唱独角戏，必然是不会成功的。

（4）预算管理就是完成管理层确定的任务。这种认识忽略了预算需要企业上下各部门的双向沟通与协调、达成一致目标，带来的常见现象是，确定预算目标时，上下级之间讨价还价，甚至处于对立面，有"一天轻松、一年难过，一天难过、一年轻松"的说法。上级部门认为业务部门和下级单位上报预算留有较大的余地，业务部门和下级单位又对多数预算目标值感到难以操作，最终抵制预算的执行，也不认同企业根据这些预算指标对实际业绩作出的评价。预算期末来临时，各预算单位则想尽办法用完预算额度。

二、预算管理的基本功能和作用

（一）预算管理的基本功能

通常认为，预算管理具有以下四个方面的功能。

1. 确立目标

编制预算，实质上是根据企业的经营目标与发展规划制定近期（预算期）各项活动的具体目标。通过目标的建立，引导企业的各项活动按预定的轨道运行。

2. 整合资源

通过编制预算，可以使企业围绕既定目标有效地整合资金、技术、物资、市场渠道等各种资源，以取得最大的经济效益。

3. 沟通信息

预算管理过程，是企业各层次、各部门信息互相传达的过程。全面预算管理为企业内部各种管理信息的沟通提供了正式和有效的途径，有助于上下互动、左右协调，提高企业的运作效率。

4. 评价业绩

各项预算数据提供了评价部门和员工实绩的客观标准。通过预算与实绩的差异分析,还有助于企业来发现经营和管理的薄弱环节,从而改进未来工作。

(二) 预算管理的作用

如果进一步考察企业的实践,可以发现预算管理还有一些更深层次的作用。

1. 预算管理有助于现代企业制度的建设

预算不等于单纯的预测或计划,预算管理也不是数据的简单罗列,而是与公司治理结构相适应,通过企业内部各个管理层次的权利和责任安排,以及相应的利益分配来实施的管理机制。全面预算管理为规范出资者和经营者的关系,提供了制度保障。在市场经济条件下,企业出资者、经营者和其他员工之间构成了复杂的经济关系。通过预算制约来有效地规范这三方面的关系,这正是体现了现代企业制度的内在要求。科学的预算管理体系,体现了企业内决策、执行与监督权的适度分离,股东会和董事会批准预算实际上是对决策权的行使,管理层实施预算方案是对企业决策的执行,内审机构、审计委员会、监事会等则行使监督权,对预算实施进行事中监督与事后分析,这就理顺了决策制定与决策控制的关系。预算管理的重要环节,如预算编制、预算审批、预算协调等,还明确界定了各个层次的管理权限与责任。同时,全面预算制度也为出资者对经营者履行受托责任的考核提供了依据。

2. 预算管理是企业战略管理的核心要求

预算本身不是最终目的,更多的是充当一种在企业战略与经营绩效之间联系的工具。全面预算管理是现代企业战略管理的重要形式。通过预算管理,可以统一思想,明确奋斗目标,激发管理的动力、增强管理的适应能力,确保企业核心竞争能力的提升。

3. 预算管理是现代财务管理的有效形式

实施预算管理,是企业实现财务管理科学化、规范化的重要途径。全面预算把现金流量、利润、投资收益率等指标作为管理的出发点与归宿,强调价值管理和动态控制,为财务管理目标的实现奠定了坚实的基础。同时,实行全面预算管理,将成本控制和财务预算有机地结合起来,由孤立单项地从企业内部降低费用支出,转向通过市场化的方式和资源共享的方式降低费用支出,树立了成本控制的新理念。此外,健全的预算制度增强了财务管理的透明度,更好地树立了现代财务管理的形象。

4. 预算管理是内部控制的重要手段

在企业实施分权管理的条件下,全面预算管理既保证了企业内部目标的一致性,又有助于完善权力规制管理,强化内部控制。全面预算已成为内部控制的重要手段和依据。

5. 预算管理是实现企业集团整合的有效途径

集团公司一般由若干相对独立的二级单位组成,包括集团职能处室和二级经营单位。二级经营单位可以是独立法人——子公司,也可以是不具有法人资格的分公司或经营单位。集团公司管理的核心问题是将各二级经营单位及其内部各个层级、各个单

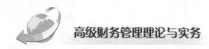

位和各位员工联结起来,围绕着集团公司的总体目标而运作。整合难是集团公司的一个共性,上下级之间以及二级经营单位之间互相扯皮、互相掣肘是普遍存在的现象。实行全面预算管理对解决这个难题具有积极意义,可以有效地消除集团公司内部组织机构松散的问题,实现各层级各单位各成员的有机整合。

三、预算管理的起源与发展

(一) 西方预算管理的起源与发展

早在18世纪,英国和美国就先后出现了预算管理。但当时主要是为了配合政府部门控制开支的需要,还缺乏一套科学管理的办法。直到20世纪初,随着标准成本会计的出现,在企业内推行预算管理才有了可靠的基础。1921年美国颁布《预算与会计法案》,进一步扩大了预算控制的影响。1922年,美国著名学者麦金西的《预算控制》出版,第一次系统地阐述了实行科学的预算控制方面的问题。同年,在美国成本会计师协会第三次会议上,以"预算的编制和使用"为专题展开研究,从而掀起了1923—1929年美国会计师与工程师协同研究预算控制问题的高潮,美国通用电气、杜邦、通用汽车等公司率先采用了全面预算管理模式。据1931年美国工业会议委员会在《制造业的预算控制》一文中的统计,在1930年前后,美国有162家公司实行了预算控制,其中80%是在1922年以后才实行的。如今,预算管理历经80多年的沧桑验证,已融会于全世界大型企业的管理文化血脉之中。

(二) 我国预算管理的起源与发展

在我国,据历史文献记载,早在周王朝的官厅会计中已经存在预算制度,当时主要是用以计划王室收支,以后这一制度为历代王朝所效仿。19世纪60年代后,预算管理的做法也被广泛地用于民族工业企业。但由于我国在相当长的一段时间内运行计划经济管理模式,预算控制思想没有得到有效的发展,企业内实施的管理方式完全不同于西方企业预算管理模式。

从20世纪80年代起,我国学界开始探讨预算管理的科学性和实用性。随着我国计划经济向市场经济的转换,越来越多的企业认识到预算管理是行之有效的管理模式,因而建立起预算控制制度。近年来更是出现了"预算管理热",众多企业已经或准备实施全面预算管理,一些企业设立专门的"预算管理年",还专门招聘负责全面预算的会计人员。国务院国资委近几年招聘央企总会计师也将其作为重要职责①。一些管理软件企业开发了全面预算管理的模块或专用软件。

我国企业预算管理的发展,受到了政府的推动。财政部早在2001年颁发的《企业

---

① 总会计师的主要职责是:协助总经理分管公司财务管理工作。具体包括:组织编制和执行公司的全面预算、经营计划,拟订公司资金筹措和使用方案;建立健全公司财务管理体系,组织实施公司会计核算、会计监督、会计检查、财务分析以及产权管理和资金管理;参与公司各项重大经营决策以及重大经济合同或经济协议的研究、审查(摘自国务院国有资产监督管理委员会招聘公告)。

国有资本与财务管理暂行办法》中规定,企业应当实行财务预算管理制度。2002年,财政部发布了《关于企业实行财务预算管理的指导意见》,对财务预算管理的基本内容、财务预算管理的组织机构、财务预算的形式及其编制依据、财务预算的编制程序和方法、财务预算的执行与控制、财务预算的调整、财务预算的分析与考核等方面,进一步提出了规范意见。2006年12月颁布的新《企业财务通则》第11条明确要求,企业应当建立财务预算管理制度,以现金流为核心,按照实现企业价值最大化等财务目标的要求,对资金筹集、资产营运、成本控制、收益分配、重组清算等财务活动,实施全面预算管理。2007年3月,财政部又发布了《内部控制规范——预算》(征求意见稿)。

原国家经贸委2000年9月下发的《国有大中型企业建立现代企业制度和加强管理的基本规范》明确要求,大中型企业要推行全面预算管理制度。国务院国资委要求央企必须编制年度财务预算,并细化为月度和季度预算,同时建立预算执行和完成情况监控及考核机制。2007年5月,国务院国资委发布了第18号令《中央企业财务预算管理暂行办法》。国资委负责人也多次强调加强央企与国有大中型企业全面预算管理的重要性。一些地方政府也提出了明确要求,如陕西省政府在《关于在全省工交企业中开展"管理年"的通知》(陕政发〔2000〕25号)中,要求企业"适应新的形势,实行全面预算管理,将财务预算、会计核算、成本控制有机结合起来,对企业进行整体计划和控制"。

浙江的企业实施预算管理起步早、成效大,并有很多创造性的做法。例如,杭州钢铁集团将预算管理系统打造成为一个管理平台,科技创新、目标管理、经济责任制、责任会计、质量管理等控制手段都被充实到预算管理系统中。巨化集团公司自1998年起,围绕一个中心(现金流)、三个目标(利润、资产保值增值、资产收益率),逐步推行全面预算管理制度,财务管理作为公司价值流和信息流的中枢地位得以充分体现。传化股份有限公司建立起以财务信息网络和信息技术平台为基础、以财务管理制度建设为保障、以绩效考核为手段的全面预算管理体系,管理水平和营运效益得到很大提升。

第二节 预算管理理论的发展

为了实现企业的经营目标,保证企业最优决策方案的贯彻、执行,企业需要从其战略的角度,统筹安排各种资源。全面预算既是企业决策的具体化,又是对生产经营活动进行控制和考核的依据。全面预算与企业的经营决策和投资决策既相互联系,又相互作用,通过编制全面预算来保证企业目标的实现,已是现代企业管理的大势所趋。

一、国内外对全面预算基本理论的研究

(一)对全面预算含义的认识

全面预算(comprehensive budget)是指在预测与决策的基础上,按照企业既定的经

营目标和程序,规划与反映企业未来的销售、生产、成本、现金收支等各方面活动,以便对企业特定计划期内全部生产经营活动有效地做出具体组织与协调,最终以货币为主要计量单位,通过一系列预计的财务报表及附表展示其资源配置情况的有关企业总体计划的数量说明。

预算是企业计划、协调和控制等职能得以实现的有效手段,是连接企业内部不同单位和部门及经济业务之间的桥梁和纽带。编制全面预算就是把涉及该企业战略目标的一整套经济活动连接在一起,并规定了如何去完成的方法。例如,企业的销售部门按照预测的方法,预测目标销售量,然后通过市场销售预测,并千方百计地增加产品,提高产品质量,降低产品成本,以保证目标销售量和目标利润的实现;生产部门根据销售部门确定的预计销售量,结合产品的期初、期末存量,计算出计划期的预计产量,并注意产量要适当;同时采购部门根据计划期预计产量购进足够的合格材料,保证完成产品生产的需要;财务部门要根据以上各业务部门在计划期间的经济活动安排好资金,保证有足够的货币资金支付到期的债务,以及料、工、费和固定资产投资等方面的开支。因此,通过全面预算,企业可以把所有的经济活动协调起来,按预算体系进行经营管理,从而保证企业战略目标的实现。

(二) 对全面预算在企业管理中发挥作用的认识

理论研究与应用实践普遍认为,全面预算的作用主要表现在以下四个方面。

1. 明确工作目标

预算作为一种计划,规定了企业一定时期的总目标以及各级各部门的具体目标。这样就使各个部门了解本单位的经济活动与整个企业经营目标之间的关系,明确各自的职责及努力方向,从各自的角度去完成企业总的战略目标。

2. 协调部门关系

全面预算把企业各方面的工作纳入统一计划之中,促使企业内部各部门的预算相互协调,环环紧扣,达到平衡。在保证企业总体目标最优的前提下,组织各自的生产经营活动。例如,在以销定产的经营方针下,生产预算应当以销售预算为根据,材料采购预算必须与生产预算相衔接等。

3. 控制日常活动

编制预算是企业经营管理的起点,也是控制日常经济活动的依据。在预算的执行过程中,各部门应通过计量、对比,及时揭露实际脱离预算的差异并分析其原因,来采取必要措施,消除薄弱环节,保证预算目标的顺利完成。

4. 考核业绩标准

企业预算确定的各项指标,也是考核各部门工作成绩的基本尺度。在评定各部门工作业绩时,要根据预算的完成情况,分析偏离预算的程度和原因,划清责任界线,奖罚分明,促使各部门为完成预算规定的目标而努力工作。

(三) 对全面预算内容和体系的认识

全面预算体系(comprehensive budget systems)是由一系列预算按其经济内容及

相互关系有序排列组成的有机体,主要包括生产经营预算、专门决策预算和财务预算三大部分。

1. 经营预算

经营预算(operating budgets)是指与企业日常业务直接相关、具有实质性的基本活动的一系列预算的统称,又叫日常业务预算。这类预算通常与企业利润表的计算有关。其主要包括:①销售预算;②生产预算;③直接材料耗用量及采购预算;④应交税金及附加预算;⑤直接人工预算;⑥制造费用预算;⑦产品成本预算;⑧期末存货预算;⑨销售费用预算;⑩管理费用预算。这些预算大多以实物量指标和价值量指标分别反映企业收入与费用的构成情况。

2. 专门决策预算

专门决策预算(special budgets)是指企业不经常发生的、需要根据特定决策临时编制的一次性预算,又称特种决策预算。专门决策预算包括经营决策预算和投资决策预算两种类型。

3. 财务预算

财务预算(financial budgets)是指与企业现金收支、经营成果和财务状况有关的各项预算。其主要包括:①现金预算;②财务费用预算;③预计利润表;④预计资产负债表。这些预算以价值量指标总括反映经营预算和专门决策预算的结果。

企业全面预算的各项预算前后衔接,互相钩稽,形成了一个完整的体系,它们之间的关系如图 5-1 所示。

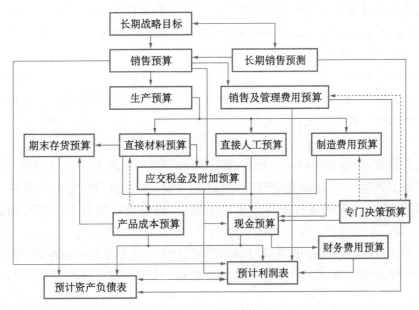

图 5-1 全面预算体系

注:实线箭头表示预算之间的直接联系,虚线箭头表示预算之间的间接联系。

由图 5-1 可见,企业生产经营的全面预算,是以企业的经营目标为出发点,以市场需求研究和预测为基础,以销售预算为主导,进而包括生产、成本和现金收支等各个方面,并特别重视生产经营活动对企业财务状况和经营成果的影响。

二、全面预算编制方法的发展

全面预算在实际应用中已经形成了许多行之有效的方法,这些方法从预算编制的不同角度,可以将预算编制的方法分为若干种类型,这里我将用对比的方法分别介绍各类预算编制具体方法的特点及优缺点。

(一)固定预算方法与弹性预算方法

编制预算的方法按其业务量基础的数量特征不同,可分为固定预算方法和弹性预算方法两大类。

1. 固定预算方法

固定预算方法(static budgeting)简称固定预算,又称静态预算,是指在编制预算时,只把预算期内正常的、可实现的某一固定业务量(如生产量、销售量)水平作为唯一基础来编制预算的一种方法。固定预算方法有以下两个缺点。

第一,过于机械呆板。在这种方法下,不论未来预算期内实际业务量水平是否发生波动,都只以事先预计的某一个确定的业务量水平作为编制预算的基础。

第二,可比性差。这也是固定预算方法的致命弱点。当实际业务量与编制预算所依据的预计业务量发生较大差异时,有关预算指标的实际数与预算数之间就会因业务量基础不同而失去可比性。因此,按照固定预算方法编制的预算不利于正确地控制、考核和评价企业预算的执行情况。

对于那些未来业务量不稳定、其水平经常发生波动的企业来说,如果采用固定预算方法,就可能会对企业预算的业绩考核和评价产生扭曲甚至误导作用。这种现象在采用完全成本法的企业中表现得尤为突出。

2. 弹性预算方法

弹性预算方法(flexible budgeting)简称弹性预算,又称变动预算或滑动预算,是指为克服固定预算方法的缺点而设计的,以业务量、成本和利润之间的依存关系为依据,按照预测期可预见的各种业务量水平为基础,编制能够适应多种情况预算的一种方法。

编制弹性预算所依据的业务量可以是产量、销售量、直接人工小时、机器工时、材料消耗量或直接人工工资等。与固定预算方法相比,弹性预算方法具有如下两个显著的优点。

第一,预算范围宽。弹性预算方法能够反映预算期内与一定相关范围内的可预见的多种业务量水平相对应的不同预算额,从而扩大了预算的适用范围,便于预算指标的调整。因为弹性预算不再只是适应一个业务量水平的一个预算,而是能够随业务量水平的变动作机动调整的一组预算。

第二,可比性强。在弹性预算方法下,如果预算期实际业务量与计划业务量不一致,可以将实际指标与实际业务量相应的预算额进行对比,从而能够使预算执行情况的评价与考核建立在更加客观和可比的基础上,便于更好地发挥预算的控制作用。

由于未来业务量的变动会影响到成本、费用、利润等各个方面,因此,弹性预算方法从理论上讲适用于编制全面预算中所有与业务量有关的各种预算。但从实用角度看,主要用于编制弹性成本费用预算和弹性利润预算等。在实务中,由于收入、利润可按概率的方法进行风险分析预算,直接材料、直接人工可按标准成本制度进行标准预算,只有制造费用、销售费用和管理费用等间接费用应用弹性预算方法的频率较高,以至于有人将弹性预算方法误认为只是编制费用预算的一种方法。

(二)增量预算方法与零基预算方法

编制成本费用预算的方法按其出发点的特征不同,可分为增量预算方法和零基预算方法两大类。

1. 增量预算方法

增量预算方法(incremental budgeting)简称增量预算,又称调整预算方法(adjusting budgeting),是指以基期成本费用水平为基础,结合预算期业务量水平及有关影响成本因素的未来变动情况,通过调整有关原有费用项目而编制预算的一种方法。

传统的预算编制方法基本上采用的是增量预算方法,即以基期的实际预算为基础,对预算值进行增减调整。这种预算方法比较简便。增量预算方法有以下三个假定条件。

第一,现有的业务活动是企业所必需的。只有保留企业现有的每项业务活动,才能使企业的经营得到正常发展。

第二,原有的各项开支都是合理的。既然现有的业务活动是必需的,那么原有的各项费用开支就一定是合理的,必须予以保留。

第三,未来预算期的费用变动是在现有费用的基础上调整的结果。

增量预算方法以过去的经验为基础,实际上是承认过去所发生的一切都是合理的,主张不需在预算内容上做较大改进,而是因循沿袭以前的预算项目。这种方法的主要缺点有以下三方面。

第一,受原有费用项目限制,可能导致保护落后。由于按这种方法编制预算,往往不加分析地保留或接受原有的成本项目,可能使原来不合理的费用开支继续存在下去,形成不必要开支的合理化,造成预算上的浪费。

第二,滋长预算中的"平均主义"和"简单化"。采用此法,容易鼓励预算编制人员凭主观臆断按成本项目平均削减预算或只增不减,不利于调动各部门降低费用的积极性。

第三,不利于企业未来的发展。按照这种方法编制的费用预算,只对目前已存在的费用项目编制预算;而那些对企业未来发展有利、确实需要开支的费用项目却未予考

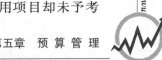

虑,必将对企业一些有价值的改革创新思想的运用产生不利影响,阻碍企业的长远发展。

2. 零基预算方法

零基预算方法(zero-base budgeting)的全称为"以零为基础编制计划和预算的方法",简称零基预算,又称零底预算,是指在编制成本费用预算时,不考虑以往会计年度所发生的费用项目或费用数额,而是将所有的预算支出均以零为出发点,一切从实际需要与可能出发,逐项审议预算期内各项费用的内容及开支标准是否合理,在综合平衡的基础上编制费用预算的一种方法。

零基预算方法是为克服增量预算方法的不足而设计的。它是由美国彼得·派尔在20世纪70年代提出来的,现已被西方国家广泛采用作为管理间接费用的一种新的有效方法。

零基预算方法打破了传统的编制预算观念,不再以历史资料为基础进行调整,而是一切以零为基础。编制预算时,首先要确定各个费用项目是否应该存在,然后按项目的轻重缓急,安排企业的费用预算。

按零基预算方法编制预算的程序如下三方面。

第一,动员与讨论。要求企业内部各部门根据企业的总目标,在充分讨论的基础上,提出本部门在预算期内应当发生的费用项目,并以零为基础,详细提出其费用预算数额,而不考虑这些费用项目以往是否发生过及发生额的多少。

第二,划分不可避免项目和可避免项目。全部费用按其在预算期是否发生的可能性大小可分为不可避免项目和可避免项目。前者是指在预算期内必须发生的费用项目,后者是指在预算期通过采取措施可以不发生的费用项目。在预算编制过程中,对不可避免项目必须保证资金供应;对可避免项目则需要逐项进行成本-效益分析,按照各项目开支必要性的大小确定各项费用预算的优先顺序。

第三,划分不可延缓项目和可延缓项目。全部费用按其在预算期支付的时间是否可以延缓可分为不可延缓项目和可延缓项目。前者是指必须在预算期内足额支付的费用项目,后者是指可以在预算期内部分支付或延缓支付的费用项目。在预算编制过程中,必须根据预算期内可供支配的资金数额在各费用项目之间进行分配。应优先保证满足不可延缓项目的开支,然后再根据需要和可能,按照项目的轻重缓急确定可延缓项目的开支标准。

(三) 定期预算方法与滚动预算方法

编制预算的方法按其预算期的时间特征不同,可分为定期预算方法和滚动预算方法两大类。

1. 定期预算方法

定期预算方法(periodic budgeting)简称定期预算,是指在编制预算时以不变的会计年度(如日历年度)作为预算期的一种编制预算的方法。

定期预算方法的唯一优点是能够使预算期与会计年度相配合,便于考核和评价预算执行结果。按照定期预算方法编制的预算主要有以下三方面缺点。

第一,盲目性。由于定期预算往往是在年初甚至提前两三个月编制的,因此对于整个预算年度的生产经营活动很难做出准确的预算,尤其是对预算后期的预算只能进行笼统的估算,数据笼统含糊,缺乏远期指导性,给预算的执行带来很多困难,不利于对生产经营活动的考核与评价。

第二,滞后性。由于定期预算不能随情况的变化及时调整,当预算中所规划的各种经营活动在预算期内发生重大变化时(如预算期临时中途转产),就会造成预算滞后过时,使之成为虚假预算。

第三,间断性。由于受预算期的限制,致使经营管理者们的决策视野局限于本期规划的经营活动,通常不考虑下期。例如,一些企业提前完成本期预算后,以为可以松一口气,其他事等来年再说,形成人为的预算间断。因此,按定期预算方法编制的预算不能适应连续不断的经营过程,从而不利于企业的长远发展。为了克服定期预算的缺点,人们设计了滚动预算方法。

2. 滚动预算方法

滚动预算方法(continuous budgeting)简称滚动预算,又称连续预算或永续预算,是指在编制预算时,将预算期与会计年度脱离,随着预算的执行不断延伸补充预算,逐期向后滚动,使预算期永远保持为一个固定期间的一种预算编制方法。

其具体做法是:每过一个预算期,立即根据其预算执行情况,对以后各期预算进行调整和修订,并增加一个预算期的预算。这样,如此逐期向后滚动,使预算始终保持一定的时间幅度,从而以连续不断的预算形式规划企业未来的经营活动。

滚动预算按其预算编制和滚动的时间单位不同可分为逐月滚动、逐季滚动和混合滚动三种方式。

(1)逐月滚动方式。逐月滚动方式是指在预算编制过程中,以月份为预算的编制和滚动单位,每个月调整一次预算的方法。

如在 2018 年 1—12 月的预算执行过程中,需要在 1 月末根据当月预算的执行情况,修订 2—12 月的预算,同时补充 2019 年 1 月份的预算;到 2 月末可根据当月预算的执行情况,修订 2018 年 3 月—2019 年 1 月的预算,同时补充 2019 年 2 月的预算……以此类推。

按照逐月滚动方式编制的预算比较精确,但工作量太大。

(2)逐季滚动方式。逐季滚动方式是指在预算编制过程中,以季度为预算的编制和滚动单位,每个季度调整一次预算的方法。

如在 2018 年第 1 季度至第 4 季度的预算执行过程中,需要在第 1 季末根据当季预算的执行情况,修订第 2 季度至第 4 季度的预算;同时补充 2019 年第 1 季度的预算;第 2 季度末根据当季预算的执行情况,修订第 3 季度至 2019 年第 1 季度的预算,同时补充 2017 年第 2 季度的预算……以此类推。

逐季滚动编制的预算比逐月滚动的工作量小,但预算精确度较差。

(3)混合滚动方式。混合滚动方式是指在预算编制过程中,同时使用月份和季度作为预算的编制和滚动单位的方法。它是滚动预算的一种变通方式。

这种预算方法的理论依据是:人们对未来的了解程度具有对近期把握较大,对远期的预计把握较小的特征。为了做到长计划短安排,远略近详,在预算编制过程中,可以对近期预算提出较高的精度要求,使预算的内容相对详细;对远期预算提出较低的精度要求,使预算的内容相对简单,这样可以减少预算工作量。如对2018年1—3月的头3个月逐月编制详细预算,其余4—12月分别按季度编制粗略预算;3月末根据第1季度预算的执行情况,编制4—6月的详细预算,并修订第3—4季度的预算,同时补充2019年第1季度的预算;以此类推。在实际工作中,采用哪一种滚动预算方式应视企业的实际需要而定。

三、对传统全面预算管理思想的评价

国际理论界对全面预算管理的看法并不都是一片赞美之声。提倡者众多,反对者也有之。将正反两方的观点加以比较,可以方便我们认识预算,更好地理解和使用预算工具,以求扬长避短,有效使用该项管理工具。

(一)支持全面预算管理的观点

提倡企业采用预算管理制度的人士认为,除了预算的规划、控制、沟通协调、资源配置、绩效功能外,预算还具有以下优点:预算可迫使公司管理层及早考虑公司的基本政策;预算需要有正当而健全的组织结构,因此,必须对组织的每项职能都要明确派定;预算迫使从上到下所有管理人员都要参与建立企业目标和计划,参与目标和预算管理;预算要求管理人员做出达到满意绩效所必需的财务和非财务数据;预算要求正确而适合的历史性会计资料;预算迫使管理人员编制计划,对人工、原料及资金能够做最经济的使用;预算能够向所有管理人员逐步灌输一种习惯,在做重大决策之前,对有关因素做适时、适当及足够的考虑;预算可减少监理人员,扩大控制幅度,减少监督成本;预算可通过预定政策及明确的权责关系,解除日常内部问题对主管人员的困扰;预算可排除组织中的许多不确定因素,尤其基层管理人员对有关基本政策及企业目标茫然无知的问题;预算可规定效率与效果;预算可增进管理人员之间的了解;预算可使管理人员适度注意一般商业情况的影响;预算迫使各阶层管理人员对公司做定期自我分析;预算可以协助企业获得银行融资,银行通常要求公司提供对未来业务的预测及现金流量,以支持大额贷款的决定;预算通过分析可以查核达成企业目标的进展情形;预算可迫使管理层认知并采取改正行动;预算鼓励及奖赏高绩效并寻求改正不利的绩效;预算也可以迫使管理人员考虑预期的未来趋势及情况。

(二)反对全面预算的观点

反对预算管理制度的人士,如有人称预算为"一个痛苦的年度仪式",经理人员、员工等都厌恶预算。预算周期长、成本高,预算结果不准确、不完整。根据 PWC 调查,一个完整预算流程通常需要 110 天时间,而且预算利润与实际利润往往相差 10%,"对于大多数企业,每 100 万美元收入中,仅财务部门用于预算的成本就是 63 000 美元";知识管理大师托马斯·A.斯图尔特在 1990 年美国《财富》杂志上就发表了一篇名为"为什么进行预算是对企业经营有害的"的文章,列举了全面预算管理中的问题和弊端:要切实估计公司未来的收入和费用,虽说不是不可能,但也是十分困难的;管理当局对于各项估计和预算报表不感兴趣,公司严密的信息制度已能够运作得很好;将公司的目标、政策及指引全部列为书面文件,并分送给所有管理人员,不切合实际需要;预算太耗管理人员的时间,尤其经常修正预算,需要太多的纸上作业;预算使管理人员失去管理弹性;预算引发各种行为问题;预算给管理人员许多束缚;预算增加不必要的繁琐;经理、监理员及其他员工都厌恶预算,常常提出反对意见,认为束缚了手脚,即使有时是出于个人的动机。总结各方反对预算的观点,可以看出传统预算模式有以下弊端。

1. 预算没有很好地支持公司的战略,甚至与之产生冲突

预算是战略与执行的桥梁,预算要体现战略、支持战略。传统预算在体现战略方面有三个缺陷:第一,预算柔性不足;第二,预算目标往往是"内向型",缺乏对竞争对手的考虑,不利于竞争战略的实现;第三,过度侧重"财务数字"的预算,而忽视"非财务数字"的预算。

2. 预算自身功能的矛盾

传统预算有两个主要功能:其一是配置资源;其二是绩效评价。然而,实践调查表明,这两项功能会在实践中相互抵消。

第一,用来进行资源配置的预算首先要求的是准确性,应当是现实的、最有可能实现的预算,这样才能避免资源配置的失误和浪费。这种职能下的预算注重的是"客观实际";但业绩目标却应该是"紧的但又可通过努力实现的"。如果预算要承担考核评价的职能,预算的侧重就应该是"主观要求+客观实际"。

第二,当预算用于资源配置时,必须随着环境的变化而不断调整,资源规划预算特别强调"柔性";但考核目标一旦确定,就必须保证严肃性,除非内外部环境发生重大变化,一般目标不会更改,因此根据预算来进行考核时,就必须有一定的"刚性"要求。随着技术进步和市场竞争的日益加剧,原本稳定、可预测的经营环境变得不确定了,现代企业要具有对意外的变化不断反应以及适时根据可预期变化迅速调整的能力。这种背景下,预算如果同时用于资源规划和考核评价,缺乏协调性的问题就会变得非常明显。

3. 预算余宽

预算管理中存在许多非增值性的流程,缺乏效率。当以预算作为业绩评价标准时,通过"董事会提战略要求——经理人申报预算——董事会批复"的基本程序,经过"由下到上"再"由上到下"的几次反复的预算制订过程,董事会和经理人会"博弈"出一个预算

目标,这一预算目标就被当作考核的基准。如果说股东的期望目标会带有一些主观色彩的话,经理人在预算目标的博弈中更多的是考虑其实现的可行性。经理人的行为预期可以概括为:在尽可能多地占有各种资源的条件下,完成其预期尽可能低的目标。"宽打窄用"是经理人预算行为的最好体现,这就是所谓的"预算余宽"。"预算余宽"不但存在于股东与经理人的博弈之中,也存在于任何上下管理层级之间。预算目标确定事实上是一个讨价还价的过程,是涉及各方面权利和利益调整的政治过程。韦尔奇之所以讨厌预算,也是因为"你永远只能得到员工最低水平的贡献,因为每个人都在讨价还价,争取制订最低指标"。"预算余宽"破坏了组织内部的诚信文化,上下级之间缺乏信任,只强调上级对下级的垂直命令与控制,公司管理层与员工之间缺乏沟通,公司管理层所做的许多决策使员工感到不被重视,部门之间缺乏必要的知识共享,障碍重重,预算管理缺乏创新意识,不能随着组织架构的改变而相应改变,所有这些使预算功能大打折扣。

4. 预算编制过程过于耗时,成本太高

全面预算是企业的一项系统工程,全面预算内容涉及业务、资金、人力资源等众多方面,这一特征决定了预算工作的复杂性。

第三节 "超越预算"理论

一、"超越预算"理论的提出

到 2000 年,一些学者面对激烈的市场竞争环境,经过大量实例研究,学者得出结论:企业不仅需要更积极的战略管理,而且需要更有效的利于分权控制的组织再设计(及相应的业绩管理)。在当前信息时代,超越预算(Beyond Budgeting Model,简称BBM)或许是一种可建议的模式,如图 5-2 所示。

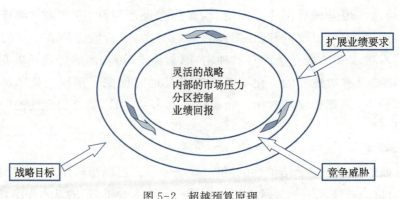

图 5-2 超越预算原理

（1）尽可能地设置有"一定自治权"（autonomy within boundaries）的利润中心或投资中心。尽量给予勇于开拓进取的基层员工足够的"管理自身事务"的机会。

（2）通过明确地划分各中心之责权利进行统一管理，使一线管理人员有足够的权力、责任以及动力，去针对具体业务做出更加迅捷而灵活的决策。

（3）运用"内部市场"的力量去引导组织之间的竞争与协作。

（4）向基层管理人员提供快速而开放的信息网络，做到每一个员工都可以就重大问题共享及时的信息。

（5）信任基层管理人员。

（6）培训基层管理人员作出果敢决策的技能。

（7）企业整体的因外部市场变动而滚动的战略目标（采用适当周期），从一开始便被授权至各责权利中心来确立，自下而上整合而成。

（8）各中心灵活的战略目标，随内外部竞争环境的变动而不断调整，引入中心扩展业绩。

（9）分区控制（distributed controls）支持基层管理人员自主决策，又通过信息网络使高层资深管理人员信息通达。

（10）激励性回报建立在多层次的业绩评价上，这些业绩包括以下几方面。①各中心的战略目标实现情况；②各中心之间在企业整体层次上的团队协作业绩，即对企业整体战略目标实现的贡献程度；③各中心与其他企业竞争即跨企业层次上的经营业绩。业绩评价标准是客观真实的价值指标如利润率、资本回报率、市场占有份额等。

二、"超越预算"模式的突出特点

（一）进一步向下授权

设置更多的自主权很大的利润中心，使直接面向市场的第一线的管理人员有更充分的责任感和决策权以及提高业绩的原动力，并依靠开放的信息网络而不是"中层管理人员"，保持各中心与企业的信息沟通，创造协同效应。关于组织设计，人们对传统的责任预算模式进行过许多革新的尝试，如扁平化、程序再造、提倡团队协作等。具体的操作通常是赋予成本或收入中心等基层组织更大的权力。设定严格的控制制度（责任预算是必要的手段）去强制各中心在预算规定的层次上"合作"。这些革新的设计同样效力有限，因为缺乏一个有效的激励机制去促使组织之间的合作与创新，依然需要依靠少数几个天才的高层领导去调度。"超越预算"模式中，基本组织是创造价值的利润中心或投资中心，组织之间不仅是一种静态的扁平结构，更是有一种动态的互动关系，联系的纽带是信息网络无私提供的强大的信息流，协作的动力则源自"内部市场"（一只无形的手）中的竞争的力量，如图5-3所示。"超越预算"模式中的组织设计体现以下三方面的优越性。

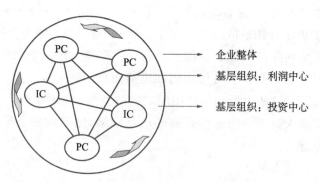

图 5-3 "超越预算"模式中的组织设计图

(1) 在多变的经济环境下,企业的战略目标是利润(价值)创造,而不应仅仅是降低成本,利润中心或是投资中心而不是成本中心成为合适企业的基层组织,传统模式的改进——加大成本中心等基层组织的权力,实质上并不能为企业带来什么效益,是"头痛医头"的短视行为。

(2) 简化企业整体与基层组织之间的多层代理关系,可直接减少代理成本。尤其是跨国经营的企业,各基层管理人员直接面向市场,直接接触顾客,多层代理显得更为不经济和低效率。如果企业整体由跨行业的多个分部构成(现实生活中很多见),情况更是如此。

(3) 运用市场机制、信息交流比运用少数领导(依托中层"官僚")的集权调控更能起到控制与激励的效果,一来成本低,二来减少高层与基层管理人员之间的"对立"情绪,是引致合作的必要前提。

(二) 引入"内部市场"形成内部竞争

摒弃僵化的预算控制,代之以创造"内部市场"形成竞争压力,用多层次的能真实反映中心各方面经营业绩的价值指标,来评价中心经营业绩,并以此整合各中心、基层人员的子目标,激励员工积极创造价值;强调战略制订的市场驱动性、灵活性以及程序上的自下而上的特征。关于业绩管理,人们也曾煞费苦心地对传统责任预算模式进行修订,再充分发挥责任预算的作用。譬如,采用零基预算法、作业预算法、弹性预算法或是滚动预算法缩短预算编制间隔时间(如一季度一编),再譬如运用平衡计分卡,在以财务指标为主评价中心业绩的同时,补充非财务指标如顾客、内部作业、创新等几个方面的评价,期望实现短期利益与长期利益、局部利益与整体利益的均衡。然而,"超越预算"的思想却认为:

(1) 预算,用于解释在一定时期内固定战略目标的这样一个本性,使预算在瞬息万变的经济环境中的指导作用越来越弱,即使是平衡计分卡,财务指标也好,非财务指标也好,事先确立的标准,在标准本身会随环境变动而变动的情况下,也会失去其运用价值。套用一个比喻:指挥官制订了一个作战战略是夺取敌人占据的一个高地(预算),士兵(基层人员)按照命令进攻,倘若敌人已退守另一高地(环境变迁),那么士兵付出巨大代价去攻占先前预定的高地(执行预算),却不具有任何决定性的战略意义(业绩不佳)。

（2）责任预算控制系统的自上而下的特性，往往使自身难逃"抱怨——控制——抱怨——控制……"这样一个恶性循环的窘境。有人将传统责任预算模式文化归结为：合约、抱怨与控制。事实上"合约"制订的本身（上级向下级分权，下级向上级遵命执行预算），是借合约之名，行命令之实，基层人员只有被动接受的份儿。此后的抱怨与控制的循环注定会无休止地累加着代理成本。

（3）把僵化的责任预算作为中心业绩评价标准只会引导基层管理人员更加重视降低成本，不能激励他们去创造价值。"超越预算"代之以一系列"公认的业绩评价表"（performance league tables），其中关键的衡量标准包括资本回报率、收入成本率、人均利润、市场占有份额等价值指标。这些指标非同于责任预算中的财务指标，后者由高层领导确定，评价范围局限于企业内部的组织，有一定的虚拟性。例如，对成本中心业绩衡量的成本降低额（率），只能反映成本中心赚取的"内部利润"，体现成本中心在企业内部资源配置的地位，但这很有可能得益于原定的"优势"（如设置的责任预算有倾向性），并不依赖成本中心的努力。而前者来源于竞争性市场，反映中心在市场（尤指外部市场）中的竞争地位，是公认的能客观真实地评价中经营业绩的指标。这些评价指标给予组织平行的竞争的压力而不是传统模式中自上而下的控制压力，驱动组织积极参与外部市场中的资源配置，为提高在市场中的竞争（战略）地位作出不懈努力，以至于最终提高整个企业的竞争地位，而不仅仅强制组织在企业内部靠执行预算以求分得一杯羹。一句话，"超越预算"借助了市场机制进行业绩管理，简化了业绩管理程序，剔除了业绩管理的主观性、虚拟性，真正做到高效率、低（代理）成本。因此，在"超越预算"模式下，责任预算应该是要被"超越"的。

（三）建立对称的信息服务体系

业绩管理离不开充分而有效的信息支持，知识经济中存在着的便捷而开放的信息系统恰好满足了这种要求。由于信息在线，从一线员工到高层领导，任何人都可以轻易地了解到有关顾客需求、生产能力、获利情况、组织业绩等各方面的情况。协同优势、互动效应，在信息对称的情境下显现，非常有助于企业的战略管理。

综上所述，全面预算理论正在从传统的预算控制模式向激励创新模式转化，这是适应多变的市场需要，也是企业不断提高市场竞争能力的要求。在现实的企业经营管理中，只有把预算的控制功能和激励创新能力的需求结合起来，企业的预算管理才能做到"管而不死，活而不乱"。

三、"超越预算"的原则和实施机制

（一）"超越预算"的管理原则

1. 重视经营环节的原则

坚持该原则的目的是实施有效的业绩管理，它具体包括以下六个原则。①目标原则。BBM 的目标并非固定的年度目标,而是面向持续的改善所设定的富有雄心的目标。②报酬原则。在报酬评价上,不仅考虑固定年度目标的完成情况,还对基于相对业绩的共同成果提供报酬激励。③计划制定原则。不局限在每年一次的计划制定上,而是面向持续发展的所有环节中的计划。④控制手段原则。既要以计划差异控制为手段,还要考虑与此相关的主要业绩指标。⑤资源分配原则。资源的分配不局限于年度预算,同时赋予管理者在必要情况下自主利用的权力。⑥调整原则。不仅依据年度计划制定周期,还适时地通过相互作用在全公司范围内进行调整。

2. 加强组织领导原则

坚持该原则的主要目的是规范组织行为,提高领导效率。这项原则也包括六项:①顾客原则。不仅要完成既定的企业内部目标,还要以改善顾客需求为目的来提高消费群体的满意度。②责任原则。不仅有集权式的责任等级组织,还应当具有对业绩负责的网络式团队组织。③业绩原则。不局限于内部目标的完成,还支持取胜于市场所进行的各项活动。④行为自由原则。给予企业团队以充分的自由和力量,不再简单地要求其严格按计划执行。⑤治理原则。在公司治理上,它要求管理层有明晰的价值观和高尚的思想境界,而不是仅仅依靠详细的规则和预算来进行控制。⑥信息。在公开的基础上促进信息共享,不再将信息局限在必须了解的那部分人身上。BBRT 依据上述明确的原则规定,以适应的经营管理环节为基础,通过这一层面将业绩实现的责任委托给管理者,即由第一线作业的有才华人员来推动主要的价值驱动(低成本革新战略、具有忠诚度且获益高的顾客战略、信用战略),其最终目的是实现股东价值的增值。这就是 BBM 框架的基本原则。

(二)"超越预算"的实施机制

"超越预算"被认为是信息化时代企业管理的重要方法,它的成功取决于以下六个方面:①有足够数量的高素质人才;②具有企业成长与改善所必需的、富有创新能力的战略;③高效的决策机制;④顾客服务的及时性和灵活性;⑤能够正确估计自身存在的威胁和机会;⑥不断提高产品质量和满足顾客需求。

为此,企业组织应当采取以下几方面的配套措施:①尽可能压缩企业的管理层级;②实施决策权限和责任的委托;③创造企业新业务概念(新构想)的动力;④灵活应用企业的竞争优势;⑤确保和维持最佳顾客;⑥通过完善服务和降低成本来满足顾客需求;⑦倡导管理者从所有者的视角去思考问题;⑧持续地为股东创造价值;⑨及时应对不断增加的不确定性,营造勇于承担风险的企业文化氛围;⑩具有完成目标的坚定信念;⑪制定明确的业绩责任的说明制度;⑫不断追求企业利益。

与上述措施相适应的组织结构应当具有网络型模式(N 型组织)的特征,只有当组织行为优化与业绩管理科学相互融合时,BBM 才会是有效的。对此,企业的高层管理人员应当努力完成以下几项组织建设任务:①构建快速应变的组织体系,并能对不断增大的不确定性做出正确的决策;②选择有能力的管理者和潜在的战略性伙伴,创建魅力性组织;③培育企业文化,形成自我成长与完善的经营机制;④降低组织成本;

⑤保持和扩大最佳顾客群体的组织机制;⑥以股东价值持续增长为导向构建价值创造型企业。

根据BBRT的观点,欲使"超越预算"有效实施,即使具有了替代传统预算的新机制,企业组织仍然需要对预测和资源分配、计量和控制以及对成本管理给予特别的关注。这是因为,"超越预算"本身是一种原则性的框架,它的实施是借助于对一系列管理会计工具或系统的整合以及综合运用来完成的。这里的关键问题是,要有一套机制能够确保在权限委托的组织框架内,使各种工具得到有效应用。例如,随着基于BSC战略的"持续",在维持/组织结构成员整体的日常工作的同时,要能够促使其真正地转换为"战略性导向"。此外,顾客管理包含着第一线的管理人员是否能够在第一时间内解决顾客提出的各种问题,也是BBM有效实施的重要前提。灵活地应用和整合这些管理会计工具,提升其中的价值,是分权组织必须具备的内在能力,也是BBM有效实施的基础。放弃传统预算管理环节,实施/超越预算必须充分考虑和正确处理好上述问题。

 案例研究与分析

南港实业费用预算"信息孤岛"问题的解决之路

预算管理制度对于企业来说至关重要,但是有时预算制度也会给由于一系列因素给企业造成诸多不良后果,比如南港实业股份有限公司在进行费用预算管理时就遇到了棘手问题,由于财务预算管理软件系统与原有的金蝶系统和资金结算系统分别各自进行操作,没有进行信息的及时交流,导致"信息孤岛"问题的发生,由于系统内信息无法进行共享,导致在进行日常会计业务处理时,不能有效避免预算之外的费用发生,导致企业费用预算与实际费用有所出入,造成预算管理系统、会计核算系统、资金结算系统相互信息交流的封闭性,对于这一问题,南港实业费用预算管理制度应该如何进行改革,才能解决"信息孤岛"的问题,让预算管理制度发挥其效果。

【案例资料】

南港实业股份有限公司成立于2005年,经营范围广泛,是一家主要以航空配套服务为主的企业,面对新时代的到来,企业以力求抓住新机遇,迎接新挑战,以增强自身实力为目的,成为国内一流的航空配套服务企业,企业坚持以顾客为中心,大力挖掘客户潜在需求,不断创新,不断改善运营机制,以科学的财务管理体系统筹计划企业内部资金安排,努力跟上时代改革潮流,抓住时代发展机遇。

1. 分析南港实业费用预算管理失效的原因

费用预算管理是为企业的费用支出而做的成本预算,包括制造费用预算、销售费用预算、管理费用预算等。这些预算与企业日常经营业务密切相关,在做费用预算管

理时,需对企业日常业务有全面透彻的了解,并且结合未来市场发展变化,通过精准的指标做出对企业未来有利的预算,从而实现企业费用利用的最大化,以此提升企业的经营效益。原本公司主要费用预算与旅客吞吐量相关,预算难度较低,预算管理准确率较高,但是由于用于会计业务日常核算的金蝶软件系统和用于预算管理的OBS软件系统以及资金结算系统的信息相互缺乏沟通,会计核算部门和预算部门相互独立,会计在进行业务处理时,无法获取预算管理系统中的数据信息,从而导致南港实业的很多业务费用超过预算,不能得到实时监控管理控制,造成最终费用与预算结果有所差异,造成企业费用预算管理缺乏执行性。因此,南港实业的费用预算管理需要进行改革。

2. 南港实业针对费用预算管理失效的解决方案

对于如何解决费用预算管理和实际会计日常业务支出的数目不一致问题,企业应该着重提高费用预算管理的可执行性,建立预算管理系统、资金结算系统及预算管理系统之间的信息桥梁,将费用预算措施深入贯彻于企业日常执行过程中,建立及时有效的监察体系,对于预算管理过程进行实时有效监察,从而提高企业整体的管理效率,建立能够互通互融的软件系统,加快企业信息化经营管理的进度,同时借助信息系统集成技术,实现数据一体化信息进程,保证费用预算在预期之内不超额完成,打破企业传统的管理制度,及时根据费用预算管理来对会计业务及资金结算进行有机整合,从而有效避免"信息孤岛"问题的发生,实现各个系统之间数据互通互利,实现数据系统之间的框架结构的平衡状态稳定,同时及时对企业会计信息系统进行整体整合,实现各个系统沟通交互无障碍进行,具体如图5-4所示。

图5-4 示例框架图

3. 进一步优化信息共享平台,实现技术创新发展

"百尺竿头,更进一步"在提出针对南港实业如何解决内部"信息孤岛"问题的解决方案之后,南港实业为了进一步加强预算管理执行强度,将信息共享方案落实到每一个预算流程,南港实业将每一笔预算范围内产生的相关费用,进行核算并且生成记账凭证,以此来加强预算制度的可执行性。同时分析预算执行过程中产生的差异,通过系统实时反映,方便进行及时调整。为了加强企业内部与外部之间信息沟通,南港实业在金蝶系统软件平台建立了财务智能实时分析系统,与银联展开合作,通过银联对企业内部日常账务处理系统及资金结算系统信息进行企业内外部互相传递,智能财务实时分析系统能够自动将企业内外部信息相融合,针对预算、资金结算、会计核算等建立及时相关的数据模型,使每一笔数据结算能够清晰反映,形成业务可视化模式,具体如图5-5所示。

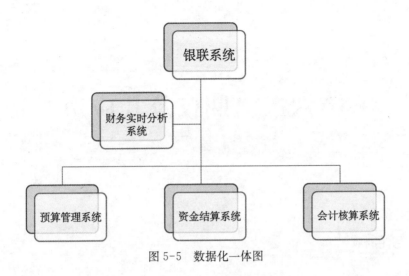

图 5-5 数据化一体图

随着现代信息技术的飞速发展,南港实业通过将信息化手段融入企业的预算管理,实现南港实业的三方系统软件数据一体化,成功解决了"信息孤岛"问题,由此可见,将信息化管理手段融入企业,不仅可以解决企业由于信息封闭带来的各种问题,而且通过信息创新管理,可以加快企业发展进程,提高企业管理执行效率,增强企业预算管理的效力。虽然由于 2020 年疫情波动,使南港实业的各类业务遭受重大打击,但是由于数据一体化方案的提出,南港实业在 2020 年上半年的预算执行准确率达到 90% 以上,大幅度降低了由于预算不准确问题所带来的多余费用支出,为企业未来发展提供了更广阔的发展平台,同时企业受疫情的冲击影响也大大降低。

【案例思考】

请简述南港实业费用预算管理遇到的问题及改革的措施。

【案例分析】

问题:南港实业在费用预算管理时没有与金蝶会计核算系统及资金结算系统做好信息数据沟通,资金结算系统不能实时监控费用预算的执行进度,从而造成"信息孤岛"问题的发生,导致实际产生的费用超出预算范围,同时预算执行差异不能得到及时反馈,从而造成企业内部费用支出业务数据混乱,企业预算管理措施没有取得相应成效。

措施:南港实业为了解决"信息孤岛"问题,实行"三算合一"政策,通过智能财务实时分析系统,将会计核算系统、资金结算系统、预算管理系统联立起来,组成一个公共数据信息共享平台,从而解决本来的信息封闭问题,同时和银联开启合作加强监控,提高数据运行效率,加大管理执行力度,构建专门的预算管理模型,实现预算管理过程中数据互通,借助平台监控的有效手段,使流程化、平台化、数据化形成"三算合一",形成数据系统之间运营的可视化模式。

第六章 期权及其应用

学习目标

1. 了解期权在财务管理实务领域的应用以及金融期权与实物期权的联系与区别，了解实物期权在矿业权价值评估中的应用；
2. 熟悉影响期权价值的因素，理解期权及其相关概念；
3. 掌握布莱克-斯科尔斯期权定价模型、二叉树期权定价模型和实物期权的估价方法。

第一节 期权的性质与类型

期权理论与实践是近30年来金融学和财务学最重要的一项新发展。1973年在芝加哥期权交易所首次进行有组织的规范化交易。1980年纽约证券交易所的期权交易量超过股票交易量。此后，期权交易迅速发展并成为最活跃的衍生金融工具之一。

虽然期权最先在金融领域出现，但它被更广泛地应用于投融资评价领域。公司的许多财务政策都有期权特征，如公司的债券和股票的发行都具有期权特征，资本预算决策和资本结构决策也都隐含期权。同时，公司经常需要利用商品期权、货币期权和利率期权等来降低风险。因此，公司高级管理人员，尤其是财务经理必须关注期权。

一、期权的含义

期权是一种合约，它赋予持有人在某一特定日期或该日之前的任何时间以固定价格购进或售出一种资产的权利。最为人熟知的期权是股票期权，它是购进或售出普通股票股份的期权。期权合约至少涉及购买人和出售人两方，获得期权的一方称为期权购买人，出售期权的一方称为期权出售人。交易完成后，购买人成为期权持有人。期权持有人为取得期权合约,必须向期权出售人支付期权费,作为不承担义务的代价。

(一)期权的基本要素

1. 标的资产

期权的标的资产是指选择购买或出售的资产。它包括股票、债券、货币、股票指数和商品期货等。期权是这些标的物"衍生"的,因此,也称之为"衍生金融工具"。

一个公司的股票期权在市场上被交易,该期权的源生股票发行公司并不能影响期权市场,该公司并不从期权市场上筹集资金。期权的持有人没有选举公司董事、决定公司重大事项的投票权,也不能获得该公司的股利。

2. 到期日

期权到期日是指期权持有人有权履约的最后一天。如果期权持有人在到期日不执行期权,则期权合约自动失效。

3. 执行价格

期权的执行价格是指在期权合约中约定的、期权持有人据以购进或售出资产的固定价格。这一价格是在期权合约买卖时确定的,在期权有效期内,无论标的资产的市场价格上涨或下跌到什么水平,只要期权购买者要求执行该期权,期权出售者都必须以约定的价格履行义务。

4. 期权价值

期权价值具有双重含义,它既是期权持有人为持有期权而支付的购买费用,又是期权出售人出售期权并承担履约义务而收取的权利金收入。期权价值也称为期权费。

期权价值与执行价格是完全不同的两个概念,后者是约定的到期对标的资产的交割价格,而前者是现在取得到期按约定价格购买或售出标的资产权利的价格。

(二)期权的特点

期权作为一种金融商品,具有以下几个显著的特点。

1. 期权是一种权利

通俗地理解,期权是"期"和"权"的组合。期权赋予持有人在将来某个时间之前可以行使的权利,他可以选择行使,也可以选择放弃,不承担必须履行的义务。拥有权利本身并不意味着拥有了一个实际存在的事物。期权持有人拥有的只是附加在资产上的选择权,期权的价值来源于它所附着的标的资产及其不确定性。

2. 期权具有很强的时间性

期权这种权利具有很强的时间性,超过规定的有效期限不行使,期权即自动失效。

3. 期权合约的买者和卖者的权利和义务是不对称的

期权给予买方随时履约的权利但并不要求其必须履约;给予卖方只是义务而无权利,只要买方行使权利,卖方就必须履约。

4. 期权具有以小博大的杠杆效应

投资期权具有巨大的杠杆效应。某公司股票的当前市价为20元,其看涨期权的执行价格为20元,期权的有效期为6个月,期权价格为2元。如果投资者有20元资金有以下投资方案:投资方案一,以每股2元的价格购入10股该公司看涨期权;投资方案二,购入该公司的股票1股。如果到期日股票价格为25元,购买期权的收益为30元[(25−20)×10−2×10],收益率为150%;购买股票的收益为5元(25−20),收益率为25%。当然,期权投资承担的风险也要比股票投资大得多。

5. 期权是可以"卖空"的

期权出售人不一定要拥有标的资产,期权购买者也不一定真的想购买标的资产。期权到期时双方不一定进行标的物的实物交割,只需补足差价即可。例如,出售银行股票期权的人,不一定是银行本身,也未必一定要拥有银行的股票,期权是可以"卖空"的。

二、期权的类型

(一)按所赋予的权利分

按所赋予的权利,期权可分为看涨期权和看跌期权。

看涨期权是指期权赋予持有人在到期日或到期日之前,以预先约定的价格购买标的资产的权利,又称认购期权。如果到期时该项资产的价格小于约定的价格,期权持有人可以放弃行使权利;如果到期日该项资产的价格大于约定的价格,期权持有人便会执行权利。

看跌期权是指赋予持有人在到期日或到期日之前,以预先约定价格出售某项资产的权利,又称认沽期权。如果到期时该项资产的价格大于约定的价格,期权持有人可以放弃行使权利;如果到期日该项资产的价格小于约定的价格,期权持有人便会执行权利。

(二)按期权权利行使的时间分

按权利行使的时间,期权可分为欧式期权和美式期权。

美式期权可以在到期日或到期日之前的任何时间行使权利,欧式期权则只能在到期日才能履约。

(三)按标的资产分

按标的资产,金融期权可分为现货期权和期货期权。金融现货期权,是一种以债券、股票、利率和货币等金融资产为合约标的资产的期权。金融现货期权包括股票期权、利率期权、货币期权(外汇期权)和股价指数期权等种类。以金融资产期货为合约标的资产的期权,属于金融期货期权。金融期货期权主要有利率期货期权、外汇期货期权、股价指数期货期权等。

除金融期权外,还有实物期权,它是金融期权理论在实物资产期权上的扩展。如果说金融期权是处理在金融市场上交易性金融资产的一类金融衍生工具,那么实物期权是处理一些具有不确定性投资结果的非金融资产的一种投资决策工具。

三、期权的到期日价值

期权到期日价值是指到期时执行期权可以取得的净收入，它依赖于标的资产的到期日市场价格和执行价格。执行价格是已知的，股票到期日的市场价格此前是未知的。但是，期权到期日价值与股票的市场价格之间存在函数关系。这种函数关系，因期权的类别而异。

期权有看涨期权和看跌期权两类，每类期权又分为买入和卖出两种情况。下面我们分别分析这四种情景下期权到期日价值和资产的市场价格之间的关系。为简便起见，假设各种期权均持有至到期日，不提前执行，并且忽略交易成本。

（一）买入看涨期权

买入一个看涨期权，就会获得一个在某一特定日期或此前任何时候按某一约定价格买入一定数量标的资产的权利，以便为将来买入的标的资产确定一个最高价格水平，或者用其对冲期货部位，从而达到规避价格上涨风险的保值目的。买入看涨期权形成的金融头寸，被称为"多头看涨头寸"。

如果在期权到期日，标的资产的价格低于或等于执行价格，看涨期权持有人不会执行期权，即到期日价值为零。如果到期日标的资产价格大于执行价格，看涨期权持有人会执行期权，按执行价格购买标的资产，即到期日价值为标的资产的市场价格与执行价格之差。因此，多头看涨期权到期日价值为上述两者中较大的一个，可以表示为：

多头看涨期权到期日价值 ＝ Max(标的资产市场价格 － 执行价格，0)

由于买入期权需要支付相应的购买成本，即期权费，又称权利金。多头看涨期权净损益为：

多头看涨期权净损益 ＝ 多头看涨期权到期日价值 － 期权价格

多头看涨期权的到期日价值和损益状态，如图6-1所示。

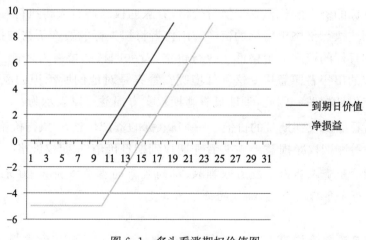

图6-1 多头看涨期权价值图

到期日股价为横轴,假定期权成本为5元,执行价格为到期日价值函数$Y=x-10$的拐点,假定为10元,损益平衡点是净损益函数$Y=x-15$在股价为0时的净损益值。

【例6-1】 投资人购买一项看涨期权,标的股票的当前市价为20元,执行价格为22元,到期日为1年后的今天,期权的价格为3元。

要求:

(1) 到期日股票价格为18元,计算该看涨期权的到期日价值和净损益;

(2) 到期日股票价格为23元,计算该看涨期权的到期日价值和净损益;

(3) 到期日股票价格为25元,计算该看涨期权的到期日价值和净损益;

(4) 到期日股票价格为30元,计算该看涨期权的到期日价值和净损益。

解答:

(1) 多头看涨期权到期日价值=0(元)

多头看涨期权净损益=-3(元)

(2) 多头看涨期权到期日价值=23-22=1(元)

多头看涨期权净损益=1-3=-2(元)

(3) 多头看涨期权到期日价值=25-22=3(元)

多头看涨期权净损益=3-3=0(元)

(4) 多头看涨期权到期日价值=30-22=8(元)

多头看涨期权净损益=8-3=5(元)

由此可见,买入看涨期权,既享有保护和控制标的资产价格大幅下降的好处,又享有获得标的资产价格升值收益的机会。从理论上说,多头看涨期权损益的特点是:净损失有限(最大值为期权价格),而净收益却潜力巨大。

(二) 卖出看涨期权

通过卖出一个看涨期权,获得一笔期权费,并利用这笔款项为今后卖出标的资产提供部分价值补偿。看涨期权的出售者,收取期权费,成为或有负债的持有人,负债的金额不确定。出售看涨期权形成的金融头寸,可称之为"空头看涨头寸"。

若到期日标的资产的价格高于执行价格,看涨期权的持有人将执行看涨期权,而期权出售者必须按执行价格出售标的资产。出售者将损失标的资产价格与执行价格的差价。只有到期日标的资产的价格低于执行价格,看涨期权的持有人才能避免损失。为什么看涨期权的出售者愿意接受这种处境呢?答案是对他们所承担的风险,期权购买者需要向其支付期权费。因此,到期日看涨期权卖方损益可以表示为:

空头看涨期权到期日的价值=-Max(标的资产价格-执行价格,0)

空头看涨期权净损益=空头看涨期权到期日价值+期权价格

【例6-2】 投资人售出一股看涨期权,标的股票的当前市价为20元,执行价格为22元,到期日为1年后的今天,期权的价格为3元。

要求:

(1) 到期日股票价格为18元,计算该看涨期权的到期日价值和净损益;

(2) 到期日股票价格为 23 元,计算该看涨期权的到期日价值和净损益;

(3) 到期日股票价格为 25 元,计算该看涨期权的到期日价值和净损益;

(4) 到期日股票价格为 30 元,计算该看涨期权的到期日价值和净损益。

解答:

(1) 空头看涨期权到期日价值＝0(元)

空头看涨期权净损益＝0＋3＝3(元)

(2) 空头看涨期权到期日价值＝－(23－22)＝－1(元)

空头看涨期权净损益＝－1＋3＝2(元)

(3) 空头看涨期权到期日价值＝－(25－22)＝－3(元)

空头看涨期权净损益＝－3＋3＝0(元)

(4) 空头看涨期权到期日价值＝－(30－22)＝－8(元)

空头看涨期权净损益＝－8＋3＝－5(元)

空头看涨期权的到期日价值和损益状态,如图 6-2 所示。

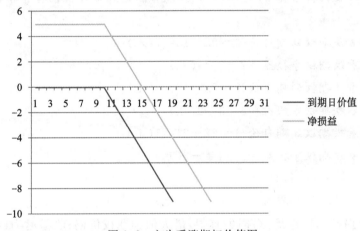

图 6-2 空头看涨期权价值图

到期日股价为横轴,假定期权成本为 5 元,执行价格为到期日价值函数 $Y=-x+10$ 的拐点 10 元,损益平衡点为净损益函数 $Y=-x+15$ 在到期日股价为 0 时的净损益。

空头看涨期权损益的特点是:收益有限(最大值为期权价格),而损失却可能巨大,最大值为执行价格与期权价格之差。

对于看涨期权来说,空头和多头到期日价值是不同的。如果标的资产价格上涨,多头的价值为正值,空头的价值为负值,金额的绝对值相等。如果价格下跌,期权被放弃,双方的价值均为零。无论怎样,空头得到了期权费,多头支付了期权费。

(三) 买入看跌期权

买入一股看跌期权,就会获得在某一特定日期或此前任何日期按约定价格卖出一定数量标的资产的权利,以便为将要卖出的资产确定一个最低价格,或者对冲多头期货部位,达到规避价格下跌风险的保值目的。

如果到期日标的资产的价格小于执行价格,看跌期权的持有人就可能得到执行价格与标的资产价格差价。当标的资产的价格大于或等于执行价时,看跌期权的持有人就会放弃期权。因此,到期日看跌期权买方损益可以表示为:

多头看跌期权到期日价值＝Max(执行价格－标的资产价格,0)
多头看跌期权净损益＝多头看跌期权到期日价值－期权成本

【例 6-3】 投资人购买一项看跌期权,标的股票的当前市价为 20 元,执行价格为 22 元,到期日为 1 年后的今天,期权的价格为 3 元。

要求:
(1) 到期日股票价格为 15 元,计算该看跌期权的到期日价值和净损益;
(2) 到期日股票价格为 19 元,计算该看跌期权的到期日价值和净损益;
(3) 到期日股票价格为 21 元,计算该看跌期权的到期日价值和净损益;
(4) 到期日股票价格为 25 元,计算该看跌期权的到期日价值和净损益。

解答:
(1) 多头看跌期权到期日价值＝22－15＝7(元)
    多头看跌期权净损益＝7－3＝4(元)
(2) 多头看跌期权到期日价值＝22－19＝3(元)
    多头看跌期权净损益＝3－3＝0(元)
(3) 多头看跌期权到期日价值＝22－21＝1(元)
    多头看跌期权净损益＝1－3＝－2(元)
(4) 多头看跌期权到期日价值＝0(元)
    多头看跌期权净损益＝0－3＝－3(元)

看跌期权损益的特点是:净损失有限,最大值为期权价格;收益潜力巨大,最大值为执行价与期权价格之差。看跌期权买方损益状况,如图 6-3 所示。

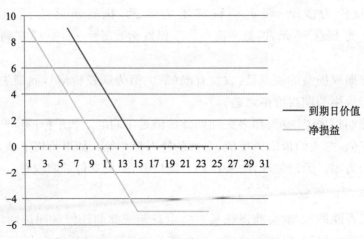

图 6-3 多头看跌期权价值图

到期日股价为横轴，假定期权成本为 5 元，执行价格为到期日价值函数 $Y=-x+10$ 的拐点，假定为 10 元，损益平衡点是净损益函数 $Y=-x+15$ 在股价为 0 时的净损益值。

（四）卖出看跌期权

卖出看跌期权，获得一笔期权费，并利用这笔款项为今后买进标的资产提供部分价值补偿。看跌期权的出售者，收取期权费，成为或有负债的持有人，负债的金额不确定。最大的损失为期权执行价格。

如果到期日标的资产的价格低于执行价格，看跌期权的持有人将行权，期权出售者必须依约按执行价格购买资产。他将损失执行价格与标的资产价格之间的差额，即损失掉期权的价值。如果到期日标的资产的价格等于或大于执行价格，期权持有人不会行权，看跌期权出售者的负债变为零。因此，到期日看跌期权卖方损益可以表示为：

$$空头看跌期权到期日价值 = -\text{Max}(执行价格 - 标的资产价格, 0)$$
$$空头看跌期权净损益 = 空头看跌期权到期日价值 + 期权成本$$

【例 6-4】 投资人出售一项看跌期权，标的股票的当前市价为 20 元，执行价格为 22 元，到期日为 1 年后的今天，期权的价格为 3 元。

要求：

(1) 到期日股票价格为 15 元，计算该看跌期权的到期日价值和净损益；

(2) 到期日股票价格为 19 元，计算该看跌期权的到期日价值和净损益；

(3) 到期日股票价格为 21 元，计算该看跌期权的到期日价值和净损益；

(4) 到期日股票价格为 25 元，计算该看跌期权的到期日价值和净损益。

解答：

(1) 空头看跌期权到期日价值 $= -(22-15) = -7$（元）

　　空头看跌期权净损益为 $= -7 + 3 = -4$（元）

(2) 空头看跌期权到期日价值 $= -(22-19) = -3$（元）

　　空头看跌期权净损益 $= -3 + 3 = 0$（元）

(3) 空头看跌期权到期日价值 $= -(22-21) = -1$（元）

　　空头看跌期权净损益 $= -1 + 3 = 2$（元）

(4) 空头看跌期权到期日价值 $= 0$（元）

　　空头看跌期权净损益 $= 0 + 3 = 3$（元）

卖出看跌期权的损益特点是：净收益有限，最大为期权费；净损失却不确定，最大值为执行价格与期权费差价。看跌期权卖方损益状况，如图 6-4 所示。

到期日股价为横轴，假定期权成本为 5 元，执行价格为到期日价值函数 $Y=x-10$ 的拐点，假定为 10 元，损益平衡点是净损益函数 $Y=x-15$ 在股价为 0 时的净损益值。

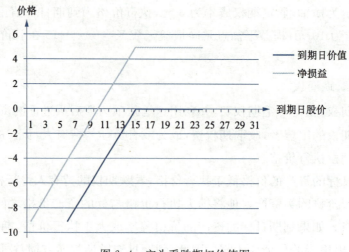

图 6-4　空头看跌期权价值图

第二节　期权的价值评估方法

人们曾力图使用折现现金流量法解决期权的估价问题,但一直没有成功。问题在于期权的必要报酬率非常不稳定。期权的风险依赖于标的资产的市场价格,而市场价格是随机变动的,期权的投资报酬率也处于不断变动之中。既然找不到一个合适的折现率来适当地描述标的资产价格的波动性及其对期权价格的影响,也就无法使用现金流量法对期权进行估价。1973 年布莱克-斯科尔斯模型(Black-Scholes 模型,简称 BS 模型)被提出,人们终于找到了实用的期权定价方法。此后,期权市场和整个衍生金融工具交易飞速发展。由于对期权定价问题研究的杰出贡献,梅隆·斯科尔斯获得 1997 年诺贝尔经济学奖。

一、影响期权价值的因素

(一) 期权的价值构成

通常,期权的价值由内在价值和时间价值两部分构成。

$$期权价值 = 内在价值 + 时间溢价$$

1. 期权的内在价值

期权的内在价值是指期权立即执行产生的经济价值。内在价值的大小,取决于期权标的资产的现行市价与期权执行价格的高低。内在价值不同于到期日价值。期权的到期日价值取决于到期日标的资产市场与执行价格的高低。在到期日,期权的内在价值与到期日价值相同。

由于标的资产的价格是随时间变化的，所以内在价值也是变化的。当执行期权能给持有人带来正回报时，称该期权为"实值期权"，或者说它处于"实值状态"（溢价状态）；当执行期权会给持有人带来负回报时，称该期权为"虚值期权"，或者说它处于"虚值状态"（折价状态）；当资产的现行市价等于执行价格时，称期权为"平价期权"，或者说它处于"平价状态"。

对于看涨期权来说，当标的资产现行市价高于执行价格时，该期权处于实值状态；当标的资产的现行市价低于执行价格时，该期权处于虚值状态。对于看跌期权来说，情况正好相反：当标的资产现行市价低于执行价格时，该期权处于实值状态；当标的资产的现行市价高于执行价格时，该期权处于虚值状态。

期权处于虚值状态或平价状态时不会被执行，只有处于实值状态才有可能被执行，但也不一定会被执行。例如，2008年1月3日，K公司股票的市场价格为25元，一股执行价格为22元，2008年6月5日到期的美式看涨期权售价为4元。虽然该期权处于实值状态，但如果投资人购买后立即执行，执行收入（3元）连购买成本（4元）也无法抵偿。持有人之所以购买该看涨期权，是因为预料将来股价会上升，因此他会等待。只有到期日的实值期权才肯定会被执行，此时已不能再等待。

2. 期权的时间溢价

期权的时间溢价是指期权价值超过内在价值的部分，它反映了期权有效时间与其潜在风险与收益之间的相互关系。期权时间溢价计算公式为：

$$时间溢价 = 期权价值 - 内在价值$$

【例 6-5】某一看涨期权，执行价格为50元，期权价格为8元。

要求：

（1）当标的资产市价为55元时，计算该项看涨期权的时间溢价；

（2）当标的资产市价为50元时，计算该项看涨期权的时间溢价；

（3）当标的资产市价为45元时，计算该项看涨期权的时间溢价。

解答：

（1）看涨期权的时间溢价＝8－5＝3（元）

（2）看涨期权的时间溢价＝8－0＝8（元）

（3）看涨期权的时间溢价＝8－0＝8（元）

期权价值、内在价值和时间价值之间的变动关系，可从静态和动态两个方面进行分析。从静态的角度看，期权价值在任何一时点都是由内在价值和时间溢价两部分组成：当期权处于实值状态时，时间溢价等于期权价值（价格）减去其内在价值；当期权处于平价或虚值状态时，时间溢价就等于该期权价值（价格）。从动态的角度看，期权时间溢价，伴随着合约剩余有效期的减少而减少，期满时时间溢价为零，期权价值等于内在价值。期权价值、内在价值和时间溢价关系如图6-5所示。

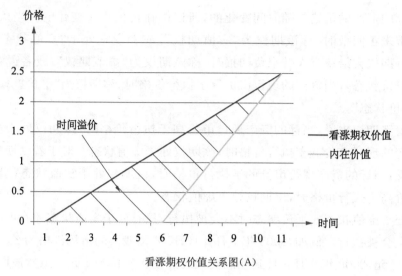

看涨期权价值关系图（A）

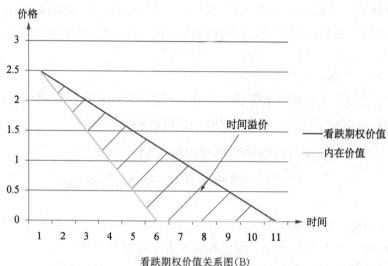

看跌期权价值关系图（B）

图 6-5　期权价值与内在价值、时间溢价关系图

期权的时间溢价是一种等待的价值。期权买方之所以愿意支付超出内在价值的溢价，是寄希望于标的资产价格的变化可以增加期权的价值。在其他条件不变的情况下，离到期时间越远，股价波动的可能性越大，期权的时间溢价也就越大。如果已经到期，期权的价值就只剩下内在价值，时间溢价为零。

时间溢价有时也称为"期权的时间价值"，但它与"资金时间价值"是不同概念。时间溢价是"波动价值"，时间越长，出现波动的可能性越大，时间溢价也就越大。而资金的时间价值是时间"延续的价值"，时间延续得越长，资金的时间价值越大。

（二）影响期权价值的因素

1. 标的资产的市价

如果其他因素不变，随着标的资产价格的上升，看涨期权的价值增加，看跌期权的价值下降。当标的资产的价格为零时,看涨期权的价值为零,看跌期权价值达到上限。标的资产价格足够高时,看涨期权价值线与内在价值线的上升部分平行,看跌期权价值线趋向于零。标的资产市价是看涨期权价值上限。

2. 执行价格

执行价格对期权价值的影响与标的资产价格正好相反。如果其他因素不变,看涨期权的执行价格越高,其价值越小;看跌期权的执行价格越高,其价值越大。执行价格的现值为欧式看跌期权上限,美式期权价值上限为执行价格。

3. 有效期限

对于美式期权来说,有效期越长,标的资产价格可以变动的时间就越长,期权持有者获利的机会越大,期权就越有价值。

对于欧式期权来说,有效期越长不一定能增加期权价值。虽然较长的时间可以降低执行价格的现值,但并不增加执行机会。到期日资产价格的降低,有可能超过时间溢价。例如,两个欧式看涨期权,一个是1个月后到期,另一个是3个月后到期,预计标的公司2个月后将发放大量现金股利,股票价格会大幅下降,则有可能使时间长的期权价值低于时间短的期权价值。

4. 标的资产价格的波动率

波动率反映了资产未来价格变动的不确定性。无论是看涨期权还是看跌期权,持有者均获得了以固定价格买卖标的资产的权利,其损失最多不会超过期权费。标的资产的波动率越高,标的资产价格向有利于期权持有人方向变动的可能性越大,持有人获利就越多,期权价值也越高。

在期权估价中,价格的波动率是最重要的因素。尤其需要注意的是,以高风险的资产为标的期权比以安全的资产为标的期权更有价值。如果一种资产的价格变动性很小,其期权也值不了多少钱。

5. 无风险利率

无风险利率对期权价格的影响比较复杂。一个简单而不全面的解释是:假设标的资产价格不变,高利率会导致执行价格的现值降低,从而增加看涨期权的价值。因此,无风险利率越高,看涨期权的价值越高。对于看跌期权来说,情况正好相反。

6. 标的资产收益

标的资产分红付息可能使该资产价格下降,而期权的执行价格却没有因为分红付息而进行相应调整,因此在期权有效期内标的资产收益将使看涨期权价格下降,使看跌期权价格上升。

相关因素对期权价值的影响,在其他变量不变的情况下,标的资产的价格或者无风险利率的增加使欧式与美式的看涨期权均增加,而欧式与美式的看跌期权均降低;期权的执行价格或者标的资产收益的增加使得欧式与美式的看涨期权降低,而欧式与美式的看跌期权增加;有效期限增加使美式的看涨期权与看跌期权均增加,但欧式的看涨期权与看跌期权不一定发生变化;标的资产价格的波动率增加使欧式的看涨期权与看跌

第六章 期权及其应用

期权以及美式的看涨期权与看跌期权都增加。

二、期权估价基本原理

（一）复制原理

复制原理的基本思想是：构造一个股票和借款的适当组合，使得无论股价如何变动，投资组合的损益都与期权相同，那么创建该投资组合的成本就是期权价值。

1. 看涨期权估价

假设现有一个股票看涨期权，执行价格为 x，股票现行价格为 s_0，未来变化有两种可能：上升或下降，上行乘数和下行乘数①分别为 u 和 d。我们可以通过以下步骤来确定该项期权价值。

（1）确定可能的到期日股票价格。

$$上行股价(s_u) = 股票现行价格(s_0) \times 上行乘数(u)$$

$$下行股价(s_d) = 股票现行价格(s_0) \times 下行乘数(d)$$

$$s_0 \begin{cases} s_u = u \times s_0 \\ s_d = s_0 \times d \end{cases}$$

（2）根据执行价格计算确定到期日期权价值。

$$c_0 \begin{cases} c_u = \max[(s_u - x), 0] \\ c_d = \max[(s_d - x), 0] \end{cases}$$

$$股价上行时期权到期日价值(c_u) = 上行股价 - 执行价格$$

$$股价下行时期权到期日价值(c_d) = 0$$

（3）确定投资组合内股票数量（套期保值比率）。

投资组合内股票数量称之为套期保值比率，或称德尔塔系数，用 Δ 表示。期权套期保值比率等于期权到期日内在价值变动幅度与股票价格变动幅度之比。

投资者可以通过购买一定数量股票，同时卖出其期权，从而实现套期保值。构建一个由一定数量的 Δ 股股票多头头寸和该股票看涨期权的空头头寸组成的投资组合，股票数量要使头寸足以抵御资产价格在到期日的波动风险，即该组合能实现完全套期保值。也就是说，无论到期日股票价格是多少，该投资组合得到的净现金流量都是一样的。

由于该组合为无风险组合，所以无论价格是上升还是下降，到期时，组合的价值是一样的，也就是说：

---

① 上行乘数=1+股价上升百分比，下行乘数=1-股价下降百分比。

$$\Delta \times s_u - c_u = \Delta \times s_d - c_d$$

整理后得：

$$\Delta = \frac{c_u - c_d}{s_u - s_d} = \frac{c_u - c_d}{s_0 \times (u - d)} = \frac{期权到期日价值之差}{股票价格之差}$$

(4) 确定投资组合的成本（期权价值）。

购买股票的支出＝套期保值比率×股票现行价格

$$借款数额＝价格下行时股票收入的现值＝\frac{套保比率 \times 下行时股票价格}{1 + 持有期无风险利率}$$

期权价值＝投资组合的成本＝购买股票支出－借款数额

【例6-6】 假设甲公司的股票现行市价为20元。有1份以该股票为标的资产的看涨期权，执行价格为21元，到期时间是1年。1年以后股价有两种可能：上升40%，或者下降30%。无风险利率为4%。利用复制原理，建立一个投资组合，包括购进适量股票以及借入必要的款项，使该投资组合1年后的价值与购进该看涨期权价值相等。

要求：

(1) 计算利用复制原理所建组合中股票的数量；
(2) 计算利用复制原理所建组合中借款的数额；
(3) 计算期权价值；
(4) 购入0.5股股票，同时卖空1股看涨期权投资组合能否实现套期保值？请以具体数据加以验证。

解答：

(1)

上行股价＝20×(1+40%)＝28(元)

下行股价＝20×(1-30%)＝14(元)

股价上行时期权到期价值＝28－21＝7(元)

股价下行时期权到期价值＝0(元)

$$套期保值比率＝\frac{期权到期日价值之差}{股票价格之差}＝\frac{7-0}{28-14}＝0.5(股)$$

(2) $$借款数额＝\frac{套期保值比率 \times 下行时股票价格}{1 + 持有期无风险利率}＝\frac{0.5 \times 14}{1+4\%}＝6.73(元)$$

(3) 期权价值＝投资组合的成本＝购买股票支出－借款数额＝0.5×20－6.73＝3.27(元)

(4) 购入0.5股股票，同时卖空1股看涨期权，能够实现完全的套期保值。因为无论股票价格是上升还是下降，其净现金流量是相等的。验证过程见表6-1。

表 6-1　买入 0.5 股股票和卖出 1 股看涨期权净现金流量表　　　单位：元

交易策略	现在(0时点)	到期日(股价上行)	到期日(股价下行)
买入 0.5 股股票	−0.5×20=−10	0.5×28=14	0.5×14=7
出售 1 股看涨期权	+3.27	−7	0
合计净现金流量	−6.73	7	7

2. 看跌期权估价

看涨期权价值的计算公式也可以用于对看跌期权的估价，但在运用过程中需要注意以下两个方面的问题：一是看跌期权的 Δ 系数常常是负数，这表明我们应该通过卖出 Δ 股股票来复制看跌期权；二是按上行时股价收入的现值贷出资金。这是因为卖空的股票到期日需要赎回，股价下行时，看跌期权的持有人会行权；股价上行时，看跌期权的持有人不会行权，需要用资金赎回股票。因此，看跌期权价值计算公式为：

$$看跌期权价值 = -卖空股票收入 + 贷款资金数额$$

【例 6-7】 假设甲公司的股票现行市价为 20 元。有 1 份以该股票为标的资产的看跌期权，执行价格为 21 元，到期时间是 1 年。1 年以后股价有两种可能：上升 40%，或者下降 30%。无风险利率为 4%。用复制原理，建立一个投资组合，包括卖出适量股票以及贷出必要的款项，使该投资组合 1 年后的价值与购进该看跌期权价值相等。

要求：

（1）计算利用复制原理所建组合中股票的数量；

（2）计算利用复制原理所建组合中借款的数额；

（3）计算期权价值。

解答：

（1）

上行股价 = 20×(1+40%) = 28(元)

下行股价 = 20×(1−30%) = 14(元)

股价上行时期权到期价值 = 0(元)

股价下行时期权到期价值 = 21−14 = 7(元)

$$套期保值比率 = \frac{期权价值变化}{股价变化} = \frac{0-7}{28-14} = -0.5(股)$$

（2）$$贷出资金数额 = \frac{套期保值比率 \times 上行时股票价格}{1+持有期无风险收益率}$$

$$= \frac{0.5 \times 28}{1+4\%} = 13.46(元)$$

（3）期权价值＝投资组合的成本＝－卖空股票收入＋贷出资金数额
＝－0.5×20＋13.46＝3.46（元）

（二）风险中性原理

运用复制原理对期权进行估价，每一步都要计算复制投资组合。如果是复杂的期权或涉及多个期间，复制就变得非常麻烦。风险中性原理可以使我们简化这一过程。

风险中性原理是指假设投资者对待风险的态度是中性的，所有证券的预期收益率都应当是无风险收益率。风险中性的投资者不需要额外的收益补偿其承担的风险。在风险中性的世界里，将期望值用无风险利率折现，可以获得现金流量的现值。

在这种情况下，期望报酬率应符合下列公式：

期望报酬率＝上行概率×上行时收益率＋下行概率×下行时收益率

假设股票不派发红利，股票价格的上升百分比就是股票投资的收益率，因此，

期望报酬率＝无风险利率
　　　　　＝上行概率×股价上升百分比＋下行概率×股价下降百分比

根据这一原理，在期权定价时只要先求出期权到期日的期望值，然后用无风险利率折现，就可以求出期权的价值。期权价值计算公式为：

期权到期日期望价值＝上行概率×上行时期权价值＋下行概率×下行时期权价值

$$期权价值 = \frac{期权到期日期望价值}{(1+持有期无风险利率)}$$

【例6-8】 沿用例6-6的数据。要求：运用风险中性原理确定该看涨期权价值。

解答：

期望报酬率＝4%＝上行概率×40%＋(1－上行概率)×(－30%)

上行概率＝0.4857

下行概率＝1－0.4857＝0.5143

股价上行时期权价值＝28－21＝7（元）

股价下行时期权价值＝0（元）

$$期权价值 = \frac{上行概率×上行时期权价值＋下行概率×下行时期权价值}{1+持有期无风险利率}$$

$$= \frac{7 \times 0.4857 + 0 \times 0.5143}{1+4\%} = \frac{3.3999}{1.04} = 3.27（元）$$

【例6-9】 沿用例6-7的数据。要求：运用风险中性原理确定该看跌期权价值。

解答：

由例6-8已知股价上行概率＝0.4857，下行概率为0.5143

股价上行时期权到期价值＝0(元)

股价下行时期权到期价值＝21－14＝7(元)

$$看跌期权价值 = \frac{0 \times 0.4857 + 7 \times 0.5143}{1+4\%} = \frac{3.6001}{1.04} = 3.46(元)$$

三、二叉树期权定价模型

二叉树期权定价模型，又称考克斯-罗斯-鲁宾斯坦（Cox-Ross-Rubinstein）模型。与任何估价模型一样，二叉树期权定价模型也是建立在以下一系列假设的基础之上：

(1) 市场投资没有交易成本，即存在一个无摩擦市场；
(2) 投资者都是价格的接受者；
(3) 允许完全使用卖空所得款项；
(4) 允许以无风险利率借入和贷出款项；
(5) 未来股票价格将是两种可能值中的一种。

(一) 单期二叉树模型

假设股票现行价格为 s_0，未来变化有两种可能：上升后股价为 s_u 和下降后股价为 s_d。为便于用当前价格表示未来价格，设上行股价 $s_u = u \times s_0$，u 称为股价上行乘数；$s_d = d \times s_0$，d 为股价下行乘数。又设看涨期权现行价格为 c_0，股价上行时期权的到期日价值为 c_u，股价下行时期权的到期日价值为 c_d，x 为期权执行价格。二叉树图形表示的股价分布和看涨期权到期日价值分布如图 6-6 和图 6-7 所示。

$$s_0 \begin{cases} s_u = s_0 \times u \\ s_d = s_0 \times d \end{cases} \qquad c_0 \begin{cases} c_u = \max[(s_u - x), 0] \\ c_d = \max[(s_d - x), 0] \end{cases}$$

图 6-6 股价二叉树图　　　图 6-7 期权价值二叉树图

建立一个由 Δ 股股票多头头寸和该股票看涨期权的空头头寸组成的投资组合。由于该投资组合能实现完全套期保值，是无风险组合，其收益率一定等于无风险利率。该投资组合初始投资和到期日价值分别为：

$$投资组合的初始投资 = \Delta \times s_0 - c_0$$

$$初始投资到期日终值 = (\Delta \times s_0 - c_0) \times (1+r)$$

$$投资组合到期日价值 = \Delta \times s_0 \times u - c_u$$

令投资组合的初始投资终值等于投资组合到期日价值，则有：

$$(\Delta \times s_0 - c_0) \times (1+r) = \Delta \times s_0 \times u - c_u$$

化简得:$c_0 = \Delta s_0 - \dfrac{\Delta s_0 u - c_u}{1+r}$

将 Δ 计算公式代入上式,并化简可得:

$$c_0 = \left(\dfrac{1+r-d}{u-d}\right) \times \dfrac{c_u}{1+r} + \left(1 - \dfrac{1+r-d}{u-d}\right) \times \dfrac{c_d}{1+r}$$

在上述公式中,令 $\dfrac{1+r-d}{u-d} = p$

则单期期权定价公式为:$c_0 = \dfrac{p \times c_u + (1-p) \times c_d}{1+r}$

其中 p 可解释为股票价格上升的概率,$(1-p)$ 就是股票价格下降的概率。

【例 6-10】 沿用例 6-6 和例 6-7 的资料。要求:根据公式直接计算例 6-6 看涨期权价值和例 6-7 看跌期权价值。

解答:

看涨期权价值 $= \dfrac{1+4\%-0.7}{1.4-0.7} \times \dfrac{7}{1+4\%} + \dfrac{1.4-1-4\%}{1.4-0.7} \times 0 = \dfrac{0.34}{0.7} \times \dfrac{7}{1.04} = 3.27(元)$

看跌期权价值 $= \dfrac{1+4\%-0.7}{1.4-0.7} \times \dfrac{0}{1+4\%} + \dfrac{1.4-1-4\%}{1.4-0.7} \times \dfrac{7}{1+4\%} = 3.46(元)$

(二) 二期二叉树模型

单期的二叉树定价模型假设未来股价只有两个可能,对于时间很短的期权来说是可以接受的。若到期时间很长,就与事实相去甚远。改善的办法是将到期时间分割成两部分,这样就可以增加股价的选择。由单期模型向二期模型扩展,不过是单期模型的二次应用。

【例 6-11】 仍沿用例 6-6 数据,把 1 年的时间分为两期,每期 6 个月。变动后的数据如下:股票现行市价为 20 元。有 1 份以该股票为标的资产的看涨期权,执行价格为 21 元,到期时间是 1 年。每期股价有两种可能:上升 26.86%,或者下降 21.17%。无风险利率为 4%。

要求:利用二期二叉树模型对期权进行估价。

解答:

(1) 股价的二叉树:

```
              32.19
       25.37
  20          20
       15.77
              12.43
```

(2) 期权二叉树:

$$C_0 \begin{cases} C_u \begin{cases} C_{uu} = 11.19 \\ C_{ud} = C_{du} = 0 \end{cases} \\ C_d \begin{cases} C_{dd} = 0 \end{cases} \end{cases}$$

$$期望报酬率 = \frac{4\%}{2} = 上行概率 \times 26.86\% + (1 - 下行概率) \times (-21.17\%)$$

$$上行概率 = \frac{1 + 2\% - 0.7883}{1.2686 - 0.7883} = 0.4824$$

$$下行概率 = 1 - 0.4824 = 0.5176$$

$$c_u = \frac{11.19 \times 0.4824 + 0 \times 0.5176}{1 + 2\%} = 5.2922(元)$$

$$c_d = 0$$

$$c_0 = \frac{5.2922 \times 0.4824 + 0 \times 0.5176}{1 + 2\%} = 2.50(元)$$

(三) 多期二叉树模型

如果继续增加分割的期数,就可以使期权价值更接近实际。从原理上看,与二期模型一样,从后向前逐级推进,只不过多了许多层次。期数增加所带来的主要问题是股价上升与下降的百分比如何确定。期数增加以后,要调整价格变化的升降幅度,以保证年收益率的标准差不变。把年收益率标准差和升降百分比联系起来的公式是:

$$u = 1 + 上升百分比 = e^{\sigma\sqrt{t}}$$

$$d = 1 - 下降百分比 = \frac{1}{u}$$

其中:e 是自然对数,约等于 2.7183;σ 为标的资产连续复利收益率的标准差;t 为以年表示的时段长度。

【例 6-12】 某一标的资产的连续复利收益率的标准差为 0.4068。

要求:

(1) 如果间隔期限为 6 个月,计算标的资产价格的上行乘数和下行乘数;

(2) 如果间隔期限为 3 个月,计算标的资产价格的上行乘数和下行乘数。

解答:

(1)

$$u = e^{0.4068 \times \sqrt{0.5}} = 1.3333$$

$$d = \frac{1}{1.333} = 0.75$$

(2)
$$u = e^{0.4068 \times \sqrt{0.25}} = 1.2256$$
$$d = \frac{1}{1.226} = 0.8159$$

四、布莱克-斯科尔斯期权定价模型

在期权有效期内，标的资产的价格变化不只局限于两种情况，而且股票价格变化是连续的，在每一瞬间，股票价格都会发生变化，并由此引起期权价值的变化。因此，我们必须从动态的角度研究每一瞬间的期权价值。在复制原理中，是通过投资组合的价值关系来确定期权价值的。这种方法虽然简单，但在现实生活中很难实行。二叉树期权方法也只是一种近似的方法。不同的期数划分，可以得到不同的近似值。期数越多，计算结果越精确。如果每个期间无限小，股价就成了连续分布，布莱克-斯科尔斯模型诞生了。

美国芝加哥大学教授费希尔·布莱克与斯坦福大学教授梅隆·斯科尔斯于1973年在他们著名的论文《期权估值与公司债务》中提出了有史以来第一个期权定价模型，在学术界和实务界引起了强烈反响，成为近代理财学不可缺少的内容之一。实际期权价格与模型计算得到的价格非常接近，具有较强的实用性。虽然该公式是理财学中最复杂的公式之一，其证明和推导过程涉及复杂的数学问题，但这并不妨碍其应用。

（一）布莱克-斯科尔斯模型的假设

（1）在期权寿命周期内，看涨期权的标的股票不发放股利，也不做其他分配；
（2）股票或期权的买卖没有交易成本；
（3）短期的无风险利率是已知的，并且在期权的寿命周期内保持不变；
（4）任何证券购买者都能以短期的无风险利率借得任何数量的资金；
（5）允许卖空，卖空者将立即得到所卖空股票当天的价格的资金；
（6）看涨期权只能在到期日执行；
（7）所有证券交易都是连续发生的，股票价格随机游走。

（二）布莱克-斯科尔斯模型

布莱克-斯科尔斯模型包括三个公式：

$$c_0 = s_0 N(d_1) - x e^{-rt} N(d_2)$$

或

$$s_0 N(d_1) - pv(x) N(d_2)$$

$$d_1 = \frac{\ln\left(\frac{s_0}{x}\right) + \left(r + \frac{\sigma^2}{2}\right)t}{\sigma\sqrt{t}}$$

或

$$= \frac{\ln\left(\frac{s_0}{pv(x)}\right)}{\sigma\sqrt{t}} + \frac{\sigma\sqrt{t}}{2}$$

$$d_2 = d_1 - \sigma\sqrt{t}$$

其中：c_0 为看涨期权的价格；s_0 为标的资产现行市场价格；$N(d)$ 为标准正态分布中随机变量小于或等于 d 的概率；x 为看涨期权的执行价格；$pv(x)$ 为看涨期权执行价格的现值；r 为连续复利无风险收益率；σ 为股票连续复利收益率的标准差（每年）；t 为期权到期日前的时间（年）。

标准正态分布中随机变量小于或等于 d 的概率即 $N(d)$ 的值，可在"正态分布下的累积概率表"中查得（见数理统计用表）。如果 $N(d)$ 中 d 为负值，先按绝对值查表，查出后的数值即为 $N(d)$ 的值。

布莱克-斯科尔斯模型反映的是一种以连续复利率对未来的现金流量进行折现的现值观念。在模型中，看涨期权的价值等于标的资产价格期望现值减去执行价格现值。如果从投资组合的角度去分析，买进一个单位看涨期权等于买入 $s_0 N(d_1)$ 单位的标的资产，并筹资 $xe^{-rt} N(d_2)$ 个单位的金额。

【例 6-13】 乙公司股票当前价格为 25 元，以股票为标的物的看涨期权执行价格为 25 元，期权到期日前的时间 0.5 年，无风险利率 12%，股票收益率的标准差为 0.6，假设不发股利。

要求：利用布莱克-斯科尔斯模型计算该看涨期权的价值。

解答：

$$d_1 = \frac{\ln\left(\frac{25}{25}\right) + \left(0.12 + \frac{0.6^2}{2}\right) \times 0.5}{0.6 \times \sqrt{0.5}} = \frac{0 + 0.15}{0.4243} = 0.35$$

$$d_2 = 0.5 - 0.6 \times \sqrt{0.5} = -0.07$$

$$N(d_1) = N(0.35) = 0.6368$$

$$N(d_2) = N(-0.07) = 1 - 0.5279 = 0.4721$$

期权价值 $= 25 \times 0.6368 - 25 \times e^{-12\% \times 0.5} \times 0.4721$

$= 15.92 - 25 \times 0.9417 \times 0.4721 = 4.8$（元）

布莱克-斯科尔斯模型中有 5 个参数。其中执行价格是已知的，标的资产的现行市场价格容易取得。到期日的剩余年限计算，一般按自然日（一年平均 365 天或简便用 360 天）计算，也比较容易确定。比较难估计的是无风险利率和股票收益率的标准差。

1. 无风险利率的估计

布莱克-斯科尔斯模型中的无风险利率应当采用无违约风险的固定收益率来估计，

通常用国库券的利率。国库券的到期时间不等,其利率也不同。应选择与期权到期日相同的国库券利率。如果没有相同时间的,应选择时间最接近的国库券利率。这里所说的国库券利率不是指票面利率,而是指市场利率。国库券的市场利率是根据市场价格计算的到期收益率。

由于布莱克-斯科尔斯模型假设套期保值率是连续变化的,利率就不能用常见的年复利率,而要用连续复利率。连续复利与年复利不同,如果用 F 表示终值,P 表示现值,r 表示连续复利率,t 表示时间(年),则有

$$F = P \times e^{r \times t}$$

$$r = \frac{\ln\left(\frac{F}{P}\right)}{t}$$

【例 6-14】 市场上有一面值为 100 元,利率为 4%,将于 2011 年 12 月 31 日到期,单利计算、一次还本付息的国库券。2011 年 9 月 30 日,该国库券的市场价格为 107.7 元。

要求:计算该国库券连续复利收益率。

解答:

$$\text{国库券连续复利收益率}(r) = \frac{\ln\left(\frac{F}{P}\right)}{t} = \frac{\ln\left(\frac{112}{107.7}\right)}{0.25} = \frac{0.0391}{0.25} = 15.65\%$$

2. 标的资产连续复利收益率标准差估计

标的资产连续复利收益率标准差可以使用历史收益率估计。

$$\sigma = \sqrt{\frac{\sum_{t=1}^{n}(R_t - R)^2}{n-1}}$$

其中:R_t 为标的资产连续复利收益率,R 为标的资产连续复利收益率的均值。

连续复利收益率的计算公式为:

$$R_t = \ln\frac{P_t + D_t}{P_{t-1}}$$

其中:R_t 为标的资产 t 期的收益率;P_t 为标的资产 t 期的价格;P_{t-1} 为标的资产 $(t-1)$ 期的价格;D_t 为 t 期的股利或利息。

【例 6-15】 ABC 公司过去 5 年的股价如表 6-2 所示,假设各年均没有发放股利。

要求:计算连续复利收益率和连续复利收益率的标准差。

表 6-2　ABC 公司过去 5 年股价表　　　　　　　单位：元

年份	1	2	3	4	5
股价	10.00	13.44	21.33	43.67	33.32

解答：

$$R_2 = \ln\left(\frac{13.44}{10.00}\right) = \ln(1.344) = 29.57\%$$

$$R_3 = \ln\left(\frac{21.33}{13.44}\right) = \ln(1.5871) = 46.19\%$$

$$R_4 = \ln\left(\frac{43.67}{21.33}\right) = \ln(2.0474) = 71.65\%$$

$$R_5 = \ln\left(\frac{33.32}{43.67}\right) = \ln(0.7630) = -27.05\%$$

连续复利收益率均值

$$= \frac{29.57\% + 46.19\% + 71.65\% + (-27.05\%)}{4} = 30.09\%$$

连续复利收益率标准差

$$= \sqrt{\frac{(29.57\%-30.09\%)^2 + (46.19\%-30.09\%)^2 + (71.65\%-30.09\%)^2 + (-27.05\%-30.09\%)^2}{4-1}} = 41.84\%$$

(三) 看跌期权估价

布莱克-斯科尔斯模型适用于看涨期权估价，看跌期权估价可通过看涨期权与看跌期权之间的价值关系进行套算。

在套利驱动的均衡状态下，看涨期权价格、看跌期权价格和股票价格之间存在一定的依存关系。对于欧式期权，假定看涨期权和看跌期权有相同的执行价格和到期日，则下述等式成立：

看涨期权价格＋执行价格的现值＝看跌期权价格＋标的资产的价格

无论股票价格如何变动，欧式看跌期权和股票投资组合与欧式看涨期权和无风险债券投资组合的到期值相同，因此，在到期日前的任何一时刻两者也是等值。

标的资产的价格、看涨期权价格、看跌期权价格和执行价格的现值之间的关系，还可以通过数据加以验证。现有两项投资：一是购买 1 个欧式看涨期权和持有 1 张到期值为 X 的无风险债券；二是购买 1 个欧式看跌期权和持有 1 股股票。它们到期日获得的现金流量（价值）是相同的。如果两项投资能为投资者带来相同的收益，也就说明两项投资的成本相等。

假设买入 1 股看涨期权，它在购买日的现金流量为 $-c_0$，到期日如果 $s_t \geqslant s_0$ 则现金

流量为 s_t-X,如果 $s_t\leqslant s_0$ 则现金流量为 0;同时贷出执行价的现值,它在购买日的现金流量为 $-X/(1+r)$,到期日如果 $s_t\geqslant s_0$ 则现金流量为 X,如果 $s_t\leqslant s_0$ 则现金流量为 X。这项投资组合的净现金流量合计数在到期日如果 $s_t\geqslant s_0$ 则现金流量为 s_t,如果 $s_t\leqslant s_0$ 则现金流量为 X。

假设买入 1 股看跌期权,它在购买日的现金流量为 $-P_0$,到期日如果 $s_t\geqslant s_0$ 则现金流量为 0,如果 $s_t\leqslant s_0$ 则现金流量为 $X-s_t$;同时买入 1 股股票,它在购买日的现金流量为 $-s_0$,到期日如果 $s_t\geqslant s_0$ 则现金流量为 s_t,如果 $s_t\leqslant s_0$ 则现金流量为 s_t。这项投资组合的净现金流量合计数在到期日如果 $s_t\geqslant s_0$ 则现金流量为 s_t,如果 $s_t\leqslant s_0$ 则现金流量为 X。

标的资产的价格、看涨期权价格、看跌期权价格和执行价格的现值之间的这一基本关系,被称为看涨看跌期权平价定理(关系),它是最基础的期权关系之一。这一关系还表现为多种形式,每一种表达方式都隐含着两个具有相同投资结果的投资策略。

该定理公式变形可得:

看跌期权价值 ＝ 看涨期权价格 ＋ 执行价格的现格 － 股票价格

这表明买入看跌期权等价于买入看涨期权、按执行价的现值投资于无风险资产、卖出股票。换句话说,如果市场上没有看跌期权,可以通过买入看涨期权、按执行价的现值的资金购买无风险债券以及卖出股票把它构造出来。

标的股票的价格 ＝ 看涨期权价格 － 看跌期权价格 ＋ 执行价格现值

这表明可以通过买入看涨期权,卖出看跌期权,同时买入无风险债券方式来复制购买股票。

标的股票价格 － 看涨期权价格 ＝ 执行价格现值 ＋ 看跌期权价格

许多投资者喜欢在买进股票的同时卖出看涨期权。看涨看跌期权平价关系表明这项策略等同于买入看跌期权同时买入无风险债券。

我们可以运用看涨看跌期权平价关系式对看跌期权进行估价。

【例 6-16】 假设某公司股票现行市场价格为 35 元。与欧式期权有关的资料如下:执行价格为 30 元,期权的有效期为 6 个月,无风险利率为 8%,看涨期权的价格为 9.20 元。

要求:计算看跌期权价格。

解答:

看跌期权的价格 ＝ 看涨期权价格 ＋ 执行价格的现值 － 股票价格

$$=9.20+\frac{30}{1+4\%}-35=3(元)$$

(四)派发股利的期权定价

布莱克-斯科尔斯期权定价模型假设在期权寿命周期内,买方期权标的股票不发放股利。在标的股票派发股利的情况下应如何对期权估价呢?

股利的现值是股票价值的一部分,但是只有股东可以享有该收益,期权持有人不能享有。因此,在期权估价时要从股价中扣除期权到期日前所派发的全部股利的现值。也就是说,把所有到期日前预期发放的未来股利视同已经发放,将这些股利的现值从现行股票价格中扣除。此时,模型建立在调整后的股票价格而不是实际价格基础上。派发股利的期权定价公式如下:

$$c = s_0 e^{-\delta t} \times N(d_1) - x e^{-rt} \times N(d_2)$$

$$d_1 = \frac{\ln\left(\frac{s_0}{x}\right) + \left(r - \delta + \frac{\sigma^2}{2}\right)t}{\sigma\sqrt{t}}$$

$$d_2 = d_1 - \sigma\sqrt{t}$$

其中:δ 为标的股票的连续年复利股利收益率。

如果标的股票的年股利收益率为零,则模型与经典的布莱克-斯科尔斯期权定价模型相同。

(五)美式期权估价

布莱克-斯科尔斯期权定价模型假设看涨期权只能在到期日执行,即模型只适用于欧式期权。美式期权在到期日前的任何时间都可以执行,除享有欧式期权的全部权利之外,还有提前执行的优势。因此,美式期权的价值应当至少等于相应欧式期权的价值,在某种情况下比欧式期权的价值更大。

对于不派发股利的美式看涨期权,可以直接使用布莱克-斯科尔斯模型进行估价。在不派发股利的情况下,美式看涨期权的价值与距到期日的时间长短有关,因此,不应当提前执行。提前执行将使期权持有者放弃期权价值,并且失去了资金时间价值。如果不提前执行,则美式期权与欧式期权相同。因此,可以用布莱克-斯科尔斯模型对不派发股利的美式看涨期权进行估价。

对于不派发股利的美式看跌期权,不能用布莱克-斯科尔斯模型进行估价。因为,有时候在到期日前执行看跌期权,将执行收入再投资,比继续持有更有利。极而言之,购入看跌期权后,如果股价很快跌到零,则立即执行是最有利的。因此,美式看跌期权总是比欧式看跌期权更有价值。布莱克-斯科尔斯模型不允许提前执行,也就不适用于美式看跌期权估价。不过,通常情况下使用布莱克-斯科尔斯模型对美式看跌期权估价,误差并不大,仍然具有参考价值。

对于派发股利的美式期权,适用的估价方法有两个:一是利用二叉树模型;二是使用更复杂、考虑提前执行的期权定价模型。

第三节　实物期权及其应用

随着知识经济到来,市场情况瞬息万变,企业日常生产经营面临的风险与日俱增。风险的增加使企业管理者在进行投资决策时不得不考虑更多的因素,有时只能以提高折现率来提高投资决策的准确度。然而,事实表明,有时,提高折现率恰恰会起到相反的作用,它使企业失去了很多良好的投资机会。那么,企业该如何才能做出比较准确的决策呢?将金融市场上相关理论,如期权理论运用到企业的决策中来,为企业的生产经营和投资决策带来了新思维。

一、实物期权的概念与特点

长期以来对企业价值或项目价值评估的经典方法是折现现金流量法,但这种方法有着很大的局限性。首先,用折现现金流量法进行估价的前提假设是企业或项目经营持续稳定,未来现金流可预期。这样的分析方法往往隐含两个不切实际的假设,即企业决策不能延迟而且只能选择投资或不投资,同时项目未来不会做任何调整。正是这些假设使折现现金流量法忽略了许多重要的现实影响因素,因而在评价具有经营不确定性或战略成长性的项目投资决策中,会导致这些项目价值的低估,甚至导致错误的决策。其次,折现现金流量法只能估算公司已经公开的投资机会和现有业务未来的增长所能产生的现金流量价值,而忽略了企业管理者通过灵活地把握各种投资机会所能给企业带来的增值。因此,基于未来收益的折现现金流量法对发掘企业把握不确定环境下的各种投资机会给企业带来的新增价值的潜在可能无能为力。

在这样背景下,财务学者开始寻找能够更准确地评估项目或企业真实价值的理论和方法。金融期权的思想和方法被运用到企业经营中,并开创了一项新的领域——实物期权。随着经济学者的不断研究探索,实物期权已经形成一个理论体系。

实物期权的概念最初是由斯图尔特·迈尔斯提出。他指出一个投资方案产生的现金流量所创造的利润,来自目前所拥有资产的使用,再加上一个对未来投资机会的选择。也就是说企业可以取得一个权利,在未来以一定价格取得或出售一项实物资产或投资计划,所以实物资产的投资可以应用类似评估一般期权的方式来进行评估。同时又因为其标的物为实物资产,故将此性质的期权称之为实物期权。

实物期权是金融期权理论在非金融(实物)资产期权上的扩展。金融期权能够在金融合约中得到详细说明,但战略投资中的实物期权则必须加以辨别和进行特别说明。实物期权提供的是一种思路,在应用实物期权过程中不能把大部分精力放在模型的建立上,运用实物期权时计算并不一定要十分精确,关键是要利用金融期权的思想方法来进行分析。实物期权的基本参数可以表达为:标的资产当前市场价格为项目预期现金流量现值；执行价格为投资成本；到期时间为距丧失投资机会的时间；标的资产价格的波动率为项目价值的波动率。

实物期权隐含在投资项目中，一个重要的问题是如何将其识别出来，并不是所有项目都含有值得重视的期权，有的项目期权价值很小，有的项目期权价值大。这主要取决于项目的不确定性，不确定性越大，则期权价值越大。

实物期权与金融期权虽然有许多的相似之处，但两者并不完全相同。

（一）实物期权的不确定性来源比金融期权复杂

金融期权的不确定性主要来源于价格变动的风险，即市场风险。而实物期权的不确定性来源比较复杂，既包括市场风险，也包括非市场风险。实物期权所包含的不确定性因素具有隐蔽性、随机性等特点，因此投资者需要对实物期权进行认真的辨别。

（二）期权存在着价值漏损

实物资产持有者会获得源于标的资产的现金流，而期权持有者却无法获得，由此会产生标的资产回报上的漏损。

（三）实物期权的定价方法比金融期权更困难

布莱克-斯科尔斯模型和二叉树模型是建立在利用标的资产和无风险借贷资产构造等价资产组合的前提之上，并且还假设标的资产的价格是连续运动的。对于金融期权来说，股票等金融工具是可以在市场上公开交易的，容易获得连续价格。但是实物期权不一样，它的标的资产大多数情况下是没有交易的，即使交易也是非连续的，因此，很难构造一个等价的资产组合，也就更难定价。

二、实物期权在项目投资决策中的应用

实物期权包括扩张期权、择机期权、放弃期权等类型，这可以分别应对企业在投资过程中的扩大生产规模、等待市场情况明朗后再进行投资和退出该项目投资等情况。在应用实物期权进行投资决策的过程中，主要运用的计算方法是布莱克-斯科尔斯模型和二叉树模型。

（一）项目投资的扩张期权

企业投资一个项目，会获得一个未来扩张的选择权，相当于购进一个看涨期权。我们将这类期权称为扩张期权。一期项目净现值可以视为取得二期项目开发选择权的成本。项目是否要进行投资，不仅要考虑一期项目本身的净现值，还要考虑期权的价值。即使一期项目本身的净现值等于或小于零，只要当项目净现值与扩张期权的价值之和（即考虑期权的净现值）大于零，项目就应该进行投资。

二期项目所需投资的现值是扩张期权的执行价格，二期项目未来经营现金流量的现值是扩张期权标的资产当前价格。只要未来经营现金流量大于投资成本，二期

项目就应该付诸实施(即执行期权),因此,这是一个看涨期权问题。该期权的价值可用布莱克-斯科尔斯模型确定。值得注意的是:由于经营现金流量有风险,在计算净现值时应使用考虑风险调整后的折现率折现,未来投资的现值应当使用无风险利率折现。

【**例 6-17**】 A公司是一个颇具实力的制造商。20世纪末公司管理层估计某种新型产品未来可能有巨大发展,计划引进新型产品生产技术。考虑到市场的成长需要一定时间,该项目分两期进行。第一期投资1 100万元,于2010年末投入,2011年投产,生产能力为50万只,相关现金流量如表6-3所示。

表6-3　等离子电视机项目一期工程现金流量表　　　　　单位:万元

项目	2010年	2011年	2012年	2013年	2014年	2015年
投资	−1 100					
税后营业现金流量		160	240	320	320	320

第二期投资2 500万元,于2013年末投入,2014年投产,生产能力为100万只,预计相关现金流量如表6-4所示。

表6-4　等离子电视机项目二期工程现金流量表　　　　　单位:万元

项目	2013年	2014年	2015年	2016年	2017年	2018年
投资	−2 500					
税后营业现金流量		720	720	720	720	720

公司等风险投资必要报酬率为10%,无风险利率为5%。

要求:

(1) 计算不考虑期权情况下方案的净现值;

(2) 假设第二期项目的决策必须在2013年底决定,该行业风险较大,未来现金流量不确定,可比公司的股票价格标准差为14%,可以作为项目现金流量的标准差。用布莱克-斯科尔斯模型确定考虑期权的第一期项目净现值,并判断应否投资第一期项目。

分析:

(1) 项目第一期净现值 $=160\times(P/F,10\%,1)+240\times(P/F,10\%,2)+320\times(P/F,10\%,3)+320\times(P/F,10\%,4)+320\times(P/F,10\%,5)-1\,100=160\times0.9091+240\times0.8264+320\times0.7513+320\times0.683+320\times0.6209-1\,100=-98.54$(万元)

项目第二期净现值 $=720\times(P/A,10\%,5)\times(P/S,10\%,3)$
$\qquad-2\,500\times(P/S,5\%,3)$
$=720\times3.7908\times0.7513-2\,500\times0.8638$
$=2\,050.58-2\,159.5=-108.92$(万元)

(2)

$$d_1 = \frac{\ln\left(\frac{2\,050.58}{2\,159.5}\right)}{0.14 \times \sqrt{3}} + 0.14 \times \frac{\sqrt{3}}{2} = \frac{-0.0517}{0.2425} + 0.1213 = 0.1088$$

$$d_2 = 0.1088 - 0.14 \times \sqrt{3} = -0.1337$$

$$N(d_1) = N(0.1088) = 0.5433$$

$$N(d_2) = N(-0.1337) = 1 - 0.5532 = 0.4468$$

期权价值 $= 2\,050.58 \times 0.5433 - 2\,159.5 \times 0.4468$

$\qquad\qquad = 1\,114.08 - 964.86 = 149.22(万元)$

考虑期权第一期项目净现值 $= -98.54 + 149.22 = 50.68(万元)$

虽然一期工程本身的净现值为 -98.54 万元，小于零，依据资本预算原理，项目应该放弃。不过，一期工程投资后，公司获得一个是否开发二期项目的扩张期权，届时可以根据市场发展状况再决定是否上马二期工程。这一扩张期权的价值为 149.22 万元，足以抵偿一期工程 -98.54 万元净现值。因此，投资一期工程是有利的。

（二）项目投资的择机期权

从时间选择来看，任何投资项目都有期权的性质。如果一个项目在时间上不能延迟，只能立即执行或者永远放弃，那么它就视同于马上到期的看涨期权。项目的投资成本是期权执行价格，项目未来现金流量的现值是期权标的资产的现行价格。如果项目现金流量现值大于投资成本，看涨期权的收益就是项目的净现值。如果项目现金流量现值小于投资成本，看涨期权不被执行，公司放弃该项目。

如果一个项目在时间上可以延迟，那么它就视同于未到期的看涨期权。项目具有正的净现值，并不意味着立即投资总是最佳的，也许等一等更好。等待不但可使公司获得更多的相关信息，而且在某些情况下等待(即持有期权而不急于行使)具有更高的价值。尤其是一些前景不明朗的项目，更是如此。项目有负的净现值，也并不意味着此项投资就完全没有投资价值。如果未来情况发生变化，如材料价格下跌、市场需求突然变化以及相应生产工艺改善等，可能会使这一项目有正的净现值。由于未来是不确定的，等待或推迟项目可使项目决策者有更多的时间研究未来的发展变化，避免不利情况发生所引发的损失。但等待行权也可能减少或延缓项目的现金流量，或引起更多的竞争者进入同一市场。因此，在项目决策时，应权衡立即行使期权或等待行权的利弊得失。

【例 6-18】 A 公司正计划投资建设一座工厂生产新产品乙，投资总额 1 000 万元，每年现金流量为 105 万元(税后，可持续)。由于企业对新产品投放市场消费者的反应尚无法准确预测，因此，每年现金流量 105 万元只是一个平均的预期水平。据相关专家预测，如果该产品投放市场后，受到消费者的欢迎，预计现金流量为 131.25 万元；如果不被大多数消费者所接受，现金流量预计为 84 万元。假设无风险利率为 5%，风险报酬率为 5%。

要求：

(1) 计算不考虑期权的项目净现值；

(2) 运用二叉树模型，计算该项目时机选择期权价值；

(3) 判断是否应该延迟执行该项目。

分析：

(1) 项目净现值 $=\dfrac{105}{10\%}-1\,000=50$（万元）

(2) 构造项目价值和期权价值二叉树：

$$上行时项目现金流量现值=\dfrac{131.25}{10\%}=1\,312.5（万元）$$

$$下行时项目现金流量现值=\dfrac{84}{10\%}=840（万元）$$

$$上行时第一年末期权价值=\text{Max}(1\,312.5-1\,000,0)=312.5（万元）$$

$$下行时第一年末期权价值=\text{Max}(840-1\,000,0)=0（万元）$$

根据风险中性原理计算上行概率：

$$投资报酬率=\dfrac{本年现金流量+期末价值}{年初投资}-1$$

$$上行报酬率=\dfrac{131.25+1\,312.5}{1\,000}-1=44.83\%$$

$$下行报酬率=\dfrac{84+840}{1\,000}-1=-7.6\%$$

无风险利率 $=5\%=$ 上行概率 $\times 44.83\%+(1-$ 上行概率$)\times(-7.6\%)$

上行概率 $=0.2424$

期权到期日价值 $=0.2424\times 312.5+(1-0.2424)\times 0=75.75$（万元）

期权价值 $=\dfrac{75.75}{1+5\%}=72.14$（万元）

以上计算结果，用二叉树表示如表 6-5 所示。

表 6-5 现金流量、项目价值与期权价值二叉树表　　　　单位：万元

时间	0	1
现金流量二叉树	105	131.25
		84
项目价值二叉树	1 050	1 312.5
		840
期权价值二叉树	72.14	312.5
		0

(3) 判断是否应延迟投资。

如果立即执行该项目,可以得到 50 万元净现值;如果等待,期权的价值为 72.14 万元,大于立即执行的收益 50 万元,应当等待。实际上,这意味着,等待将失去 50 万元的净现值,但却持有了价值为 72.14 万元的选择权。因此,等待是明智的。

但等待不一定总是有利的。如果本项目的投资成本为 950 万元,情况就会发生变化。

考虑期权净现值 = 1 050 - 950 = 100(万元)

上行时第一年末期权价值 = Max(1 312.5 - 950, 0) = 365.5(万元)

下行时第一年末期权价值 = Max(840 - 950, 0) = 0(万元)

上行报酬率 = $\dfrac{131.25 + 1\ 312.5}{950} - 1 = 51.97\%$

下行报酬率 = $\dfrac{84 + 840}{950} - 1 = -2.74\%$

无风险利率 = 5% = 上行概率 × 51.97% + (1 - 上行概率) × (-2.74%)

上行概率 = 0.1414

期权价值 = $\dfrac{0.1414 \times 362.5 + (1 - 0.1414) \times 0}{1 + 5\%} = 48.82$(万元)

立即执行期权的价值(项目净现值)为 100 万元 $\left(\dfrac{105}{10\%} - 950\right)$,等待的价值只有 48.82 万元,应立即执行,不需等待。

(三) 项目投资的放弃期权

在评估项目时,通常会选定一个项目的寿命周期,并假设项目会进行到寿命周期结束。实际上,在项目实施过程中,如果实际产生的现金流量远低于预期,投资人就会考虑提前放弃该项目。同样,经济寿命周期也是很难预计的。项目开始时,往往无法估计何时结束。有的项目,一开始就不顺利,产品不受市场欢迎,一两年就被迫放弃了。有的项目,越来越受市场欢迎,产品不断升级换代,或者扩大成为一系列产品,几十年长盛不衰。

如果说扩张期权是购进看涨期权,那么放弃投资期权就是购进看跌期权。继续经营价值可看成是放弃期权标的资产价格,项目的清算价值就是这一期权的执行价格。继续经营价值大于资产的清算价值,是一个项目得以继续下去的前提。如果清算价值大于继续经营价值,就应当终止(即期权执行,是一项看跌期权)。这里的清算价值,不仅指残值的变现收入,也包括有关资产的重组和价值的重新发掘。在项目评估中,如果能事先考虑中间放弃的可能性和它的价值,可以获得更全面的项目信息,减少决策错误。放弃期权的价值评估大多采用二叉树法。

【例 6-19】 A 公司准备向市场推出一种新产品甲,投资额为 350 万元,要求的投资报酬率为10%。由于没有同类产品可作参考,只有将产品试销1年后再做进一步决定,并预计推出后畅销和滞销的概率各为50%。如果产品推出后畅销,第2年继续畅销的可能性有70%;如果产品推出后滞销,第2年继续滞销的可能性有60%。未来两年内产品所能取得的现金流量如表6-6所示。

表6-6 项目预计现金流量表　　　　　　　　　　　　　　单位:万元

第1年			第2年		
销售状况	概率	现金流量	销售状况	概率	现金流量
畅销	0.5	90	畅销	0.7	480
			滞销	0.3	230
滞销	0.5	40	畅销	0.4	410
			滞销	0.6	180

如果经营1年后产品滞销,可以将设备以280万元价格出售。

要求:

(1) 如果不考虑放弃期权,该项目是否具有投资价值?

(2) 如果考虑放弃期权,该项目是否具有投资价值?

分析:

(1) 不考虑放弃期权。

畅销状态第2年现金流量期望值在第1年末的价值 $=\dfrac{480\times 0.7+230\times 0.3}{1+10\%}=$ 368.18(万元)

滞销状态第2年现金流量期望值在第1年末的价值 $=\dfrac{410\times 0.4+180\times 0.6}{1+10\%}=$ 247.27(万元)

畅销状态下第1年末现金流量 $=90+368.18=458.18$(万元)

滞销状态下第1年末现金流量 $=40+247.27=287.27$(万元)

项目现金流量现值 $=\dfrac{458.18\times 0.5+287.27\times 0.5}{1+10\%}=338.84$(万元)

项目现金流量现值338.84万元小于项目投资额350万元,不值得投资。

(2) 考虑放弃期权。

畅销状态下第1年末现金流量 $=90+368.18=458.18$(万元)

滞销状态下第1年末现金流量 $=40+280=320$(万元)

项目现金流量现值 $=\dfrac{458.18\times 0.5+320\times 0.5}{1+10\%}=353.72$(万元)

项目现金流量现值高于项目投资额,项目是值得投资的。

实际上,该项目存在一个以320万元为协定价格的多头看跌期权,期权期限为1

年。1年后如果产品真的滞销，则该项目的市场价格为247.27万元，低于协定价格，就行使期权，放弃投资，以协定价格将资产出售，仍可获利；1年后如果产品真的畅销，则放弃期权。

总之，扩张期权、时机选择期权和放弃期权的最大特点就是给投资决策者一种决策弹性，使其可以灵活利用市场各种变化的可能性，在控制风险的同时，又不丧失可能出现的获利机会。

三、实物期权在矿业权估价中的应用

（一）矿业投资的特点

1. 投资的不可逆性

在大多数情况下，投资具有不可逆性。投资的不可逆性是指当环境发生变化时，投资所形成的资产没有在不遭受损失的情况下变现的可能性。资产的专用性是造成投资不可逆的主要原因。因为资本所形成的资产在一定程度上都存在着一定的专用性，而这些专用资产在二级市场上的流动性较差，很容易成为投资的沉没成本。

2. 投资的可推迟性

可推迟性是指投资项目在一段时间内有被推迟的可能性。推迟投资往往是出于策略上的考虑，它使企业在投入资源之前有机会获得关于产品价格、成本和其他市场状况的新信息。对于企业来说，有些投资是可以推迟的，而有些投资不可以推迟，这取决于投资项目本身的性质。如重置性投资由于维持正常生产能力的需要一般是不可推迟的，而某些生产性投资可能是可推迟的。企业有时因其他原因也可能没有推迟投资的机会，如出于战略竞争上的考虑可能促使企业迅速投资，以取得竞争优势应对现有竞争者及潜在竞争者。但在大多数情况下，推迟投资至少是可行的。只要存在可推迟性，企业在面临外生风险的环境下就可以通过推迟投资以获得更多的收益。

3. 投资的滞后性

滞后性是指当投资的某种起因已经消失或反向变化时，它所产生的影响却没有立刻发生相同的变化。在不确定性环境中，企业进入或退出某一行业决策的一个最重要特征在于"滞后"，而这一投资决策惯性的存在是合理的，尽管目前收益高于资本成本，企业还可能不急于立刻投资，而要一直等到确信这种状况能有保障地持续相当长的一段时间。同样，承受经营亏损的企业可能还会继续维持生产，一直等到确信这种状况在相当长的时间内不会好转才可能最终放弃。

（二）矿业权价值评估的特点

1. 客体的可耗竭性

矿业权价值评估的客体是矿业权人依法在一定时空范围内实际支配和控制的矿产资源实物资产。而矿产资源资产的实体权属于国家所有，法律规定，我国矿产资源资产的所有权是不能转让的。矿主(矿业权人)转让的仅仅是矿业权,不是矿产资源实体资产,只能支配矿产资源资产所有者的矿产资源。但是,矿产资源是耗竭性的资源,开采矿产等于消耗了矿产资源,开采矿产转移了其空间位置,破坏了其原有的物质形态,改变了组织结构。随着开采,所有者的实物资产逐渐消失,所有者的所有权也伴随实物资产的消失而消失。所以,矿业权的评估必须依托矿产资源实物资产,这是矿业权评估的一个特殊性。

2. 多阶段性

矿产资源勘查、开发一般经历地质调查、普查、详查、勘探和矿山建设等几个阶段。在不同阶段,矿业权评估的内容是不相同的。在地质调查、普查、详查阶段,只进行了地质研究,未做可行性研究,矿产资源储量尚未探明,可开发性与收益的大小很难预测,不能进行开发建设,变更探矿权人只能进一步勘查,以探明储量,因而只能进行探矿权评估。在勘探阶段,地质勘查已获得可供矿山建设的经济可采储量,并经过可行性评价,确定当时是经济的或边界经济的,属于可开采赢利矿山或机会矿山。当变更探矿权时,只评估探矿权价格。出让或转让采矿权时,采矿权申请人为获得采矿权,除了缴纳采矿权使用费、采矿权价款、资源税和资源补偿费之外,还要支付探矿权费用以取得地质勘查成果资料,所以,既要进行探矿权评估,又要进行采矿权评估。在矿山企业生产阶段,变更采矿权人,只需要评估采矿权价格。

3. 高风险性

由于矿业投资受矿产品价格、生产成本、资源条件、计划服务年限以及经济环境、政策等因素的影响以及矿业权评估所采用的地质参数和经济参数大多基于预测和估算,矿业权价值评估具有预测性和动态性,这使矿业投资和其他工程项目的投资一样具有较大的投资不确定性和投资风险。

(三) 矿业投资项目与实物期权的相似性分析

矿业工程的投资与买方期权类似,即类似于看涨期权。它等同于赋予矿业权人未来行使这项投资的权利而不是义务,矿业权人可以通过对该投资评估的好坏来决定是否行使这项投资的期权。如果矿业权期权价值看涨,矿业权人就会做进一步的投资,将其市场化;反之,矿业权人将放弃这一期权,这样做的损失只限于获取期权的成本,即矿业的初始投资。期权持有者依据执行价格和标的资产的现价来决定是否执行期权,即矿业投资中,矿业权人也有一定程度的选择权:当矿产品开采价格高于开采成本时,矿业权人就会开采矿山,选择期权;当矿产品的价格低于开采成本时,可考虑使用缩小规模、停产、转换经营、停启等选择权。

矿业投资与实物期权在以下三个基本特征上是一致的:

(1) 投资的潜在价值是未来不确定的函数;

(2) 初始期权的投入可以为未来创造更多的投资机会,且该机会具有可选择性;

(3) 投资者面临的损失有一个下限,未来风险的增加,会增加当初期权投资的价值。

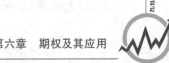

因此,对于矿业投资期权,我们可以描述如下:

矿业投资实际是一种选择权,即以一定当前成本 E 获得未来某一时间继续投资或放弃该项目的权利。该期权到期日的价值为 $Max(S-X, 0)$,其中:S 为投资期权到到期日该项目的价值,即未开发储量的现值;X 为取得该投资期权时确定的执行价格,即勘探开发投资(X)(初期投资值)。

(四) 矿业权中的期权类型

矿业权给矿业权人提供了未来投资开发的权利,并且矿业权可以依法转让或出租。再根据采矿或探矿许可证(矿业权资格)的发放规定以及矿业权人拥有经营决策的自主性,矿业权还给矿业权人提供了与他人合作开发的机会。矿业权的价值就应该是矿业权买进期权的价格,因为这个价格使矿业公司有选择开发矿业而获取利润的权利。如果矿业公司没有矿业权资格,它肯定就不能参与矿业开发。

假定矿业权人拥有 n 年期开发一块具有潜在油藏的土地。启动该项目首先需要钻探、基建、新设施安装共支出 I_1。只有在建造完成之后,才有现金流入。在建造过程中,若市场情况恶化,矿业权人可选择放弃所有未来的原计划支出(放弃);若市场看淡,矿业权人可选择缩减 $C\%$ 营运规模(缩小规模),以节省未来投资支出 I_c;若市场走强,矿业权人可选择增加投资 I_E,以扩大 $X\%$ 营运规模。在任何时候,管理当局均可以出售工厂(或辟为他用),以获取残值(他用价值)A。

该项目价值评估体现了下列实物期权:

(1) 分阶段投资期权。分阶段进行投资可以创造价值,因为矿业权人可在任意阶段上"中止"后继投资(如钻探后发现储备过少或矿产品价格过低)。例如,矿业权人可以把矿产品开发投资分成钻探、基础设施安装、开采等不同阶段。那么每一阶段(如钻探阶段)都可以看作是后续阶段投资的买权,其成本是为下一阶段进行而在该阶段所必需发生的成本(I_1),即执行价格,下一阶段的预期项目预计现金流量的总现值即为项目价值 V。

(2) 扩张期权。取得探矿权给投资者提供优先获得采矿的权利,一般地,如果所从事的项目使公司在将来能够从事其他业务或者能够进入其他市场,那么该公司就拥有扩张期权。而勘探投资项目就是这样的项目,因为不把握当前的机会要想进入这个领域成本会非常大。同样地,取得采矿权也给投资者提供了加工冶炼精矿产品的权利,故采矿权也含有扩张期权。若市场比预期向好,矿业权人可追加投资 I_E,使项目的价值增加 $X\%$。这可视为一个买权,I_E 为执行价格,项目增加值 $X\%$ 为标的资产价值。因此,扩张期权可视为原规模项目加上一个未来投资机会的买权,即 $V + Max(X\%V - I_E, 0)$。在项目投资的最初设计上,矿业权人可有意识地引入某项技术(尽管这可能增加成本)以增加项目在市场向好时进行扩张的灵活性。扩张期权在某些场合下亦具有重大的战略意义,特别是它能让矿业权人捕捉到未来发展机会。

因此,一些在传统的净现值(NPV)方法下显得无利可图或亏本的项目,以此期权的眼光来看,反而是值得投资的,因其为企业提供了未来的发展机会。因此,即使贴现现金流法(DCF)表明当前采矿项目的净现值为负值,只要能够识别实物期权的存在并证明由此得到的买权价值超过净现值,则该项目值得考虑。

(3) 加速或延迟投资的期权。投资机会价值反映了矿业投资项目的投资不可逆性、投资价值的不确定性和投资的可延时性。投资机会可以看成一个美式购买期权,其执行价是项目投资支出 I,得到的资产是建成的项目,其价值为 Y,投资可推迟的最大时间为 T。 拥有该期权就拥有一种权利,投资者可选择立即执行该期权进行投资,也可暂不进行投资,等待市场状况进一步好转,以避免收益向下的风险,同时进一步看清收益向上的潜力。从这个角度看,应存在一个投资价值临界点,当净现值大于该投资临界值时立即投资,否则推迟投资。矿业投资项目同样具有这些期权特性,因而具有投资机会价值。

矿业权还含有其他投资和非投资期权,此类期权也包括了时间类期权如加速或延迟投资的期权。由于未来矿产品价格的波动使矿业权人面临极大的不确定性,他们很可能不会轻易放弃矿业开发,而是等待机会或者延迟项目的投资。矿业开发的初始投资是巨额的,而未来收入充满着极大的不确定性,延迟投资或小规模投资可以节省基础投资的许多利息,减少矿业权持有者的损失。

矿业权人可从延迟的时间内矿产品价格不确定性的减少中获得好处。只有当矿产品价格上升到一定的程度,矿业权人才会投资 I(执行期权);相反,若矿产品价格下跌,矿业权人会保持观望,不进行初始投资,从而节省计划支出,项目价值将为 $\mathrm{Max}(V-I, 0)$,其中,V(项目预计现金流量的总现值)相当于项目价值,而投资支出 I 则相当于执行价格。由于提前行权意味着牺牲期权,这种期权价值的损失相当于额外投资机会成本,仅仅在项目价值 V 超过初始投资相当大时,投资才是最优的。

(4) 经营期权。在现实中,一个项目未必一定要持续运营。例如,若矿产品价格下跌至经营收入不能补偿可变成本时,暂时停产可能是明智的(特别是在暂停营运和重新启动之间的转换成本相对较小时)。若矿产品价格上升到一定程度,项目又可以再度启动。对于项目寿命期内的任何一年,停启期权可视为一个以可变成本 I_v 为执行价格获得项目当年收入(R)的买权,该买权执行时的价值为 $\mathrm{Max}(R-I_v, 0)$。

(5) 放弃期权。若矿产品价格持续下跌,或矿业权持有者不想等待或不想继续经营,矿业权人可以将项目永久放弃以换取其残值(即其资本设备及其他资产在二手市场上的重售价值)。这种选择权可视为一个残值或次优他用价值(A)为执行价格,以项目为标的资产的卖权,即 $\mathrm{Max}(V, A)$ 或 $V + \mathrm{Max}(A-V, 0)$。 一般说来,项目资产的通用性越强,其残值就越高,因此相应的放弃期权的价值也就越大。

因此,矿业权的最终价值应为:

$$\text{矿业权的最终价值} = \text{传统的净现值} + (\text{停启、扩张、延迟或加速投资、放弃等})\text{期权的价值}$$

(五) 实物期权法与贴现现金流模型的对比

对应于贴现现金流法,实物期权的合理性表现在以下三方面。

其一，投资项目的风险性使得企业可以根据不确定性因素或投资、或推迟、或放弃投资项目，这种灵活性可以尽可能规避项目失败的巨大损失，又能最大程度地争取最大利润，因而是有价值的。实物期权的特性正在于赋予了这种管理柔性以价值。

其二，计算实物期权，只有波动率（σ）需要估算，其他输入量包括项目投资（X）、到期期限（T）、无风险利率（r）都可以直接获得。相比之下，实物期权计算结果要比净现值法可靠。

其三，由于不确定性带来的投资战略调整往往无法预见，但它对项目价值会产生重大的影响。实物期权法给了投资者发挥主观能动性的能力，这种趋利避害的主观能动性体现了知识的价值。此外，净现值法只考虑了两个变量：预期现金流量现值和投资费用现值。而实物期权方法考虑了至少五个变量：预期现金流量现值、投资费用现值、项目投资机会的持续时间、预期现金流量的不确定性、无风险利率。实物期权方法既把握了净现值又加上了灵活性的价值，灵活性的价值也体现了知识的价值。实物期权法挖掘了 NPV 法不能体现的选择权的价值。

关于实物期权法（ROA）与贴现现金流法（DCF）的关系，Lint 和 Pennings 提出了实物期权分析是对 DCF 的补充。在分析开发一个新产品时，他们认为计划可以归纳为四种区间。

区间一：计划具有高收益和高波动率。这些计划对于当今技术投资和激烈的竞争市场具有代表性。此时，应该运用实物期权来量化风险，并且在新的信息到来时做出决策。

区间二：计划具有高收益和低波动率。这些计划代表理想的决策环境。传统折现分析在此得到运用，而且计划执行得越快越好。

区间三：计划具有低收益和低波动率。此时应该运用传统的 DCF 工具，并且计划放弃得越快越好。

区间四：计划具有低收益和高波动率。和区间一一样，实物期权应该得到运用，在有利的信息到来时才能开始启动这些投资计划。

对于风险投资决策上述观点更加明确。Park 和 Herath 按照不确定性水平将投资分为两类，不确定性越高，实物期权将对决策的影响越大。无论不确定性是高还是低，替代、扩展、放弃期权都得到了肯定。

除了实物期权对 DCF 的补充特性，实物期权还提供了额外的收益。公司可以将先遣投资（开始投资一小部分，等待新的信息来临时，决定是否大规模投资）视作长期投资的一种获利机会。Rausse 和 Small 因此将先遣投资视为一个信息租金或期权贴水。换句话说，公司可以将基础投资的成本视为支付将来进入该商业领地的期权的费用。

另外，期权价值取决于投资环境的不确定性和决策者利用不确定性创造价值的能力。

对福润房地产开发有限公司的投资分析

【案例资料】

　　福信投资有限公司成立于2017年10月27日，注册资本为1 000万元人民币，所属行业为商务服务业，经营范围包含：对农业、林业、工业、矿业、房地产业、建筑业、酒店业、水利电力业、教育业、医疗业、旅游业、物流业、交通运输业、贸易业的投资；建筑材料、装饰装修材料的批发、代购代销（依法须经批准的项目，经相关部门批准后方可开展经营活动）。福信投资有限公司目前的经营状态为存续（在营、开业、在册），为福晟集团有限公司旗下全资公司。

　　福润房地产开发有限公司成立于2017年12月，注册资本3 000万元人民币，旗下无投资企业。所属行业为房地产业，经营范围包含：房地产开发经营，房地产中介服务，物业管理服务等（依法须经批准的项目，经相关部门批准后方可开展经营活动）。福润房地产开发有限公司目前的经营状态为存续（在营、开业、在册）。

　　2017年12月26日，福信投资有限公司为企业发展考虑，新增投资企业福润房地产开发有限公司，持股100%。此次股权变动之前，福华投资有限公司持有福润房地产100%股权；股权变动之后，福华投资退出，福信投资接盘，持股100%。此次投资分两个阶段进行。第一阶段，预计投资额为6 000万元；第二阶段，两年后增加投资10 000万元，达到100%持股。暂时预计对此投资项目年限为8年。

　　表6-7、表6-8分别提供了第一阶段的现金流和第二阶段回收资金的现金流量。

表6-7　初期投资与收益

年限 n	0	1	2	3	4	5	6	7	8
投资额 I/百万元	60								
净现金流 A/百万元		12	14	14	16	15	13	12	10
折现率 R/%					10				

表6-8　追加投资与收益

年限 n	0	1	2	3	4	5	6	7	8
投资额 I/百万元			100						
净现金流 A/百万元				22	24	29	26	24	20
折现率 R/%					10				
无风险利率 r/%					5				

【案例思考】

运用上述所介绍的方法,分析该投资方案是否可行。

【案例分析】

使用净现值法进行计算,首先要得到预期的全部投资与收益。在这里将表 6-7 数据与表 6-8 的数据对应相加,就可以得到表 6-9 中的预期全部投资与收益。

表 6-9　预期全部投资与收益

年限/n	0	1	2	3	4	5	6	7	8
投资额 I/百万元	60		100						
净现金流 A/百万元		12	14	36	40	44	39	36	30
折现率 R/%	10								

根据表 6-9 中数据可计算出 DCF 观点下的净现值 $NPV = -1\,126$ 万元。故投资是不可行的。

用实物期权法对此次投资进行评价,则在第一阶段进行之后由福信投资有限公司根据经济效益做出决策。如果决定执行期权,那么就要追加投资;否则,暂时停止投资,将此项目再保留一段时间。假设福信投资有限公司选择执行期权。表 6-8 给出了第二阶段回收资金的现金流量。根据表 6-7 提供的数据,可计算出初期投资收益的现值。

按表 6-7 中数据:T 为项目年限 8 年,I_0 为初期投资 6 000 万,R 为折现率 10%。根据这些数据得 $NPV_t = -1\,144$ 万元。又据表 6-8 的数据可知追加投资的时间 $t_0 = 2$,无风险利率 $r = 5\%$,用期权定价模型计算出此投资项目隐含的期权价值:

$$C = AN(d_1) - Xe^{-r(T-t_0)} N(d_2)$$

标的资产(房地产公司)的投资收益现值:$A = \sum_{t=t_0+1}^{T} A_t (1+R)^{-t}$,标的资产(房地产公司)期权的执行价格 $X = 11\,000$ 万元,$d_1 = [\ln(A/x) + t_0(r + \sigma^2/2)]/(\sigma\sqrt{t_0})$,$d_2 = d_1 - \sigma\sqrt{t_0}$。假设现阶段收益波动率 $\sigma = 40\%$,将各项数据代入上式,可得到后 6 年现金流的现值:$A = 10\,562$ 万元;期权的执行价格 $X = 11\,000$ 万元;无风险利率 $r = 0.05$;$d_1 = 0.3889$,$d_2 = -0.1766$。查正态分布表,可以得出 $N(d_1) = 0.6517$,$N(d_2) = 0.4286$。根据各参数值,可得:$C = 3\,492$ 万元,所以该投资隐含的期权价值为 3 492 万元。这项投资的风险价值为:$NPV_T = NPV_t + C = 2\,246$ 万元。由于此项目的风险价值 $NPV_T > 0$,故对此房地产公司的投资是可行的。

综上所述,可以得到如下结论:DCF 法可以在适度的直线商业结构中得到运用,一个稳定的环境同时可以得到可依赖的现金流预测值。而实物期权可以运用到不确定性的商业决策中,它依赖于增加的信息。所以对于可延迟投资、可扩展或放弃的投资计划实物期权法更加适用。

但实物期权不是一个完全新的决策框架,而是对 DCF 法的一个补充。在进行实物期权评价时,DCF 法用来计算期权的输入价值,不管在哪种情况下 DCF 法都最先运用。即将实物期权的理论用于房地产项目投资决策时,投资的价值就应由两方面构成:房地产投资项目的 NPV 值和实物期权的价值,即:房地产项目的投资价值＝NPV＋期权的价值。

第七章 投资理论与政策

学习目标

1. 了解资产配置的概念,资本运算的决策以及所需要的程序;
2. 理解和掌握资本资产定价模型和资本市场线;
3. 掌握并能够运用投资组合理论,掌握并能够运用内部市场进行资源配置。

第一节 投资组合理论

投资组合理论也称资产组合选择理论,是继凯恩斯经济理论之后在西方主流经济理论界出现的一种投资理论。一般认为,1952年,马科维茨发表的一篇题为《资产组合的选择》的论文,是"现代投资理论"的开端。马科维茨又于1959年出版了同名专著。马科维茨详细阐述了"资产组合"的基本假设理论基础与一般原则,从而奠定了其"资产组合"理论开创者的历史地位,他也因此于1990年获得该年度诺贝尔经济学奖。本节主要介绍马科维茨的投资组合理论。

一、理论概述和主要假设

马科维茨的投资组合理论,讨论在不确定条件下资产组合选择的均值-方差方法。其基本思想是投资组合的选择要在组合的风险(方差)与收益(均值)之间进行权衡,投资的目标是组合的风险最小而均值最大。此外投资组合可以分散非系统风险。

如果投资者将一笔资金在给定时期(持有期)里进行投资,在期初,他购买一些证券,然后在期末全部卖出,那么在期初他将决定购买哪些证券,资金在这些证券上如何分配。投资者的选择应该在实现两个相互制约的目标——期望回报率最大化和回报率不确定性(风险)最小化之间权衡。

投资理论与政策建立在如下几个重要假设基础之上。

(1) 单期投资。单期投资是指投资者在期初投资,期末获得回报。单期模型是对现实的一种近似描述,如对零息债券、欧式期权等的投资。虽然许多问题不是单期模型,但作为一种简化,对单期模型的分析成为我们对多期模型分析的基础。

(2) 投资者事先知道投资回报率的概率分布,并且回报率满足正态分布的条件。

(3) 证券市场是有效的,不存在税收和交易费,投资者是价格的接受者,证券是无限可分的。

(4) 投资者以期望回报率(亦称回报率均值)来衡量未来实际回报率的总体水平,以回报率的方差(或标准差)来衡量回报率的不确定性(风险),因而投资者在决策中只关心投资的期望回报率和方差。

(5) 投资者都是不知足的和厌恶风险的,遵循占优原则,即:在同一风险水平下,选择回报较高的证券;在同一回报率水平下,选择风险较低的证券。

(6) 市场的资产回报率服从正态分布。也只有在此假设下,资产才能由期望和方差唯一决定。

(7) 投资者的效用函数是二次的:

$$U(\omega) = a + b\omega + c\omega^2$$

注意:假设(2)和(7)成立可保证期望效用仅仅是财富期望和方差的函数。

二、单个风险证券的选择

投资组合理论中的决策变量叫证券,实际上是投资的代名词。在均衡的市场中,不存在高风险低回报的证券,也不存在低风险高回报的证券。也就是说,在均衡的市场中不存在一种证券明显优于另一种证券的情况。

例如,图 7-1 所给出的包含风险证券 A、B、C、D、E、F、G、H、I、J 和 K 在内的集合 S,其回报率的期望值和标准差用相应的点标注在图中。由于投资者是避免风险的,认为回报率的期望值越大越好,而回报率的标准差越小越好,则容易比较出 A、B、C 和 D 证券为非劣证券。这是因为,没有哪一个证券优于 A,同样也没有哪一个证券优于 B、C 或 D。但至少有一个证券优于 E、F、G、H、I、J 或 K。这里所谓"优于",即投资者选择该证券所得到的效用比选择其他证券所获得的效用大,亦即回报率更高,风险更小。

由于投资者都是避免风险的,所以投资者的"σ-E"等效用曲线族都应有正斜率。由于不同的投资者对风险的厌恶程度不同,不同的投资者可能有不同的斜率。投资者的风险-回报无差异曲线越陡峭,表明投资者越厌恶风险;反之,风险-回报无差异曲线越平坦,表明投资者越愿意冒风险。对同一个投资者来说,有无数条风险-回报无差异曲线。在其同一条风险-回报无差异曲线上的任何一点所代表的证券投资组合,对投资

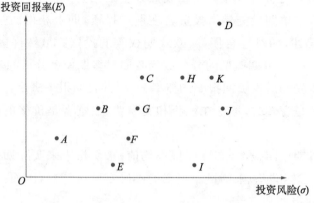

图 7-1　风险证券集合 S 中的非劣方案

者的满足程度是相同的；而不同的风险-回报无差异曲线上的点所代表的证券投资组合，对投资者的满足程度是不同的。风险-回报无差异曲线越靠近坐标的左上部分，对投资者的满足程度越大；反之，风险-回报无差异曲线越靠近坐标的右下部分，对投资者的满足程度越低。

因此，投资者单个风险证券的投资决策步骤如下：

(1) 估计备选的证券集合中每一种证券的期望回报率（E）和投资风险（σ）；

(2) 求备选证券中的非劣证券；

(3) 在非劣证券中进行选择。

三、两个风险证券构成的投资组合的选择

设两个风险证券的回报率分别为 $\tilde{r}_1$ 和 $\tilde{r}_2$，假设 $\tilde{r}_1$ 和 $\tilde{r}_2$ 之间不存在优于关系，考虑投资组合如下：

$$\tilde{p} = x_1 \tilde{r}_1 + x_2 \tilde{r}_2$$

其中：$x_1, x_2 \geqslant 0, x_1 + x_2 = 1$。令 $E_1 = E(\tilde{r}_1), E_2 = E(\tilde{r}_2), \sigma_1 = \sigma(\tilde{r}_1), \sigma_2 = \sigma(\tilde{r}_2)$，则投资组合 p 的期望回报率和标准差有下述计算公式：

$$E(\tilde{p}) = x_1 E_1 + x_2 E_2$$

$$\sigma_2(\tilde{p}) = x_1^2 \sigma_1^2 + x_2^2 \sigma_2^2 + 2 x_1 x_2 \rho_{12} \sigma_1 \sigma_2$$

$$= x_1^2 \sigma_1^2 + x_2^2 \sigma_2^2 + 2 x_1 x_2 \mathrm{cov}(\tilde{r}_1, \tilde{r}_2)$$

这时，我们考虑的备选方案是由不同的 x_1, x_2 形成的组合，求非劣方案转为求解下列两目标规划问题：

$$\begin{cases} \max E(\tilde{p}) = x_1 E_1 + x_2 E_2 \\ \min \sigma^2(\tilde{p}) = x_1^2 \sigma_1^2 + x_2^2 \sigma_2^2 + 2 x_1 x_2 \rho_{12} \sigma_1 \sigma_2 \end{cases}$$

$$\text{s.t. } x_1, x_2 \geqslant 0, x_1 + x_2 = 1$$

下面按相关系数的不同分别讨论非劣投资组合的情形。

（一）$\rho_{12}=1$

如果 $\rho_{12}=1$，则这两个证券完全相关，则有

$$\begin{cases} E(\tilde{p})=x_1E_1+x_2E_2 \\ \sigma(\tilde{p})=x_1\sigma_1+x_2\sigma_2 \end{cases}$$

$$\text{s.t. } x_1,x_2\geqslant 0, x_1+x_2=1$$

在"$\sigma\text{-}E$"的平面中，用点 A 表示证券 $\tilde{r}_1$，用点 B 表示证券 $\tilde{r}_2$，则全部投资组合 $\tilde{p}=x_1\tilde{r}_1+x_2\tilde{r}_2, x_1,x_2\geqslant 0, x_1+x_2=1$，可以用图 7-2 的直线 AB 来表示。其中点 A 表示 $x_1=1$ 的组合，即证券 $\tilde{r}_1$ 本身；点 B 表示 $x_1=0$ 的组合，即证券 $\tilde{r}_2$ 本身。对于不同的 x_1，被表示为直线 AB 上的不同的点。显然，线段 AB 上每一点所标示的组合都是非劣的。

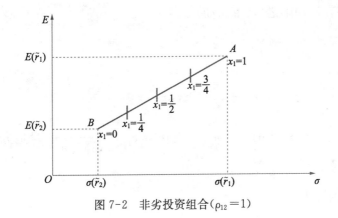

图 7-2　非劣投资组合（$\rho_{12}=1$）

（二）$\rho_{12}=-1$

如果 $\rho_{12}=-1$，则这两个证券完全负相关，则有

$$\begin{cases} E(\tilde{p})=x_1E_1+x_2E_2 \\ \sigma(\tilde{p})=|x_1\sigma_1+x_2\sigma_2| \end{cases}$$

$$\text{s.t. } x_1,x_2\geqslant 0, x_1+x_2=1$$

在"$\sigma\text{-}E$"的平面中，用点 A 表示证券 $\tilde{r}_1$，用点 B 表示证券 $\tilde{r}_2$，则有

$$\tilde{p}=x_1\tilde{r}_1+x_2\tilde{r}_2, x_1,x_2\geqslant 0, x_1+x_2=1$$

全部投资组合可以用图 7-3 中的折线 ACB 来表示。其中：点 A 表示 $x_1=1$ 的组合，即证券 $\tilde{r}_1$ 本身；点 B 表示 $x_1=0$ 的组合，即证券 $\tilde{r}_2$ 本身；在 $x_1=\dfrac{\sigma_2}{(\sigma_1+\sigma_2)}$ 时，组合的标准差等于 0，即在这种情况下，两个风险证券可以做出无风险的投资组合来，应该说在均衡的市场中，不会存在两个完全负相关的证券。

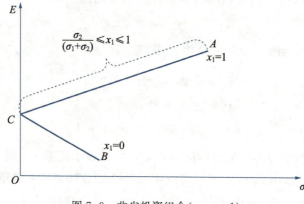

图 7-3 非劣投资组合（$\rho_{12}=-1$）

从图 7-3 可以看出，投资组合的期望回报率随着 x_1 的增加而增加；但投资组合回报率的标准差一开始却随着 x_1 的增加而减少，在 $x_1=\dfrac{\sigma_2}{(\sigma_1+\sigma_2)}$ 处减为 0，然后逐步增加。

因此，

$$\tilde{p}=x_1\tilde{r}_1+x_2\tilde{r}_2, x_1,x_2\geqslant 0, x_1+x_2=1$$

当 $\dfrac{\sigma_2}{(\sigma_1+\sigma_2)}\leqslant x_1\leqslant 1$ 时是非劣的，当 $0\leqslant x_1<\dfrac{\sigma_2}{(\sigma_1+\sigma_2)}$ 时是劣势的。

（三）一般情形：$-1<\rho_{12}<1$

在一般情况下，即 $-1<\rho_{12}<1$，有

$$\tilde{p}=x_1\tilde{r}_1+x_2\tilde{r}_2, x_1,x_2\geqslant 0, x_1+x_2=1$$

投资组合的全体对于不同的 ρ_{12}，构成从折线 ACB 到直线 AB 的曲线族。

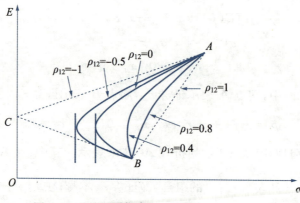

图 7-4 非劣投资组合（一般情形：$-1<\rho_{12}<1$）

从图 7-4 可以看出,当 $\rho_{12} < \dfrac{\sigma_1}{\sigma_2}$ 时,投资组合一部分是劣势的,另一部分是非劣的。而当 $\dfrac{\sigma_1}{\sigma_2} \leqslant \rho_{12} \leqslant 1$ 时全部是非劣的。

具体而言,当 $-1 < \rho_{12} < \dfrac{\sigma_1}{\sigma_2}$ 时,有

$$\tilde{p} = x_1 \tilde{r}_1 + x_2 \tilde{r}_2, x_1, x_2 \geqslant 0, x_1 + x_2 = 1$$

如果

$$\dfrac{\sigma_{22} - \rho_{12}\sigma_1\sigma_2}{\sigma_{12} + \sigma_{22} - 2\rho_{12}\sigma_1\sigma_2} \leqslant x_1 \leqslant 1$$

此时的组合是非劣的,其余为劣势的。

四、由全部风险证券构成的投资组合

假设:(1)第 i 种证券的回报率记作 $\tilde{r}_i$,$i = 1, 2, \cdots, N$;(2)在某投资组合中,第 i 种证券的投资份额为 x_i,并且有

$$\begin{cases} x_i \geqslant 0 \\ \sum x_i = 1 \end{cases}$$

其中:$i = 1, 2, \cdots, N$。

则上述投资组合的回报率 $\tilde{p}$ 为:

$$\tilde{p} = x_1 \tilde{r}_1 + x_2 \tilde{r}_2 + \cdots + x_N \tilde{r}_N$$

此时,证券投资组合的期望回报率和回报率的方差可以用下列公式表示:

$$E(\tilde{p}) = \sum_{i=1}^{n} x_i E(\tilde{r}_i)$$

$$\sigma^2(\tilde{p}) = \sum_{i=1}^{n} \sum_{j=1}^{n} x_i x_j \mathrm{cov}(\tilde{r}_i, \tilde{r}_j)$$

其中:$E(\tilde{p})$ 为投资组合的期望回报率;$E(\tilde{r}_i)$ 为证券 i 的期望回报率,$i = 1, 2, \cdots, N$;$\sigma^2(\tilde{p})$ 为投资组合的风险;$\mathrm{cov}(\tilde{r}_i, \tilde{r}_j)$ 为投资组合中证券 i 和证券 j 的协方差[注意:这里将证券 i 的方差 $\sigma^2(\tilde{r}_i)$ 用协方差 $\mathrm{cov}(\tilde{r}_i, \tilde{r}_j)$(其中 $i = j$,$i = 1, 2, \cdots, N$)表示];x_i 为第 i 种证券在投资组合中的权重,并且 $x_i \geqslant 0$,$\sum x_i = 1$。

证券投资组合的期望回报率的方差也可以用下列公式表示:

$$\sigma_p^2 = \sum_{i=1}^{n} x_i^2 \sigma_i^2 + \sum_{i=1}^{n} \sum_{j=1}^{n} x_i x_j \mathrm{cov}(\tilde{r}_i, \tilde{r}_j) \quad (i \neq j)$$

假设市场所存在的所有的风险证券都已画在了"$\sigma\text{-}E$"平面上,其投资组合的全体形成如图 7-5 所示的区域,其中非劣投资组合形成区域的左上边界 ST。由于在均衡的市场中,任何两个证券不可能负相关,所以以图 7-5 的投资组合中不可能产生无风险的投资组合。最小风险的投资组合为 S,其风险大于 0。

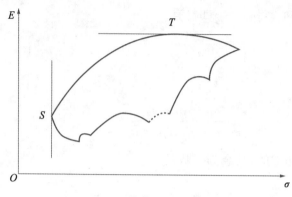

图 7-5　全部风险证券的投资组合

在和单个证券间进行选择一样,如果投资者在一切可能的风险投资组合中进行决策,以最大效用为目标,其最优决策只能是非劣投资组合中的一个。"$\sigma\text{-}E$"等效用曲线族陡峭的,最优决策应接近于 T;"$\sigma\text{-}E$"等效用曲线族平坦的,最优决策应接近于 S。但任何最优决策都在弧线 ST 上,左上边界 ST 称为有效性前沿。

从理论上讲,将所有风险证券的有关参数输入计算机借助于两目标二次最优化规划模型,就能生成形如图 7-5 中的有效前沿 ST。投资者在有效前沿上根据其回避风险的程度选择投资组合。如果用该投资者的风险—回报率无差异曲线来表示投资者的等效用曲线,那么投资者无差异曲线与有效前沿的切点就是该投资者所选择的投资组合。

五、市场投资组合和资本市场线

除了持有风险证券外,投资者还可持有或发行无风险资产(即在资本市场从事无风险借贷)。假设无风险性资产报酬率为 r_f;由于没有任何风险($\sigma_f=0$),因此,在"$\sigma\text{-}E$"平面上,无风险性资产的坐标为 $(0, r_f)$。投资者持有该项资产的数量为正时,表示他在资本市场是资金贷出者;若他持有的数量为负,表示他是资金借入者。

过无风险资产 r_f 的坐标 $(0, r_f)$ 作由全部风险证券构成的投资组合的有效性前沿的切线,切点为 M,如图 7-6 所示。

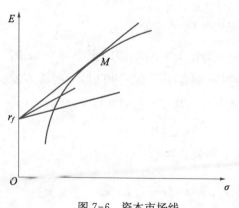

图 7-6　资本市场线

在市场均衡的情况下，M 点反映了所有风险证券构成的市场的基本特征，它就像一个浓缩的市场。正因为如此，人们才将 M 点所对应的投资组合称为市场组合。也就是说，市场组合是这样的投资组合：它包含所有市场上存在的有风险资产，且各种资产所占的比例与该种资产的总市值占市场所有资产总市值的比例相同。

如果 M 点的坐标以 (σ_m, E_m) 表示，则连接无风险资产 r_f 与市场组合 M 所形成的直线被称为资本市场线（capital market line，CML）。既然市场处于均衡状态，那么人们投资证券的组合就应该不仅包括风险证券，还要包括无风险证券。人们通过风险证券和无风险证券的结合，得到一种更完善的有效组合 p。这些新有效组合 p 都在资本市场线上。

资本市场线的斜率为 $\dfrac{E-r_f}{\sigma}=\dfrac{E_m-r_f}{\sigma_m}$。资本市场线上任一投资组合，是由无风险资产和风险性资产所组成的新投资组合。如果投资于风险资产的资金权重占 α，则投资于无风险资产的资金权重占 $(1-\alpha)$，那么投资组合 p 的期望回报率为 $E=\alpha E_m + (1-\alpha)r_f$。将此定义式代入资本市场线的斜率式中，可得：

$$\frac{\alpha E_m + (1-\alpha)r_f - r_f}{\sigma} = \frac{E_m - r_f}{\sigma_m}$$

经过简单整理可得：

$$E = r_f + \frac{\sigma}{\sigma_m}(E_m - r_f)$$

上式是资本市场线的函数表达式，投资组合 p 的期望回报率（E）和其风险（σ）间存在线性关系。

如果投资者较厌恶风险，他的选择会落在点 r_f 和点 M 之间的投资组合，这时投资者不需要融资，且在投资组合中一定还包含有一定量的无风险证券（相当于贷出资金）。如果投资者不那么厌恶风险，他的选择会落于接近点 M 甚至超过点 M 的资本市场线上（点 M 的右方），这时投资者就必须进行融资，即在利率为 r_f 时借入所需要的资金。

六、评价

马科维茨对现代金融投资理论的贡献主要体现在以下几方面的命题。

（1）传统上，人们将预期收益最大化看作是投资组合的目标，实际上，分散投资行为与此目标相矛盾，但分散投资行为却与均值-方差的目标函数一致。

（2）马科维茨提出了与现实更为接近的目标函数，即均值-方差的目标函数（maxU），解决了过去金融经济学以预期收益最大化作为证券组合目标与实际中的分散投资者投资行为相矛盾的问题。

第七章 投资理论与政策

(3) 马科维茨证明了上述目标函数与具有二次效用函数的投资者追求预期效用最大化的目标一致。

(4) 马科维茨提出了单一证券的风险取决于它与其他证券的相关性的论点。投资组合的方差是证券方差和对应协方差的函数，因此，单一证券对于投资组合风险的贡献取决于它与其他证券的相关性。

(5) 理性的投资者将选择并持有有效投资组合，即那些在给定的风险水平下的期望回报最大化的投资组合，这就是有效集；或那些在给定期望回报率水平上的使风险最小化的投资组合，这是最小方差集。

(6) 二次规划可用于计算有效投资组合集。

马科维茨投资组合理论的不足之处主要有以下几方面。

(1) 计算量太大。

(2) 排除了消费对投资的影响，假定期初投资额是一个固定值。这虽然对单阶段情况下投资组合的选择影响不大，但不适用于动态多阶段的情况。

(3) 用方差作为资产风险的度量，这只适用于对称分布的资产收益，不具备一般性。

(4) 均值-方差理论不能确定具体投资者的最优组合，投资者还需根据风险偏好从几种有效选择中择最优组合。

第二节　资本资产定价模型

马科维茨投资组合理论是一个理论上比较完备且易于理解的模型，但是在实际分析解决证券总体数目较大的投资组合的问题时，它的作用却十分有限。主要原因是估计该模型所需要的输入量是极其繁重的工作，估计任务的显著增加主要是因为要明确地考虑证券间以协方差表示的相关性。为了在构建投资组合的过程中运用上述模型，投资者必须得到有关其所感兴趣的证券的回报率、方差以及两两证券间协方差的估计。例如，当投资组合成分证券的数量达到 100 时，就有 4 950（＝100×99÷2）个协方差估计，一共需要估计 5 150 个变量，而每一个变量的估计都需要一定量的样本数据。并且在实践中，几乎没有人能够估计方差或协方差这样高级的变量，因此要收集 100 个证券的 5 150 个估计的统计量是相当复杂的。因此，上述全协方差模型仅仅提供了构建和分析组合的理论框架，从理论上为投资者指明了行动的一般原则，但是其实际可操作性较差。

虽然马科维茨模型在理论上是较完备的，但由于在投资组合实践中应用领域有限，因此，一些财务金融学家以马科维茨模型为基础进行了进一步的探索。威廉·夏普、约翰·林特纳和杰克·特雷纳各自独立地导出了资本资产定价模型（CAPM 模型）。这一模型简单地表述了回报率与风险的关系：在竞争的市场中，期望风险增溢与系统风险

(β)成正比,所有投资者都在证券市场线(SML)上选择证券。

一、资本资产定价模型的理论假设

自1952年建立现代资产组合管理理论到12年后,威廉·夏普、约翰·林特纳与杰克·特雷纳将其发展成为资本资产定价模型。经历了如此长的时间,可见CAPM模型远非一朝一夕就可以完成的。

该理论通过一系列的假设,将现实复杂的资本市场做了简化,以便从中发现和把握更为本质的内容。在得到简单情形结论的基础上,我们再加上复杂化的条件,对环境因素做合理的修正,这样一步一个台阶地推进,观察最终的结论是如何从简单形式逐步发展的,从而使我们建立起一个符合现实的、合理的,并且易于理解的模型。

下面给出的是简单形式的CAPM模型的若干基本假定,这些基本假定的核心是尽量使投资者同质化,而这些个人本来是有着不同的初始财富和风险厌恶程度的,同质化投资者的行为会使我们的分析大为简化。这些假定有以下几方面。

(1) 存在着大量投资者,每个投资者的财富相对于所有投资者的财富总和来说是微不足道的。投资者是价格的接受者,单个投资者的交易行为对证券价格不发生影响。这一假定与微观经济学中对完全竞争市场的假定是一致的。

(2) 所有投资者都在同一证券持有期计划自己的投资行为。这种行为是短视的,因为它忽略了在持有期结束的时点上发生任何事件的影响,短视行为通常是非最优行为。

(3) 投资者投资范围仅限于公开金融市场上交易的资产,譬如股票、债券、借入或贷出无风险的资产安排等。这一假定排除了投资于非交易性资产如教育(人力资本)、政府资产(如市政大楼、国际机场)等的情况。此外还假定投资者可以在固定的无风险利率基础上借入或贷出任何额度的资产。

(4) 不存在证券交易费用(如佣金和服务费用等)及税赋。在实际生活中,我们知道投资者处于不同的税收级别,这直接影响到投资者对投资资产的选择。举例来说,利息收入、股息收入、资本利得所承担的税赋不尽相同。此外,实际交易中也发生费用支出,交易费用依据交易额度和投资者信誉度的不同而不同。

(5) 所有投资者均是理性的,追求投资资产组合的方差最小化,这意味着他们都采用马科维茨的资产选择模型。

(6) 所有投资者对证券的评价和经济局势的看法均一致。这样,投资者关于有价证券回报率的概率分布预期是一致的。也就是说,无论证券价格如何,所有的投资者的投资顺序均相同,这符合马科维茨模型。依据马科维茨模型,给定系列证券的价格和无风险利率,所有投资者的期望收益与协方差阵相等,从而产生了有效边界和一个唯一的最优风险资产组合。这一假定也被称为同质预期。

二、资本资产定价模型的推导

根据以上假设可得出,所有投资者将按照包括所有可交易资产的市场组合 M 来按比例地构造和选择自己的风险组合。

现考虑市场投资组合 M 和任一给定的风险证券 K 构成的投资组合:

$$\tilde{p} = x_m \tilde{r}_m + x_k \tilde{r}$$

其中:$\tilde{r}_m$ 是市场组合的回报率,k 是证券的回报率,x_m 和 x_k 均为非负,但其和为 1。这时,

$$E(\tilde{p}) = x_m E(\tilde{r}_m) + x_k E(\tilde{r})$$

$$\sigma(\tilde{p}) = \{x_m^2 \sigma^2(\tilde{r}_m) + x_k^2 \sigma^2(\tilde{r}) + 2 x_m x_k \rho_{mk} \sigma(\tilde{r}_m) \sigma(\tilde{r})\}^{\frac{1}{2}}$$

其中:$E(\tilde{r}_m)$,$E(\tilde{r})$,$\sigma(\tilde{r}_m)$,$\sigma(\tilde{r})$ 和 ρ_{mk} 均为已知,则对全部 $0 \leqslant x_m \leqslant 1$,该组合形成了"$\sigma$-$E$"平面上的一条曲线,这条曲线当然连结 $M(x_m=1)$ 和 $K(x_k=0)$,如图 7-7 所示。

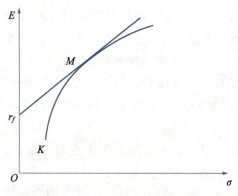

图 7-7　$r_f M$ 与 KM 在 M 点相切

很容易求出曲线 KM 在 M 点的切线的斜率为:

$$\left.\frac{dE}{d\sigma}\right|_{\sigma=\sigma_m} = \left.\frac{dE/dt}{d\sigma/dt}\right|_{t=0} = \frac{\sigma_m [E(\tilde{r}) - E_m]}{\text{cov}(\tilde{r}, \tilde{r}_m) - \sigma_m^2}$$

而资本市场线的斜率为:

$$k_c = \frac{E_m - r_f}{\sigma_m}$$

由此得到:

$$E - r_f = \frac{\text{cov}(\tilde{r}, \tilde{r}_m)}{\sigma_m^2} [E_m - r_f]$$

$$E(\tilde{r}) - r_f = \frac{\text{cov}(r, r_m)}{\sigma^2(\tilde{r}_m)} [E(\tilde{r}_m) - r_f]$$

设：

$$\beta = \frac{\text{cov}(\tilde{r}, \tilde{r}_m)}{\sigma^2(\tilde{r}_m)}$$

则有

$$E(\tilde{r}) - r_f = \beta[E(\tilde{r}_m) - r_f]$$

这就是资本资产定价模型。

资本资产定价模型告诉我们，某一证券或证券投资组合期望风险溢价与风险程度成正比，其比例系数是单位风险的价格。

在上述资本资产定价模型中，β是证券的系统风险，即该证券的回报率变化对市场投资组合的回报率变化的灵敏程度；而市场期望风险溢价比较容易计算。因此资本资产定价模型定量地给出了风险与回报率之间的关系。

在"β-E"的平面上，资本资产定价模型表现为一条直线，称之为证券市场线。如图7-8所示。

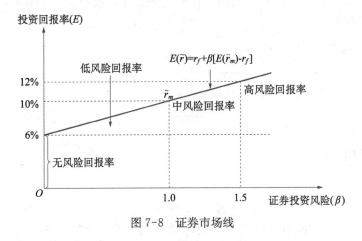

图 7-8 证券市场线

在图7-8中，横坐标表示证券的风险β，纵坐标表示期望回报率$E(\tilde{r})$。证券市场线的起点为无风险回报率r_f，即β为0的期望回报率，本例假设是6%；从该点向右上角延伸，表示投资回报率随着风险程度的增加而增加，反映证券投资回报率和证券投资风险之间的"均衡"关系；市场投资组合的β等于1，它表现为$\tilde{r}_m$点，相应的投资回报率为$E(\tilde{r}_m)$。因此，证券市场线显示为连接r_f和$\tilde{r}_m$的直线。

从图7-8证券市场线可以看出，某个证券（或某个证券投资组合，以下同）的风险、该证券的期望回报率、市场投资组合的风险，与市场投资组合的期望回报率的关系为：

（1）当$\beta=1$时，该证券的风险与市场投资组合的风险相同，该证券的期望回报率与市场投资组合的回报率相一致；

（2）当$\beta<1$时，该证券的风险小于市场投资组合的风险，该证券的期望回报率也小于市场回报率；

(3) 当 $\beta>1$ 时,该证券的风险大于市场投资组合的风险,该证券的期望回报率也大于市场回报率。

证券市场线上各点所代表的证券投资回报率实际上是风险调整回报率,反映投资者承担风险的程度。证券市场线会随着无风险回报率水平和全部投资者对风险的态度的变动而变动。投资者不愿承担风险的程度越高,则证券市场线的坡度越陡,证券投资的风险回报越高,证券投资的期望回报率也就越高。

需要指出的是,虽然资本市场线与证券市场线都通过市场组合点和点 $(0, r_f)$,但不能将证券市场线和资本市场线相混淆。资本市场线与证券市场线所使用的是不同的坐标变量。

资本市场线指的是由无风险资产和有效性前沿曲线上有风险性投资组合所形成有效投资组合的集合。不同的 r_f,资本市场线和有效性前沿曲线的切点(即市场投资组合)就不同,表示市场均衡投资组合随着 r_f 的改变而改变。资本市场线描述的是有效组合自身的期望回报率与风险的均衡关系。

而证券市场线则是表现个别证券或证券组合期望回报率和风险(β)间的关系。证券市场线对个别证券以及任何投资组合(不一定是有效投资组合)都成立,而资本市场线只对有效投资组合才成立。因为这些有效投资组合都在资本市场线上,其报酬率与市场投资组合报酬率完全正相关($\rho=1$)。

三、资本资产定价模型的扩展形式

由夏普所推导出的资本资产定价模型的简化形式不尽合理,财务经济学家为该模型进入现实应用又做了大量工作。

(一) 限制性借款条件下的 CAPM 模型:零 β 模型

CAPM 模型建立在所有投资者按照马科维茨理论,选择同样的投资结构这样一个假定的基础之上。所以,所有投资者的资产组合均处在有效率边界之上,这些资产组合在所有同等期望回报率的资产组合中方差最小。当投资者们都能以无风险利率 r_f 借入或贷出资本时,所有投资者均会选择市场资产组合作为其最优的风险资产组合。

但是,当借入受到限制时(这是许多金融机构的实际情况),或借入利率高于贷出利率时,此时的市场资产组合就不再是所有投资者共同的最优资产组合了。

当投资者无法以一个普通的无风险利率借入资金时,他们将根据其愿意承担风险的程度,从全部有效率边界资产组合中选择有风险的资产组合。市场资产组合不再是共同的理想资产组合了。事实上,随着投资者们开始选择不同的资产组合,这一资产组合就不再一定是市场资产组合这个所有投资者们总的资产组合了,但这些资产组合仍然处在有效率边界之上。如果市场资产组合不再是最小方差有效率资产组合,那么CAPM 模型推导出的 E-β 关系就不再反映市场均衡。

费希尔·布莱克发展了无风险借入限制条件下的 E-β 均衡关系式。布莱克的模型极其复杂,理解它需要高深的数学知识,此处仅简要介绍布莱克的理论框架和他的结论。

布莱克的禁止卖空无风险资产的 CAPM 模型建立在下列三项有效率资产组合的方差-均值性质之上。

(1) 任何由有效率资产组合组成的资产组合仍然是有效率资产组合。

(2) 有效率边界上的任一资产组合在最小方差边界的下半部分(无效率部分)上均有相应的"伴随"资产组合存在,由于这些"伴随"资产组合是不相关的,因此,这些资产组合可以被视为有效率资产组合中的零 β 资产组合。

有效率资产组合的零 β "伴随"资产组合的期望收益可以由作图方法得到,对任意有效率资产组合 P,过 P 点作有效率资产组合边界的切线,切线与纵轴的交点即为资产组合 P 的零 β "伴随"资产组合 $z(\tilde{P})$,如图 7-9 所示。

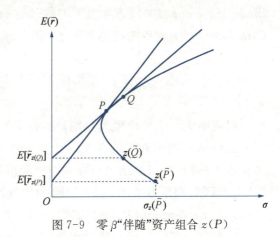

图 7-9 零 β "伴随"资产组合 $z(P)$

(3) 任何资产的期望收益可以准确地由任意两个边界资产组合的期望收益的线性函数表示。例如,考虑有两个最小方差边界资产组合 P 与 Q,布莱克给出任意资产 i 的期望收益的表达式如下:

$$E(\tilde{r}_i) = E(\tilde{r}_Q) + [E(\tilde{r}_P) - E(\tilde{r}_Q)] \frac{\text{cov}(\tilde{r}_i, \tilde{r}_P) - \text{cov}(\tilde{r}_P, \tilde{r}_Q)}{Q_P^2 - \text{cov}(\tilde{r}_P, \tilde{r}_Q)}$$

有了以上三个性质,可以得到用市场组合 M 及其零 β "伴随"资产组合 $Z(M)$ 来表示的任何证券的收益。由于 $\text{cov}(\tilde{r}_M, \tilde{r}_{Z(M)}) = 0$,所以有

$$E(\tilde{r}_i) = E[\tilde{r}_{Z(M)}] + E[\tilde{r}_M - \tilde{r}_{Z(M)}] \frac{\text{cov}(\tilde{r}_i, \tilde{r}_M)}{Q_M^2}$$

上式可视为一个简化的 CAPM 模型,其中 $E[\tilde{r}_{Z(M)}]$ 取代了 r_f。

(二) 生命期消费与 CAPM 模型

简单 CAPM 模型的一个限制性假定是投资者是短视的——所有投资者在一个共同的时期内计划他们的投资。事实上很多投资者考虑的是整个生命期内的消费计划,并且有将其投资作为遗产留给后人的打算。消费计划的可行性取决于投资者的现有财富与资产组合的未来回报率。这些投资者希望能够随着其财富的不断变化而时刻保持资产组合的不断平衡。

但尤金·法玛指出,即便将我们的分析扩展到多阶段模型,单一阶段的 CAPM 模型仍然适用。法玛用来替换短视投资假定的关键之处是,投资者偏好不随时间变化而发生变化，无风险利率与证券收益的概率分布不随时间发生无法预测的变动，当然，后一假定也是不现实的。

另外，Merton(1973)提出了跨期 CAPM(ICAPM)。Lucas(1978)、Breeden(1979)、Hansen 及 Singleton(1982，1983)、Jagannathan(1985)等提出了基于消费的资产定价模型(CCAPM)，Ryder 和 Heal(1973)、Becker 和 Murhpy(1988)、Constantinides(1990)、Campbell 和 Cochrane(1999)、Normandin 和 Pascal(1998)、Brandt 和 Wang(2001)等考虑了习惯偏好对 CCAPM 的拓展，以及 Cochrane(2000)和 Campbell(2000)利用随机贴现因子(SDF)模型框架对资产定价模型做了扩展。

四、资本资产定价模型的实证检验

对资本资产定价模型的早期检验是由约翰·林特纳给出的，以后，默顿·米勒和梅隆·斯科尔斯利用 631 种在纽约证券交易所上市的股票于 1954—1963 年的年度数据重新作了检验，得出的结论与资本资产定价模型是不一致的。首先，估计的证券市场曲线"太平缓"，即系数太小，而无风险利率远高于估计值。这个现象在 Friend 和 Blume(1970)及 Stambaugh(1982)的研究中也得到了验证。

这些研究者们运用两阶段程序(即先用时间序列回归估计证券的 β 值，然后再用这些 β 值检验风险与平均收益间的证券市场曲线关系)。然而，运用这一方法也有一些困难。首先也是最重要的，股票收益是非常容易波动的，这降低了任何平均收益检验的准确性。

例如，标准普尔 500 指数的样本股票年收益的平均标准差大约为 40%，包括它在内的股票年收益的平均标准差可能会更高。

其次，对于检验的波动性存在着一个很基本的担心。第一，检验中所用的市场指数并不一定是资本资产定价模型的"市场资产组合"；第二，当资产波动性很小时，由一阶回归得出的证券的 β 值需要由实际的样本误差来估计，因此，它并不能很容易就作为代入而用于二阶回归；最后，投资者不能像简单的资本资产定价模型假定的那样，以无风险利率借入资金。

Black(1972)提出了存在借贷限制的 CAPM，放宽了对截距项参数的限制，使该模型可以解释早期实证研究所归纳的 CAPM 不合理现象。然而，越来越多的实证研究也开始对 Black(1972)提出疑问和挑战，最为突出的是发现股票回报率的很多变化不是由市场风险引起，而与上市公司的相关特征，如规模(Banz,1981)、账面市值比(Rosenberg 等,1985)、收益价格比(Basu,1977)等有关。这些现象也被称为股票市场的"异象" (abnormalities)。Chan 等(1991)、Capaul 等(1993)以及 Fama 与 French(1998)还发现在其他国家的资本市场中也存在类似异象。

理查德·罗尔指出的以下各点，已经成为著名的"罗尔批评"。

(1) 有一与资本资产定价模型相关的单一可检验的假定：市场资产组合是均方差

有效的。

（2）模型的所有其他含义——最著名的是期望收益与 β 值间的线性关系，是从市场资产组合有效性得出的，因而不能作独立的检验。这里，在 $E\text{-}\beta$ 关系与市场资产组合的效率间存在着"如果并仅仅如果"的关系。

（3）在任何个人收益的观察样本中，有无限数量事后的均方差有效的资产组合（与事前的期望收益和协方差相对），这些资产组合运用的是样本期的收益和协方差。在这样的资产组合和个别的资产之间计算样本的 β 值与样本平均收益的确是线性相关的。换句话说，如果依赖这些资产组合计算 β 值，它们将很好地满足证券市场曲线的关系，无论真实的市场资产组合是否在事前的意义上是均方差有效的。

（4）资本资产定价模型是不可检验的，除非我们知道真实资产组合准确的组成，并把它用在检验中。这意味着这个理论是不可检验的，除非在样本中包括所有个别的资产。

（5）运用市场资产组合的一个替代物，譬如标准普尔500指数，有两个困难。第一，尽管真实的市场资产组合不是，而替代物本身却可能是均方差有效的，反之，替代物也可能是无效的。显然这只意味着真实市场资产组合的有效性是不存在的。再者，多数理性的市场替代物之间是相互高度相关的，与真实市场资产组合也是高度相关的，无论它们是否是均方差有效的。如此高的相关性将使准确的市场资产组合的组成都显得不那么重要了，因此，运用不同的替代物可能会导致相当不同的结论。这个问题被称作基准误差，因为这意味着在理论的检验中运用错误的基准（市场替代物）资产组合。

罗尔与罗斯、坎德尔与斯坦博扩展了罗尔批评，他们基本认为，平均收益与 β 之间不存在确定的关系，并指出在这些检验中使用市场替代物是无效的。但是，他们不拒绝在理论上存在着平均收益- β 关系。他们的工作证明甚至对于很高分散程度的资产组合譬如样本中所有股票等权重，很可能不能产生一个有意义的平均收益- β 关系。

在国内资产定价研究方面，汪炜和周宇（2002）以及朱宝宪和何治国（2002）分别对中国股票市场的规模效应和账面市值比效应进行了实证检验，都得出了肯定的结论，即中国股票市场存在规模效应和账面市值比效应，这两个因素都有助于解释中国股票回报率的历史变动。陈信元等（2001）通过回归分析，认为规模和账面市值比对股票回报率具有显著的解释能力。

五、资本资产定价模型的作用

资本资产定价模型简单地揭示了证券的期望回报率与证券的风险之间的关系。在理论和实践两个方面得到广泛应用。资本资产定价模型揭示了以下几方面的思想。

（1）如果投资者承担额外的风险，则他们必然要求额外的回报，即所谓的"高风险高回报"。如果风险很大的股票投资的回报率与无风险的国库券的投资回报率相同，那么不会有投资者投资于股票。这也是普通股的平均回报率要高于国库券回报率的主要原因。

（2）投资者关心的主要是多样化投资不能消除的系统风险,即 β。因为特殊风险可以通过多样化投资加以消除。比如两家公司合并时,意味着投资多样化,但未使其股票价格上升,这是因为公司合并可以消除某些特殊风险,但不能消除系统风险;投资者所关心的主要是系统风险——不能由公司合并消除的系统风险,因此股票的价格并不会上升。再如,投资公司投资于其他公司的股票时,其公司的价值就等于其持有的股票价格之和;如果投资者认为可以通过多样化消除的风险也很中用,那么在其他条件不变的情况下,投资组合的价值要大于持有股票价值的组合。

正是因为资本资产定价模型简单明了地阐述了上述思想,因此许多财务经理将其作为处理捉摸不定的风险概念的最方便的工具。

第三节 资本预算机制

资本预算是企业战略决策的主要内容之一。从一定意义上讲,可以将企业视为各投资项目的组合,这样企业价值就是各个投资项目价值之和。资本预算通常需要投入大量资金,决策的好坏将影响企业未来多年的盈利状况。企业如能作出正确决策,能使企业获得发展,在市场竞争中取得有利的竞争地位。但是资本投资决策一旦失误,常常会导致灾难性的后果。

一、资本预算的决策

(一) 股东大会审议资本预算决策

股东大会作为公司的最高权力机关,对于资本预算决策,主要通过以下两种方式发挥作用:①股东或者股东代表直接参加股东大会投票,参与公司重大投资项目的审议;②股东大会选举公司董事会,对董事会进行一定的投资授权。在董事会投资授权之外的资本预算项目,由董事会上报股东大会,由股东大会进行最后审议。

在实务中,由于按照资本少数服从多数的议事规则和小股东成本收益不匹配而导致的"搭便车"问题使小股东往往不会选择通过参加股东大会投票的方式对投资项目表达意见。股东大会往往被控股大股东控制。重大投资项目的决策权落入到大股东手中,决策结果也只反映出大股东的意图。也就是说,股东大会对重大投资项目的审议仅仅成为大股东履行法定手续的"橡皮图章"。对于小股东而言,股东大会流于形式,形同虚设。除了股东或者股东代表直接参加股东大会,对投资决策进行审议,股东大会还通过对自己选出的董事会进行投资授权的方式在资本预算决策中发挥作用。如果董事会的投资授权很高,则意味着股东大会将对较少的项目进行最后审议;反之,则意味着更多的资本预算项目需要经过股东大会的决策程序才能实施。有关股东大会对董事会投资权限的研究很少。

(二) 董事会在资本预算中居于核心地位

董事会处于公司治理机制的核心环节,掌握着公司的决策权。在企业资本预算项目的决策权上,董事会处于核心地位。与股东大会相比,董事会在企业资本预算的决策权方面的职能更为明确地记录在法律条文中。我国《公司法》明确地赋予了董事会在具体的投资项目是否上马、投资金额大小等问题上的决策权。如《公司法》规定,董事会"决定公司的经营计划和投资方案"。

Aghion 和 Tirole(1997)将决策主体分成"名义权威"和"实际权威"两种。两者的区别在于:名义权威分配决策权,而实际权威则制定决策权,实际权威对投资决策有更为重要的影响。权威到底是名义的还是实际的,主要由当事方实际掌握的信息决定:只有实际掌握了信息的当事方,才能成为实际权威,而那些只能听从别人建议决定事项的当事方,只能是名义上的权威。就资本预算决策而言,自投资项目的建议被提出时,决策所使用的信息就开始产生。而到了项目评估环节,更产生了用于决策所依据的大部分信息,包括项目未来的收益(现金流量)状况、技术和经济上的风险状况、项目所需的资本投入状况等。如果董事会不对经理进行授权,那么这些信息都将汇聚到董事会那里,由董事会根据这些信息对项目质量进行判断,并做出是否投资的决策。即使资本预算项目还需要经过股东大会的审议程序,事先都需要先经董事会审议通过。资本预算项目不可能绕过董事会,而直接交由股东大会进行审议。而股东对资本预算项目的审议,是建立在董事会提供的资料基础上的,而且只是有关项目的部分资料。即使股东有自己独立的信息来源,由于身处公司外部,其信息的数量和分量在多数情况下也逊于董事会决策时所掌握的信息。这样,股东大会成为投资决策的名义权威,而董事会承担着实际权威的角色。与股东大会相比,董事会对投资决策发挥着更为重要的作用。

资本预算项目的评估、审批和决策后监控合并称之为"决策控制"职能,通常由董事会完成。由于经理直接负责企业的生产经营活动,许多情况下掌握了更多有关资本预算项目质量的"特殊知识",这些特殊知识就属于私人信息。为了最大限度地发挥经理手中的这些私人信息对投资决策的作用,董事会经常对经理进行投资授权。有时投资授权是指董事会授权经理承担项目评估职能,但更多的时候,在董事会的投资授权权限内,经理直接对项目进行决策,不需要再经过董事会审批的程序。即使资本预算决策是由经理制定的,董事会仍然对资本预算决策施加重要影响。因为经理的投资决策授权权限大小,是由董事会决定的。董事会对经理进行投资授权,并不表示其对资本预算项目的决策就放任不管。在进行投资授权的时候,董事会通常会同时向经理提供一个激励性薪酬计划,使经理的薪酬与投资项目绩效有某种程度的联系,以保证经理进行的投资决策不被其私人利益所影响。这些激励性薪酬计划通常都会对经理的资本预算决策产生影响。如果经理负责决策的投资项目绩效十分不理想,董事会可以撤销经理的职务。董事会各类成员对公司资本预算决策既有积极作用,也有消极作用,各类成员在董事会中的分布比例不同,董事会各类成员积极作用对消极作用的抵消程度不同,由这些作用的合力所决定的董事会整体在资本预算决策中发挥作用的程度也自然有所不同。

经理对投资决策的控制力来自董事会的投资授权,包括授权经理执行项目评估的职能以及在一定的投资权限内,授权经理直接决定项目是否实施。尽管董事会在投资项目决策方面对经理进行授权,但经理并没有得到全部项目的决策权,经理投资权限的大小是由董事会控制的。在经理投资权限之外的项目,经理对投资决策的影响力只是来自向董事会提供的自己掌握的有关项目未来前景的信息,并不能直接决定项目是否实施。

根据Bemardo、Cai和Luo(2000)的模型:为了激励经理在投资决策过程中说真话,理想的经理薪酬计划应该根据经理上报的信息表明的项目质量信息的不同配合施加不同的激励水平。如果经理上报的信息表明项目质量很高,则董事会向经理分配更大的投资金额额度,并相应提高经理对项目利润的分享额度。如果经理上报的信息表明项目质量处于很低水平,则没有必要向其提供激励性薪酬计划。现实中,上市公司总经理同时负责许多项目,需要向董事会提供许多项目质量的信息。董事会不可能根据其每次上报的有关项目质量信息的状况来决定其得到的资本分配额的大小以及参与每个项目利润分享的比例。然而,董事会授予经理一定的剩余分享份额,而同时又授予经理一定的投资决策权限,经理的薪酬就受到董事会授予其的投资权限大小的影响。如果董事会授予经理的投资决策权限很高,在很大的权限内经理将独自决策而不受监控,这等同于经理向董事会上报了表示项目质量很高的信息而获得了高的资本分配额,则经理享受企业绩效的份额应该很高;反之,如果董事会授予经理的投资决策权限很低,等同于经理向董事会上报了表示项目质量很低的信息而获得了低的资本分配额,则经理享受企业绩效的份额应该很低。这意味着经理获得的风险收入应该与董事会对经理的投资授权权限的高低正相关。

(三) 监事会在资本预算中的作用

董事会和监事会是股东大会下设的并行机构,董事会行使决策权,监事会行使监督权。为进一步改善公司治理,实现股东利益最大化的目的,近年来我国引进了独立董事制度。对于独立董事制度的引进,许多人认为,监事会和独立董事在行使监督权方面存在重叠和冲突,独立董事制度是没有必要的。但更多人认为:独立董事和监事会在监督方面各有侧重,功能互补,独立董事应该着眼于事前和事中监督,监事会应该着眼于事后监督(金晓斌等,2002)。

《公司法》明确规定了监事会的职权范围:随时调查公司生产经营和财务状况、审阅账簿、报表和文件,并请求董事会提出报告;必要时,可根据法规和公司章程,召集股东大会;列席董事会会议,能对董事会的决议提出异议,可要求复议;对公司的各级管理人员提出罢免和处分的建议。监事会的职权中,有两项是独立董事没有明确规定具备的,即监事会对董事和经理执行公司职务时违反法律法规或公司章程的行为进行监督;当董事和经理的行为损害公司利益时,监事会要求董事和经理予以纠正。

监事会监督的重点是公司法规制度的执行落实情况；董事、经理守法遵规特别是执行公司章程财务制度方面的情况，以判断他们是否依法按章按程序办事；董事和经理是否损害上市公司职工的利益，起到平衡上市公司高管人员和公司股东、公司职工之间利益的作用。由于董事会和监事会都由股东大会选举产生，相互之间不具备直接任免、控制的权力，尤其是监事会在法律上只是被赋予了有限的监督权力，没有罢免董事的权力，缺乏足够的制约董事行为的手段，因此在实践中《公司法》赋予监事会的监督权通常流于形式。由于法律对监事会权利的规定偏重于合规性监督和事后监督，再加上监督权本身是有限的，存在许多不足，使监事会在公司治理结构中流于形式。

二、资本预算所需要的程序

资本分配预算过程主要包括以下四个环节。

（一）确定内部资本预算单位

确定内部资本预算单位是资本分配预算的前提。在实务中，将需要进行资本投资的部门称为内部资本预算单位。只有符合一定的标准才能被称得上是内部资本预算单位的部门。内部资本预算单位主要是指具有相对独立经营的子公司和事业部。

以美国通用电气公司为例，确定内部资本预算单位的标准有以下几方面。

（1）每个预算单位必须有一定的特性，而且具有一定的独立性。独立性是指主要业务是各单位自己生产的独立的产品，虽然各单位相互提供零部件和材料，但业务不大。

（2）每个预算单位在市场上必须有同其产品相类似的竞争者。

（3）每个预算单位必须是外部市场的一个竞争者。

（4）各预算单位拥有对其他预算独立的自主权。

（5）为了减少转移定价等问题，预算单位之间横向联系越少越好。

（6）内部资本预算单位既要考虑预算是否符合企业的战略管理需要，也要考虑为企业的预算管理提供一定的基础。

（二）选择资本分配的对象

通过对内部资本预算单位进行筛选，使符合条件的内部资本预算单位成为资本分配对象。在内部进行筛选的标准主要是：投资是否符合企业战略发展结构，投资能否促进公司竞争力的提高。通用电气主要从内部资本预算单位所处的行业地位和自身的经营实力两个方面进行评价，确定哪些内部资本预算单位需要公司进一步追加投资，哪些内部资本预算单位需要削减投资，哪些内部资本预算单位需要维持现有的投资状态。对于那些在本行业中具有较高竞争地位、具有较强的自身经营实力的内部资本预算单位，称之为有前途的预算单位。对有前途的预算单位要在资金上进行大力支持。这类内部资本预算单位也叫成长型的正投资单位。对于那些在本行业中不具有竞争地位、自身经营实力比较弱的内部资本预算单位,称之为收缩型的负投资单位。对它们公司主要是提供资金,不再对其进行资本支持。介于这两种之间的是盈利型的资本预算单位。公司可以根据其状况来决定其为正投资单位还是负投资单位。

通用电气对内部资本预算单位的行业地位测定的做法主要是考虑其生产规模、市场增长情况、价格竞争优势、市场分散程度、行业内的竞争结构、行业内的利润情况、所处的技术、社会及法律环境等各种因素;对于内部资本预算单位的自身经营实力的测定,则主要考虑生产规模、成长情况、占有的份额、所处的地位、盈利情况、利润率、技术地位、长处与短处、在外界的形象、污染状况等因素。

(三) 确定资本分配形式与资本分配预算

从资本分配形式上看,有指定优先级式分配、公开竞争式分配、公式化分配、自由讨价还价式分配四种类型。

公司在收到各部门的资本预算案后,要根据不同的部门和不同的管理体制,分别确定不同的资本分配形式。在高度集权的公司,如果资本支出对公司整体影响程度大,则分配完全取决于公司的战略取向,应采用指定优先级式的分配形式。集权程度较低(或直接采用分权)的公司,在资本支出对公司战略影响程度较大的情况下,可以通过公开竞争式的分配形式。竞争的基础取决于资本支出项目的效益的高低,此时公司扮演着"投资银行"的角色。但在大多数情况下,对于对公司战略具有较大影响的资本支出项目,往往是各内部资本预算单位可以竞价要求公司追加资本投入,即"有约束的竞价"方式。这要在公司制定的标准与约束的范围之内进行。当公司处于成熟期,资本支出对公司战略的影响程度不高时,而内部资本预算单位的分权程度高,投资冲动强时,内部资本预算单位向公司要资本的本能就能完全地表现出来。即使在高度集权下,也不可避免地会发生内部资本预算单位之间争预算的情况。因此,公司一般分别采用"自由讨价还价"和"公式化"两种分配方式。其中"公式化"是将一定的分配公式作为分配资本的出发点,如按内部资本预算单位的预期销售增长率来确定其投资需要量的增长,从而来确定资本追加投入额。如费用预算中的广告费预算就是按照销售的一定百分率如5%来确定。讨价还价的内在逻辑是过去做得很好,过去的业绩就是未来争夺预算的"资本";而公式化的方式则强调过去的存在可以当然地表现为未来的需要。

在资本资源分配方式的选择上还需要进一步考虑以下几方面。

(1) 当出现正投资预算单位与维持投资预算单位之间竞争资本预算时,要首先保证正投资预算单位的需要,有剩余资本时再投资于维持投资预算单位。

(2) 如果众多的正投资预算单位间竞争预算,则应采用公开的竞争式的方式。公司将自身定位于投资银行角色。在这种方式之下,在公司内部资源分配上引入市场竞争,有利于资本向高回报率的子公司或项目流动,提高公司整体的收益能力。如果内部资本预算单位投资对公司整体战略实施具有非常重要的意义,公司也可以采用指定优先级式的分配形式,进行例外管理。

(3) 对于维持投资预算单位,公司要在剩余的可利用资本中采用讨价还价式的预算分配形式,由内部资本预算单位向公司提出资本预算方案,公司与内部资本预算单位进行自由和公开的讨价还价,使资本分配更具合理性和公平性。

(四)确定资本的投资方式:直接投资与额度管理

就其分配对象而言,有两种资本的投资方式,一种是直接分配资本;另一种是直接分配资本额度,间接地分配资本。直接分配资本是指公司直接地对批准的内部资本预算单位进行投资。此时,公司是资本的直接提供者,类似于投资银行。在大多数情况下,公司只是起到对内部资本预算单位的投资进行规划的作用,即采取"集中控制、分散投资"的管理模式。在这种情况下,公司对内部资本预算单位的投资意向与结果进行审批,采取"投资额度化管理"方式,即将资本投资总额在不同的资本预算单位之间进行额度化分配。由内部预算单位自行解决资本的筹集,公司不直接介入或不直接提供资本。

公司采取额度化预算管理的原因有以下几方面。

(1)公司本身不具备更大的投资能力,尤其对产业型的公司而言,其投资与资本分配业务仅仅占其经营业务的很小比例。

(2)公司只充当监督投资的角色,主要以审批预算形式进行监督。

(3)公司如果直接分配资本,则会大大增加公司的财务风险。因为在直接投资和分配资本的情况下,公司很可能是采用先借入资金然后再以拨款而非再贷款方式投资于内部资本预算单位。这不仅会加大公司自身的财务风险,不利于内部资本预算单位自身的风险意识的培养和风险管理的强化,也不利于内部资本预算单位的独立发展。

在采用额度化管理方式下,公司的功能是对内部资本预算单位的资本预算进行监管和提供金融支持与服务,不再是投资银行。它要对内部资本预算单位的资本预算进行严格审批,审批后确定分配给内部资本预算单位的资本支出额度。公司间接提供筹资服务与财务支持,可以由公司直接统一地对外融资,然后再对各资本预算单位进行贷款;或者由内部财务公司对内部资本进行调剂分配。

第四节 资 产 配 置

一、资产配置的含义

资产配置是根据一定的原则,把企业的资产分配到合适的用途并有效加以运用的过程。资产的配置应有助于企业的近期目标和远期目标的实现。资产配置的任务是将有限的资产尽可能地配置到对实现企业目标有益的环节。

资产的配置应体现对关键战略的支持。由于企业的资产是有限的,因此,有时会出现企业为实现某个财务战略所要求的资金超过了企业可以获得的资金的情况。在这种情况下,就需要对财务战略做进一步的分析,明确实现企业目标的关键战略,并据此分

配资产。由于每个企业对待风险的态度是不一样的,因此资产的配置要考虑风险程度。同时,资产在部门之间共享时,总部要起协调者的作用,制定一定的激励措施或者用行政命令的办法来促使资产在各部门之间的共享。

二、财务战略与资产的动态组合

企业在发展过程中,在不同的阶段其财务战略将不断推陈出新,财务战略资产也在不断地积累。企业在制定现有财务战略时应该预测将来的环境、资产变化,并对资产进行必要地、合理地配置。资产配置应与财务战略连成一体,使之形成密不可分的关系。随着财务战略的实施,资产被不断地储备,对现有资产的储备就形成了将来资产的储备。企业以这些新的储备为基础,进一步实施将来的财务战略。处于现在财务战略和将来财务战略中间的新的资产储备,就成为联结这两个财务战略的媒介。当现在财务战略为未来的财务战略实施而积累资产时,将来的财务战略也能够有效地利用这些积累的资产,这样就形成了企业的财务战略与资产的动态组合过程。为了实现这个动态组合过程,企业必须考虑两个问题:现在应选择什么样的财务战略?将来应该怎样?在此基础上,才能在两者之间进行资产的调配。资产在这个过程中将起到动态相辅和相乘两个方面的效应。

(一)动态相辅效应

动态相辅效应可以分为物的动态相辅效应和资金的动态相辅效应两部分。

1. 物的动态相辅效应

动态相辅效应是指企业的现在财务战略和将来财务战略能在多大程度共同利用物的资产。一般来说,有转化可能性的物的资产储备是较好的。企业在选择基本财务战略时,应预先设定使这种转化成为可能的将来财务战略。采取与将来联系较多的财务战略是非常必要的。例如,企业在建立专用生产线时,必须要考虑这种专用生产线能否及时被用于其他生产行业。如果不是这样,企业就要做好更新这条专用生产线的人力和物力方面的准备。

2. 资金的动态相辅效应

此处资金主要是指流动资金。流动资金对于企业的日常经营至关重要,其影响力非常大。企业必须在财务战略上制定出资金的投入与回收两个方面的相辅效应。

现在的财务战略与将来的财务战略之间,企业应该先制定出资金的组合效应。企业应该动态地考虑资金在企业的各项目之间的分配。也就是说,企业要做好现有财务战略发展后的资金储备。另外,一个行业的流动资金在时间序列上也会有不同的表现形式:在某个时期需要投入资金,而在另一时期资金又回到企业。因此,要求企业能在某一行业内实现资金的动态均衡。影响资金流动变化形式的因素主要有四个:所处的产品生命周期阶段、企业的竞争财务战略、市场规模和成长速度、竞争中的优势。实现资金的动态相辅效应,要求企业在现有产品和市场机制上必须同时具有不同类别的资金流动,在此基础上实现资金的流动平衡。

(二) 动态相乘效应

动态相乘效应是指企业将来的财务战略能使用现在财务战略运行中所产生的无形资产而产生的效应。如果企业在现有行业中使用无形资产的期间能和将来行业利用这种无形资产的期间重叠,就能形成强有效的动态相乘效应。无形资产可以在财务战略实施过程中被储备。一个企业在现实的市场角逐中如果经营活动开展得好,则会为将来积累较多的无形资产。例如,松下电器的海外投资是从干电池开始的。在此过程中,松下公司获得了销售渠道的积累、工人技能的熟练、当地市场的经验等无形资产储备并以此为中介使现在财务战略与将来财务战略相互呼应,形成动态相乘效果。

动态相乘效果是企业成长的本质。当人们描述保证企业长期成长的财务战略形象时,动态相乘效果常常是其中心内容。因为企业之所以能适应不断变化的环境,就在于能动态组合企业活动中的无形资产;在动态相乘的某两个行业之间,资产的动态相辅效果容易产生。

企业如何构筑动态相乘效果呢? 主要有三条思路:企业在财务战略抉择上,应选择无形资产较易积累的行业的财务战略;财务战略设计不能忽视动态的活动的阶段及程序;为了实现动态的良性循环,有必要在现在选择一些表面不合、在一定程度缺乏资产保证的财务战略。这样有助于培育企业的内在动力,反其道而行之,常能获得意想不到的成功。

三、影响资产有效配置的因素

(一) 资产保护机制

企业的人、财、物等各项资产都由专门部门负责开发、保护和管理,部门管理人员总是回避风险,常常担心资产分配上会出现差错。由于他们要对资产分配上的差错承担责任,因此他们往往审慎地对待各部门的资产需求,不能及时地把资产分配到财务战略最需要的部门中去。

(二) 主管资产分配的人员的个人价值偏好

主管资产分配的人员的个人价值偏好会影响资产的配置。主管资产分配的人员的个人价值偏好与企业经营财务战略一致时,资产分配便会按财务战略所预期的那样进行;如果不一致,资产分配就可能会出现一些人为的障碍。

(三) 内部交易

当重大财务战略决策有利于某些部门,这些部门的管理人员及其利益同盟就会积极支持该项决策;如果这些决策对他们不利,他们就会私下进行交易,结成利益联盟,影响决策方向和阻碍资产分配。

(四) 财务战略的不确定性

新财务战略的实施结果难以确定,资产分配人员往往有"等一等"的思想,比较愿意

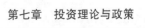

进行较安全的短期资产分配，不愿进行长期资产分配。

四、资产配置的风险和资产配置的效率

（一）资产配置的风险

在资产配置过程中，由于主观和客观方面的原因，会面临着一定的风险，可能使战略目标无法实现，甚至会导致企业破产。

由于资产配置不当而导致经营失败的例子不胜枚举。美国有一家航空公司的CEO，不顾本公司的资产现状和配置能力，一心想在航空业搞出点名堂。为此，在短时间内大规模地开辟新航线数百条。结果，没过多久就遭遇严重财务危机，最后只好以破产方式结束公司生命。在我国，巨人集团由于管理者无视资产配置的现实能力，实施非理性的高速扩张战略，最后落得一败涂地的结果。

（二）资产配置的效率

资产是企业生存与成长的"必需品"，是打造企业比较优势的基本材料，也是企业生产产品和服务、创造效用与价值的源泉。资产总是相对稀缺的。为了使稀缺的资产得到充分利用，需要不断提高资产配置的效率。资产配置时，首先，需要制定规范、严格的资产配置制度，明确资产管理人员的职权范围。其次，按照财务战略的总目标、分目标和年度目标，依次确定资产的配置比例。在配置资产时，全盘考虑各项目目标的需要，避免出现顾前不顾后、顾左不顾右的结果。再次，资金的配置要尽可能具体。年度目标通常还应分解为具体的项目。资金的使用要按照项目进行分配，要有专人负责，有利于保持使用效率。最后，要本着轻、重、缓、急原则，对重点项目要进行重点投资。

是否有利于战略目标的实现是衡量资产配置效率的主要标准。但是，有效率的资产配置只是实现财务战略目标的必要条件，而不是充分条件。资产配置之后，还需要通过计划、组织、领导和控制等系列管理活动的相互配合，财务战略才能够得到充分利用。在这一过程中，具有专业知识、技能和高度责任心的管理者始终起着决定性的作用。

📁 案例研究与分析

H 集团预算管理的不足

【案例资料】

H集团有限公司始建于1840年，是名副其实的百年老字号，是镇江香醋的创始者之一，中华老字号企业。H集团始终以造福社会为己任，将一个制醋的小作坊做成了行业内最大的食醋生产企业，集团公司资产总额达到40亿元，年销售超过20亿元。企

业的固态发酵制醋工业保证了产品的品质。H集团也因对行业发展做出的突出贡献，成为中国调味品协会会长单位。

在引领中国醋业发展的基础上，目前H集团已有色醋、白醋、料酒、酱类、酱油、麻油、酱菜等七大品类系列产品。公司产品先后五获国际金奖、三次蝉联国家质量金奖，是中国名牌产品。公司品牌获得了"中国食醋产业领导品牌"等荣誉。集团先后荣获"国家级农业产业化重点龙头企业""全国守合同重信用企业""中国调味品行业食醋十强品牌企业"等称号。2013年荣获"亚洲名优品牌奖"。"传承世纪经典、铸就国际品牌"是集团的历史使命，"做全球醋业领跑者"是集团的美好愿景。公司主营业务是镇江香醋的生产和销售。镇江香醋是中国四大名醋之首，集团近些年呈现出多元化经营的态势，集团旗下的子公司遍布各种行业，比如调味品、酒、包装、药、房地产、物业等。H公司是H集团的核心业务，就是香醋的生产和销售，还包括一些酱菜、麻油、酱油等的生产和销售。H公司的香醋产能已经达到了每年30万吨，成为了中国最大的食醋生产企业。H公司的效益也是逐年好转，收入和利润都维持了10%以上的涨幅。

但是，管理体制相对死板和僵化是公司发展的障碍。对集团而言，外部的情况很难去改变，在内部管理上，集团一直都是重生产、销售，而轻人事、财务等，预算管理更是集团较弱的一个环节，本文将会针对H集团的预算管理现状进行分析。H集团一级组织结构、预算编制流程和预算执行流程分别如图7-10、图7-11和图7-12所示。

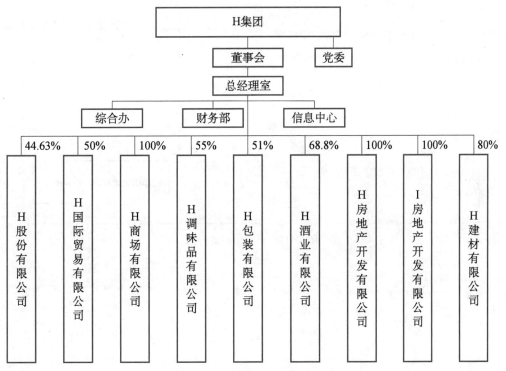

图7-10 H集团一级组织结构图

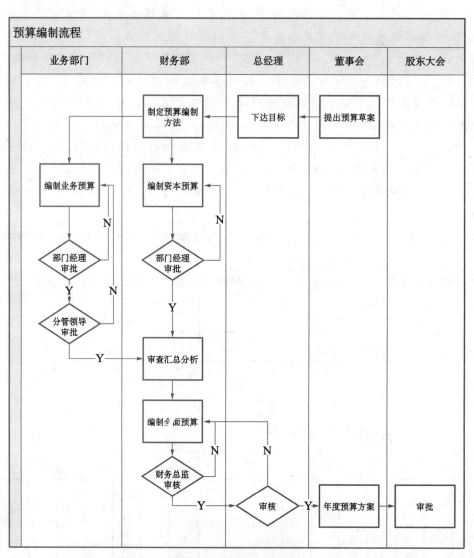

图 7-11 预算编制流程图

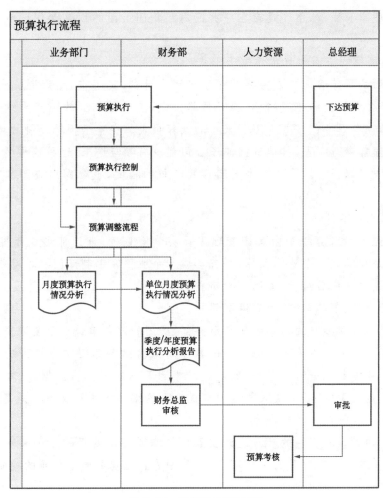

图 7-12 预算执行流程图

【案例思考】

H 集团在市场竞争中主要依靠的是什么？

H 集团在财务方面存在哪些问题？

【案例分析】

H 集团作为百年企业，在市场竞争中主要依靠的是集团的品牌优势和产品的质量，所以在之前的经营中对管理并没有过多地重视。但是，随着社会的发展，全球化竞争的加剧以及资本市场对公司的要求，公司开始重视管理对效益的提升，从 2010 年集团制度汇编中可以找到《集团全面预算管理实施办法》，可见 H 集团从 2010 年开始就着手建立集团层面的全面预算管理，但是可能后期因为领导层的变更等各种原因又耽搁下来。2015 年集团更换了新的领导层，新的领导层开始倡导专业化发展的战略，这就对主营业务的竞争力提出了更高要求，所以开始重提全面预算管理。2016 年至今，全面预算管理卓有成效,但还是存在一些问题。集团层面的预算管理环境未得到有效改善。

1. 集团层面的全面预算工作流于形式

集团层面的预算管理工作主要放在了集团审计部,集团审计部根据企业管理层对各分公司、子公司提出的年度指标,编写预算大纲,然后把相应的预算大纲发送给各子公司财务部,让各财务部按要求编制来年的预算报表。在整个预算编制的环节,除了最初的企业管理部参与一下,其他部门或子公司都没有参与进来,这种典型的自说自话的预算编制形式可以很好地说明整个集团预算参与的程度,也暴露出集团预算管理意义建构的忽视。

2. 预算编制不科学

H集团层面的预算编制由集团管理委员会制定目标,审计部形成年度预算大纲,然后各成员企业编制本企业的预算,并且各成员企业预算编制部门基本都是财务部,成员企业预算编制完成后报批,集团领导审批、下发。这种模式实质上并没有体现"由上至下,由下至上,上下结合"的预算编制思想。

首先,集团预算参与的对象主要是财务部,集团的财务审计部主要职责也是财务工作,预算在某种程度上成为了财务部门的数字游戏。财务部门作为集团的二级服务部门,对市场和业务都不是特别了解,仅仅是以集团下达的指标为依据,资本和业务预算过于主观,这是典型的"纸上谈兵",这种自说自话的编制方法不仅不能提高预算的专业性,相反会让预算管理失去生命力。

其次,想通过预算编制的参与达到企业内部沟通协调的目的较难实现。预算编制作为预算管理流程中很重要的一个环节,就是因为企业想要通过预算的编制,让集团内部进行有效地沟通、协调,最终实现资源的合理分配。如果仅仅是简单的上传下达,成员企业和各部门都没有沟通的渠道和必要,那这样的预算编制就流于形式了。操作上简单易行,但是也会产生很多弊端。H集团所处的调味品行业门槛低,竞争大,市场瞬息万变,这就需要更灵活的管理手段,很容易造成管理层为了形式上更好看而改动的行为。对于这类行为没有合理的考核手段。

3. 预算考核依据不充分

预算考核首先保证的是预算目标的准确性,如果目标没有经过充分论证和科学方法分解、合并,那么就会影响考核,从而达不到激励的目的。虽然子公司占H股份公司的份额并不大,但是把子公司全部剔除在外,这难免会导致数据的不完整。另外H股份公司的预算是以利润为核心,最终呈现出来的主要是一张利润表,虽然一张利润表也能看出几个核心指标的增减,但是如果仅仅只考虑利润方面的指标,忽视比如流动性、偿债能力等方面的指标,在某种程度会误导投资者。

综上所述,因为种种原因,H集团的集团层面的汇总预算现在都没有实施,合并预算更是无从谈起了。

第八章 公司并购理论

学习目标

1. 了解公司并购的动因、作用和类型;
2. 理解和掌握公司并购的流程、融资渠道、融资方式、支付手段以及公司并购后的整合;
3. 掌握公司并购绩效及其评估方法。

第一节 公司并购的动因与作用

公司可以通过内部发展实现增长,也可以通过收购与兼并实现增长。公司并购是资本运作的主要方式,是企业实现快速扩张的重要途径。经济学家斯蒂格勒指出:美国著名大企业几乎没有哪一家不是以某种方式、在某种程度上应用了兼并收购而发展起来的。据统计,世界 500 强企业中 80% 的企业发展是靠并购完成的。

例如,世通公司通过上百次并购才成长为美国第二大通信企业;通过收购兼并可以快速整合行业,抢占市场。但收购兼并中也隐藏着各种风险,很多的收购兼并都没有成功。

公司并购包括兼并和收购。兼并是指两个或两个以上独立的企业合并组成一家企业,通常表现为一家占优势的企业吸收其他企业的活动。收购是指一家企业购买另一企业的股权或资产,以获得对被并企业资产的所有权或对被并企业的控制权。

收购与兼并的不同点主要在于,收购交易完成后被收购的企业即目标企业不会丧失其法人资格。实际上,兼并和收购往往交织在一起,很难严格区分开,统称为"并购"。

一、公司并购的动因

企业从事并购交易,可能出于各种不同的动机,主要包括以下五个方面。

(一) 企业发展动机

在激烈的市场竞争中,企业只有不断发展才能生存下去。通常情况下,企业既可以通过内部投资、资本的自身积累获得发展,也可以通过并购获得发展,两者相比,并购方式的效率更高。

并购往往是进入新业务领域最通行的一种做法。在很多行业中,选择内部创业的道路并试图发展为有效率的竞争者所必需的知识、资金、运作规模和市场声誉可能要花费数年的时间,而并购一个已建好的相关企业则可以使进入者直接进入到目标行业。

1. 并购可以让企业迅速实现规模扩张

企业的经营与发展处于动态的环境之中,在企业发展的同时,竞争对手也在谋求发展,因此在发展过程中必须把握好时机,尽可能抢在竞争对手之前获取有利的地位。如果企业采取内部投资的方式,将会受到项目的建设周期、资源的获取以及配置方面的限制,从而制约企业的发展速度。通过并购的方式,企业可以在极短的时间内将规模做大,实现规模扩张,提高竞争能力,将竞争对手击败。尤其是在进入新行业的情况下,通过并购可以取得原材料、销售渠道、声誉等方面的优势,在行业内迅速处于领先地位。

2. 并购可以突破进入壁垒和规模的限制,迅速实现发展

企业进入一个新的行业会遇到各种各样的壁垒,包括资金、技术、渠道、顾客、经验等,这些壁垒不仅增加了企业进入某一行业的难度,而且提高了进入的成本和风险。如果企业采用并购的方式,先控制该行业的原有企业,则可以绕开这一系列的壁垒,使企业以较低的成本和风险迅速进入某一行业。

另外,有些行业具有规模限制,企业进入这一行业必须达到一定的规模。这必将导致新的企业进入后产生生产能力过剩,加剧行业竞争,产品价格也可能会迅速降低。如果需求不能相应提高,企业的进入将会破坏这一行业原有的盈利能力,而通过并购的方式进入某一行业,不会导致生产能力的大幅度扩张,从而使企业进入后有利可图。

3. 并购可以主动应对外部环境变化

随着经济全球化进程的加快,更多企业有机会进入国际市场,为应对国际市场的竞争压力,企业往往也要考虑并购这一特殊途径。企业通过国外直接投资和非股权投资进一步发展全球化经营,开发新市场或者利用生产要素优势建立国际生产网,在市场需求下降、生产能力过剩的情况下,可以抢占市场份额,有效应对外部环境的变化。

例如,国际汽车市场竞争异常激烈,并购活动也非常活跃,企业都在通过并购增强自身实力,提高在激烈竞争环境下的竞争力。吉利汽车并购沃尔沃汽车乘用车业务、印度塔塔收购捷豹路虎、大众收购保时捷等案例让我们感受到汽车企业的激烈竞争。近期,我国一些企业也纷纷走出国门进行海外收购,力图在经济全球化过程中能够尽早适应环境。

(二) 发挥协同效应

并购后两个企业的协同效应主要体现在经营协同、管理协同、财务协同三个方面。

1. 经营协同

经营协同效应是指由于经营上的互补性,使两个或两个以上的公司合并成一家公司之后,能够造成收益增大或成本减少,即实现规模经济。企业并购后,一些固定成本将摊薄,如原来企业的营销网络、营销活动可以进行合并,节约营销费用;研究与开发费用可以由更多的产品分担,从而可以迅速采用新技术,推出新产品。并购后,由于企业规模的扩大,还可以增强企业抵御风险的能力。

例如,中国平安收购了深发展银行,使中国平安能够快速获得原有商业银行的渠道、客户等资源,进而开展银行业务。银行业务与其保险业务还可以进一步整合,实现1+1>2 的协同效应。

2. 管理协同

在并购活动中,如果收购方具有高效的管理资源并且过剩的时候,通过收购那些资产状况良好但仅仅因为管理不善造成低绩效的企业,收购方高效的管理资源得以有效利用,被并购企业的绩效得以改善,双方效率均得到提高。

譬如甲公司的管理比乙公司的更有效率,在甲公司并购乙公司之后,乙公司的管理效率提高到甲公司的水平,那么,并购就提高了效率,这种情形就是所谓的管理协同效应。按照管理协同效应理论的观点,如果某家公司有一支很有效率的管理队伍,其管理能力超过了管理该公司的需要,那么,该公司就会通过并购那些由于缺乏管理人才而造成效率低下的公司的办法,使该公司额外的管理资源得以充分利用。通过这种并购,整个经济的效率水平将会得到提高。

管理协同效应具体包括管理人员削减、办公机构精简、在收购方有效的管理下目标公司管理效率的提高等。

例如,在美国存在活跃的并购市场,并购可以实现替换不称职经理人的目的,进而充分发挥收购方企业管理优势迅速提升被并购企业的管理效率,提升公司价值。

3. 财务协同

财务协同效应理论认为并购起因于财务方面的目的。这种理论认为,在具有很多内部现金但缺乏好的投资机会的企业,与具有较少内部现金但很多投资机会的企业之间,并购显得特别有利。因为,在企业外部募集资金,需要很大交易费用,而通过并购,就可以低成本地促使资金流向高回报项目。并购后的企业可以对资金统一调度,增强企业资金的利用效果,管理机构和人员可以精简,使管理费用由更多的产品分担,从而节省管理费用。由于规模和实力的扩大,企业筹资能力可以大大增强,满足企业发展过程中对资金的需求。

此外,企业通过并购可以实现合理避税。如果被并购企业存在未抵补亏损,而收购企业每年生产经营过程中产生大量的利润,收购企业可以低价获取亏损公司的控制权,利用其亏损抵减未来期间应纳税所得额,从而取得一定的税收利益。

财务协同效应主要包括资本成本下降、合理避税等。

例如,山西通宝能源股份有限公司收购山西阳光发电有限责任公司。通宝能源公司是从事原煤开采、煤炭加工、销售火力发电等业务，但是随着市场供需关系的变化，煤炭行业相对走入低谷，同时公司属于小机组规模火力发电企业，面对电力行业的产业大整合，通宝能源也不可避免地面临市场疲软和经营风险，为了迅速扩大主业平台，快速启动增长引擎，提高公司核心竞争力，通宝能源收购了山西阳光发电。通过企业并购提高了企业的融资能力和偿债能力，减少了企业的成本，达到了企业并购的规模效应。并购后的企业通过一系列的内部活动对资金进行统一调度，并真正做到了将被并购一方低资本效益的内部资金投资于另一方的高效益项目上，从而使并购后的企业资金整体使用效率提高。内部的资金和资源都得到了充分的利用，产生了应有的预期效果，企业的价值也得到了提升。因此这一成功的并购使资金流向了更高回报的投资机会，在合并后的企业中形成了显著的财务协同效应。

（三）加强市场控制能力

从产品市场角度考虑，在横向并购中，通过并购可以获取竞争对手的市场份额，迅速扩大市场占有率，增强企业在市场上的竞争能力。

从要素市场角度考虑，由于减少了竞争对手，尤其是在市场竞争者不多的情况下，可以增加讨价还价的能力，企业可以以更低的价格获取原材料，以更高的价格向市场出售产品，从而扩大盈利水平。

加强市场控制力也是并购容易导致垄断，并进而形成并购阻力的主要因素之一。由于市场控制力太强，容易形成垄断优势和垄断利润。可口可乐并购汇源果汁失败就是由于这个原因被中国商务部否决。

（四）获取价值被低估的公司

证券市场中公司股票的市价总额应当等同于公司的实际价值，但是由于环境的影响、信息不对称和未来的不确定性等方面的影响，上市公司的价值经常被低估。如果企业认为可以比被并购企业原来的经营者管理得更好，则收购价值被低估的公司并通过改善其经营管理后重新出售，可以在短期内获得巨额收益。

 要点提示

> 不排除并购了价值被高估的公司，从而导致并购失败。因此并购过程中价值评估和讨价还价至关重要。

（五）降低经营风险

企业在追求效益的同时还需要控制风险，控制风险的一种有效方式就是多元化经营。多元化经营既可以通过公司并购来实现，也可以通过内部的成长而达成，但通过并购其他企业，收购方可以迅速实现多元化经营，从而达到降低投资组合风险、实现综合收益的目的。

二、公司并购的作用

(一) 通过公司并购实现经济结构战略性调整

通过企业兼并,优势公司并购劣势企业,朝阳产业的公司并购夕阳产业的企业,淘汰一些效益差、管理落后、产能过剩的企业,发展一些效益好、管理先进、有技术、有市场前景的企业。

促使资金从衰落的行业流入新兴的行业,使生产要素得到了充分流动,加快了资本退出传统产业的步伐,加速了资本的积累过程,增强了优势企业的实力,促进了规模经济的形成;同时,在客观上促进了行业结构和产业结构的优化和升级。

(二) 通过公司并购促进资产流动、扩大生产规模、提高经济效益

公司并购是将企业作为物质资本、人力资本、文化资本的综合体推向市场,这些资源基本属于存量资产的范围,这些存量资产一旦推向市场,在全社会乃至世界范围内优化组合,沉淀的资产就会焕发活力。

通常情况下,两家企业经过并购后的总体效益大于两个独立企业的经济效益之和。同一行业的两家公司并购可以实现规模经济效益,因为可以减少管理人员从而减少单位产品的成本;一个企业可以利用另一个企业的研究成果,以节省研究工作费用;在市场营销上,还可以节省广告和推销费用;可以大宗采购,节省采购费用;另外,还可以降低资本成本,降低发行股票的成本等。

不同行业的两家公司并购能增加企业生产的产品种类,实现经营多样化,从而有可能减少企业的风险。另外,小企业常常资金短缺,容易破产,但公司并购后,由于两家企业的资金可以互相支援,发生财务困难的风险就大大降低了。

(三) 通过公司并购实现资本和生产的集中,增强企业竞争力

公司并购的过程就是生产要素及经济资源的重组过程,一方面能够促进经济资源向更高效益的领域转移,实现生产和资本的集中,另一方面能够使并购后的企业实现优势互补,增强企业的资金、技术、人才、市场优势,提高经济资源的利用效率和获利能力,取得规模经济效益,从而成倍壮大企业实力,快速发展成为大型企业集团,提高在行业产值、销售额中所占的比重。

宏观上有利于提高产业集中度,发挥大企业在行业中的先导地位,集中优势开发新产品,从而促进产品的升级换代。

需要担心的是国有企业通过大规模并购重组,将进一步提高市场控制力和垄断的可能,从而可能会影响自由竞争、阻碍民营经济的发展。

(四) 通过公司并购推动国有企业改革

国有经济是我国经济的主体,占据了国民经济的大多数领域。我国的国有经济存在分布广,行业、地域分布不合理的特点,造成了国有资产存量不合理、使用低效、大量

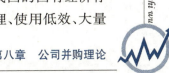

闲置及流转不畅等问题。

在国有企业改革过程中，利用并购完成部分国有企业的退出和重新进入过程，促进民营经济发展，提高经济活力，实现传统产业收缩与新兴产业扩张同步、国有经济有目的地进入与退出同步，加速国有企业改革。

并购涉及生产要素的流转以及产权改革等，通过有效的并购重组能够改善国企存量资产的利用，进而焕发出新的活力。

（五）通过公司并购促进文化融合与管理理念的提升

公司并购要想获得成功，就必须对并购企业和被并购企业的生产要素、管理要素和文化要素进行一体化改组，具体包括将并购以后的资产实行统一决策、统一调度、统一使用，将被并购企业的文化传统加以转型改组使之纳入并购企业的文化传统中，将并购以后企业的管理方式、组织结构按照精简高效的原则重新组合，对并购企业实行统一的监督、控制、激励、约束，使并购后的企业成为一个运作协调、利益相关的共同体。

第二节 公司并购的类型

公司并购类型可以按照不同的标准进行分类。

一、按照并购后双方法人地位的变化情况划分

按照并购后双方法人地位的变化情况，可将上市公司并购划分为新设合并、吸收合并和控股合并。

（1）新设合并，是指并购后并购双方都解散，重新成立一个具有法人地位的公司。这种并购在我国尚不多见。

（2）吸收合并，是指并购后并购方存续，并购对象解散。例如，清华同方以股权置换方式吸收合并鲁颖电子，合并后鲁颖电子法人地位消失。

（3）控股合并，指并购后并购双方都不解散，并购方收购目标企业至控股地位。绝大多数并购都是通过股东间的股权转让来达到控股目标企业的目的，如图 8-1 所示。

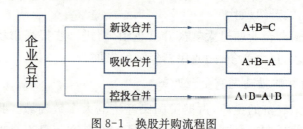

图 8-1 换股并购流程图

二、按照并购双方行业相关性划分

按照并购双方所处行业相关性,公司并购可以分为横向并购、纵向并购和混合并购。

(1)横向并购,指生产同类产品或生产工艺相近的企业之间的并购,实质上是竞争对手之间的合并。横向并购的优点在于:①可以迅速扩大生产规模,节约共同费用,便于提高通用设备的使用效率;②便于在更大范围内实现专业分工协作;③便于统一技术标准,加强技术管理和进行技术改造;④便于统一销售产品和采购原材料等。

(3)纵向并购,指与企业的供应商或客户的合并,即优势企业将同本企业生产紧密相关的生产、营销公司并购过来,形成纵向生产一体化。实质上是处于同一产业链不同环节的企业间并购。纵向并购的优点在于:①能够扩大生产经营规模,节约通用的设备费用等;②可以加强生产过程各环节的配合,有利于协作化生产;③可以加速生产流程,缩短生产周期,节约运输、仓储和能源消耗水平等。

(3)混合并购,指既非竞争对手又非现实中或潜在的客户或供应商的企业之间的并购,如一个企业为扩大竞争领域而对尚未渗透的地区与本企业生产同类产品的企业进行并购,或对生产和经营与本企业毫无关联度的企业进行的并购。混合并购的类型有三种:①产品扩张性并购,即生产相关产品的企业间的并购;②市场扩张性并购,即一个企业为了扩大竞争市场而对其他地区生产同类产品的企业进行的并购;③纯粹的并购,即生产和经营彼此毫无关系的若干企业之间的并购。

 要点提示

> 混合并购的判断需要注意,根据其定义,是指非竞争对手和客户、供应商企业间的并购。一是产品扩张性并购,可口可乐并购啤酒公司都属于产品扩张性并购;市场扩张性并购也是一种混合并购,尽管可能是同类产品,但以往并非竞争对手,因为市场是分割的。

三、按照被购企业意愿划分

按照并购是否取得被并购企业即目标企业同意,公司并购可以分为善意并购和敌意并购。

(1)善意并购,指收购方事先与目标企业协商、征得其同意并通过谈判达成收购条件,双方管理层通过协商来决定并购的具体安排,在此基础上完成收购活动的一种并购,如吉利并购沃尔沃乘用车业务。

(2)敌意并购,指收购方在收购目标企业时遭到目标企业抗拒但仍然强行收购,或者并购方事先没有与目标企业进行协商,直接向目标企业的股东开出价格或者收购要约的一种并购行为。例如,盛大并购新浪即属于典型的敌意收购,新浪甚至启动了"毒丸计划"进行反击。

四、按照并购的形式划分

按照并购的形式,公司并购可以分为间接收购、二级市场收购、要约收购、协议收购、股权拍卖收购等。

(1) 间接收购,指通过收购目标企业大股东而获得对其最终控制权。这种收购方式相对简单,往往可以规避证券市场的很多监管要求和信息披露标准。

(2) 二级市场收购,指并购企业直接在二级市场上购买目标企业的股票并实现控制目标企业的目的。这种市场化的收购方式由于要面对众多个性化的投资者,并购的难度相当大。一方面收购将造成收购方的股价上涨,从而导致公司并购所需成本增加;另一方面,并购方还要遵守相关的交易法规。

(3) 要约收购,是指并购企业对目标企业所有股东发出收购要约,以特定价格收购股东手中持有的目标企业全部或部分股份。通常二级市场收购到一定股权比例时,如30%,会要求控股股东向所有股东发出要约收购。

(4) 协议收购,指并购企业直接向目标企业提出并购要求,双方通过磋商商定并购的各种条件,达到并购目的。协议收购往往并购双方态度友好。2006年之前,我国绝大多数并购行为都是协议收购。

(5) 股权拍卖收购,指目标企业原股东所持股权因涉及债务诉讼等事项进入司法拍卖程序,收购方借机通过竞拍取得目标企业控制权。

五、按照并购支付的方式划分

按照并购支付的方式,公司并购可以分为现金购买式并购、承债式并购和股份交换式并购。

(1) 现金购买式并购,指并购方筹集足够资金直接购买被并购企业的净资产,或者通过支付现金购买被并购企业股票的方式达到获取控制权目的的并购方式。现金购买式并购的优势在于它可以迅速达到目的,减少并购时间;但同时也有缺点,其受支付能力的限制,也可能引发较高的纳税。

(2) 承债式并购,指在被并购企业资不抵债或者资产债务相当等情况下,收购方以承担被并购方全部债务或者部分债务为条件,获得被并购方控制权的并购方式。采取承债式并购方式,收购方往往无需支付任何费用,但必须负责事后偿还负债类款项。

(3) 股份置换式并购,指收购方以自己发行的股份换取被并购方股份,或者通过换取被并购企业净资产达到获取被并购方控制权目的的并购方式。采取股份置换式并购方式,难度在于准确评估双方股权价值,以相对精确地核算彼此股权置换的比例。例如,美国在线与时代华纳的并购;东航与上航的并购。

除上述几种并购支付方式外,混合支付方式也是实务中最为常见的并购支付手段。混合并购方式是指利用多种支付工具的组合,达到并购交易获取目标公司控制权的支付方式。这些支付工具不仅包括上述的现金和股票,还包括公司债券、优先股、认股权证和可转换债券等多种形式。各种支付方式各有优劣,将若干种支付方式组合在一起,就能够集结其长处,克服其短处,所以使用混合并购是必然选择。

第三节 并购融资与支付对价

一、并购融资

(一) 筹资渠道

从筹集资金的来源角度看,公司并购的筹资渠道可以分为内部渠道和外部渠道。

(1) 内部筹资渠道,指从企业内部开辟资金来源,主要包括企业自有资金、企业应付税利和利息等。这一方式下,企业不必对外支付借款成本,风险很小。在并购交易中,企业一般应尽可能选择此渠道。

(2) 外部筹资渠道,指企业从外部所开辟的资金来源,主要包括专业银行信贷资金、非金融机构资金、其他企业资金、民间资金和外资。从企业外部筹资,具有速度快、弹性大、资金量大的优点,但缺点在于资金成本较高、风险较大。

(二) 筹资方式

随着我国金融市场的发展,企业有多种筹资方式可以选择,在并购中企业可以根据自身的实际情况选择合理的方式。

(1) 权益融资。在权益融资方式下,企业通过发行股票作为对价或进行换股以实现并购。

发行股票,企业运用发行新股或上市公司将再融资(增发或配股)发行的股票作为合并对价进行支付。其优点是不会增加企业的负债;但同时会稀释股权。发行股票后如企业经营效率不能得到实质性提升,则会降低每股收益。

换股并购,以收购方本身的股票作为并购的支付手段交给被并购方或被并购方原有的股东。换股并购的优势在于:①使收购方避免大量现金短期流出的压力,降低了收购风险;②使收购一定程度上不受并购规模的限制。但同时,换股并购会受到证券法规的严格限制,审批手续复杂,耗时较长。

(2) 债务融资。在债务性融资方式下,收购企业通过举债的方式筹措并购所需的资金,主要包括向银行等金融机构贷款和向社会发行债券。

并购贷款,向银行等金融机构贷款手续简便,融资的成本低,同时融资的数额巨大。

但缺点在于：①必须向银行公开自己的经营信息，并且在经营管理上受到一定程度的银行借款协议的限制；②要获得贷款一般都要提供抵押或者保证人，降低了企业的再融资能力。

发行债券，向社会发行债券的优点有：①债券利息在企业缴纳所得税前扣除，减轻了企业的税负；②可以避免稀释股权。但如果债券发行过多，会影响企业的资产负债结构，增加再融资的成本。

 要点提示

> 向银行借款是传统的并购融资方式。2008年12月9日，中国银监会发布了《商业银行并购贷款风险管理指引》，允许符合条件的商业银行开办并购贷款业务，规范商业银行并购贷款经营行为，满足企业和市场日益增长的合理的并购融资需求。

（3）混合性融资。混合性融资同时具有债务性融资和权益性融资的特点，最常用的混合性融资工具是可转换公司债券和认股权证。

可转换公司债券，其特点是债券持有人在一定条件下可将债券转换为股票。它的优点在于：①可转换公司债券的利率较不具备转换权的债券一般比较低，可降低企业的筹资成本；②可转换公司债券具有高度的灵活性，企业可以根据具体情况设计不同报酬率和不同转换价格的可转换公司债券；③当可转换公司债券转化为普通股后，债券本金不必偿还，免除了企业还本的负担。同时，它的缺点是：①当债券到期时，如果企业股票价格高涨，债券持有人自然要求转换为股票，这就变相使企业蒙受财务损失。如果企业股票价格下跌，债券持有人会要求退还本金，这不但增加企业的现金支付压力，也会影响企业的再融资能力；②当可转换公司债券转为股票时，企业股权会被稀释。

认股权证，由上市公司发行的、能够按照特定的价格在特定的时间内购买一定数量发行方普通股股票的选择权凭证，其实质是一种普通股股票的看涨期权。通常随企业的长期债券一起发行。认证股权的优点在于避免并购完成后被并购企业的股东立即成为普通股股东，从而延迟股权被稀释的时点，还可以延期支付股利，从而为公司提供了额外的股本基础；缺点是如果认股权证持有人行使权利时，股票价格高于认股权证约定的价格，会使企业遭受财务损失。

（三）筹资成本分析

资金成本是指公司为取得并使用资金而付出的代价，其中包括支付给股东的股息和债权人的利息等。在并购筹资过程中，公司必须在筹资风险与筹资成本之间做出权衡，以使公司保持一个合理的资本结构，保障良好的运营。一般公司在并购过程中都是从多种来源筹集并购所需资金，各种资金的成本也不尽相同。为了估算全部融资的综合成本，需要对资金成本进行加权计算，其公式为：

$$K = \sum_{i=1}^{n} W_i R_i$$

其中，K 为加权平均资金成本率；W_i 为第 i 种资金占筹集资金总额的比例；R_i 为第 i 种资金的资金成本率。

【例 8-1】 ABC 公司共有资本 1 000 万元，其中银行长期借款 100 万元，公司债券 200 万元，优先股 200 万元，普通股 400 万元；保留盈余 100 万元，各种资本的资本成本分别为：

$$K_0 = 8\%; \quad K_b = 9\%; \quad K_p = 11\%; \quad K_s = 16\%; \quad K_e = 15.5\%$$

要求：计算 ABC 公司的加权平均资本成本。

分析：

首先，计算各个资本在总资本中所占的比重：

长期借款：$W_0 = \dfrac{100}{1\,000} = 0.1$ 公司债券：$W_b = \dfrac{200}{1\,000} = 0.2$

优先股：$W_p = \dfrac{200}{1\,000} = 0.2$ 普通股：$W_s = \dfrac{400}{1\,000} = 0.4$

保留盈余：$W_e = \dfrac{100}{1\,000} = 0.1$

然后，计算加权平均资本成本：

$$K_w = 0.1 \times 8\% + 0.2 \times 9\% + 0.2 \times 11\% + 0.4 \times 16\% + 0.1 \times 15.5\% = 12.75\%$$

在上述计算中，个别资本成本占全部资本的比重，是按账面价值确定的，其资料比较容易获得。在实际中，股票和债券的价格是随时变动的。当这种变动幅度较大时，资本的实际市场价值与账面价值就产生了较大的差别。在这种情况下还按照账面价值计算资本成本，其结果会与实际有较大的差距，从而贻误筹资决策。

为了解决这个问题，另外还有两种计算资本成本的方法。①按市场价值计算。这种方法也称为市场价值权数。市场价值权数指债券、股票以市场价格确定权数，这样计算出的加权平均资本成本能够比较真实地反映公司目前的情况。在市场价格变动频繁时，也可以选用平均价格。②按目标价值计算。这种方法也称为目标价值权数。它是指债券、股票以未来预计的目标市场价值确定权数。这种权数能够体现期望的资本结构，而不是像账面价值权数和市场价值权数那样只反映过去和现在的资本结构。虽然这种方法很适用于公司在筹集新资本时使用，但是公司往往无法客观确定证券的目标价值。因此，这种方法不易推广。

二、并购支付方式的选择

在公司并购中，支付对价是其中十分关键的一环。选择合理的支付方式，不仅关系到并购能否成功,而且关系到并购双方的收益、企业权益结构的变化及财务安排。各种不同的支付方式各有特点与利弊,企业应以获得最佳并购效益为宗旨,综合考虑企业自身经济实力、筹资渠道、筹资成本和被并购企业的实际情况等因素,合理选择支付方式。公司并购涉及的支付方式主要有以下三方面。

(一) 现金支付

现金支付是指收购方支付一定数量的现金,以取得目标企业的所有权。现金方式并购是最简单迅速的一种支付方式。对目标企业而言,不必承担证券风险,交割简单明了。缺点是目标企业股东无法推迟资本利得的确认从而不能享受税收上的优惠,而且也不能拥有新公司的股东权益。对于收购方而言,现金支付是一项沉重的即时现金负担,要求其有足够的现金头寸和筹资能力,交易规模也常常受到筹资能力的制约。

(二) 股权支付

股权支付也称换股并购,指收购方按一定比例将目标企业的股权换成本公司的股权,目标企业从此终止经营或成为收购方的子公司。换股并购对于目标企业股东而言,可以推迟收益的计税时点,取得一定的税收利益,同时也可分享收购方价值增值的好处。对收购方而言,不会挤占其日常营运资金,比现金支付成本要小许多。但换股并购也存在着不少缺陷,如稀释了原有股东的权益,每股收益可能发生不利变化,改变了公司的资本结构,稀释了原有股东对公司的控制权等。

(三) 混合并购支付

并购企业支付的对价除现金、股权外,还可能包括可转换公司债券、一般公司债券、认股权证、资产支持受益凭证、承担的债务、划转的资产,或者表现为多种方式的组合。并购实务中,常见的支付对价组合包括现金与股权的组合、现金和承担的债务的组合、现金与认股权证的组合、现金与资产支持受益凭证的组合等。将多种支付工具组合在一起,如搭配得当,选择好各种融资工具的种类结构、期限结构以及价格结构,可以避免上述两种方式的缺点,既可使收购方避免支出更多现金,造成企业财务结构恶化,也可以防止收购方原有股东的股权稀释或发生控制权转移。

【例 8-2】 A 公司、B 公司和 C 公司为国内某家电产品的三家主要生产商。B 公司与 C 公司同在一省,A 公司在相距 1 000 千米外的另外一省;A 公司和 C 公司规模较大,市场占有率和知名度高,营销和管理水平也较高。B 公司通过 5 年前改组后,转产进入家电行业,规模较小,资金上存在一定问题,销售渠道不足。但 B 公司拥有一项该种家电的关键技术,而且是未来该种家电的发展方向,需要投入资金扩大规模和开拓市场。A 公司财务状况良好,资金充足,是银行比较信赖的企业,其管理层的战略目标是发展成为行业的主导企业,在市场份额和技术上取得优势地位。目前 A 公司拟并购 B 公司。

要求:

(1) 判断这是横向并购还是纵向并购,或者是混合并购;

(2) 分析该并购可能给 A 公司带来的利益。

分析：

（1）由于双方处于同一行业，因此，该并购属于横向并购；

（2）并购可能给 A 公司带来的利益有：

① 有助于企业发挥协同效应。A 公司并购 B 公司之后，两家公司的资源共享，有助于企业整合资源。另外，可以通过共用采购、销售渠道，扩大采购和销售的规模，提高规模经济效益。

② 有助于企业迅速实现规模扩张，确立 A 公司在行业中的领先地位。并购之后，由于生产同类产品，所以可以迅速扩大 A 公司的生产规模。由于 A 公司的营销水平较高，所以，A 公司的经营规模也可以迅速扩大。并购之前，A 公司与 C 公司势均力敌，在行业中并不占有优势地位，并购有助于确立 A 公司在行业中的优势地位。

三、并购支付价格分析

公司并购支付对价的确定是一个非常复杂的问题，涉及对被并购公司的全面价值评估。这里，我们以换股并购为例，研究支付对价水平的理论范围。

假设：A 公司为主并公司，按照换股并购的方式并购 B 公司全部股份，交换比价为 x，也就是说，每股 B 公司股份可以换取 x 股 A 公司股份。如果并购完成后 A 公司股票的市盈率为 R，换股前其普通股数分别为 S_a 和 S_b，换股后 A 公司股价 P_{ab} 可以不适用市盈率公式。推导如下：

$$P_{ab} = R(Y_a + Y_b + Y_{ab})/(S_a + xS_b)$$

其中，Y_a、Y_b 分别为并购前 A、B 公式的净收益，Y_{ab} 为并购产生的收益增加量。由于并购产生整合效益，并购后 A 公司股价应该同时满足下列不等式：

$$P_{ab} >= P_a$$
$$P_{ab} >= P_b/x$$

将上述 P_{ab} 计算公式代入不等式组，就可以确定 x 的变化范围。

【例 8-3】 A 公司采用换股并购方式取得 B 公司全部股份，相关数据如下：$R = 20$，$Y_a = 800$ 万元，$Y_b = 400$ 万元，$Y_{ab} = 200$ 万元，$S_a = 1\ 000$ 万股，$S_b = 800$ 万股，$P_a = 16$ 元/股，$P_b = 10$ 元/股。

将上述数据代入 P_{ab} 的表达式得到：

$$P_{ab} = 28/(1 + 0.8x)$$

令：$P_{ab} = 16$，求解方程得到：$x = 3/3.2 = 0.937\ 5$

令：$P_{ab} = 10/x$，求解方程得到：$x = 0.5$

计算结果表明：x 的取值范围为 $0.5 \sim 0.937\ 5$。

将上面讨论的三条函数在同一坐标系画图，如图 8-2 所示。

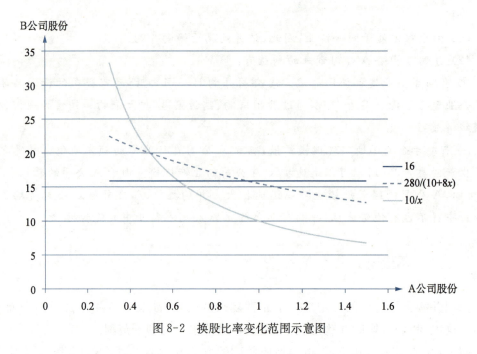

图 8-2　换股比率变化范围示意图

在现实的并购实践中,并购对价的影响因素很多,换股比率是并购双方讨价还价的结果,上述模型仅仅从市盈率角度出发,给出了研究这一问题的方法和思路。

第三节　并购绩效评价方法

本节充分整合公司并购绩效评价理论,推导出公司并购绩效的评价模型——差量评价模型,并结合2004年我国上市公司并购案例,进行实地应用。

一、公司并购绩效与评价方法

(一) 上市公司并购绩效的界定

对于上市公司并购绩效的界定,彭志刚等(1999)认为,可以从三个层次进行,即微观层次、中观层次和宏观层次。微观层次主要分析上市公司的并购行为对其自身带来的变化,如主营业务扩张、产品结构优化、资产结构优化、经营管理机制改变等;中观层次主要分析上市公司并购对证券市场的影响和证券市场对上市公司的影响;宏观层次主要分析上市公司并购对盘活国有资产优化产业结构的贡献。毛道维等(1999)认为,并购绩效是指通过并购后企业是否取得了规模经济效应、核心竞争力、成本效率和管理效率等。

绩效应该包括两方面的意义:效率和效益。效益是指"是否做了正确的事",效率是指"是否正确地做了事"(斯蒂芬罗宾斯,2000)。因此公司并购的绩效应该包括三个层次两方面的意思,即微观、中观、宏观三个层次,以及效益和效率两个方面。从微观层次来讲,上市公司并购绩效就是指上市公司经过公司并购后,经营管理效率的提高和经营业绩的上升。本书的重点选择微观层次。

(二) 公司并购绩效评价方法述评

国内外学者对并购的研究已经有一百多年的历史,产生了一系列并购绩效的评价方法,这些方法各有优劣并分别适用于不同的经济环境,其中应用最广泛的方法如下几方面。

1. 股票市场事件研究法

事件研究法认为特定事件对研究对象所产生的影响,会通过相应的股票价格变动表现出来,其影响程度可以用非正常收益衡量。

在西方国家,股票市场事件研究法得到了广泛的利用。但是我们应该清楚地认识到,对于事件研究法,其成立的前提条件是市场半强式有效,这种情况下股票的价格才能够反映公司的价值,因此,事件期内股票超额收益率可以反映事件对企业价值的影响。但是我国证券市场远未达到半强式有效,甚至还未达到弱式有效。股票价格偏离股票真实价值的现象比较普遍,因此依据股价变动计算的超额收益率也就难以真实反映股票价值的变动。同时,股票市场事件研究法更偏重对短期绩效的研究。

2. 经营业绩对比研究法

经营业绩对比研究法经常被用来对公司并购进行中长期检验,该方法更加关注公司并购所引起的企业微观财务状况、经营状况的实质性改善。但在具体应用经营业绩比较研究法,对公司并购绩效进行研究时,人们发现即使运用相同的样本,研究者也往往会得出相反的结论。这除了选择的样本和指标的差异外,更重要的可能与方法本身有关。

与股票市场事件研究法相比,经营业绩对比研究法虽然克服了市场因素对并购绩效评估的干扰,能够真实反映事件对企业经营能力和业绩的影响,但是,也存在多种因素(比如做假账等操纵会计指标的行为)影响企业财务报表中数据真实性及可靠性的可能。

3. 个案研究法

个案研究法是一种对特定并购事件进行追踪研究从而了解其并购绩效的一种独特研究方法。具有自身特殊的优点,但应用较少,我国目前比较典型的研究有:采用个案研究法得出二级市场收购并不能给目标公司带来收益的结论。

4. 因子分析法

因子分析法是我国学者为全面反映上市公司资产并购绩效而广泛采用的一种并购绩效评估方法。他们对每个指标赋以权重,把赋予权重的指标值相加,得到每个上市公司的综合得分。然后将进行了并购的上市公司当年的得分与进行公司并购前一年的得分进行比较,这样就可以看出进行了并购活动的上市公司的经营状况是否有了实质性的提高或降低。

我国学者运用因子分析法对以提高企业的盈利能力为重点的公司并购绩效进行了实证研究。他们用主营业务收入、主营业务利润率、净资产收益率和每股收益反映上市公司在并购后其盈利能力的变化。每个指标都从一个方面反映了公司并购前后企业资产的经营状况。

但从理论依据及实证研究的结果可以看出,"因子分析法"也具有明显的不足之处。例如,该方法所采用的指标较少,对并购绩效的分析不全面;对每个指标所应赋予的权重没有进行科学的分析,仅仅是根据主观判断赋予它们以各自的权重。因此通过这种方法分析得出的结果是不完善和不全面的。

5. 其他研究方法

除了前面讲述的四种方法外,一些学者还从另外的角度对公司并购绩效的研究作了尝试和探索。

(1) 非财务指标评估法。非财务指标可以不受会计信息局限性的影响,用来评价各种经营行为,而同时又避免财务指标进行货币化计量时存在的困难。它还可以对现有经营行为进行直接的"描述",从而使它能够包含现时财务指标中没有包含的,但却能在未来财务指标上反映的企业价值信息。研究人员利用"价值相关分析"方法,以对价值贡献的多少为基准来选择非财务指标。通过统计方法和图表方法,首先分析影响价值的关键变量,再确定体现企业战略和指导具体实践的各种非财务指标,并用于对企业的绩效评估中。常用的非财务指标有客户满意率、市场占有率、雇员保持率、培训比率、新产品开发数、专利数等。因为无论非财务指标看起来与财务指标有多大的区别,它的评价基准决定了它最终向财务指标的回归。所以,非财务指标应该是财务指标评价体系的一个有益的补充,而财务指标仍是最终的绩效评价工具。

(2) 贴现现金流量法。该方法是我国学者在净现值理论的基础上提出的针对目标企业价值的绩效评估方法,即贴现现金流量法,又称为拉巴波特模型。通过计算出并购投资项目的未来收益现值与并购目标企业所需的收购成本进行比较,从而获得对此并购行为成败得失的评价结果。但是,贴现现金流量法也存在明显的问题,即折现率的估值的不确定性。由于在对折现率进行估值时,必须对许多有关市场、产品、定价、竞争、管理、经济状况、利率的情况进行假设,所得出的数值有一个可信度的问题。因此,贴现现金流量法的分析结果可能是精确的,但不一定是正确的。

通过以上对各种绩效评价方法的分析评价,结合我国学者对于并购绩效的已有实证研究可以看出:由于我国上市公司信息披露较晚,我国并购绩效的研究存在的局限性主要表现在以下几方面。

(1) 所选样本缺乏,比较片面,代表性不强。

(2) 主要研究并购对目标公司的影响,忽视了并购对收购公司和社会整体价值创造的影响的研究。

(3) 已有的多数研究时间跨度较短。

(4) 由于我国资本市场发育不成熟,影响股票价格的因素很多,股价往往与公司业绩脱钩,不适合用来做公司价值和业绩的评价指标。

(5) 很多研究都只对所有发生并购公司的总体进行分析,没有对并购进行详细的分类,使得出的结论过于笼统。

(6) 很多研究在对并购绩效评价时所选的财务指标太少,不能全面反映并购公司的经营状况,这样得出的结论并不全面。

二、公司并购绩效差量评价模型及其特点

(一) 公司并购绩效差量评价模型的理论依据

该模型的建立主要考虑到上述几种并购绩效评价方法的特点以及我国目前的实际情况,将经营业绩对比研究法和因子分析法结合在一起使用,汇总了两种方法的优点,弥补了各自的不足。

该并购绩效评价方法以公司公开的财务会计报表和财务数据指标为依据,分别从盈利能力、偿债能力、营运能力和成长能力这四个方面选取反映企业资产经营管理能力的指标,考虑到不同资产规模公司绩效的可比性,对各指标进行无量纲化处理,使不同公司间业绩具有可比性;并对每个指标赋以权重,把赋予权重后的指标值相加,得到每个上市公司并购前后各个年度公司绩效的综合得分;同时考虑到并购行为发生当年其他因素可能对公司绩效产生影响,所以不考虑并购当年公司的绩效,将并购发生前两年与并购发生后两年公司绩效的均值进行比较,从而就可以看出发生并购活动的上市公司的经营状况是否有了实质性的提高或降低。

(二) 公司并购绩效差量评价模型的建立

(1) 分别从盈利能力、偿债能力、营运能力和成长能力这四个方面选取反映企业资产管理能力的指标,目标的选取以财政部等四部委联合颁布实施的国有资本金绩效评价体系中规定的基本财务指标为依据,结合 CSMAR 数据库系统中提供的指标,共选取八项指标;同时根据各个指标对公司资产经营管理能力的反应程度不同,赋予相应权重,权重的确定以财政部等四部委联合颁布实施的国有资本金绩效评价体系中规定的基本指标权数的设置为标准,具体的指标选择和权重分配如表 8-1 所示。

表 8-1 公司绩效评价指标及权重分配表

指标设置		指标代码(X_j)	权 重
盈利能力	总资产净利润率	X_1	30%
	资产报酬率	X_2	12%
偿债能力	资产负债率	X_3	12%
	利息保障倍数	X_4	10%

(续表)

指标设置		指标代码(X_j)	权重
营运能力	流动资产周转率	X_5	9%
	总资产周转率	X_6	9%
成长能力	资本积累率	X_7	9%
	净利润增长率	X_8	9%

(2) 计算各公司并购发生前后各两年的八项经营业绩指标,并分别对这八项指标进行无量纲化处理,具体处理方法为公式(8-1)所示:

$$Y_{ij} = \frac{(X_{ij} - EX_j)}{\sqrt{DX_j}} \tag{8-1}$$

其中:

$$EX_j = \frac{1}{n}\sum_{i=1}^{n} X_{ij}$$

$$DX_j = \frac{1}{n-1}\sum_{i=1}^{n}(X_{ij} - EX_j)^2$$

X_{ij} 为第 i 个样本公司的第 j 项指标值;n 为样本公司的总数;Y_{ij} 表示无量纲化处理后的第 i 个样本公司的第 j 项指标值。

(3) 对各个公司处理后的指标值分别乘以对应权重,得出各公司并购前后共四年的绩效值,具体处理方法如公式(8-2)所示:

$$W_{iK} = 0.3X_{i1} + 0.12X_{i2} + 0.12X_{i3} + 0.1X_{i4} + \\ 0.09X_{i5} + 0.09X_{i6} + 0.09X_{i7} + 0.09X_{i8} \tag{8-2}$$

其中:W_{iK} 为第 i 个样本公司第 k 年的绩效值;在本文中 K 分别取 2002、2003、2004、2005、2006。

(4) 计算各样本公司的长、短期并购绩效,具体计算方法见公式(8-3)、公式(8-4):

$$R_i = W_{i2005} - W_{i2003} \tag{8-3}$$

$$Z_i = \frac{(W_{i2005} + W_{i2006})}{2} - \frac{(W_{i2002} + W_{i2003})}{2} \tag{8-4}$$

其中:R_i 为各个样本公司的短期并购绩效;Z_i 为各个样本公司的长期并购绩效。

(三) 并购绩效差量分析模型的特点

并购绩效差量分析模型融合了经营业绩对比研究法和因子分析法,同时又具有自己的特点,其优点主要表现为以下几方面。

(1) 以公司发表的财务报告为基础,使用的数据容易取得也很好理解,可以选取较长的时间跨度来研究公司并购前后绩效的变化。

（2）从多角度选取反映公司资产经营管理能力的多项财务指标，有利于全面分析公司并购绩效。

（3）对各项指标进行无量纲化处理，使不同公司间的绩效具有可比性。

（4）根据各指标对公司资产经营管理能力的反映程度不同，赋予相应权重，使得绩效评价值更客观。

但并购绩效差量分析模型也存在不足之处：

（1）财务数据主要是基于历史数据，常常忽略了现在的市场价值，其代表的经济意义可能不准确。

（2）指标的选择和权重的确定以财政部等四部委联合颁布实施的国有资本金绩效评价体系中规定的基本指标权数的设置和评分方法为标准，没有考虑修正指标和评议指标，对公司并购绩效的评价不够全面。

三、上市公司并购绩效差量分析模型的应用

（一）样本选取

我们曾经以 2004 年发生的 1 541 笔并购交易中控制权发生转移的 302 笔股权类交易为研究对象，同时考虑到上市公司作为并购事件中的收购方和目标公司存在着较大差异，我们从中选取以买方为上市公司且控制权发生转移的 191 笔交易为样本进行研究。在评价公司并购绩效时，为有效考察公司并购前后的绩效变化，保证研究质量，指标的评价必须考虑一定的时间跨度，因此我们采用（2002，2006）的时间区间，即并购事件发生当年及前后 2 年，共 5 年的财务数据来进行综合评价分析。

在以中国企业兼并重组研究中心对 2004 年公司并购的统计为依据的基础上，对样本进行了进一步的筛选，选取的具体原则如下：

（1）并购交易额大于 1 000 万元；

（2）样本中上市公司在考察期（2002，2006）内的财务数据可获得；

（3）对于财务数据明显造假的公司予以剔除（比如银广夏）；

（4）不考虑国有资产在国有企业之间的无偿划拨、企业与个人之间的转让、行政划转、关联方交易。

按照以上原则，我们共得到 77 笔符合条件的并购交易为样本进行研究。

（二）上市公司并购绩效差量分析模型的实证应用与分析

1. 各样本公司并购整体绩效分析

统计研究结果表明，当样本公司并购前业绩为正时，并购后业绩都有所提高；当样本公司并购前绩效为负时，并购后业绩都有所下降。可见，并购提高了绩优公司的业绩，但并没有改善绩差公司的经营状况。

2. 各样本公司并购短期绩效分析

统计研究结果表明,短期绩效的散点图分布可以看出,与并购前一年相比,在并购后一年内,81.8%的样本公司的绩效都有了明显改善。说明从短期内看,并购活动提高了公司的经营业绩,明显提高了公司的绩效。

3. 各样本公司并购长期绩效分析

统计研究结果表明,长期绩效的散点图分布可以看出,与并购前两年公司的平均绩效相比,只有55.8%的样本公司绩效得到改善,绩效的改善率明显低于短期绩效改善率,这说明从较长的时期来看,只有大约一半的公司因为并购活动绩效得到了改善。

4. 不同行业样本公司并购长期绩效分析

对不同行业公司并购的长期继续进行分析,可以帮助我们了解不同行业并购继续的传递周期,这是行业资本结构和经营周期影响的结果。

根据各样本公司所处行业不同,分别研究各行业的整体并购绩效。剔除掉当年发生并购案例少于6起的行业,共得到五个行业,对其进行行业间长期并购绩效的比较,这五个行业分别为:制造业(C),电力、蒸汽及水的生产和供应业(D),批发及零售贸易(H),房地产(J)和综合类(M)。结果如图8-3所示:各行业间并购绩效差异很大,批发及零售贸易业和制造业的行业绩效均值都为正,其中批发及零售贸易业的行业绩效均值达到了9.97,远高于其他行业;而其他三个行业长期绩效均值都为负数。

各行业并购绩效对比

图8-3 不同行业并购长期绩效对比

注:行业代码1~5指代行业分别为房地产,批发及零售贸易,综合类,制造业,电力、蒸汽及水的生产和供应业。

综上所述,通过实证数据的测算与检验,我们可以得到以下结论。

(1)从并购绩效的整体评价结果可以看出,并购提高了绩优公司的业绩,但同时降低了绩差公司的绩效。这种现象正好与人们的预期相反。究其原因可能是由于绩优公司在并购前资产的经营管理能力便比较强,发生并购活动后,由于规模效应、协同效应等原因,公司的绩效进一步得到加强。但是绩差公司并购前资产的经营管理能力就比较差,并购活动的规模效应未能改善其经营状况,反而由于并购后企业的整合等方面原因导致公司绩效进一步下降。

(2) 从总体上看,样本公司在并购当年的业绩不是很好,而并购后一年的绩效与并购当年及并购前一年相比得到了明显改善,但是剔除并购当年公司的绩效,与公司并购前两年的平均绩效相比,并购绩效并未得到显著改善。这可能是由于在并购前一年和并购当年,由于与并购相关的一些前期准备工作及并购后的整合工作,使公司总体的业绩出现下滑现象,所以与并购后一年绩效相比公司绩效得到明显改善。但是,由于并购前两年的绩效均值更能反映公司并购前的实际绩效水平,用其与并购后一年的绩效相比差额不大,表明并购没有明显改善公司绩效。

(3) 不同行业间并购绩效差异较大。突出表现为批发及零售贸易业的并购绩效远高于其他行业,还有部分行业的并购绩效均值为负。这可能是由于不同行业的市场饱和程度不同,从而导致该行业内部竞争水平高于或低于市场平均的竞争水平,企业对这些行业进行并购后的绩效取得就会易于或难于一般行业。具体表现为该行业并购绩效均值远高于或低于一般行业。这便要求公司在进行并购前必须充分考虑行业因素,尽可能选择最有利于企业发展和绩效提高的行业内进行并购。

 案例研究与分析

苏宁易购并购家乐福(中国)

面对日新月异的商业环境,众多公司将收购、兼并等作为企业战略性资源获取和扩大企业规模的重要方式,从而保证企业的可持续发展。2019年9月27日,苏宁易购正式收购家乐福中国80%股权。伴随着新零售业态和消费升级的热潮,苏宁选择扩充大快消零售板块,来实现其全品类、全场景、全客群零售的生态体系。本案例梳理了并购双方概况和背景、并购过程,并描述苏宁收购后的市场反应。

【案例资料】

一、并购方双方基本情况

苏宁易购集团股份有限公司(以下简称"苏宁易购")于1990年在中国南京成立,是中国最大的商业零售企业。创始人张近东以10万元自有资金白手起家,起初,它只经销空调业务,现已扩展为多种品类,如传统家用电器、3C电器和日用百货等。2004年在深圳证券交易所上市,股票交易代码为002024。历经29余年现已发展成为中国领先的O2O智慧零售商,2018年,苏宁在"财富"全球500强企业排行榜中排名第427位。根据该公司2019年3月发布的2018年度报告,公司销售规模实现快速增长,营业收入从2017年的1 879.28亿元增加到2018年的2 449.57亿元,实现营业收入同比增长30.35%。归属于上市公司股东的净利润为133.28亿元,同比增长216.38%,表明苏宁的盈利能力有较大提升。

家乐福集团是全球领先的零售集团。其成立于1959年,是大型综合超市概念的创

始者,它在1995年正式进入大陆市场,凭借成熟的商业模式,它成为最早一批在大陆开展业务的外资零售企业。截至2019年3月,在国内有210家大型综合超市,24家便利店和6大仓储配送中心,其覆盖面广泛,达22个省份和51个大中型城市,同时拥有约3 000万会员。2018年,家乐福中国在"财富"全球500强企业排行榜中排名第68位。据家乐福提供的未经审计的管理会计报表可知,家乐福中国2018年的营业收入324.47亿元,较2017年营业收入299.58亿元同比下降了7.67%。报表显示,2018年公司负债总额达到了137.88亿元,资产总额115.42亿元,据此可得出,家乐福中国目前深陷亏损,并处于资不抵债的状态。

二、苏宁易购并购家乐福(中国)的背景

"新零售"这一概念,在2016年首次在云栖大会上正式提出。随着现代高科技互联网技术的发展,企业在原有的经营结构与商业模式的基础上,重塑场景、服务与产品的生态系统模式。有关新零售相关的新概念也层出不穷,从阿里的"新零售"到京东的"无界零售",再到苏宁的"智慧零售"。各大电商、零售企业纷纷布局自己的线下新零售业务,现阶段,新零售已进入成熟发展业态。

基于此行业背景,苏宁易购提出"全品类、全渠道、全客群零售体系"的发展战略,苏宁在零售、母婴、生活、影视、体育等多领域进行投资收购活动。主要包括2012年并购红孩子、2013年并购PPTV、2017年并购天天快递等。但是,苏宁与其竞争对手阿里巴巴、京东相比,无论是在线上还是线下的零售业务,仍是有一定的差距。2017年正式提出"智慧零售"时,阿里和京东已经率先在新零售做好了铺路。其次,苏鲜生、苏宁红孩子、苏宁小店等业态,由于业务单一、规模较小和分布的因素,均无法体现智慧零售"流量入口"的本质,显得有些跛脚孱弱。此外,在渠道扩张进度上,苏鲜生却屡屡不顺,据苏宁年报显示,苏鲜生在2018年新开3家却关闭4家,截至2018年12月30日总数8家,离年初制定的开店50家的目标相差甚远。与此同时,随着"盒马鲜生"、永辉的"超级物种"等相继问世,新零售真正开始在中国掀起一股热浪。各大平台也不仅满足于生鲜超市,阿里和京东先后完成了对国内前五大超市的潜在投资或控制,大润发、沃尔玛中国和华润万家等均与苏宁的竞争对手形成战略合作关系,而以苏宁现在的精力和实力还无法投资或收购永辉超市。来自多维度的竞争,无疑增加了苏宁布局线下实体场景的难度和挑战。阿里、京东等凭借着自身优势似乎已占领了中国零售市场的大半江山,因此苏宁急需找到适合自己的线下大型商超。

此时,按照家乐福方提供的中国报表显示,截至2018年年末,家乐福中国负债总额超过资产总额,归属母公司的净利润也持续为负。在经营方面,家乐福中国从2013年开始销售规模就呈下滑趋势,营业收入与永辉、大润发等国内传统超市相差较多,盈利状况令人担忧。由此可知,家乐福中国目前经营状况大不如从前,长期处于资不抵债的状态。近年来,家乐福方也一直有意寻找战略合作伙伴,为了脱离在中国这种不堪的状态。

三、苏宁易购并购家乐福(中国)的过程

2019年,主张智慧零售的苏宁与急需摆脱困境的家乐福中国一拍即合。2019年6

月23日,苏宁方便发出公告称,苏宁易购旗下全资子公司苏宁国际与家乐福将签署《股权购买协议》。此次有关并购的合同中,苏宁国际将一次性出资48亿元现金的交易价格,从家乐福集团收购其中国部分80%的股份。若此项交易完成,苏宁将成为家乐福中国的最大控股股东。8月份,此次世纪跨国并购案通过国家市场监督管理总局的经营者几种反垄断审查。

2019年9月26日,苏宁国际一次性支付完毕全部价款,履行此次收购对价义务,这标志着苏宁正式完成对家乐福中国的股权收购事项,也成功获取了家乐福中国的经营控制权。

四、并购后的市场反应

整合的效果如何,市场是最好的反映。从整后的市场反应初步来看,成果效益还是可喜可贺的。自2012年来,苏宁家乐福首次实现单季度盈利,从收购日至2019年年末,家乐福中国实现营业收入近653 159万元。苏宁本来的核心业务家电和3C数码原本就有一定的知名度,依托于家乐福电器门店,可以进一步塑造其竞争实力,提高市场占有率。同样,在双十一大促活动中,苏宁家乐福累计销售额达31.2亿元,同比增长近43%,其中到家业务订单达二百万单。基于苏宁先进的供应链技术与理念,双十一期间,苏宁在部分地区为家乐福落实了"快拣仓"服务:用户在线上下单可以迅速发货,享受1小时到家的服务。因此,不仅实现了线上的促销零售活动,更是解决了双十一物流瘫痪和仓储缺货等痛点问题。在春节期间,到家服务深受欢迎,服务持续升级,超市整体业绩有着质的飞跃。

【案例思考】

1. 请进一步查阅资料,对该案例进行分析,思考并购的动因。
2. 根据上述资料,判断并购类型。
3. 请进一步查阅资料,对该案例进行分析,思考并购效应。

【案例分析】

一、苏宁易购并购家乐福(中国)的动因分析

就单个企业的并购行为而言,会有不同的动机和在现实生活中不同的具体表现形式,不同的企业根据自己的发展战略确定并购的动因。

对苏宁易购来说,并购的动因如下:第一,是苏宁易购多元化经营的战略选择。此次并购从业态看,家乐福弥补了苏宁在商超业态上的不足,此前苏宁的业态主要集中在家电、3C数码、百货方面。通过收购家乐福,苏宁能够补齐大卖场业态,从专业业态延伸到全场景业态,各业态流量形成共振。第二,形成优势互补。苏宁正开展从电器商向全场景全客群拓展的多元化转型,但作为售卖电器起家的苏宁,在快消品行业毕竟经验不足,凭内生能力推动转型将费时费力,且风险较大。但家乐福(中国)凭借供应链能力极强、线下运营经验丰富、品牌知名度较高等优势,已与1 425家中国供应商建立起业务

往来,分布于全国各省区市。因此,在快消品、食品的采销方面能对苏宁形成较好的互补。第三,应对同行业巨头的竞争压力。近年O2O零售模式开始崭露头角,先有阿里提出新零售概念,并入股高鑫零售、与欧尚和大润发达成新零售战略合作;后有腾讯入股永辉,加入新零售争霸。在此背景下,苏宁提出的智慧零售概念似乎与阿里、腾讯践行的新零售布局高度重叠和激烈竞争,而选择并购家乐福中国可有效应对同行业巨头的竞争。

对家乐福(中国)而言,并购的动因如下:第一,母公司战略选择。法国家乐福集团决定收缩海外业务,聚焦欧洲本土市场,成为此次家乐福出售包括中国、波兰、阿根廷在内三个海外市场资产的主要动因。因其体量规模和中国正在经历新零售巨大变革,造成其出售的决心和放弃应对复杂的中国市场的信息,空前强烈。第二,家乐福(中国)自身存在的原因。家乐福(中国)账面净资产为负的主要原因为近年来线下零售业态受到互联网的冲击,家乐福(中国)虽然积极地应对,但仍出现了阶段性的经营亏损,导致法国母公司不得不出售在中国的业务。

二、并购的类型

(1) 按行业相互关系划分,此案例属于横向并购。苏宁易购和家乐福(中国)的经营范围相互重叠,并购使二者之间的竞争消除,达到了协同效应,进一步扩大了市场份额,最终形成规模效应。

(2) 按并购的出资方式划分,此案例属于现金并购。

(3) 按并购双方是否直接进行并购活动划分,此案例属于协议收购。

(4) 按并购是否取得被并购公司的同意与合作划分,此案例属于友好收购。

三、并购效应分析

(一) 经营协同效应

本次交易将帮助苏宁对家乐福门店进行全面的数字化改造,苏宁线下6 000多家苏宁小店可与家乐福门店联合起来,实现"苏宁大店+小店"协同作用,打造线上线下综合超市消费场景。此次收购的实施可以实现苏宁易购快速消费品类的跨越式发展,极大地丰富产品类别。同时有效提高公司的全方位管理能力,改善最后一公里配送网络,这有利于降低公司的采购和物流成本,增强并购后企业市场竞争力和盈利能力。

(二) 管理协同效应

苏宁本身具有优秀的管理能力,而家乐福在海内外供应链能力和仓储运输管理能力方面也具有丰富的经验,关于此次交易,双方达成一致协议,苏宁同意继续保留家乐福(中国)现有的组织架构和业务组成,并保证在一定时间内家乐福(中国)的人员结构等方面不会发生重大调整。双方在人员、物流、仓储运输等方面实现共享。

(三) 财务协同效应

本次交易完成后,将对上市公司的财务状况产生影响。家乐福(中国)2018年实现营业收入299.58亿元,占苏宁2018年实现营业收入2 449.57亿元的12.23%。该交易将有助于扩大苏宁易购的销售规模;从现金流量的角度来看,家乐福(中国)的经营现金流相对稳定,运营资金周转相对较良性,可供现有业务良好发展之需。

第九章 公司并购的运作

学习目标

1. 了解管理层收购的特点和应用条件；
2. 了解公司并购的防御策略；
3. 理解和掌握公司并购的流程、融资渠道、融资方式、支付手段以及公司并购后的整合；
4. 掌握杠杆并购的特征和融资结构。

第一节 公司并购的流程及其监管

公司并购是一项极其复杂的运作过程，涉及很多经济、法律、政策等问题，并且不同性质企业的并购操作程序也不尽相同。为此，我国有关法律法规对公司并购程序作出了相关规定，以规范并购行为、降低并购风险、提高并购效率。

一、公司并购的一般流程

（一）制定并购战略规划

企业开展并购活动首先要明确并购动机与目的，并结合企业发展战略和自身实际情况，制定并购战略规划。企业有关部门应当根据并购战略规划，通过详细的信息收集和调研，为决策层提供可并购对象。

（二）选择并购对象

制定了并购的战略，下一步就要开始实施战略或者说开始实施并购行为。这时，首先遇到的问题就是：要并购谁？企业应当对可并购对象进行全面、详细地调查分析，根据并购动机与目的,筛选合适的并购对象。

有的时候企业会因为出现了一个目标才开始有并购的愿望的(如碰到一家企业因亏损而低价出售),但很多时候却还没有具体目标,为了能以较高的效率找到合适的并购目标,就需要给定一定的标准。

搜寻目标的标准应尽量采用相对较少数量的指标,而不应过分严格,除非确实有一大堆目标公司可供选择。可选择的基本指标有交易的行业、规模和必要的财务指标,此外还可以包括地理位置的限制等。

筛选备选目标的办法是首先将其与并购公司的并购战略作比较,看是否符合公司的战略。其次是通过一些细节的项目进行比较,从中挑选出最符合并购公司的目标公司,一般来说,可以重点从以下方面来考虑:目标公司在某一行业的市场地位;目标公司的盈利能力;目标公司的杠杆水平;目标公司的市场份额;目标公司的技术状况及其竞争者取得或模仿其技术的难度;目标公司服务的竞争优势;目标公司在位的管理层、技术人员和其他关键管理人员的状况。

在此阶段中出现的风险主要是备选并购目标搜寻失误、参考的外部信息虚假、参考标准选择失误等,这将直接影响到目标公司的确定以及并购的成功实施。这些风险属于信息风险,即由于信息的不对称和不充分,并购扩张时并购方对目标公司了解不全面导致并购失败的风险增加。

(三)制定并购方案

为充分了解并购对象各方面情况,尽量减少和避免并购风险,并购方应当开展前期尽职调查工作。尽职调查的内容包括并购对象的资质和本次并购的批准或授权情况、股权结构和股东出资情况、各项财产权利、各种债务文件、涉及诉讼仲裁及行政处罚的情况、目标企业现有人员状况等。在尽职调查的基础上,企业应当着手制定并购方案,针对并购的模式、交易方式、融资手段和支付方式等事宜做出安排。

尽职调查可以聘请顾问公司或者由并购公司对目标公司的情况进行全面的摸底,以便并购公司可以确定该项并购业务是否恰当,从而减少并购所可能带来的风险,并为协商交易条件和确定价格提供参考。并购中的尽职调查既可以由公司内部的有关人员来执行,也可以在外部顾问人员(如会计师、投资银行家、律师、行业顾问、评估师等)的帮助下完成。但是,一般来说,并购方的经理人员参与尽职调查是非常重要的,因为经理人员对出售方及目标企业的"感觉"和一些定性考虑,对做出并购决策来说都是非常必要的,如果经理人员不参与尽职调查或在尽职调查中不发挥主导作用的话,就会失去这些"感觉"。

尽职调查的目的,在于使买方尽可能地了解有关他们要购买的股份或资产的全部情况,发现风险并判断风险的性质、程度以及对并购活动的影响和后果。因而,收购方在调查中需要慎访卖方欺诈,关注可能的风险,诸如报表风险、资产风险、或有债务风险、环境责任风险、劳动责任风险、诉讼风险等。

(四)提交并购报告

确定并购对象后,并购双方应当各自拟订并购报告上报主管部门履行相应的审批手续。国有企业的重大并购或被并购活动由各级国有资产监督管理部门负责审核批准;集体企业被并购,由职工代表大会审议通过;股份制企业由股东会或董事会审核通过。并购报告获批准后,应当在当地主要媒体上发布并购消息,并告知被并购企业的债权人、债务人、合同关系人等利益相关方。

(五)开展资产评估

资产评估是公司并购实施过程中的核心环节,通过资产评估,可以分析确定资产的账面价值与实际价值之间的差异,以及资产名义价值与实际效能之间的差异,准确反映资产价值量的变动情况。在资产评估的同时,还要全面清查被并购企业的债权、债务和各种合同关系,以确定债务合同的处理办法。在对被并购企业资产评估的基础上,最终形成并购交易的底价。

(六)谈判签约

并购双方根据资产评估确定的交易底价,协商确定最终成交价,并由双方法人代表签订正式并购协议书(或并购合同),明确双方在并购活动中享有的权利和承担的义务。

谈判签约阶段属于协议的确定及正式签署阶段,因此合并交易结构的确定非常重要。交易结构主要是指支付对价的方式、工具和时间,通常涉及法律形式、会计处理方法、支付方式、融资方式、税收等诸多方面。法律形式是指合并的法律方式;会计处理是指采用购买法还是权益结合法;支付方式包含选择股票支付、承担负债还是现金或者多种方式组合;融资方式是指并购方资金来源;还涉及税收支付方式等其他具体事宜。

交易结构设计往往涉及定价风险、会计方式选择风险、支付方式风险、融资风险、融资结构风险、流动性风险等。谈判签约的过程不能急躁,以往我国企业海外并购谈判过程中往往急于求成,不仅忽视了并购中的各类隐含风险,更重要的是往往被对手看穿,从而支付价格较高;最近的吉利并购沃尔沃事件,并购谈判过程进展有序,支付价格远低于外界预期,受到了各界一致好评,对价确定后吉利公司股价上涨,得到投资者认可;反观塔塔收购捷豹路虎,由于支付价格远高于外界预期,且合并谈判时间较短,从而导致对价方案出台后受到投资者的质疑。

(七)办理股(产)权转让

并购协议签订后,并购双方应当履行各自的审批手续,并报有关机构备案。涉及国有资产的,应当报请国有资产监督管理部门审批。审批后应当及时申请法律公证,确保并购协议具有法律约束力。并购协议生效后,并购双方应当及时办理股权转让和资产移交,并向工商等部门办理过户、注销、变更等手续。

(八)支付对价

并购协议生效后,并购方应按照协议约定的支付方式,将现金或股票、债券等形式

的出价文件交付给被并购企业。

(九)并购整合

并购活动能否取得真正的成功,很大程度上取决于并购后企业整合运营状况。并购整合的主要内容包括公司发展战略的整合、经营业务的整合、管理制度的整合、组织架构的整合、人力资源的整合、企业文化的整合等。

整合往往是并购最终成败的关键,整个过程具有很大风险。整合风险是指并购后的公司整合不成功导致并购失败的可能性。在此阶段可能会出现的风险具体如下:营运风险、企业文化风险、人事风险、法律风险等。

公司并购流程如图9-1所示。

图9-1 公司并购流程图

二、上市公司并购流程的特殊考虑

为了规范上市公司并购及相关股份权益变动活动,保护上市公司和投资者的合法权益,我国对上市公司并购流程作出相关规定。

(一)权益披露制度

《上市公司收购管理办法》规定,并购方通过证券交易、协议转让、行政划转或其他合法途径拥有权益的股份达到一个上市公司已发行股份的5%时,应当在该事实发生之日起3日内编制权益变动报告书,向中国证监会、证券交易所提交书面报告,通知该上市公司,并予公告;在上述期限内,不得再行买卖该上市公司的股票。

并购方拥有权益的股份达到一个上市公司已发行股份的5%后,其拥有权益的股份占该上市公司已发行股份的比例每增加或者减少5%,也应当进行相应的报告和公告。

(二)国有股东转让上市公司股份

《国有股东转让所持上市公司股份管理暂行办法》规定,国有控股股东通过证券交易转让上市公司股份,同时符合以下两个条件的,由国有控股股东按照内部决策程序决定。不符合下述两个条件之一的,需报经国有资产监管机构批准后才能实施。①总股本不超过10亿股的上市公司,国有控股股东在连续三个会计年度内累计净转让股份的比例未达到上市公司总股本的5%;总股本超过10亿股的上市公司,国有控股股东在连续二个会计年度内累计净转让股份的数量未达到5 000万股或累计净转让股份的比例未达到上市公司总股本的3%。②国有控股股东转让股份不涉及上市公司控股权的转移。

国有参股股东通过证券交易在一个完整会计年度内累计净转让股份比例未达到上市公司总股本5%的，由国有参股股东按照内部决策程序决定，并报国有资产监督管理机构备案；达到或超过上市公司总股本5%的，应将转让方案逐级报国务院国有资产监督管理机构审核批准后实施。

国有股东协议转让上市公司股份的，在内部决策后，应当按照规定程序逐级书面报告省级或省级以上国有资产监督管理机构，并将协议转让股份的信息书面告知上市公司，由上市公司依法公开披露该信息。

（三）国有企业受让上市公司股份

《国有单位受让上市公司股份管理暂行规定》要求，国有企业在一个会计年度内通过证券交易方式累计净受让上市公司的股份未达到上市公司总股本5%的，由国有企业按内部管理程序决策，并报省级或省级以上国有资产监督管理机构备案；达到或超过上市公司总股本5%的，国有企业应将其受让上市公司股份的方案事前报省级或省级以上国有资产监督管理机构备案后方可组织实施。

国有企业通过协议方式受让上市公司股份后不具有上市公司控股权或上市公司国有控股股东通过协议方式增持上市公司股份的，由国有单位按内部管理程序决策；国有企业通过协议方式受让上市公司股份后具有上市公司控股权的，应在与转让方签订股份转让协议后逐级报省级或省级以上国有资产监督管理机构审核批准。

（四）财务顾问制度

财务顾问在公司并购重组中扮演着重要角色，对于活跃公司并购市场、提高重组效率、维护投资者权益发挥了积极作用。我国有关法律法规规定，并购方进行上市公司的收购，应当聘请在中国注册的具有从事财务顾问业务资格的专业机构担任财务顾问；上市公司国有控股股东拟采取协议转让方式转让股份并失去控股权，或国有企业通过协议转让受让上市公司股份并成为上市公司控股股东的，应当聘请境内注册的专业机构担任财务顾问；外国投资者以股权并购境内公司，境内公司或其股东应当聘请在中国注册登记的中介机构担任顾问。

财务顾问应当勤勉尽责，遵守行业规范和职业道德，保持独立性，保证其所制作、出具文件的真实性、准确性和完整性。

三、外国投资者并购境内企业的特殊考虑

随着经济全球化的深入发展和我国对外开放的进一步扩大，外国投资者以并购方式进行的投资逐步增多，促进了我国利用外资方式的多样化，在优化资源配置、推动技术进步、提高企业管理水平等方面发挥了积极作用。为引导外国投资者并购境内企业有序发展，维护国家安全，我国对外国投资者并购境内企业安全审查提出了特

殊要求。

（一）基本规定

外国投资者并购境内企业，是指下列情形：外国投资者购买境内非外商投资企业（以下称"境内企业"）的股权或认购境内非外商投资企业增资，使该境内企业变更设立为外商投资企业（以下称"股权并购"）；外国投资者购买境内外商投资企业中方股东的股权，或认购境内外商投资企业增资；外国投资者设立外商投资企业，并通过该外商投资企业协议购买境内企业资产并且运营该资产，或通过该外商投资企业购买境内企业股权；外国投资者直接购买境内企业资产，并以该资产投资设立外商投资企业运营该资产（以下称"资产并购"）。

 要点提示

> 上述情形可归结为两大类：一是股权收购，即通过股权购买实现对境内企业控股式并购；二是资产收购，即先设立外商投资企业再并购境内企业资产进行运营。

外国投资者并购境内企业，应遵循以下基本规定。

（1）应遵守中国的法律、行政法规和规章，遵循公平合理、等价有偿、诚实信用的原则，不得造成过度集中、排除或限制竞争，不得扰乱社会经济秩序和损害社会公共利益，不得导致国有资产流失。

（2）应符合中国法律、行政法规和规章对投资者资格的要求及产业、土地、环保等政策。依照《外商投资产业指导目录》不允许外国投资者独资经营的产业，并购不得导致外国投资者持有企业的全部股权；需由中方控股或相对控股的产业，该产业的企业被并购后，仍应由中方在企业中占控股或相对控股地位；禁止外国投资者经营的产业，外国投资者不得并购从事该产业的企业。被并购境内企业原有所投资企业的经营范围应符合有关外商投资产业政策的要求；不符合要求的，应进行调整。

（3）外国投资者并购境内企业涉及企业国有产权转让和上市公司国有股权管理事宜的，应遵守国有资产管理的相关规定。

（4）外国投资者并购境内企业设立外商投资企业，应依照有关规定经审批机关批准，向登记管理机关办理变更登记或设立登记。

（5）如果被并购企业为境内上市公司，还应根据《外国投资者对上市公司战略投资管理办法》，于国务院证券监督管理机构办理相关手续。

（6）外国投资者并购境内企业所涉及的各方当事人应当按照中国税法规定纳税，接受税务机关的监督。

（7）外国投资者并购境内企业所涉及的各方当事人应遵守中国有关外汇管理的法律和行政法规，及时于外汇管理机关办理各项外汇核准、登记、备案及变更手续。

要点提示

> 上述情形可归结为遵守法律规定、符合产业政策、涉及国有产权、涉及产权变更登记、涉及上市公司、涉及税收和外汇管理等,均应符合相关规定。

(二) 基本制度

外国投资者并购境内企业,应遵循以下基本制度。

1. 外商投资企业待遇

(1) 外国投资者持股比例要求。外国投资者在并购后所设外商投资企业注册资本中的出资比例高于25%的,该企业享受外商投资企业待遇。外国投资者在并购后所设外商投资企业注册资本中的出资比例低于25%的,除法律和行政法规另有规定外,该企业不享受外商投资企业待遇,其举借外债按照境内非外商投资企业举借外债的有关规定办理。

 要点提示

> 此处规定了外商投资企业待遇的最低股权比例标准,请关注25%的制度规定。

(2) 境内企业名义并购。境内公司、企业或自然人以其在境外合法设立或控制的公司名义并购与其有关联关系的境内公司,所设立的外商投资企业不享受外商投资企业待遇,但该境外公司认购境内公司增资,或者该境外公司向并购后所设企业增资,增资额占所设企业注册资本比例达到25%以上的除外;据此所述方式设立的外商投资企业,其实际控制人以外的外国投资者在企业注册资本中的出资比例高于25%的,享受外商投资企业待遇。

 要点提示

> 境内企业以境外合法设立或控制的公司名义并购境内企业的不享受外商投资企业待遇;但通过增资控股且控制人以外的外国投资者持股比例高于25%的,享受外资企业待遇。

(3) 外商投资企业待遇审批机关。外国投资者并购境内上市公司后所设外商投资企业的待遇,按照国家有关规定办理。其中,审批机关为商务部或省级商务主管部门(以下称"省级审批机关"),登记管理机关为国家市场监督管理总局或其授权的地方市场监督管理局,外汇管理机关为国家外汇管理局或其分支机构。并购后所设外商投资企业,根据法律、行政法规和规章的规定,属于应由商务部审批的特定类型或行业的外商投资企业的,省级审批机关应将申请文件转报商务部审批,商务部依法决定批准或不批准。

2. 审批要求

境内公司、企业或自然人以其在境外合法设立或控制的公司名义并购与其有关联关系的境内的公司,应报商务部审批。当事人不得以外商投资企业境内投资或其他方式规避前述要求。

3. 申报要求

外国投资者并购境内企业并取得实际控制权,涉及重点行业、存在影响或可能影响国家经济安全因素或者导致拥有驰名商标或中华老字号的境内企业实际控制权转移的,当事人应就此向商务部进行申报。当事人未予申报,但其并购行为对国家经济安全造成或可能造成重大影响的,商务部可以会同相关部门要求当事人终止交易或采取转让相关股权、资产或其他有效措施,以消除并购行为对国家经济安全的影响。

4. 股权并购规定

外国投资者股权并购的,并购后所设外商投资企业承继被并购境内公司的债权和债务。外国投资者资产并购的,出售资产的境内企业承担其原有的债权和债务。外国投资者、被并购境内企业、债权人及其他当事人可以对被并购境内企业的债权债务的处置另行达成协议,但是该协议不得损害第三人利益和社会公共利益。债权债务的处置协议应报送审批机关。出售资产的境内企业应当在投资者向审批机关报送申请文件之前至少15日,向债权人发出通知书,并在全国发行的省级以上报纸上发布公告。

 要点提示

> 股权收购方式下,属于收购净资产,控制权发生转移,故外商投资企业承继后续债权债务关系;资产并购方式下,仅仅是购买资产行为,原有企业控制权没有转移,因此由出售资产的企业自己承受原有的债权债务。

5. 并购交易价格的确定

并购当事人应以资产评估机构对拟转让的股权价值或拟出售资产的评估结果作为确定交易价格的依据。

并购当事人可以约定在中国境内依法设立的资产评估机构作为并购评估主体。资产评估应采用国际通行的评估方法。禁止以明显低于评估结果的价格转让股权或出售资产,变相向境外转移资本。外国投资者并购境内企业,导致以国有资产的投资形成的股权变更或国有资产产权转移时,应当符合国有资产管理的有关规定。

6. 关联关系的说明

并购当事人应对并购各方是否存在关联关系进行说明,如果有两方属于同一个实际控制人,则当事人应向审批机关披露其实际控制人,并就并购目的和评估结果是否符合市场公允价值进行解释。当事人不得以信托、代持或其他方式规避前述要求。

7. 费用支付

外国投资者并购境内企业设立外商投资企业,外国投资者应自外商投资企业营业执照颁发之日起3个月内向转让股权的股东,或出售资产的境内企业支付全部对价。对因特殊情况需要延长者,经审批机关批准后,应自外商投资企业营业执照颁发之日起6个月内支付全部对价的60%以上,1年内付清全部对价,并按实际缴付的出资比例分配收益。

外国投资者认购境内公司增资,有限责任公司和以发起方式设立的境内股份有限公司的股东应当在公司申请外商投资企业营业执照时缴付不低于20%的新增注册资本,其余部分的出资时间应符合《公司法》、有关外商投资的法律和《公司登记管理条例》的规定。其他法律和行政法规另有规定的,从其规定。股份有限公司为增加注册资本发行新股时,股东认购新股,依照设立股份有限公司缴纳股款的有关规定执行。

外国投资者资产并购的,投资者应在拟设立的外商投资企业合同、章程中规定出资期限。设立外商投资企业,并通过该企业协议购买境内企业资产且运营该资产的,对与资产对价等额部分的出资,投资者应在规定的对价支付期限内缴付;其余部分的出资应符合设立外商投资企业出资的相关规定。

外国投资者并购境内企业设立外商投资企业,如果外国投资者出资比例低于企业注册资本25%,投资者以现金出资的,应自外商投资企业营业执照颁发之日起3个月内缴清;投资者以实物、工业产权等出资的,应自外商投资企业营业执照颁发之日起6个月内缴清。

8. 并购对价的支付要求

作为并购对价的支付手段,应符合国家有关法律和行政法规的规定。

外国投资者以其合法拥有的人民币资产作为支付手段的,应经外汇管理机关核准。外国投资者以其拥有处置权的股权作为支付手段的,按照相关规定办理。

9. 出资比例的认定

外国投资者协议购买境内公司股东的股权,境内公司变更设立为外商投资企业后,该外商投资企业的注册资本为原境内公司注册资本,外国投资者的出资比例为其所购买股权在原注册资本中所占比例。

外国投资者认购境内有限责任公司增资的,并购后所设外商投资企业的注册资本为原境内公司注册资本与增资额之和。

外国投资者与被并购境内公司原其他股东,在境内公司资产评估的基础上,确定各自在外商投资企业注册资本中的出资比例。外国投资者认购境内股份有限公司增资的,按照《公司法》有关规定确定注册资本。

10. 股权并购的外商投资企业投资额

外国投资者股权并购的,除国家另有规定外,对并购后所设外商投资企业应按照以下比例确定投资总额的上限;注册资本在 210 万美元以下的,投资总额不得超过注册资本的 10/7;注册资本在 210 万美元以上至 500 万美元的,投资总额不得超过注册资本的 2 倍;注册资本在 500 万美元以上至 1 200 万美元的,投资总额不得超过注册资本的 2.5 倍;注册资本在 1 200 万美元以上的,投资总额不得超出注册资本的 3 倍。

11. 资产并购的外商投资企业投资额

外国投资者资产并购的,应根据购买资产的交易价格和实际生产经营规模确定拟设立的外商投资企业的投资总额。拟设立的外商投资企业的注册资本与投资总额的比例应符合有关规定。

(三) 审批与登记

1. 股权并购

外国投资者股权并购的,投资者应根据并购后所设外商投资企业的投资总额、企业类型及所从事的行业,依照设立外商投资企业的法律、行政法规和规章的规定,向具有相应审批权限的审批机关报送下列文件:被并购境内有限责任公司股东一致同意外国投资者股权并购的决议,或被并购境内股份有限公司同意外国投资者股权并购的股东大会决议;被并购境内公司依法变更设立为外商投资企业的申请书;并购后所设外商投资企业的合同、章程;外国投资者购买境内公司股东股权或认购境内公司增资的协议;被并购境内公司上一财务年度的财务审计报告;经公证和依法认证的投资者的身份证明文件或注册登记证明及资信证明文件;被并购境内公司所投资企业的情况说明;被并购境内公司及其所投资企业的营业执照(副本);被并购境内公司职工安置计划等。并购后所设外商投资企业的经营范围、规模、土地使用权的取得等,涉及其他相关政府部门许可的,有关的许可文件应一并报送。

2. 资产并购

外国投资者资产并购的,投资者应根据拟设立的外商投资企业的投资总额、企业类型及所从事的行业,依照设立外商投资企业的法律、行政法规和规章的规定,向具有相应审批权限的审批机关报送下列文件:境内企业产权持有人或权力机构同意出售资产的决议;外商投资企业设立申请书;拟设立的外商投资企业的合同、章程;拟设立的外商投资企业与境内企业签署的资产购买协议,或外国投资者与境内企业签署的资产购买协议;被并购境内企业的章程、营业执照(副本);被并购境内企业通知、公告债权人的证明以及债权人是否提出异议的说明;经公证和依法认证的投资者的身份证明文件或开业证明、有关资信证明文件;被并购境内企业职工安置计划等。外国投资者协议购买境内企业资产并以该资产投资设立外商投资企业的,在外商投资企业成立之前,不得以该资产开展经营活动。

3. 股权并购流程

外国投资者并购境内企业设立外商投资企业,除另有规定外,审批机关应自收到规定报送的全部文件之日起 30 日内,依法决定批准或不批准。决定批准的,由审批机关颁发批准证书。外国投资者协议购买境内公司股东股权,审批机关决定批准的,应同时将有关批准文件分别抄送股权转让方、境内公司所在地外汇管理机关。股权转让方所在地外汇管理机关为其办理转股收汇外资外汇登记并出具相关证明,转股收汇外资外汇登记证明是证明外方已缴付的股权收购对价已到位的有效文件。

4. 资产并购流程

外国投资者资产并购的,投资者应自收到批准证书之日起30日内,向登记管理机关申请办理设立登记,领取外商投资企业营业执照。外国投资者股权并购的,被并购境内公司应向原登记管理机关申请变更登记,领取外商投资企业营业执照。

(四) 外国投资者以股权作为支付手段并购境内公司

1. 以股权并购的条件

外国投资者以股权作为支付手段并购境内公司,是指境外公司的股东以其持有的境外公司股权,或者境外公司以其增发的股份,作为支付手段,购买境内公司股东的股权或者境内公司增发股份的行为。其中,境外公司应合法设立并且其注册地具有完善的公司法律制度,且公司及其管理层最近3年未受到监管机构的处罚;除特殊目的公司外,境外公司应为上市公司,其上市所在地应具有完善的证券交易制度。

(1) 具体条件。外国投资者以股权并购境内公司所涉及的境内外公司的股权,应符合以下条件:股东合法持有并依法可以转让;无所有权争议且没有设定质押及任何其他权利限制;境外公司的股权应在境外公开合法证券交易市场(柜台交易市场除外)挂牌交易;境外公司的股权最近1年交易价格稳定。其中后两项要求,不适用于特殊目的公司。

(2) 聘请并购顾问。外国投资者以股权并购境内公司,境内公司或其他股东应当聘请在中国注册登记的中介机构担任顾问(以下称"并购顾问")。并购顾问应就并购申请文件的真实性、境外公司的财务状况以及并购是否符合国家有关要求作尽职调查,并出具并购顾问报告,就前述内容逐项发表明确的专业意见。其中,并购顾问应符合以下条件:信誉良好且有相关从业经验;无重大违法违规记录;应有调查并分析境外公司注册地和上市所有地法律制度与境外公司财务状况的能力。

2. 申报文件

外国投资者以股权并购境内公司应报送商务部审批,境内公司除符合上述股权并购中所要求的条件外,另须报送以下文件:

①境内公司最近1年股权变动和重大资产变动情况的说明;②并购顾问报告;③所涉及的境内外公司及其股东的开业证明或身份证明文件;④境外公司的股东持股情况说明和持有境外公司5%以上股权的股东名录;⑤境外公司的章程和对外担保的情况说明;⑥境外公司最近年度经审计的财务报告和最近半年的股票交易情况报告。

3. 对于特殊目的公司的特别规定

特殊目的公司系指中国境内公司或自然人为实现以其实际拥有的境内公司权益在境外上市而直接或间接控制的境外公司。特殊目的公司为实现在境外上市,其股东以其所持公司股权,或者特殊目的公司以其增发的股份,作为支付手段,购买境内公司股东的股权或者境内公司增发的股份的,适用此处所指"特别规定"。对于特殊目的公司的特别规定,主要包括以下几方面。

(1) 特殊目的公司境外上市交易,应经国务院证券监督管理机构批准。特殊目的公司境外上市所在国家或者地区应有完善的法律和监管制度,其证券监管机构已与国务院证券监督管理机构签订监管合作谅解备忘录,并保持着有效的监管合作关系。

(2) 权益在境外上市的境内公司,应符合下列条件:产权明晰,不存在产权争议或潜在产权争议;有完整的业务体系和良好的持续经营能力;有健全的公司治理机构和内部管理制度;公司及其主要股东近3年无重大违法违规记录。

(3) 境内公司在境外设立特殊目的公司,应向商务部申请办理核准手续。办理核准手续时,境内公司除向商务部报送《关于境外投资开办企业核准事项的规定》要求的文件外,另须报送以下文件:特殊目的公司实际控制人的身份证明文件;特殊目的公司境外上市商业计划书;并购顾问就特殊目的公司未来境外上市的股票发行价格所作的评估报告。获得中国企业境外投资批准证书后,设立人或控制人应向所在地外汇管理机关申请办理相应的境外投资外汇登记手续。

(4) 特殊目的公司境外上市的股票发行价总值,不得低于其所对应的经中国有关资产评估机构评估的被并购境内公司股权的价值。

(五) 安全审查

1. 并购安全审查范围

(1) 并购安全审查的范围为外国投资者并购境内军工及军工配套企业,重点、敏感军事设施周边企业,以及关系国防安全的其他单位;外国投资者并购境内关系国家安全的重要农产品、重要能源和资源、重要基础设施、重要运输服务、关键技术、重大装备制造等企业,且实际控制权可能被外国投资者取得。

(2) 外国投资者取得实际控制权,是指外国投资者通过并购成为境内企业的控股股东或实际控制人,包括下列情形:外国投资者及其控股母公司、控股子公司在并购后持有的股份总额在 50% 以上,数个外国投资者在并购后持有的股份总额合计在 50% 以上;外国投资者在并购后所持有的股份总额不足 50%,但依其持有的股份所享有的表决权已足以对股东会或股东大会、董事会的决议产生重大影响;其他导致境内企业的经营决策、财务、人事、技术等实际控制权转移给外国投资者的情形。

2. 并购安全审查内容

审查内容包括:并购交易对国防安全,包括对国防需要的国内产品生产能力、国内服务提供能力和有关设备设施的影响;并购交易对国家经济稳定运行的影响;并购交易对社会基本生活秩序的影响;并购交易对涉及国家安全关键技术研发能力的影响。

3. 并购安全审查程序

建立外国投资者并购境内企业安全审查部际联席会议(以下简称联席会议)制度,具体承担并购安全审查工作。联席会议在国务院领导下,由发展改革委、商务部牵头,根据外资并购所涉及的行业和领域,会同相关部门开展并购安全审查。

联席会议的主要职责是:分析外国投资者并购境内企业对国家安全的影响;研究、协调外国投资者并购境内企业安全审查工作中的重大问题;对需要进行安全审查的外国投资者并购境内企业交易进行安全审查并作出决定。联席会议是具体的审查执行机构。

并购安全审查程序包括以下几方面。

(1) 外国投资者并购境内企业,由投资者向商务部提出申请。对属于安全审查范围内的并购交易,商务部应在5个工作日内提请联席会议进行审查。

(2) 外国投资者并购境内企业,国务院有关部门、全国性行业协会、同业企业及上下游企业认为需要进行并购安全审查的,可以通过商务部提出进行并购安全审查的建议。联席会议认为确有必要进行并购安全审查的,可以决定进行审查。

(3) 联席会议对商务部提请安全审查的并购交易,首先进行一般性审查,对未能通过一般性审查的,进行特别审查。并购交易当事人应配合联席会议的安全审查工作,提供安全审查需要的材料、信息,接受有关询问。

一般性审查采取书面征求意见的方式进行。联席会议收到商务部提请安全审查的并购交易申请后,在5个工作日内,书面征求有关部门的意见。有关部门在收到书面征求意见函后,应在20个工作日内提出书面意见。如有关部门均认为并购交易不影响国家安全,则不再进行特别审查,由联席会议在收到全部书面意见后5个工作日内提出审查意见,并书面通知商务部。

如有部门认为并购交易可能对国家安全造成影响,联席会议应在收到书面意见后5个工作日内启动特别审查程序。启动特别审查程序后,联席会议组织对并购交易的安全评估,并结合评估意见对并购交易进行审查,意见基本一致的,由联席会议提出审查意见;存在重大分歧的,由联席会议报请国务院决定。联席会议自启动特别审查程序之日起60个工作日内完成特别审查,或报请国务院决定。审查意见由联席会议书面通知商务部。

(4) 在并购安全审查过程中,申请人可向商务部申请修改交易方案或撤销并购交易。

(5) 并购安全审查意见由商务部书面通知申请人。

(6) 外国投资者并购境内企业行为对国家安全已经造成或可能造成重大影响的,联席会议应要求商务部会同有关部门终止当事人的交易,或采取转让相关股权、资产或其他有效措施,消除该并购行为对国家安全的影响。

4. 其他要求

主要包括:外国投资者并购境内企业涉及新增固定资产投资的,按国家固定资产投资管理规定办理项目核准;外国投资者并购境内企业涉及国有产权变更的,按国家国有资产管理的有关规定办理;香港特别行政区、澳门特别行政区、台湾地区的投资者进行并购,参照上述要求办理等。

第二节 杠杆收购和管理层收购

一、杠杆收购概述

(一) 杠杆收购的概念及其演变

杠杆收购是指通过增加债务进行融资的收购方式,即购并方以目标公司资产或者未来经营现金流作为抵押,向投资者发行债务进行融资,然后以现金支付的方式购买目标公司的股权,通过变卖目标公司资产或者提高经营现金流量以偿还债务本息的购并交易。

在杠杆收购中的购并方也被称为金融买家,因为他们主要关注中短期的投资收益,通常计划持有公司 5~10 年,很少会超过 10 年。为了支付大量的债务本息,购并方将注意力集中在能够迅速提供目标公司现金流量的决策中,并利用财务杠杆的作用,提高权益资本的收益率。杠杆收购从出现到现在,大致经历了三个主要的发展阶段:20 世纪 70 年代、80 年代中后期和 90 年代。在这三个阶段中,杠杆收购表现出了一些不同的特征,而这些特征又与法律制度和经济环境的变化密切联系在一起。

1. 20 世纪 70 年代的杠杆收购

20 世纪 70 年代至 80 年代初期是杠杆收购兴起和发展的初级阶段。在这一阶段中形成了杠杆收购的基本特征,例如负债通常是股权的 4~5 倍(即资产负债率为 80%~90%),债务偿还期限一般是 5~7 年。当公司因负债创造出的税收节约开始消失时,金融买家就会将公司重新上市或出售给其他公司,而公司管理层也会借此成为控股股东。在这个阶段中,金融买家的功能在于构建一个允许财务杠杆作用充分发挥的资本结构,同时通过改善公司的经营绩效来还本付息。交易所使用的资本结构往往很复杂,既有以目标公司资产为担保的银行贷款,又有无担保债务、优先股和普通股,有担保债务通常占 60% 左右,无担保债务占 20%~25%。

2. 20 世纪 80 年代中后期的杠杆收购

随着美国 1986 年税法的改革和资本市场的发展,这一阶段的杠杆收购特征出现了一些变化。例如,在早期收购中,目标公司的现金流量和出售资产所得的现金都可以用于还本付息,而税法的改革削弱了通过资产出售偿还债务的优势,在新税法下,交易之后立即出售资产的所得不再享受免税优惠。此外,1986 年以后出现了新的杠杆融资来源——杠杆收购基金,这种基金可以为杠杆收购提供担保融资和非担保融资,也可以提供直接融资,为杠杆收购提供了额外的融资来源。

3. 20 世纪 90 年代的杠杆收购

到了 20 世纪 90 年代,随着股票市场的发展,公开上市成为杠杆收购的主要退出战略选择。由于垃圾债券市场的衰落,杠杆收购中的债务股权比例大幅度下降,从早期的

80%～95%降低到70%,债务期限也延长至10年,减少了短期内迅速提高收益、改善业绩的压力。杠杆收购公司的战略目标是在最终上市之前,尽量提高公司收益率,增强股票上市时的吸引力。在股票市场有利的情况下,金融买家会出售一部分股票来偿付债务,以减少杠杆收购的财务风险。

(二) 杠杆收购的特征

1. 偿债基础

杠杆收购与一般收购的重要区别在于:一般收购中的负债主要由购并方的现有资产或者预期现金流量作为偿债基础,购并方不会以尚未取得控制权的目标公司资产作为抵押;而在杠杆收购中引起的负债,则主要依靠目标公司未来的经营效益,并结合目标公司部分资产出售的方式进行偿还。

由于目标公司的资产是获得贷款的担保品,无论是购并方还是贷款方,都会非常关注目标公司资产的抵押价值,资产的抵押价值越高,购并方越容易获得贷款,因此,资本密集型行业中的公司更容易成为杠杆收购的目标。当然,在服务业中,公司即有充足的资产可以作为担保品,如果公司未来的现金流量足以偿付债务本息,那么购并方也会考虑采用杠杆收购的方式进行购并。

2. 融资结构

与一般购并相比,杠杆收购的融资结构表现为非常高的负债比例。在整个融资结构中,购并方提供的资金只在其中占很小的部分,通常为10%～30%,其余部分都是通过发行债务的方式进行筹资。在典型的杠杆收购中,商业银行提供的短期和中期优先级债务通常比例为5%～20%;由机构投资者、银行和杠杆收购基金提供的长期债务或次级债务的比例高达40%～80%。因此,杠杆收购实际上是采用激进型融资策略,高负债、高(财务)风险以期望获得高收益的购并策略。

二、杠杆收购的融资结构

杠杆收购的融资结构基本上包括四个部分:担保借贷、无担保借贷、垃圾债券或高收益债券、股权融资。

(一) 担保借贷

对于杠杆收购来说,发行股票、长期债券都会存在高额的发行成本和潜在的控制权损失,并不是融资的首选方式,而以资产为担保的短期借贷则成为颇具魅力的替代融资方式,这种融资方式适用于目标公司拥有足够的实物资产作为担保,即担保借贷。担保借贷无疑会增加资产的管理成本,进而影响贷款总成本,此外还有可能严重约束公司未来的借款能力。

在担保借贷下,借款方会要求以某种资产作为担保,借款期限一般较短,对担保资产的流动性也有比较严格的要求,具有担保资格的资产主要是应收账款和存货;而固定资产则可以作为中长期贷款的担保品。

(1) 应收账款担保。由于应收账款具有很好的流动性,通常被用于短期融资的担保,贷款方也愿意接受应收账款的担保。但是,如果借款方提供作为担保品的应收账款目前并不存在,也会增加贷款的风险,如商品销售退回或者质量索赔等都会降低担保的价值。一般情况下,贷款金额是应收账款账面价值的 70%~80%。

(2) 存货担保。与应收账款相同,存货也具有很好的流动性,可作为短期融资的担保。在通常情况下,存货中只有原材料和产成品才能作为贷款的担保,存货的担保价值取决于存货的特征,即可识别性、流动性和市场可销售性,而不是存货的账面价值。一般存货的担保贷款金额是其账面价值的 50%。

(3) 固定资产担保。固定资产可以作为中长期借款的担保品,借款方通常愿意选择中长期贷款进行融资,以避免不断更新贷款协议。贷款期限的长短一般取决于担保品的经济寿命。通常以设备为担保的贷款金额是其评估价值的 80%,以土地为担保的贷款金额是其评估价值的 50%。由于长期贷款协议是借贷双方私下谈判决定的,所以其成本费用要低于债券或股票发行的成本。

(二) 无担保借贷

如果贷款方将目标公司未来的现金流入作为收回贷款的基本来源,而将资产作为第二来源时,借款方就有可能获得无担保贷款。在 20 世纪 80 年代中后期,以现金流量为偿还基础的无担保借贷成为杠杆收购的主要融资方式。购并方之间的竞争使杠杆收购价格大大超过了目标公司实物资产价值,借款方必须为这部分资金缺口寻找融资来源,于是许多杠杆收购采用了无担保债务。为了补偿所承担的风险,贷款方要求更高的利率和认股权证。

无担保债务通常被称为中间融资,因为它具有股票和债务的双重特征,一方面借款方承诺要按期还本付息,另一方面在借款方无法还本付息的情况下,贷款方无法收回投资。在流动性方面,无担保债务介于担保债务和股票之间。无担保债务融资通常包括多级债务,每级债务在流动性上附属于次级债务。担保级别最低的债务通常提供最高的利率,以补偿最高的可能违约风险。

按照流动性,无担保的长期债务可以分为优先级债务和次级债务。与次级债务相比,优先级债务对公司收益和资产有优先索偿权。按照是否附属于其他类型的债务,长期债务也可以分为附属债务和非附属债务,一般来说,在对公司收益和资产的索偿权方面,附属债务比其他类型的债务和银行贷款的级别要低,有的甚至低于公司的其他任何债务。债务之间的级别差异幅度取决于债权人在契约中向公司施加的约束。

(三) 垃圾债券或高收益债券

1. 债券评级

在美国,债券发行需要经过各种评级机构进行风险评级,这些评级机构包括穆迪投资评级机构和标准普尔公司。债券评级通常要考虑发行公司的收益稳定性、债务比例、发行利率、债券的附属级别、公司偿债情况等。评级机构采用的债券评级标准不完全相同,穆迪投资评级机构使用的评级标准是 Aaa,Aa,A;Baa,Ba,B;Caa,Ca,C,其中 Aaa 表示最低风险级别,C 表示最高风险级别。标准普尔公司的评级标准则是 AAA,AA,A;BBB,BB,B;CCC,CC,C 和 D。其中 AAA 表示最低风险级别,D 表示最高风险级别。通常评级在 Ba 及以下(或 BB 及以下)的债券被认为是非投资级别的债券,违约风险比较高。

2. 垃圾债券

所谓垃圾债券,就是违约风险级别低于评级机构所给出的投资级别以下或者根本没有评级的债券。在初始发行时,垃圾债券的发行收益率要比国库券收益率高出 4 个百分点。

1970—1977 年,垃圾债券占公司债券发行总量的 3%～4%,到 1985 年,该比例上升为 14%。垃圾债券发行量的迅速增长反映了市场的需求,因为这种融资方式打破了以往只有大公司和盈利性高的公司才能发行债券的局面,不仅能够满足公司迅速发展的需要,而且成为杠杆收购的重要融资工具。20 世纪 80 年代后期,随着过度负债公司违约事件的不断发生,垃圾债券作为融资工具开始衰落,即便如此,90 年代末期,美国垃圾债券的总价值仍然高达 6 000 亿美元。

(四) 股权融资

根据对公司净利润和净资产索偿权顺序的不同,股权可以分为优先股和普通股。虽然优先股获得的是优先股股利而不是利息,却是固定收益证券,因此优先股兼具了债券和股票的双重特征。在杠杆收购交易中,购并方通常发行优先股,既可以向投资者提供固定收益,还可以使投资者获得优先于普通股的资产索取权。

三、管理层收购

(一) 管理层收购的概念与成因

管理层收购(management buy-out,MBO),是指目标公司的管理层利用外部融资购买本公司的股份,从而改变本公司所有者结构、控制权结构和资产结构,进而达到重组本公司的目的并获得预期收益的一种收购行为。管理层收购是杠杆并购的一种特殊形式,当杠杆并购中的主并方是目标企业内部管理人员时,杠杆并购也就是管理层收购。

从理论上说管理层收购有助于降低代理成本、有效激励和约束管理层、提高资源配置效率。

与所有权与经营权分离不同的是,管理层收购追求的恰恰是所有权与经营权合一,从而实现管理层对企业决策控制权、剩余控制权和剩余索取权的接管,降低了成本。管理层收购后,管理者拥有企业的股权,企业的经营绩效与管理者的个人报酬直接相关,管理者有动力挖掘企业潜力,有利于降低管理者与股东之间的代理成本。此外,管理层收购常常需要借助于高负债的杠杠作用得以完成,高负债可以进一步约束管理者的经营行为,有利于公司现金流量的及时回收。

从激励的角度来讲,管理层收购有利于激发企业家充分发挥管理才能。控制权和报酬是企业家的两大激励因素。控制权可以满足其施展才能、"自我实现"的心理需求,也能满足其处于负责地位的权力需求。而报酬则满足其物质需求和价值实现的心理需求。

管理层收购有利于企业内部结构优化,进行产业转换,实现资源优化配置。20世纪80年代以来,管理层收购作为一种产权变革的新模式在西方企业广为采用。通过管理层收购,企业可以较为方便地转移经营重点或产业调整,集中资源,开展核心业务。

【例 9-1】 S集团以 2 万元借款起家,发展成为拥有 10 亿元资产、25 个联营企业的大型跨国企业。随着公司逐步扩大,由产权不清带来的问题日益尖锐,严重影响了企业的增长,成为企业向现代化、国际化企业跃升的严重阻碍。产权改革成为 S集团最为紧迫的任务。经过内部研讨和外部专家咨询,S集团最后决定采用MBO进行此次产权改革。经理层通过贷款买下公司股权,达到对公司的绝对控制,并且S集团的所有职工共同参与了此次管理层收购。1999年,S集团首先成立了职工持股会,接着,集团公司经理、员工共同出资组成"S投资有限公司",即新S集团。新S集团由 S集团投资 49%,S集团职工持股会投资 51%共同组成。职工持股会由 S集团 616 名职工注资 5 100 万元形成,在认购总额中,总裁和董事长各占 7%,14 个核心成员共占 50%左右。这样,管理层通过绝对控股职工持股会对新S集团实现绝对控股。新S集团将分期分批私募扩股,逐步购买 S集团原有资产,从而完成产权重组、产业重组和机制重组的目标。

(二)管理层收购的方式与程序

国外管理层收购的方式主要有三种:收购上市公司、收购集团的子公司或分支机构、公营部门的私有化。

1. 收购上市公司

在完成管理层收购后,原来的上市公司转变为非上市公司。这种类型的收购动机主要有四种:基层管理人员的创业尝试;防御敌意收购;机构投资者或大股东转让大额股份;摆脱上市公司制度的约束。

2. 收购集团的子公司或分支机构

大型企业在发展过程中为了重点发展核心业务或者转换经营重心进入新领域,通常需要出售一部分资产和业务,或者是曾经被收购的子公司在经营价值得以提升以后被再次出售套现收益,这些情况下,往往会以MBO方式进行资产的剥离和重组。管理层收购的优点在于管理人员往往具有信息优势,作为内部人员,容易满足保密要求,被收购单位与原来集团的业务联系会继续保持从而有利于平稳持续的经营。

3. 公营部门的私有化

管理层收购是实现公营部门私有化的主要方式之一,其优势主要体现为两方面:一是可以引入资本市场的监督机制;二是可以激励管理层提升企业经营效益。

无论是哪种类型的 MBO,成功地进行管理层收购应综合考虑以下三个因素:首先,目标公司的产业成熟度。一般来说,当公司所处的产业比较成熟时,其收益和现金流比较稳定,能满足收购后企业巨额的利息支付和分期偿还贷款需求。其次,目标公司的资本结构。一般要求目标公司有形资产的质量和比重都较高,资本结构具有一定的负债空间。最后,经营管理的状态。经营管理越好的企业,其可以挖掘的潜在价值就越大,管理层收购后通过业务重组,获得较高现金流和超额收益回报的可能性就越大。

管理层收购的实现一般需要经过前期准备、实施收购、后续整合、重新上市四个步骤。

第一步,前期准备。主要内容是筹集收购所需资金、设计管理层激励体系。在国外,一般由管理层领导的收购集团提供 10% 的资金,作为新公司的权益基础,余下的 90% 由外部投资者提供。其中约 50%~60% 的资金可以通过银团抵押贷款获得,其余 30%~40% 的资金可以通过对机构投资者进行私募或发行"垃圾债券"的方式筹集。管理层激励体系一般以股票期权或认股权证的形式向管理层提供基于股票价格的薪酬,这样,管理层的股份将不断增加,一般最终都会超过 30%。

第二步,实施收购。收购的方式可以采取收购目标公司的股票或资产两种形式。其收购方法与一般的收购并无本质区别。

第三步,后续整合。收购完成以后,管理者的身份发生了变化,成为公司新的所有者。为了增加利润和现金流量,他们会通过削减成本或改变市场战略进行整合,同时调整生产设备,加强库存管理、应收账款管理,调整员工结构。为了偿还并购中的银行贷款,减少负债,可能会进一步降低投资、出售资产甚至裁员。

第四步,重新上市。后续整合之后,如果公司实力增强,达到投资人预期的目标,为了向现有股东提供更大的流动性便利,投资人可能会选择使公司重新上市。

【例 9-2】 MBO 的财务规划

A 公司流通在外普通股 4 000 万股,25% 由管理层拥有,目前,流通股市价 25 元/股,为了实现管理层收购,管理层按 35 元/股收购其余股份,所需资金 80% 依靠杠杆举债,利率 10%,期限 5 年,每年末偿还 20% 本金,单利计息,每年年末偿还当年利息;另外 20% 资金依靠垃圾债券,利率 15%,期限 6 年,每年年末支付利息,第 6 年末一次还本。公司年 EBIT 为 30 000 万元,由于并购亏损抵税,5 年内无所得税。设资本支出与折旧相同。问杠杆收购是否可行?

分析:

总收购资金 = 4 000 × 75% × 35 = 105 000 万元

举债年还本 = 105 000 × 0.8 × 0.2 = 16 800 万元

举债年利息(万元) = 105 000 × 0.8 × 10% = 8 400 万元

垃圾债券年利息 = 105 000 × 0.2 × 15% = 3 150 万元

每年末偿还本息 = 16 800 + 8 400 + 3 150 = 28 350 万元

公司年 EBIT 为 30 000 万元可以偿还本息。

(三) 管理层收购在中国的实践与发展

我国管理层收购的理论与实践与市场经济体制改革及产生的问题紧密相连。改革过程中出现的产权结构不合理、所有者缺位、内部人控制等现象，使得管理层收购成为解决问题的现实途径之一。从 1999 年第一家实施管理层收购的四通集团开始，短短几年时间，国内出现了管理层收购的热潮。2000 年粤美的 MBO 的成功实施更是进一步促进了我国管理层收购的迅速发展。然而，有关 MBO 的政策在 2003 年出现了波折。考虑到大规模推行管理层收购可能导致的高风险，2003 年 4 月管理层收购被紧急叫停，财政部暂停受理和审批上市和非上市公司的管理层收购。2003 年 12 月，国务院办公厅又重新对管理层收购实行有限制的允许，转发了国资委《关于规范国有企业改制工作意见的通知》，对企业国有产权转让行为进行了规范。随后，国资委、财政部又公布了产权变革的一份标志性文件《企业国有产权转让管理暂行办法》，对企业国有产权向管理层转让做出更为明确的规定。但在管理层收购被解禁之后，学术界、企业界开展了一次关于管理层收购的大讨论，有学者认为管理层收购是导致国资流失的主要途径，管理层收购不适合中国。2004 年 12 月，国资委明确国有大型企业不准实行 MBO。2005 年 4 月 14 日，国务院国有资产监督管理委员会和财政部公布了《企业国有产权向管理层转让暂行规定》，对企业国有产权向管理层转让提出了规范性要求，对管理层出资受让企业国有产权的条件、范围等进行了界定，并明确了相关各方的责任，明确提出中小型国有及国有控股企业的国有产权可向管理层转让，而大型国企的国有产权不得向管理层转让。

《企业国有产权向管理层转让暂行规定》(以下简称《暂行规定》)明确，中小型国有及国有控股企业的国有产权向管理层转让可以探索，但必须符合五个条件。一是国有产权持有单位应当严格按照国家规定，委托中介机构对转让标的企业进行审计，其中标的企业或者标的企业国有产权持有单位的法定代表人参与受让企业国有产权的，应当对其进行经济责任审计。二是国有产权转让方案的制定以及与此相关的清产核资、财务审计、资产评估、底价确定、中介机构委托等重大事项应当由有管理职权的国有产权持有单位依照国家有关规定统一组织进行，管理层不得参与。三是管理层应当与其他拟受让方平等竞买。企业国有产权向管理层转让必须进入经国有资产监督管理机构选定的产权交易机构公开进行，并在公开国有产权转让信息时对以下事项详尽披露：目前管理层持有标的企业的产权情况、拟参与受让国有产权的管理层名单、拟受让比例、受让国有产权的目的及相关后续计划、是否改变标的企业的主营业务、是否对标的企业进行重大重组等。产权转让公告中的受让条件不得含有为管理层设定的排他性条款，以及其他有利于管理层的安排。四是企业国有产权持有单位不得将职工安置费等有关费用从净资产中抵扣（国家另有规定除外）；不得以各种名义压低国有产权转让价格。五是管理层受让企业国有产权时，应当提供其受让资金来源的相关证明，不得向包括标的企业在内的国有及国有控股企业融资，不得以这些企业国有产权或资产为管理层融资提供保证、抵押、质押、贴现等。

同时,《暂行规定》还明确,如果管理层存在以下五种情形之一,不得受让标的企业的国有产权:一是经审计认定对企业经营业绩下降负有直接责任的;二是故意转移、隐匿资产,或者在转让过程中通过关联交易影响标的企业净资产的;三是向中介机构提供虚假资料,导致审计、评估结果失真,或者与有关方面串通,压低资产评估结果以及国有产权转让价格的;四是违反有关规定,参与国有产权转让方案的制定以及与此相关的清产核资、财务审计、资产评估、底价确定、中介机构委托等重大事项的;五是无法提供受让资金来源相关证明的。此外,《暂行规定》还明确了管理层不得采取信托或委托方式间接受让企业国有产权。

所以,《暂行规定》已经明确,国有资产监督管理机构已经建立或政府已经明确国有资产保值增值的行为主体和责任主体的地区,可以探索中小型国有及国有控股企业的国有产权向管理层转让,但国家法律、行政法规和规章制度另有规定的除外。同时规定,大型国有及国有控股企业的国有产权不向管理层转让,大型国有及国有控股企业所属从事该大型企业主营业务的重要全资或控股企业的国有产权也不向管理层转让。

第三节　公司并购的防御与整合

一、并购防御战略

并购防御(又称反并购)是针对并购而言的,指目标公司的管理层为了维护自身或公司的利益,保全对公司的控制权,采取一定的措施,防止并购的发生或挫败已经发生的并购行为。通常只有在敌意并购中,才会出现对并购的防御或抵制。并购防御的战略主要可分为两大类,一是经济手段,二是法律措施。本部分主要介绍并购防御的经济手段。

(一) 提高并购成本

1. 资产重估

通过资产重估,使资产的账面价值与实际价值更加接近,提高净资产的账面价值。从而抬高收购价格,抑制收购。

2. 股份回购

公司一方面可以用现金回购股票,另一方面可以发行公司债券以回收股票,达到减少流通在外股份数的目的,从而抬高公司股价,迫使收购方提高每股收购价。

3. 寻找"白衣骑士"

目标企业为免遭敌意收购而自己寻找的善意收购者通常被称为"白衣骑士"。当公司在遭到收购威胁时,为不使本企业落入恶意收购者手中,可选择与其关系密切的有实力的公司,以更优惠的条件达成善意收购。一般来讲.如果收购者出价较低,目标企业被"白衣骑士"拯救的希望就大,而如果买方公司提供了很高的收购价格,则"白衣骑士"的成本提

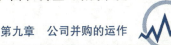

高,目标公司获救的机会相应减少。但"白衣骑士"的介入常常会引发一场并购战,目标公司的股价会因此明显上升,也会增加收购成本.可能会使敌意收购公司知难而退。

4."降落伞"计划

"降落伞"反收购计划主要是通过事先约定对并购发生后导致管理层更换和员工裁减时对管理层或员工的补偿标准,从而达到提高并购成本的目的。其中,"金色降落伞"是指目标公司董事会通过决议,由公司董事及高层管理人员与目标公司签订合同,一旦目标公司被并购,其董事及高层管理人员被解雇,则公司必须一次性支付巨额的退休金(解职费)、股票选择权收入或额外津贴。与之类似的是,"灰色降落伞"主要是向中级管理人员提供类似的保证,目标公司承诺,如果该公司被并购,中级管理人员可以根据工龄长短领取数周至数月的工资。而"锡降落伞"指目标公司的普通员工在公司被并购后一段时间内被解雇的话,则可领取员工遣散费。

(二)降低并购收益

1. 出售"皇冠上的珍珠"

从资产价值、盈利能力和发展前景等方面来衡量,公司内经营最好的企业或子公司被称为"皇冠上的珍珠",因此也往往成为其他公司并购的目标。为保全其他子公司,目标公司可将"皇冠上的珍珠"这类经营好的子公司卖掉,降低主并公司的预期收益,从而达到反收购的目的。作为替代方法,也可把"皇冠上的珍珠"抵押出去。

2. "毒丸计划"

"毒丸计划"主要有"负债毒丸计划"和"人员毒丸计划"两种。前者是目标公司在收购威胁下大量增加自身负债,降低企业被收购的吸引力。例如,发行债券并约定在公司股权发生大规模转移时,债券持有人可要求立刻兑付,从而使收购公司在收购后立即而临巨额现金支出,降低其收购兴趣。"人员毒丸计划"则是公司的绝大部分高级管理人员共同签署协议,在公司被以不公平价格收购,并且这些人中有一人在收购后被降职或革职时,全部管理人员将集体辞职。这一策略会使收购方慎重考虑收购后更换管理层对公司带来的巨大影响。当企业拥有非常精锐的管理层时,该策略的效果将会十分明显。

3. "焦土战术"

当公司在遇到敌意收购而无力反击时,迫不得已可能会采取两败俱伤的做法。例如,将公司中引起收购者兴趣的资产出售,使收购者的意图难以实现,或是提高公司的负债比例,使收购者因考虑收购后严重的负债问题而放弃收购。

【例9-3】 2005年2月18日,盛大互动娱乐有限公司(纳斯达克代码:SNDA)及其某些关联方向美国证监会提交了13-D表备案,披露其已拥有新浪已发行普通股19.5%的股权。由此互联网业惊天收购大案正式拉开序幕。而新浪方则启动了"毒丸"——购股权计划,以保障股东的利益。按照这一计划,股权确认日(预计为2005年3月7日)当日记录在册的每位股东,均将按其所持的每股普通股而获得一份购股权。

在购股权计划实施的初期,购股权由普通股股票代表,不能于普通股之外单独交易,股东也不能行使该权利。只有在某个人或团体获得10%或以上的新浪普通股或是达成对新浪的收购协议时,该购股权才可以行使,即股东可以按其拥有的每份购股权购买等量的额外普通股。一旦新浪10%或以上的普通股被收购(就盛大及其某些关联方而言,再收购新浪0.5%或以上的股权),购股权的持有人(收购人除外)将有权以半价购买新浪公司的普通股。盛大已经持有19.5%的新浪股份。如果盛大再购买0.5%的新浪股份,"毒丸"将使新浪股东有权以半价购买股票,收购方的股权和股票含金量都会被稀释,收购方持股比例会下降。对盛大来说意味着收购成本将是原来的3倍,分析师表明盛大收购新浪的股份可能要付出每股93美元的代价。"毒丸计划"启动后,2月22日新浪股价立刻大涨至28.42美元,"毒丸计划"起到了明显的反收购之效。

(三)收购并购者

收购并购者又称为帕克曼防御策略,目标公司通过反向收购,以达到保护自己的目的。主要方法是当获悉收购方有意并购时,目标公司反守为攻,抢先向收购公司股东发出公开收购要约,使收购公司被迫转入防御。

实施帕克曼防御策略使目标公司处于可进可退的主动位置,进可使收购方反过来被防御方进攻,退可使本公司拥有收购公司部分股权,即使后者收购成功,防御方也可能分享部分利益。

但是,帕克曼防御策略要求目标公司本身具有较强的资金实力和相当的外部融资能力。同时,收购公司也应具备被收购的条件,一般应为上市公司,否则目标公司股东将不会同意发出公开收购要约。

(四)建立合理的持股结构

1. 交叉持股计划

交叉持股计划即关联公司或关系友好公司之间相互持有对方股权,在其中一方受到收购威胁时,另一方伸出援手。比如甲公司持有乙公司10%的股份,乙公司又购买甲公司10%的股份,双方之间达成默契,彼此忠诚、相互保护,在甲公司成为收购目标时,乙公司则锁住其持有的甲公司的股权,从而加大收购者收购股份的难度,同时乙公司在表态和有关投票表决时也支持甲公司的反收购,从而达到防御收购的目的。同理,乙公司受到收购威胁时,甲公司也会同样予以支持。

2. 员工持股计划

国外许多公司还通过员工持股增加敌意并购时股份收购的难度,其原理与交叉持股相同。但在我国由于员工持股比例非常低,还不足以构成有效的反并购计划。

(五)修改公司章程

1. 董事会轮选制

公司章程可以对董事的更换比例做出规定,如规定董事的更换每年只能改选1/4或1/3等。这样,收购者即使收购到了"足量"的股权,也难以通过董事会达到控制公司的目的。公司未更换的董事可以决定采取增资扩股或其他办法来稀释收购者的股票份

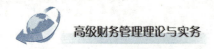

额,也可以决定采取其他办法来达到反并购的目的,如吞下"毒丸"或售卖"皇冠上的珍珠",使收购者的初衷不能得到实现或使公司股票贬值,造成并购者损失。

2. 绝对多数条款

我国《公司法》第 104 条规定,股东大会做出修改公司章程、增加或者减少注册资本的决议,以及公司合并、分立、解散或者变更公司形式的决议,必须经出席会议的股东所持表决权的 2/3 以上通过。可以说,我国当前的《公司法》对公司特殊事项已经做出了绝对多数表决权的规定,绝对多数的比例高于 2/3 是合法的。

在并购防御中,目标公司可以在章程中对公司合并时需要获得的出席股东大会绝对多数投赞成票的比例做出规定,如 80%,同时,还可以规定对这一反收购条款的修改也需要绝对多数股东同意才能生效。这样,大大增加了敌意收购者的收购成本和难度。

【例 9-3】 百度公司上市前就建立了一种双重股票结构,按照这种结构,包括管理层、董事、员工和早期投资者在内的股东,其所持股票的投票权 10 倍于在美国首次公开募股时发行的股票。这使 IPO 前的股东拥有百度 98.5% 的投票权,而通过公开市场购买股份的股东总计只拥有其 1.5% 的投票权。

二、并购整合

对公司来说,并购不仅意味着机遇,也会随之带来一些困难,可能使并购最终以失败终结。波士顿咨询公司曾指出,在收购兼并之前,只有不到 20% 的公司考虑到并购后如何将公司整合到一起以及并购所能产生的成本节约。并购专家 Bruce Wasserstein(1998)也指出,并购成功与否不是仅依靠被收购企业创造价值的能力,在更大程度上依靠被并购后的整合。

(一) 并购整合的概念与作用

并购整合是指将两个或多个公司合为一体,由共同所有者拥有的具有理论和实践意义的一门艺术。具体讲就是指在完成产权结构调整以后,企业通过各种内部资源和外部关系的整合,维护和保持企业的核心能力,并进一步增强整体的竞争优势,从而最终实现企业价值最大化的目标。

并购完成后,主并企业面临着一系列管理上的挑战,如文化冲突、人才流失甚至经营方式的改变和进入全新的领域等,这就决定了并购整合是不可或缺的重要程序之一。许多学者通过研究发现,并购整合是并购创造价值的源泉所在,并购整合使得并购最终实现了"1+1>2"的效果。

(二) 并购整合的类型与内容

1. 并购整合的类型

根据并购企业与目标企业战略依赖性关系和组织独立性特征,并购整合的策略可以分为完全整合、共存型整合、保护型整合和控制型整合四种类型,如表 9-1 所示。

表 9-1　并购整合的类型

整合策略	适用对象	特点
完全整合	并购双方在战略上互相依赖,但目标企业的组织独立性需求较低	经营资源进行共享,消除重复活动,重整业务活动和管理技巧
共存型整合	并购双方战略依赖性较强,组织独立性需求也较强	战略上互相依赖,不分享经营资源,存在管理技巧的转移
保护型整合	并购双方的战略依赖性不强,目标企业组织独立性需求较高	并购企业只能有限干预目标企业,允许目标企业全面开发和利用自己潜在的资源和优势
控制型整合	并购双方的战略依赖性不强,目标企业的组织独立性需求较低	并购企业注重对目标企业资产和营业部门的管理,最大限度地利用

2. 并购整合的内容

(1) 战略整合。恰当选择并购目标企业只是一个良好的开端,并购协同效应的最终实现,在很大程度上更取决于并购完成后对企业整体经营战略的调整和组合。并购的完成只是实现了资产规模的扩张,而单纯资产规模的扩张并不能影响和改善业务单元之间的内在联系和必要的相互支撑。所以并购完成后,并购企业应该在把握产业结构变动趋势的基础之上,以长期的战略发展视角对被并购企业的经营战略进行调整,使其纳入并购后企业整体的发展战略框架内。具体来说,可能会涉及某些重复部门、生产线的归并、裁减、新设等。只有通过经营战略的有效整合,并购双方企业的核心能力才能同时被拓展,从而形成更强大的综合竞争力。

从财务角度来看,通过整合要求实现各种信息数据的共享和有效利用,包括产、供、销、劳资、物资、设备等信息。具体操作过程应该从最高层面的财务经营理念整合入手,以并购双方的核心能力为基础,优化资源配置,实现一体化协同效应。

(2) 产业整合。产业整合有助于进一步强化和培育企业的核心能力,并将其转化为市场竞争优势。从国内外并购成功案例的经验来看,相关、创新、特色、优势是产业整合应该坚持的原则。实践中,产业整合要充分考虑并购企业和目标企业所具有的产业优势和在同业中的竞争能力。一般来说,如果一个企业的主导产品缺乏市场优势,在同业中的竞争能力比较弱,那么并购后的企业在这个产业继续发展就可能会受到一些限制。更进一步,产业整合时也常常需要考虑双方原有的供销渠道和市场策略,如可将目标企业的部分中间产品交由并购企业生产,从而增加并购企业的利润,这就是并购企业获得的"控制权价值"。

(3) 存量资产整合。并购后对存量资产进行整合的主要目的就是通过处置不必要、低效率或者获利能力差的资产,降低运营成本,提高资产的总体效率。同时,存量资产的整合也有利于缓解并购带来的财务压力。具体做法可以是精简机构和人员,将一部分有形资产出售或改作他用等。实际上,国外许多并购案例就是在并购后立即将被并购企业的资产分拆出售,从而获得可观的利润。

(4) 管理整合。除了以上三个方面的整合内容外,管理整合也是所有并购成功案例的共性所在。并购完成后,由并购企业对目标企业及时输入先进的管理模式、管理思想,有助于在较短的时间内实现两者的有机融合,也有利于战略整合、产业整合、存量资产整合的贯彻实施。所以并购后要注重从管理组织机构一体化角度对双方原有的管理体制进行调整,使其能够正常、有效地引导企业的生产经营活动。内部管理整合包括管理制度、经营方式、企业文化的融合和协调。从外部财务关系来看,主要应处理和协调好四个方面的关系:一是同当地政府的关系;二是同目标企业原有供应商、客户的关系;三是同银行的关系;四是同工商、税务的行政和纳税关系。

案例研究与分析

木林森并购朗德万斯

【案例资料】

一、企业背景介绍

1. 木林森介绍

木林森是一家位于广东省中山市的上市民营照明企业,产品主要涉及 LED 封装和 LED 应用,公司拥有强大的产品研发实力、专业的生产技术和高素质的管理团队,在国内有广泛的销售渠道,是国内主要的 LED 封装产品供应商,公司主要产品分为三大类:贴片 LED、LED 灯泡、基于 LED 的其他应用产品。公司在 LED 封装市场份额基础上,依靠自身的技术,不断扩展业务范围,在庞大的 LED 通用照明市场的推动下,加大了对 LED 通用照明市场的投入,快速向 LED 下游应用行业推进。

2. 朗德万斯介绍

欧司朗是一家成立于 1919 年,总部位于德国慕尼黑的有着超过 100 年历史的全球领先照明制造商。欧司朗为汽车及专业照明、光电半导体、灯具、照明系统及解决方案等领域的重点照明科技提供产品。其产品组合从高科技应用,如红外和激光半导体技术,到网络和智能照明解决方案都有涉及,为建筑物和城市地区提供全方位的照明解决方案。其最新的业务范围涵盖四个领域:专业照明、光电半导体、数字系统和照明解决方案。朗德万斯是由欧司朗于 2016 年分拆出来独立运营的全球领先的通用照明产品供应商,销售渠道遍布全球,在 140 多个国家设有销售代理处,同时服务于专业用户和普通消费者。产品由原来的传统光源与 LED 替代光源逐步向各种室内 LED 灯具、楼宇智能照明解决方案和智能家居延伸。朗德万斯在全球拥有员工大约 9 000 人,分布在全世界 120 多个国家。

二、并购动因分析

中国照明企业发展到今天,在工艺技术、生产制造方面已经具备了世界先进水平,走出国门唯一的欠缺就是渠道及品牌,建立渠道和品牌是一件不易的事情,当中国企业拥有相当规模和实力去并购国外知名品牌的时候,一定会做出正确的选择。同时,一些国外知名照明品牌的部分业务发展至今,可能不再符合母公司的长远发展需要,重新找一个合适的"新东家"就成了最佳选择,这对于并购双方来说,就变成了各取所需,同时也符合各自企业的战略规划。

1. 为了继续留在市场上,不被挤出

LED 行业经历了大规模洗牌之后,随着国家"一带一路"倡议的实施,在 2015 年,以上市公司为主导的跨境并购已经成为 LED 市场的主要扩张方式之一。

LED 行业从一开始的暴利时代慢慢过渡到了现在的微利时代。从管理经济学角度分析,LED 行业已经从之前的大公司垄断行业过渡到了低成本的完全自由竞争行业,这就促使企业加速整合,提高自身的竞争力,而作为中小上市企业,如果不想被挤出市场,那么利用资本市场进行并购不失为一条简单、快捷的发展途径。

2. 拥有国际销售渠道和知名品牌

木林森早在 2012 年就积极地在国内尝试建立自己的品牌和渠道,在过去几年里,在国内的规模做到了 6 亿元人民币,但是认识到做品牌如果仅仅局限在中国,还是不够的,要想做大做强必须走出国门拥有国际销售渠道。按照管理学知识,如果一个企业要做大做强,要么有优秀的产品,这种运营模式叫作产品拉动型;要么有好的销售渠道,这种模式叫作市场拉动型,上游 LED 芯片技术含量高,可以通过做产品使自己强大,下游技术含量低,进入门槛较低,要想做大只能依靠好的销售渠道,木林森结合自身的情况,权衡利弊选择了往下游延伸,但是要建立一个优秀且专业的销售团队,不管在零售或者批发方面,都不是那么容易的事情,那么通过并购获得销售渠道就成了不二的选择,木林森得知欧司朗对通用照明业务进行拆分时,就积极参与并购竞标,最终跟私募基金联手合作,赢得了朗德万斯,顺理成章地获得了朗德万斯的全球销售渠道。

并购方木林森是一家 LED 产业链的中游封装民营中小企业,并购的目的是完善企业自身的产业链并获取国际销售渠道;而作为世界第二大照明欧司朗公司刚好处于转型期,准备出售其下游消费照明应用业务和其所拥有的国际销售渠道;这正是木林森公司所急需的,从而促成了木林森和朗德万斯并购事件的发生。此次并购对木林森公司来说是非常合适且值得的。虽然短期财务绩效表现不是非常突出,但是通过木林森一系列的调整动作,就目前的整合效果来看还是比较令人满意的,特别是中国作为未来全球供应链的中心,笔者认为在供应链整合环节一定会有很大的发展和想象空间。

三、收购的意义及启示

1. 合理利用私募股权并购基金

并购基金作为战略投资者参与国内企业的跨国投资,可以帮助实业投资者克服地域、财务或运营管理上的局限性,降低跨境投资的金融、法律与运营风险。首先,公司进行并购往往会消耗大量的现金流,给财务带来巨大压力,严重时还会给企业带来资金链断裂的风险,解决办法是联合一家或者数家资本公司成立并购基金,这将会大大降低投资过程中的财务风险。其次,企业并购专业性很强,国内企业由于缺乏跨国运营管理的经验,这对并购完成后的管理带来较大挑战,而大型的并购基金由于实战操作经验丰富,它们在某一地域或者行业的公司发展与转型方面建立起丰富的知识储备,其专业的人才能够给并购前后的运营提出很多有用的建议,而且其基于其投资利益最大化原则,在退出前往往偏重战略及金融层面,能够有效提高公司业绩。再次,利用规范的操作程序、专业的法律条款、详尽的尽职调查以及全球化的顶级投行与法律资源,国内企业在对外投资时引入人民币基金作为战略投资者可以有效控制金融、法律与操作风险。最后,企业全球化进程是不可阻挡的趋势,目前中国政府支持国内企业走出去的发展战略是坚定不移的,与之配套的国内政策和监管条件得到大大的改善,这为境内的并购基金进行海外投资提供了很有效的通道。

2. 合理选择并购标的企业

并购目标企业的选择至关重要,笔者认为,并购的目标企业选择应遵循以下原则。

首先,企业并购的标的品牌与目标与公司的发展战略存在一致性,公司在选择并购标的时,不仅要注意二者在业务上的关联度大小,更要在战术上和战略上高度一致,如果企业要增加自己品牌的影响力,就要选择在区域或者全球范围内知名品牌的标的,如果企业意在进行业务扩张,就要关注标的公司集团发展战略,进行详细的尽职调查,切勿盲目选择标的。

其次,选择并购标的时要以协同效应最大化为目标,真正实现1+1>2,目前市场上存在大量的以提高估值,旨在通过资本运作获得资本利得的现象,成为背后控制集团或某些利益集团的操作工具,这些最终都会损害中小股东的利益,阻碍公司长远发展。要想产生最大化的协同效应,一是选择具有可融合可接纳的企业文化品牌,二是选择在行业上下游相关的企业标的实现产业链整合,三是选择在供应渠道和销售渠道上具有较强优势的标的实现供应链整合,拓宽销售范围。此外,不仅要考虑并购标的本身,还要考虑并购标的的市场客户、战略合作伙伴的态度。最后,企业实施并购行为时还要考虑风险的大小,对并购风险实施正确的评估,通过尽可能采取的措施使得并购风险达到最小化,使得风险可以掌控在可承受的范围之内,一般并购的风险有战略风险、财务风险、整合风险、法律风险等,对待每一种风险都要有充分的准备和应急措施,做到有备无患。

3. 做好尽职调查与风险评估

在决定实施并购之前,并购企业应努力获取目标企业各方面的准确信息,以降低企业后续并购的风险。并购方应严格审查目标企业的财务报表;充分利用会计师事务所、律师事务所、行业专家等第三方组织对被并购企业进行充分地尽职调查,形成完整有效的研究报告,为后续并购定价的确定和谈判提供依据。同时,并购活动需要大量的资金支持,因此,在并购活动开始前,应在资金方面做好充分准备,以避免并购过程中和并购完成后的整合过程以及企业持续经营面临资金困难。同时,在确定并购价格时,应充分借鉴类似行业和同一规模企业的情况进行估值,根据自身的特点和当前的市场环境特点进行必要的调整,避免溢价并购发生。被并购企业往往会选择宏观经济环境好的时期进行出售,这样一方面可以乘机抬高价格,另一方面容易出手。我国企业海外并购的实践表明,我国企业更多地瞄准国外知名品牌,往往忽视企业真正的内在价值,投标价格存在虚高现象,从而增加了并购成本。为了提高企业在并购活动中的判断能力和决策质量,应加强企业投资管理人才的培养。在这方面,并购方应在管理部门设立一个专门的海外并购团队,并确保有一个专门团队负责企业并购前的信息收集。并购团队的职责是充分利用并购前的信息收集和科学论证,科学推理,降低并购前的低风险。总之,在对各相关方面进行合理有效分析的基础上,企业要对并购的价值、市场潜力和资本状况做出准确的判断,然后进行投资决策和定价。

在并购前,并购方应采取不同的评估方法对标的企业进行评价。一般说来,企业的评价应包括目标企业的估值、行业分析和经营状况的评价。其中对目标企业估值是并购前非常重要的一环,建立合适的企业价值评估体系,提高企业的评价水平,帮助企业在谈判和协商中占据有利的地位。选择适当的评估手段来进行价值评估,可以有效地降低并购方的估值风险。

【案例思考】

木林森并购朗德万斯后如何进行资源的有效整合?

【案例分析】

1. 注重人力资源的整合

并购活动首先影响的是并购企业的员工包括高管、中层管理人员以及普通员工,那么人力资源的整合是购后整合工作的第一步,人力资源的整合具体体现在如何留住并利用好原企业的优秀人才。因此,在并购后的整合过程中,管理者应采取有效措施,避免关键人员的流失,特别是技术研发人员。一方面,通常并购完成一段时间之后,收购方会做出对高层管理者的更换,会尝试使用自己熟悉的人员作为新任管理者,作为新任管理者要克服地理位置和语言的障碍,保持与并购企业的员工接触,使员工在了解并购企业的基础上,接受新的管理者,调动员工的积极性,从而更好地实现并购的价值创造。另一方面,应该加强薪酬体系的建设,这样,在合并完成后,不会因为福利水平的降低而造成巨大的人事动荡。在留住人才的同时,企业应该重点培养本土新人。针对这一目标,企业可以在企业内部选择潜在的优秀且外部活动能力强的人才,同时也加强本土文化的输出,实现意识形态的相互承认,促进企业文化的进一步整合。

2. 注重并购企业间的管理和制度的整合

不同的企业文化会带来不同的企业规章制度,所以在并购整合过程中,并购双方之间的管理和制度会存在差异,甚至是产生冲突。在企业并购前存在的冲突,应具体问题具体分析,最好就地解决,尽量不要带到并购后的整合当中。如果双方处于不同的地理位置,我们可以考虑制度之间的差异,并分别管理它们,以确保不同机构部门的正常运作,并从长远来逐步调整。

第十章 企业集团财务管理

> 🎯 **学习目标**

1. 了解企业集团的含义、类型与特征；
2. 熟悉企业集团财务公司；
3. 掌握企业集团财务管理的主要内容和企业集团财务管理体制。

企业集团的形式最早出现于 1889 年。随着社会化大生产的高度发展和市场竞争的日趋激烈，越来越多的企业集团化，并在社会经济发展中扮演了越来越重要的角色。企业集团具有优化产业结构，实现规模经济，促进资源合理配置和技术进步，提高整体经济效益，增强企业综合竞争实力的优势。企业集团的财务管理与单个企业的财务管理相比存在较大差异，也更具复杂性。因此，了解企业集团的财务活动及其特点，切实加强企业集团的财务管理，对于集团的战略发展具有重要意义。

第一节 利用内部资本市场进行资源配置

外部资本市场中的中介机构包括商业银行、投资银行、养老金、抵押贷款的提供者、房屋中介、保险公司等。这些机构一般被统称为"金融中介组织"（intermediary financial institutions, IFIs）。又由于财务中介组织与公司相分离，因此，又被称为外部资本市场。所有公司都使用外部资本市场提供的服务，如图 10-1 所示。

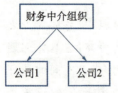

图 10-1 外部资本市场

内部资本市场是公司组织结构发展到 M 型或事业部型结构时开始产生的。当企业拥有多个经营单位时，各经营单位之间为了争夺资源而展开竞争，特别是不同的经营单位拥有不同的投资机会时，总部为追求公司整体利益的最大化，需要将资金集中起来进行重新配置。威廉姆森（1975）将企业内部各部门围绕资金展开竞争的现象称为内部资本市场。在内部资本市场,一个部门的现金流可能会被用于另一个公司(部门)。总部是有效的资金出借方。在企业内部,资本不进行重新配置,总部也必须监督资本在各部的使用。因此,内部资本市场替代了外部市场的内部作用。企业的内部部门要向其总部融资,总部再向外部的财务中介融资,如图10-2所示。

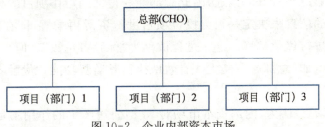

图10-2 企业内部资本市场

按照交易成本理论,采用内部市场和科层制权威关系协调企业内部生产经营的各个环节,是企业组织治理机制的选择。企业内部市场引入了市场经济中最重要的协调机制——价格机制,在内部实现了权威配置资源和市场配置资源的结合,使亚当·斯密的"看不见的手"和钱德勒的"看得见的手"紧紧地握在一起。总部更多地依靠权威等级制并配合使用价格机制来配置资源,而外部资本市场则主要依靠价格机制来配置资源。配置手段的差异必然导致配置结果和配置效率的差异。交易成本理论认为,公司内部资本市场之所以会取代外部资本市场,是因为公司内部资本市场具有信息和激励,以及更有效地配置内部资源的优势。独立公司由于缺少内部资本市场的调节,因此只能通过外部资本市场来进行投融资,如图10-3所示。

在发达的市场经济国家,通过有效的金融中介组织、合理的监管和合约等形式,市场的不完善被降到最低。但是,在不发达的市场经济下,由于交易机制、合约的执行,沟通和信息披露等方面的不足,使得交易成本高昂(Khanna和Palepu,1997)。企业通过内部的合作,为新的项目提供可使用的资金和管理人才,可以为股东创造额外的价值。外部资本市场的不完善使内部资本市场显得十分有吸引力。

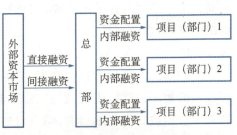

图10-3 企业内部资本市场

一、内部资本市场的功能

(一)资源再配置与"优胜者选拔"

通过内部资本市场来进行投融资,既能节省信息搜索成本,也在一定程度上规避了投资风险。Alchian(1969)指出,通用电气公司的内部资本市场比外部资本市场竞争更为激烈。内部资本市场主体以更快的速度和根据更可靠的信息来判别内部资本市场上的资金使用者和借贷者。实际上,通用电气公司的财富增加,直接来源于内部交易市场的存在和资源再配置的优势。这种优势具体表现为,公司经理和部门经理之间可以获得较为对称或廉价的信息。他发现竞争的内部资本市场可以使公司避免外部融资时的信息不对称和激励等问题。在内部资本市场上容易获取质量相对较高的信息,总部与部门经理之间能够进行较好的沟通,因此总部能获得部门运作项目的相对完整的信息,能根据较高质量的信息来决定是否为投资项目进行资源再配置,即在内部资本市场上可以对投资项目进行优化选择。这一过程被称为"优胜者选拔"。但是随着纳入同一企业的部门数量的增加,总部就可能无法有效地执行其监督功能,"优胜者选拔"的收益就减少。

Willimson(1975)认为,内部资本市场对 M 型公司产生的作用不是资源的回报,而是能产出较高的现金流配置效益。外部资本市场只是种外部控制工具,对企业内部的激励机制和资源配置机制缺乏参与,在审计方面受到规章上的限制。由于公司总部与部门之间的上下级关系,所以无论是账面记录还是存档资料都可以审查,而内部资本市场更有利于资本的优化配置。一个项目在企业内部资本市场进行"内部清算"比"外部清算"可为出资者保留更多的价值。因此,在不良资产的重新配置方面,内部资本市场要优于外部资本市场。

Gertner、Scharfstein 和 Stein(1994)认为在内部资本市场上,作为出资者的企业总部是资金使用成员企业资产的直接所有者,并拥有剩余控制权,而外部资本市场的出资者则不是资金使用成员企业资产的直接所有者。这就导致了内部资本市场与外部资本市场在企业的信息传递、监督和激励等方面产生不同的效果。内部资本市场的优势来自高回报率项目取代低回报率项目的这种可能性。由于外部资本市场缺乏对公司内部情况的了解,因此在外部资本市场上投融资时要承担较高的交易成本,面临较大的投资风险。Gertner、Scharfstein 和 Stein(1994)认为在内部资本市场上,出资者企业总部是资金使用部门资产的直接所有者,并拥有剩余控制权,导致内部资本市场上,拥有剩余控制权的集团总部能更有效地监督和激励成员企业的管理者。集团总部有更大的激励和更大权力进行优秀项目的挑选,且通过各个项目间的相互竞争,将有限的资本分配到最具效率的项目上。总部能根据较高质量的信息来决定是否为投资项目进行资源再配置。可以按照项目投入产出比来配置稀缺资源,提高资源配置效率。由于内部管理者比外部投资者更了解项目的有关信息,可将资本有效地分配到边际收益最高的部门。

Matsusaka 和 Nanda(1996)建立了一个内部资本市场的成本和收益的权衡模型。他们认为内部资本市场的优势就在于它为公司提供了一种可以避免高成本地进行外部融资的实物期权。但是由于在内部资本市场上,管理层有灵活调配资源的权力,随外部市场监督的减弱,资金在内部比较容易地转移,因此管理层有可能为谋取私利而进行过度投资。按照他们的模型,内部资本市场的价值取决于它所提供的内部资源的数量和它与由它引起的过度投资的关系。内部资本市场的价值依赖于内部现金流和成员企业投资机会,它随投资机会的变动性的增加而增加。

Stein(2002)认为,在内部资本市场情况下,原来影响资源配置效率的决策者的自利倾向和建立王国倾向等不利因素可以转变为积极因素,转而促进资源配置效率的提高。在内部资本市场中,可以采用统一的绩效衡量标准来对各成员企业员工进行物质奖励和工作调动。内部资本市场的现金流要在公司内部进行统一调配,并根据各投资项目的投资回报率来优化现金配置,这将激励各成员企业有效地使用资金。

总之,内部资本市场给管理层提供了改进监督的机会,允许资产在部门之间进行有效的配置,将稀缺资源用到公司内部最有效率的地方,代表一种避免外部融资的信息和激励成本及过度投资成本的一种实物期权。在内部资本市场上进行投融资风险较小,因此内部信息的不确定性也比较小,从而能够减少内部市场主体在外部证券市场上进行逆向选择的机会(Hadlock,2001)。凭借内部资本市场以较低成本进行项目融资,这样既可以避免在外部资本市场上融资的交易成本和潜在风险,也可以避免因过多的股东和债权人的介入而导致代理成本的增加。

(二)资源再配置

由于内部信息不对称,内部资本市场会存在严重的代理问题,导致在资源再配置时出现跨部门补贴的问题。公司的现金流并不遵从传统意义上的资金投入产出比率来进行分配,而是呈现出一种"平均化现象",即公司内部的资金流往往会从投资机会较多、项目净现值为正的部门流向投资机会较少、项目净现值为负的部门,导致公司过度投资和投资于净现值为负的项目。Shin和Stulz(1998)认为企业在配置内部资金时存在"粘性"。他们发现总部在配置资金时,习惯于按比例进行配置,只允许各成员企业借入与其成员企业资产或成员企业现金流成比例的投资资金。如某成员企业收入占公司总收入的30%,那么该成员企业在任何年度都只允许借入总投资资金30%的资金,而无论项目的盈利性如何。这一规则被年复一年地执行。这种"粘性"的净效应导致对某些成员企业的投资不足,而对另一部门进行过度投资。

内部的代理问题主要包括两个方面:股东与总部之间的代理问题和总部与部门经理之间的代理问题。而第二方面的代理问题尤为突出。

集团总部与部门经理之间的代理问题具体表现为:(1)内部资本市场的资源再配置造成了部门经理的激励缺失。部门经理在进行资源再配置之前,必须集中各部门的稀缺资源,然后把它们投向高收益的项目,这样做虽然增加了集团的整体收益,但从高收益成员企业调出资源,影响了其部门经理增效的动力。(2)寻租行为会削弱内部资本市场的资源再配置功能。成员企业经理的寻租行为往往表现为部门经理通过建立各种外部关系来获取更大的自身利益。如部门经理花费更多的时间和精力去进行公关,提高自己的声誉或者为自己寻找"退路"。这些权力寻租行为必然导致资源再配置的扭曲,以致不能在内部资本市场上实现最优的资源配置。(3)内部代理链的延长和层级的增多会导致内部信息传递不畅、信息失真,导致道德风险。层级的增多会加大总部准确了解投资项目具体运作情况的难度。而部门出于个人私利和目的,会努力争取更多的内部资金供给或"补贴"。有些部门经理为了达到这个目的,不惜虚报项目收益,提供虚假信息,使内部配置资源低效。

(三)资源再配置与放松融资约束

在完美的资本市场条件下,公司投资决策和融资决策是不相关的。Q 理论和后来的拓展模型都认为公司的投资应该只依赖于其盈利能力。融资特征不影响公司的投资行为。然而,由于信息不对称等因素的存在,资本市场是不完美的,外部融资成本要高于内部融资成本,内部资本比外部资本更有吸引力。如果存在融资约束,有良好投资前景的公司将会保留几乎所有的收益,这种公司的投资现金流量之间的敏感性就高于支付大额股利的公司。实证结果支持了他们的结论。有大量的研究外部融资约束对内部现金流敏感性的影响的研究。在存在融资约束的情形下,并不是所有具有正净现值(NPV)的项目都能进行融资,但这一融资约束问题在内部资本市场中可得到缓解。内部资本市场为公司提供了降低融资约束的能力,有效地解决上述企业投资不足的问题。对日本和朝鲜企业集团和独立公司做对比,发现企业集团的融资约束较小。任何可以增加公司利用内部资本的措施都可以使公司避免融资约束。对比利时的企业集团进行了检验,发现依赖于内部资本市场的集团比独立公司的投资/现金流敏感性低,内部资本市场的存在放松了融资约束。通过对美国 60 年代的第三次购并浪潮进行实证研究,发现企业实施的收购大多是为了构建内部资本市场,缓解由于资本市场尚未充分发达和外部资本市场难以获取企业内部信息而导致的融资约束问题。能够从内部资本市场上进行借贷的公司就比只从外部银行进行借贷的公司所受的融资约束要小。在欠发达国家,投资/现金流的敏感性较高。然而以美国公司为样本却得出了相反的结论。在银行垄断控制之下的公司,其投资/现金流敏感性较高,这样的企业集团存在较大的融资约束。在德国,在主银行体制下,集团存在较大的融资约束。

周业安和韩梅(2003)以华联超市借壳上市为例分析了中国上市公司内部资本市场的存在,放松了融资约束。他们认为在转型和新兴市场上,企业决策者通过主动构造内部资本市场,并利用内部资本市场与外部资本市场的互补性或替代性来创造价值。曾亚敏和张俊生(2005)对中国上市公司的收购动因进行了实证检验,发现在中国企业融资渠道尚不发达、企业与外部资本市场之间信息不对称仍比较严重的情况下,收购后建立内部资本市场对缓解企业潜在的与现实的融资约束都有意义。万良勇(2005)对企业集团的内部资本市场的放松融资约束功能进行了检验。他认为在我国特殊的产权及治理环境下,集团控制的上市公司面临的融资约束显著大于非集团控制的上市公司。

二、内部资本市场规模的确定

(一)基本假设

在内部资本市场中,单个部门不再直接从外部出资者处筹集资金,而由总部与外部市场交易,并且总部在企业内部进行资金的全盘调度。为此,我们对企业总部做如下的假设。

假设1:总部具备一定的监督技能,能够预知每个部门的未来发展前景;

假设2:总部自身没有资金;

假设3:总部对部门有控制权,凭借其控制权,总部能够得到任何部门一定比例(α)的收益。

总部对部门的控制权可以保证总部有在部门间重新分配资源的权威。但是总部的这种剩余收益的获取权是以减少对部门经理人员的激励为代价的。

设总部从部门经理的私利中获取固定的份额为 α,且 $0<\alpha<1$;公司公开的可观察的现金流是 CF,总的私利为 βCF(β是固定的比例)。其中总部可以得到的私利为 $\alpha\beta CF$,只给部门经理留下了 $(1-\alpha)\beta CF$。很明显,这种控制方式的事后机会主义行为具有事前成本。由于剥夺了部门经理的部分私利,总部就降低了部门经理努力工作的事前激励,从而降低了投资的产出水平。设稀释因子为 $\eta(0<\eta<1)$,提高因子为 $\gamma(\gamma>1)$。总部参与控制的状态下,投资为 I_1。当未来状态为坏的情形时,可观察的现金流为 ηCF_1,总的私利为 $\beta\eta CF_1$,总部得到的私利为 $\alpha\beta\eta CF_1$,部门经理得到的私利为 $(1-\alpha)\beta\eta CF_1$;当未来状态为好的情形时,可观察现金流为 γCF_1,总部获取的私利为 $\alpha\gamma CF_1$,部门经理得到的私利为 $(1-\alpha)\gamma CF_1$。当投资为 I_2,可观察的现金流为 ηCF_2,总部得到的私利为 $\alpha\eta CF_2$,部门经理得到的私利为 $(1-\alpha)\eta CF_2$。当未来状态为坏的情形时,可观察的现金流为 ηCF_2,总部得到的私利为 $\alpha\eta CF_2$,部门经理得到的私利为 $(1-\alpha)\eta CF_2$;当未来状态为好的情形时,可观察现金流为 γCF_2,总部获取的私利为 $\alpha\gamma CF_2$,部门经理得到的私利为 $(1-\alpha)\gamma CF_2$。以此类推,当总部初始控制 n 个部门时,它可以以某种方式从外部市场筹集 nI_1 个单位的资金。总部能够把其筹集的任何资源在部门间不平等地进行分配。设总部此时面临两种选择:总部准确地分给每个部门 I_1 个单位的资金;总部给予其中的 $m(2m<n)$ 个部门每个 $2I_1$ 个单位的资金,给另外 m 个部门 0 个单位的资金,剩下的 $(n-2m)$ 个项目每个 I_1 个单位的资金。由前面的假设可知,总部只会选择资源在部门间不平等配置的策略。拥有部门的控制权,使总部与银行等金融中介有很大的不同。通过重新配置,总部将向一些部门配置少于其单独向外部进行融资时的所得。而银行等金融中介就没有总部一样的重新分配资源的权威。

(二) 企业内部资本市场规模的确定

1. 拥有的部门个数为 1 的情形

只有一个部门时,如果总部能以某种方式在监督和与外部市场沟通信息方面起作用,并且因此放松了信用约束,这种部门经理激励的弱化所带来的成本就能够被补偿。与部门经理相比,总部经理将不会再倾向于与外部市场沟通真实信息。由于总部的私利与产出成正比,总部总是希望投资水平越高越好。即使当总部通过监督发现部门的真实状态为坏,它也不会真实地向外界报告这一状态。因此总部面临与部门经理直接与外部市场交易时完全一样的信用约束,即不管真实状态如何,总部将不能筹集超 I_1 个单位的外部资本。因此,再创造一个部门只会减少整个公司的价值。

2. 拥有的部门个数为 2 的情形

设企业仅有 A 和 B 两个部门但并不能放松信用约束, A 和 B 之间的生产率波动不完全相关。这意味着不论 B 处于何种状态, A 的状态为好时的概率总是 p。由前面的假设可知,当总部监督每一个部门时,它能完全观察到两个公司所处的各种不同状态。虽然总部控制两个部门,总部无论与外界信息沟通如何,总是只能从外部市场筹集 $2I_1$ 个单位的资金。企业内部资本市场并无更多的资源可用于运作,改善处境的唯一方式是更有效率地配置这些有限的资源。如果部门 A 处于好状态, B 处于坏状态,总部将给 A 投资 $2I_1$ 个单位的资金,而不对 B 进行任何投资。假设存在一个比平均投资于两个部门更有效率的资源配置,就是说投资于 A 的第二单位资金(I_2)的边际收益一定大于投资于 B 的第一单位资金的边际收益。用公式表示为

$$\gamma CF_2 - \gamma CF_1 > CF_1 \tag{10-1}$$

如果这个条件得到满足,则表明总部确实具有把其给定的稀缺资源配置到具有更好前景的部门的激励因素。由于总部的私利直接与现金流成正比,因此,在试图最大化其私利的过程中,总部将会采用最大化可观察现金流价值的混合投资策略,即总部根据它所观测到的真实状态来决定资源配置方向。由此可以看到,总部与单个部门间的区别主要在于总部的大范围控制允许它同时从几个部门中获取私利,而一个部门只能从自身经营中获取私利。这意味着总部有时愿意将较差部门的资金转移到更好部门中,而较差部门的经理决不可能这样做。为得到精确的比较,我们必须计算出两种事前收益。

如果不存在内部资本市场,每个部门总是恰好投资 I_1 个单位,则来自两个部门的期望净产出为 ENM,用公式表示为:

$$ENM = 2[p\gamma CF_1 + (1-p)CF_1 - I_1] \tag{10-2}$$

如果企业存在内部资本市场,总部的监督和权威就会得到体现,总的期望净产出为 PIM。总部准确知道部门的真实状态,即当部门处于坏状态时,投资 I_1 个单位;当部门处于好状态时,投资 I_2 个单位。如果某部门处于好状态的概率为 p,那么,另一部门处于坏状态的概率为 $(1-p)$,则投资处于好状态的部门的概率为 $p(1-p)$,其期望产出为 $p(1-p)\eta\gamma CF_2$;如果两部门同处于坏状态,其概率为 $(1-p)^2$,总部对两个部门的偏好无差异,则对两部门各投资 I_1 个单位资金,其期望产出为 $2(1-p)^2\eta CF_1$;如果两部门同处于好状态,其概率为 p^2,总部对两个部门的偏好无差异,则对两个部门各投 I_1 个单位资金,其期望产出为 $2p^2\gamma CF_1$,如图 10-4 所示。综合这四种可能,企业内部资本市场总的期望净产出为:

$$PIM = 2(1-p)^2\eta CF_1 + p(1-p)\eta\gamma CF_2 + 2p^2\gamma CF_1 - 2I_1 \tag{10-3}$$

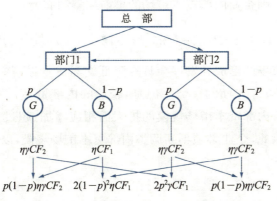

图10-4 企业内部资本市场的期望收益

由方程(10-3)可知,由于努力稀释因子 η 的存在,η 倾向于使 $PIM < ENM$。同时当部门处于好状态并得到 $2I_1$ 个单位投资的概率为 $p(1-p)$,而处于坏状态的部门则一无所得。这种改进的资源配置也会使 $PIM > ENM$。当后一种效果充分强时,即努力稀释因子充分小,也即 $\eta \to 1$,则:

$$PIM = 2(1-p)^2 CF_1 + p(1-p)\gamma CF_2 + 2p^2 CF_1 - 2I_1 \tag{10-4}$$

(10-4)—(10-2)式可得:

$$2p(2p-1-\gamma)CF_1 + p(1-p)\gamma CF_2 > 0 \tag{10-5}$$

3. 总部控制部门数量的临界值

在放松信用约束效应存在的条件下,内部资本市场越大越好。对于任意固定数目的部门,总部由于其更显著的配置效率,能够从外部市场筹集到比单个部门简单相加更多的资源。这就是说,总部控制两个部门时,每个部门只能筹集 I_1 个单位资金,总部也就能筹集 $jI_1(j > 2)$ 个单位的资金。随着部门数目的增加,由于公司数目增加而带来的效率会得到进一步加强。当总部控制 n 个独立部门时,应有 np 个部门处于好的状态,$n(1-p)$ 个部门处于坏的状态。如果总部能筹集 $nI_1(1+p)$ 个单位资金,它将配给处于好状态的每个部门 $2I_1$ 个单位的资本,配给处于坏状态的每个部门 I_1 个单位的资金,即

$$nI_1(1+p) = 2I_1 \times np + I_1 \times n(1-p) \tag{10-6}$$

设两个新的内生变量:总部控制的最优部门个数 n 和分配给这些部门的最优总资源数量 I。由前面的推导可知,总部控制部门的数量不是越多越好,应该有一个临界值。超过这一临界值将产生负效用。因此,我们假设:当总部控制 n 个部门时,p 表示其有效监督某个部门的概率,$p_n = P(n)$ 表示其有效监督所有部门的概率,$1-p_n$ 表示总部无效监督的概率。$P(n)$ 是一个减函数。当监督成功且总部知道每个部门的真实状态时,$\pi^H(n,I)$ 表示每个部门的利润;如果监督失败且总部一无所知时,$\pi^N(n,I)$ 表

示每个部门的利润。则企业内部资本市场的事前期望利润为：

$$\pi(n, I) = P(n)\pi^H(n, I) + [1-P(n)]\pi^N(n, I) \tag{10-7}$$

企业内部资本市场的形成和发展会具有降低交易成本进行有效监督，优化资本配置、放松外部融资约束等方面的优势。但是，企业的内部资本市场规模并不是越大越好。代理成本会随着内部资本市场规模的扩大而相应增加，超过一定规模会降低企业整体的运作效率。因此，企业必须不断调整内部资本市场规模，以达到公司内部市场与外部市场之间的平衡。

三、企业内部资本市场与外部资本市场的关系

内部资本市场与外部资本市场的关系既包括内部资本市场与外部资本市场的联系，又包括内部资本市场与外部资本市场的区别。

（一）内部资本市场与外部资本市场的联系

在经济欠发达国家，其外部资本市场不完善，内部资本市场的存在为公司提供了净收益，而且这是在欠发达国家降低交易费用的最佳方法。外部资本市场越是不完善和不发达，内部资本的优势就越突出。外部市场不发达是新兴市场经济国家的典型特征，它集中体现为在有组织的经济活动中缺少必要的基础服务。在新兴市场经济国家，交易机制、合约的执行、沟通和信息披露等方面存在不足，交易成本高昂。外部市场的不完善增加了其获取重要原材料、资金、技术和人力资源等必要生产要素的成本，企业为塑造其品牌形象、与战略合作伙伴建立正式契约关系必须付出高昂的代价。而在发达的市场经济中，这些基础服务通过产品、资金、技术和人力资源等的市场和定价机制来完成。通过有效的中介组织、合理的监管和合约等形式，市场的不完善被降到最低。集团化实际上是只增加公司多样化的成本，降低公司的价值。外部资本市场的不完善使内部资本市场显得十分有吸引力。

（二）内部资本市场与外部资本市场的区别

内部资本市场与外部资本市场的区别主要体现在完全信息上和资金供应的可靠性、监督的有效性等方面。

1. 完全信息

总部拥有外部财务中介组织所不拥有的关于公司的具体信息，如拥有专利权研究、具体战略经营计划和专有投资机会的信息。总部还拥有部门业绩的会计信息。因此，外部中介拥有的信息相对不完全，因而它只能索取利息以补偿这些不确定性。如果这种不确定性很高，他们通常也会保留一部分资本。更重要的是，外部资本市场还存在着泄露有价值信息的风险。如果资金供应者获悉了相关的完备信息，他们就很少有决策失误。因此资金供应者的专业化程度越高，对有关项目的了解程度就越高，资金供应者

越有效率。Williamson(1975)认为这是内外部资本市场权衡的结果。企业通常包括各式各样的部门,即使在相关部门,行业状况也存在较大差距。因此,从专业化的部门角度看,外部资本市场具有信息有效性;而在另外的情形之下,内部资本市场更有效。总部通过对资产的有效管理,能够得到有价值的信息,而这些信息是外部财务中介所无法得到的。但是总部在有限理性的约束下,无法有效地管理太多的成员企业。同时外部财务中介能够有效地参与新公司的管理。当某一行业所有可实现的投资回报对于总部或财务中介都是共同的信息时,在给定投资数量的条件下,两者都能观察到自己或对方的回报。如果资金供应者比非资金供给者拥有更多的信息,此时,完全信息就依赖于它所做的投资决策的数量。因此,已成立且有大量市场份额的总部在某一行业的投资多于财务中介;在某一行业已有一些借贷关系的财务中介比第一次进入某行业的企业集团更有优势,投资也更多。

投资专用性也影响总部和财务中介之间的相对完备信息。如果是一项专有投资,总部比外部的财务中介有更完全的信息。如果一项投资是投资在行业专有资产方面,那么拥有行业专业经验的财务中介就可能具备更完备的信息。因为财务中介比总部更有行业方面的信息和在此行业进行投资的经验。在企业集团内部,总部拥有更多信息的投资决策和另外一些拥有较少信息的投资决策混合在一起。在内部资本市场,各部门向总部借贷。总部是最基本的资金供给方,各部门没有选择其他资金供应者的权利,如图 10-5 所示。

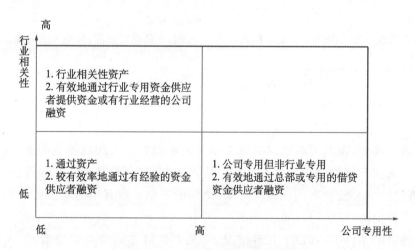

图 10-5 投资类型与完全信息

资料来源:Julia Porter, Liebeskind. Internal Capital Markets: Benefits, Costs, and Organizational Arrangements. *Organization Science*,2000(11):58-76.

总部的信息完全性依赖于投资的性质和借贷经验。由于总部的市场价值不能从其他成员企业的价值中识别出来,因此,总部必须依赖会计数据来进行投资决策。如果公司的外部环境稳定,则有可能做出准确的估计。内部资本市场还可能存在无效的资源配置决策程序。在市场上,资源的配置以拍卖程序为基础。在拍卖过程中,投资的真正保留价值会被揭示出来。而在集团内部,资源配置是通过资本预算程序来进行的,而资本预算往往容易受操纵机制的影响。

尽管在投资机会方面的信息完全性较高,企业内部资本市场并不必然会创造价值。企业内部资本市场只有在下列条件下才能有效配置资源:①部门存在融资约束;②总部拥有有价值的所有权的信息;③投资是行业专用性的,并且缺乏行业专有的资金供给机构。根据研究表明,当外部资本市场不发达时,内部资本市场才能增加价值。当部门资金充裕,由于总部不可能掌握更广泛、更有价值的投资决策所需的信息,同时集权还增加集权成本,因此,企业的各部门的资金约束的程度越大,通过内部资本市场进行资金的配置就越可能产生收益;而当部门的资金较充裕,通过内部资本市场进行资金的配置就有可能产生由于信息不完全所带来的成本。

2. 资金供应可靠性

投资不足是由于外部资金市场资金供应机制的波动造成的。而内部资金市场可以提高资金的可靠性,减少无效投资。企业内部资金充裕的成员企业可以为有融资约束的部门提供资金。波士顿咨询公司的组合计划模型充分地说明了这一问题,如图10-6所示。

"现金牛"区域 成熟成员部门:有大量剩余的经营现金流	"明星"区域 高成长成员部门:其经营现金流充足,能满足内在投资的需求
"瘦狗"区域 成员部门:经营现金流与内部投资要求相比并不充裕	"问题"区域 高成长的新成员部门:高成长所需现金流和对内投资所需的现金流都超过其经营现金流

图 10-6 波士顿公司组合模型中的资金可靠性

资料来源:Julia Porter, Liebeskind. Internal Capital Markets: Benefits, Costs, and Organizational Arrangements. *Organization Science*,2000(11):58-76.

按照这一模型,企业可以通过为业务组合划定边界来实现总体上的资金充裕,实现最优的现金来源和使用之间的平衡。即在成熟的部门(高经营现金流和低内在要求)与新部门(低经营现金流和高内在资金要求)之间的平衡。这种组合结构能够给新部门的资金需求提供保障。

融资约束的条件下,在以下几种情况下,总部是可靠的资金供应者:①如果拖延投资,投资价值就会降低。许多类型的投资都具有这类性质。当外部存在融资约束时,负有不可推迟投资责任的部门只有通过内部化,通过内部资本市场来解决投资所需的资金,从而在资金供应的可靠性上受益。②当外部存在融资约束时,利率会上升。这会增加企业的成本,减少企业的收入。因此,只有那些有对利率不敏感的部门,来源于企业的"现金牛"区域的资金才会对利率不敏感。③来源于"现金牛"区域的资金与"问题"区域的资金需求之间必须是负相关。否则,内部化的优势是暂时的。因为即使成熟的部门,预测其现金流也是比较困难的。如果处于"问题"区域的部门的投资需求突然增加,就会破坏对存在融资约束的部门的资金供应。因此,只有企业的资金约束部门有长期借款需求;它们自己不能储备充足的资金,或者不能足额地补充未来的资金来抵消外部资本市场的下降趋势时,内部资本市场才能增加价值。"黏性"会降低现金从"现金牛"区域向"问题"区域的有效转换比率。这种情况通常发生在企业的投资需求和资金来源之间刚好平衡的状况下。当"现金牛"区域的部门或"问题"区域的部门投资需求增加,而无论是外部资金来源还是内部资金来源都无法满足时,就会发生投资不足。投资不足可能发生在"现金牛"区域的部门,因为在此区域的部门往往需要的资金量要超过其最优水平。如果"现金牛"区域的部门的投资量只是在有效的水平上,投资不足就可能发生在"问题"区域的部门。如果企业希望增加资金供应的可靠性,就必须强行对资金充裕的成员企业内部化。

3. 监督的有效性

有学者认为在内部资本市场上,出资者企业总部是资金使用部门资产的直接所有者,并拥有剩余控制权,而外部资本市场的出资者则不是资金使用部门资产的直接所有者。这一本质上的区别,导致内部资本市场上,拥有剩余控制权的集团总部能更有效地监督和激励成员企业的管理者。集团总部比银行有更大的激励和更大权力进行优秀项目的挑选,且通过各个项目间的相互竞争,将有限的资本分配到最具效率的项目上。总部能根据较高质量的信息来决定是否为投资项目进行资源再配置。可以按照项目投入产出比来配置稀缺资源,提高资源配置效率。内部管理者比外部投资者更了解项目的有关信息,可将资本有效地分配到边际收益最高的部门,一个项目在企业内部资本市场进行"内部清算"比"外部清算"可为出资者保留更多的价值。

第二节　企业集团投融资管理

企业集团财务活动由前面所述的核心层、紧密层、半紧密层和松散层等四个层次企业的财务活动组合而成。其中,核心层企业和紧密层企业的财务活动是企业集团财务管理的主要内容,一般包括产权管理、融资管理、投资管理、内部转移价格管理、收益分配管理和财务监控等。

一、企业集团产权管理

在企业集团内部,产权关系是否明晰、产权结构是否合理、持股方式是否恰当等产权管理问题,直接关系到筹资管理、投资管理、收益分配管理等财务管理工作能否顺利而有效地开展,因此产权管理是企业集团财务管理的重要基础和重要内容。

(一) 明晰产权关系

一方面,母公司和子公司都是独立的法人企业,彼此之间不存在行政上的依附关系，而是投资者与受资者之间的关系，母公司对子公司的管理与控制必须依照公司法来进行，不能超越所有者权限而介入子公司的日常经营事务，以确保子公司真正独立的法人地位。另一方面，母公司必须通过产权关系对子公司进行有效的控制和监督，以维护和实现集团整体利益，并保证其投入子公司资本的安全性，依法获得产权收益。在处理母子公司关系时，应当防止两种情形：一是母公司缺乏对子公司有效的监督管理手段，致使子公司经营活动偏离企业集团的发展战略目标，危及企业集团整体利益；二是母公司为了实现其经营目标，超越所有者权限，侵犯子公司独立经营权。

（二）设置合理的产权结构

母公司从战略目标出发，依据集团公司的产业布局，将其所持有的各类资产分别投资于各子公司，并依法落实其法人财产权和经营自主权，形成以产权为纽带的母子公司关系，通过产权关系的约束控制间接实施管理。一般来说，对于集团的支柱产业、资金密集型企业，母公司可以设置单一的产权结构，建立完全控股的全资子公司；对于集团生产经营和持续发展有着重要导向作用的技术密集型产业和关键性辅助产业，母公司可以持股51%以上建立控股子公司；至于集团其他次要的产业，母公司可以考虑参股而非控股。此外，母公司应积极地吸收社会法人参股，鼓励公司内部职工投资入股和子公司之间的交叉持股，寻求产权结构的多元化，以规范子公司的法人治理结构。

（三）选择适当的持股方式

不同类型的企业集团应当选择不同的持股方式。一般说来，对于核心层企业实力强大的企业集团，可以选择垂直持股的方式，以保障母公司的控制权；对于强强联合的企业集团，可以选择交叉持股的方式，以密切成员企业之间的相互关系。

二、企业集团融资管理

企业集团融资管理不同于单个企业融资管理，其重点在于解决母公司资本结构优化和集团整体的财务风险控制。母公司对子公司分拆、分立、对外担保和上市融资等业务实施监控，达到控制整个集团财务风险和优化母公司与子公司资本结构的目的。按照资金来源的不同，企业集团融通资金的方式可以划分成外部融资和内部融资两种，但是，无论是内部融资还是外部融资，企业集团融资管理的重点都是集团资本结构的调整和优化，这一点是必须把握住的。

（一）外部融资

外部融资是指企业集团从集团外部融通资金。其方式有许多种，如发行股票、吸收直接投资、银行借款、发行债券、商业信用、融资租赁等方式。这些不同的融资方式，其融资风险和融资成本是各不相同的，企业集团在选择融资方式时，应权衡利弊作出抉择。

（二）内部融资

内部融资是指企业集团从集团内部获取资金。一方面,企业集团内部各企业实现的利润可以留存,作为企业集团的内部资金来源。另一方面,企业集团各成员企业之间存在密切的伙伴关系,可以互济互惠相互借贷融通资金。除了各成员企业之间直接相互借贷融通资金之外,还有其他可行的在集团内部横向融通资金的方式。例如,可以建立企业集团发展基金,供企业集团统一使用;可以办理实行统贷统还的发展项目贷款,由集团公司为企业集团统一借入资金,并统一归还贷款本息。

随着企业集团的不断发展,金融机构在企业集团发展中的作用越来越大。企业集团应充分利用金融资本,比如建立融洽的银企关系,寻求银行长期而稳定的信贷支持,或是寻求银行等金融机构直接投资入股。企业集团还可以组建财务公司这一非银行金融机构,为企业集团的发展提供综合性金融支持。

三、子公司分立与产权关系变化

（一）公司分立的概念

公司分立指一个公司通过依法签订分立协议,将其分成两个以上公司的行为。而原公司要么不经清算程序而解散,要么以被缩小的状态继续存在。公司分立使得集团的结构发生变化,并改变了母公司的资本结构。其主要特征有以下四点。

（1）强调公司组织的变更和调整,把与集团方向不协调的子公司分立出去,提高集团的管理核心业务的能力。

（2）具有整体性转移的特性。子公司分立往往将资产、负债、人员整体转移,脱离集团体系。

（3）子公司分立需要母公司大部分股东的认可。

（4）子公司分立的后果通常导致原公司注册资本和相应股份总数的减少。

（二）公司分立的原因

（1）企业集团进行战略调整和转移,使得某些子公司业务不再与集团发展方向一致,也不符合多元化经营的要求,必须分立出去。

（2）释放企业家的潜能。集团母公司拥有过剩管理资源,公司分立给他们创造大展宏图的机会;把子公司分立出去单独地面对市场经常能够激发子公司管理人员的积极性。

（3）公司分立也可能是为了谋取税收方面的利益。公司分立对公司和股东都是免税的。而资产剥离则可能带来巨大的税收负担。因为公司在资产剥离中得到的任何收益都要纳税,如果这笔钱再以股利的形式发给股东,还要继续纳税。

（4）公司分立也可能出于反收购方面的考虑。公司分立有时也是一种反收购的手段。当一个公司的下属子公司被收购方看中,收购方要收购整个企业时,母公司可以通过把该子公司分立出去以避免被整体收购。

（三）公司分立的主要形式

1. 标准的公司分立

西方标准的公司分立是指母公司将其在子公司中所拥有的股份，按照母公司股东在母公司中的持股比例分配给现有母公司的股东，从而在法律上和组织上把子公司的经营从母公司的经营中分离出去。这会形成一个与母公司有着相同股东和持股结构的新公司。在公司分立中不存在股权和控制权向母公司和其股东之外的第三方进行转移的问题。因为现有股东对母公司和分立出去的子公司同样保持着他们的权利。这里的子公司既可以是现有的子公司，也可以是为了分立资产而临时组建的子公司。其分立过程如图10-7所示。

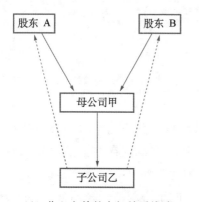
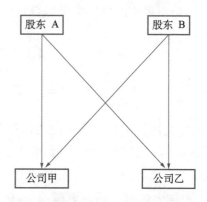

（A）分立之前的产权关系线路　　　　　　（B）分立之后的产权关系线路

图10-7　分立前后的产权关系线路

注：1. 分立之后，公司甲和公司乙之间已经没有任何产权关系和经营管理上的联系。之前的所谓的母子公司之间的关系已经不复存在。

2. 上述图（包括后面的图）中，虚线表示交易过程，实线表示持有的股权或者产权，箭头表示交易或者产权的方向。

2. 公司分立的衍生形式

除标准的公司分立外，公司分立还存在多种形式的变化，常见的有换股分立和解散分立两种。

（1）换股分立。换股分立是指母公司把其在子公司中所拥有的股份分配给母公司的一些股东（而不是全部母公司的股东）以便交换其在母公司中的股份。在换股分立中，两个公司的所有权结构都发生了变化，换股分立之后母公司的股东可能不再对子公司拥有间接的控制权。在现实生活中，换股分立不像标准的公司分立那样经常发生，因为它需要一部分母公司的股东愿意放弃其在母公司中拥有的股份而转向投资于子公司。实际上换股分立也可以被看作一种股份回购，即母公司以下属子公司的股份向部分股东回收自己的股份。在标准分立方式下，母公司的股本没有变化，而在换股分立方式下母公司的股本将会减少。换股分立的过程如图10-8所示。

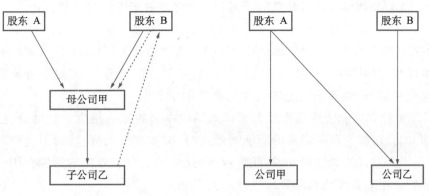

(A) 换股分立前的产权关系线路　　(B) 换股分立后的产权关系线路

图 10-8　换股分立前后的产权关系线路

注：上述换股分立的交易过程是，股东B把其在母公司中的股份与母公司在子公司中的股份相互交换。交换之后的结果是，股东B由原来直接持有母公司的股份变成直接持有子公司的股份，同时不再拥有母公司的股份。换股分立之后，通常情况下，母公司也不再持有子公司的股份。

(2) 解散分立。解散分立与标准分立比较相似。它是指母公司将子公司的控制权移交给它的股东。在解散分立中，母公司所拥有的子公司全部分立出去，因此母公司将不再存在。其交易过程如图 10-9 所示。

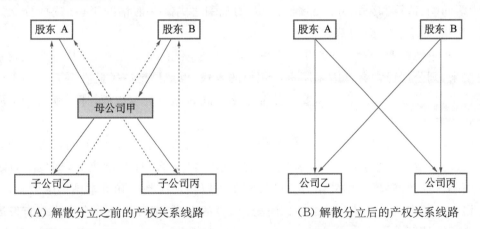

(A) 解散分立之前的产权关系线路　　(B) 解散分立后的产权关系线路

图 10-9　解散分立前后的产权关系线路

（四）公司分立的经济效果分析

从理论上分析，公司分立可以激发管理人员的经营积极性。因为公司分立之后，可以解决大公司综合征，消除子公司管理人员的等、靠心理。另外，在资本市场上，公司分立也有助于提高公司的股价。

在美国，有关研究结果显示：过去五年内 101 家分立公司的经营情况是，年均投资回报率达到了 25.1%，远高于同期标准普尔 0.1% 以及罗素 2000 指数 8.3% 的回报水平。但是，这些分立的公司实际收益差异比较大。其中，9 个分立公司的年回报率超过 100%，26 个年回报率为负值。研究结果还显示，股市环境、分立时机选择对公司经营业绩也有比较大的影响,最近分立的公司股价走势要好于以前分立的公司。

但是,公司分立也有其缺点。这些缺点主要体现在如下三个方面。

(1) 公司分立只不过是资产的契约性转移,通常情况下,并不能使公司的经营管理发生根本性改变与提高。虽然随着分立公司的股票价格提高了,但是这种提高只是市场预期改变的结果,并不一定是其经营业绩改善的结果。

(2) 公司分立可能使规模化经营所带来的成本节约效应消失。公司分立后,一方面,被放弃的公司需要设立必要的职能管理部门,增加管理人员,从而引起管理费用的增加;另一方面对存续的公司来说,随着业务缩小,单位产品分担的管理费用也会随之增加。除非公司对管理机构和管理进行人员裁减。

(3) 公司分立的手续比较复杂。与资产剥离相比较,公司分立中涉及的法律问题比较复杂,如果被放弃部分不是独立核算的子公司,还必须首先把它从母公司的母体中分离出去,为此要设立新的法人实体,要把资产和负债在母公司与新的法人实体之间进行分摊等。这些都是比较棘手的问题,经常会消耗管理者相当多的精力和时间。

(五) 公司分立的决策考虑和实施程序

当一个公司需要进行业务或者资本紧缩时,可以选择的方式比较多,比如资产剥离、股票回购、清算和公司分立都纳入考虑的范围之内。一般情况下,在选择分立方式时公司会有如下三方面的基本考虑。

第一,单纯的业务紧缩还是资本紧缩。如果是单纯的业务紧缩,即从某个经营领域中退出来,则公司通常会考虑采用资产剥离的方式,也就是把有关此业务系统的资产对外进行出售。反之,如果企业需要在业务紧缩的同时缩小资本规模,那么就可能采用公司分立的方式。

第二,是否需要保全公司整体的价值。公司分立相对于清算来说,可以保全公司的商誉、营运价值,减少司法干预。假如公司只是因为"人合"性基础丧失,即投资者之间失和而陷入经营僵局,采用公司分立的方式既可以实现控制权和资本结构的调整,又可以不损害公司本身的价值。反之,如果采用清算的方式,则可能使一个本来具有发展潜力的公司毁掉了。

第三,能否取得债权人的支持。公司分立对于公司债权人的影响极其重大,也极容易成为不良商人逃避责任的手段。在现实经济生活中,出资人往往采用公司分立的方式来逃避债务,即通过分立的形式设立新的公司,将负债累累的原公司的大量资产转移给新的公司,然后试图借公司有限责任使原来负债累累的公司实际清偿能力大幅度地降低,极大地损害原公司债权人的权益。鉴于这种情况,为了切实地保护债权人的合法权益,我国《民法典》《合同法》和《公司法》中都明确要求在公司分立过程中要保护债权人的利益。比如,我国《公司法》规定,公司应当自作出分立决议之日起十日内通知债权人,并于三十日内在报纸上进行公告。另外,新《公司法》虽然删除了"不清偿债务或不提供相应担保,公司不得分立"的禁止性规定,但是公司分立中仍然需要尽可能地征求债权人的同意,否则,债权人如果不同意债务分割方案,公司分立就很难实施下去,严重时债权人甚至要求公司进行破产清算以申请自己的债权。

四、企业集团投资管理

企业集团往往拥有巨额资本,具有强大的投资实力,投资活动是企业集团的一项经常性活动。企业集团的投资管理包括外部投资管理和内部投资管理。

(一) 企业集团外部投资管理

企业集团的对外投资包括对外的债权投资和股权投资。企业集团的对外债权投资管理与一般企业的债权投资管理相同。由于企业集团往往拥有较多的资金,日常的资金流量比较大,需要的后备资金多,可调拨使用的闲置资金总额也比较大。为了使闲置的资金充分发挥效用,同时又不影响资金的流动性,企业集团可以投资于国库券、开放式投资基金等风险小、流动性强的证券。

企业集团对外股权投资,就其可行性研究、投资风险控制、投出资金的增值等方面的管理而言,与一般企业的投资管理相同。然而,由于企业集团是一个企业群体,就其投资目的和投资项目的选择而言,与一般企业存在较大的差别。企业集团对外股权投资,首先要考虑企业投资的战略性目标,要考虑企业集团的布局与发展需要。当企业集团的主营业务领域发展前景看好,但存在生产布局不合理、地域分配不合理、存在薄弱环节等情况时,可以通过新的投资项目的选择,对集团现有的业务领域进行强化和扩充。例如,在企业集团的薄弱环节建立新的企业或建立新的合作伙伴加以弥补,投资同类生产企业提高企业产品的市场占有率,向企业生产经营的上游或下游领域投资以拓展企业供应和销售渠道等。企业集团对外股权投资的这种战略性目标要求,往往决定了企业集团在对外投资时,首先考虑的是整个企业集团的战略目标而不单纯是所投出资本的增值问题;在确定投资项目和判断项目是否有必要进行时,主要应考虑投资项目对改善企业集团布局和未来发展需要的影响。

企业集团对外投资在投资领域的选择上,往往有两种考虑。

一是通过新的投资,强化主营业务领域;二是拓展新的业务领域。企业集团为了分散经营风险,或者为了逐步渗透到其他新兴行业,需要将资本投入新的业务领域,培育企业新的利润增长点。

投资组合理论是研究企业集团对外投资的理论基础之一,投资组合可以降低整体投资的风险,企业集团应该在对外投资过程中,注意多种投资相关性的研究,形成有效的多元经营体系。举例说明这一原理,我们选择两种投资品来形成组合投资,分析组合投资风险的不变化规律。通过研究投资组合收益率的标准差,可以加深理解组合投资分散风险的原理。假设投资于两种不同性质的资产,资金投放比例分别为 ω_1、ω_2,单项资产的标准差分别为 δ_1、δ_2,两个单项资产的相关系数为 p_{12},则组合投资收益率的方差与单项投资方差的关系如下:

$$\delta_{12}^2 = \omega_1^2 \delta_1^2 + \omega_2^2 \delta_2^2 + 2p_{12}\omega_1\omega_2$$

其中：$\omega_1 + \omega_2 = 1$，我们使 p_{12} 的值不断变换，意味着选择不同的投资品。

为简单起见，假设投放于第一个资产的资金比例为 x，即设 $\omega_1 = x$，那么，$\omega_2 = 1-x$，当 $p_{12} = -1$ 时，$\delta_{12} = |1.5x - 0.5|$；当 $p_{12} = -0.5$ 时，$\delta_{12} = (7x^2 - 4x + 1)^{\wedge}0.5/2$；当 $p_{12} = 0$ 时，$\delta_{12} = (5x^2 - 2x + 1)^{\wedge}0.5/2$；当 $p_{12} = 0.5$ 时，$\delta_{12} = (3x^2 + 1)^{\wedge}0.5/2$；当 $p_{12} = 1$ 时，$\delta_{12} = |0.5x + 0.5|$。

根据两项资产的相关系数，可以绘制投资组合收益率标准差随着第一资产投资比例变化的曲线如图 10-10 所示。由图 10-10 可以看出，当两项资产完全负相关时，恰当选择投资比例，可以使得组合投资收益率的标准差为 0，也就是说，理论上讲，组合投资有可能将投资风险降低为 0。

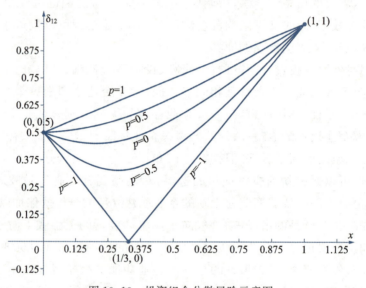

图 10-10　投资组合分散风险示意图

图 10-10 绘制了当相关系数为不同取值时组合投资收益率标准差的变化曲线（其中自变量为投资在第一个品种上的比例）。可以看出，当两项投资品的相关系数为 -1 时，适当分配投资金额的比例，就可以使组合投资的风险降低到 0。

债券投资组合战略规划主要取决于两个因素：投资者对债券市场效率的看法、投资者对风险的偏好程度。

（二）企业集团内部投资管理

企业集团内部投资管理包括两方面的内容：一是企业集团内部各企业自身单独的项目投资管理，二是企业集团内部企业相互之间的投资管理。企业集团内部各企业自身单独的项目投资管理与一般企业的内部项目投资管理基本相同，这里需要强调的是企业集团内部企业相互之间的投资管理。

企业集团内部企业之间的相互投资实际上是经济资源在企业集团内部的重新调

配。这里要遵循以下两个原则。

1. 独立主体原则

企业集团内的企业都具有法人资格,具有独立的法人地位。除母公司所控制的部分全资子公司外,还可能有企业集团以外的所有者。企业集团内部相互之间的投资要按照独立企业之间相互投资、合资的一般原则进行。

2. 统一协调原则

尽管企业集团内部各企业都是独立的法人,但它们是通过产权关系连接而成的一个整体。因此,企业集团内部各企业之间的相互投资往往体现了企业集团的发展需要,体现了居于控股地位的母公司的战略意图,需要在母公司的协调下,以企业集团的发展战略作为出发点,而不能仅仅考虑自身的利益而置集团利益于不顾。这在紧密层企业之间相互投资的关系上更值得注意。

第三节 企业集团收益分配与均衡

一、企业集团收益分配管理

企业集团的收益分配不同于单个企业收益分配,其重点在于利益的均衡而不是利润分配,主要涉及两方面的内容:一是以政治权力为基础的收益分配,即按照税法规定缴纳各种税金,这种分配体现了国家与企业集团之间强制无偿的分配关系;二是以资产所有权为基础的收益分配,即将计提各种法定提留后的利润,按照一定的分配方式,在所有者之间进行分配,这种分配体现了以所有权为基础的产权收益分配关系。以资产所有权为基础的收益分配最能反映企业集团的特色,是企业集团收益分配管理的核心。

企业集团联结纽带和联合方式不同,以资产所有权为基础的收益分配方式也不同,主要有以下几种。

(一)股利分配方式

股利分配方式即以向股东分派股利的形式进行利润分配,适用于以股权投资为联结纽带的企业集团。在这种分配方式下,受资企业根据投资者股权投资比例分配股利,直接进行利润分配。股利政策是关于公司是否发放股利、发放多少股利以及何时发放股利等方面的方针和策略。影响股利政策的因素很多,包括法律的因素、公司的因素、股东的因素及其他因素。对长期以来股利政策实务进行总结,归纳出常用的股利政策包括剩余股利政策、固定股利政策、固定股利支付率政策和低正常股利加额外股利政策等四种类型。股利支付方式有现金股利、股票股利、财产股利和负债股利。股利政策是财务管理的一个重要内容,股利政策执行结果所产生的影响不仅仅局限于对投资收益的分配，还影响到公司的投资、融资以及股票价格。股利政策最为核心的内容就是按实现财务管理目标的要求，正确处理好税后利润在派发股利与利润留成之间的关系。

企业集团股利分配的特殊之处在于涉及各成员企业间利益分配的事项，而这些事项因为每个企业集团的组成状况不同而各有所异。母公司必须从战略角度对集团整体的股利政策进行统一规划，规范各成员企业的收益分配行为，使之有利于集团整体战略目标的实现。面对集团内多个作为不同利益主体的企业法人，母公司制定股利政策时，不能只站在自身的立场上考虑问题，还需要兼顾母公司与子公司以及子公司相互之间的利益关系。

基于股利政策的重要性，企业集团的股利政策决定权通常集中于集团最高管理当局，即母公司董事会。母公司董事会负责拟订集团的整体股利政策及自身具体的分配方案，并提供支持理由。这一过程需要吸收母公司财务部经理介入，并应当征询子公司或其他成员企业的意见，解释所制定股利政策的基本宗旨，使子公司认识到这种股利政策与各子公司的利益特别是集团整体长远利益相符合。母公司股东大会是集团最高的权力决策机构，对母公司董事会制定的股利政策方案进行审核、批准。

（二）基数分配方式

基数分配方式适用于以承包、租赁方式组成的企业集团的利润分配。这种分配方式的前提是：企业集团的核心企业向成员企业的主管部门以承包、租赁方式取得资产使用权，并与成员企业的主管部门或所有者签订承包、租赁合同，税后利润上缴数额和资产使用租金合同。这样，由于被承包、租赁企业成了企业集团的紧密层企业，企业经营所得利润要先按合同规定的基数，将承包费或租金上交给成员企业的主管部门或所有者，剩余部分才归企业集团的核心企业。同时，紧密层企业（被承包、租赁企业）也按合同的规定获取利润或租金。

二、内部转移价格管理

为了减少外部交易成本，实现企业集团利益最大化，企业所需要的外购件和劳务往往优先从企业集团内部采购，企业所生产的产品和提供的劳务也往往优先满足企业集团内部的需要。企业集团各成员企业之间转让中间产品和提供劳务时所采用的价格就称为内部转移价格。对各成员企业之间转让中间产品和提供劳务时按照内部转移价格进行计价结算，有以下好处：(1)有利于划清各成员企业的经济责任，使业绩评价和利益分配建立在客观可比的基础上；(2)有利于集团内部资金的合理调度，实现集团的战略目标；(3)有利于获得合理避税的效应。

内部转移价格的制定应优先考虑企业集团的整体利益，兼顾成员企业的利益，尽量做到公平、合理。内部转移价格一般有以下四种。

（一）市场价格

市场价格是指以转让中间产品的外部市场价格作为内部转移价格。按照市场价格制定内部转移价格有两个基本假设：一是中间产品有外部市场，可以在外部市场找到相似的产品；二是中间产品有完全竞争市场或者中间产品的供应者无闲置生产能力。市场价格对买卖双方都没有偏袒，较为客观、公平，便于在集团内部引入市场机制，形成竞争气氛。因此，市场价格是制定内部转移价格最好的依据。但以市场价格作为内部转移价格也存在一定的困难：首先，完全竞争市场是个理想的市场，实际上并不存在；其次，外部市场上很难找到与中间产品完全一样的产品，产品特征、性能、耐用性、式样等方面的差异总是存在的，以存在差异的产品的市场价格作为中间产品内部转移价格，其客观性尚需进一步考虑；最后，数量折扣、付款方式等因素的差异也会造成市场价格的不同，难以找到一个单一的市场价格。

此外，值得注意的是，以市场价格为基础的内部转移价格并不等于真正的市场价格。因为在企业集团内部进行交易，许多费用诸如广告、包装、运输、检测等方面的支出将不需发生或是大为减少，所以以市场价格为基础的内部转移价格应低于外部市场价格。

（二）协商价格

协商价格是集团内部成员企业通过共同协商确定的价格。协商价格的采用源于市场价格在企业集团内部采用的弊端。如前所述，企业集团内部使用的市场价格并不是完全意义上的市场价格，并不能完全反映企业集团内部结算的实际需要。管理实践中，往往通过协商确定中间产品的转移价格。

协商价格的上限是市场价格，下限是产品单位变动成本。因为如果协商价格高于市场价格的话，中间产品需求方会宁愿到市场上去购买；而如果协商价格低于单位变动成本的话，中间产品供应方连起码的简单再生产都将难以维系，肯定会拒绝提供。

协商价格要在买卖双方拥有讨价还价的权利时才能够顺利实施。对于在企业集团内部流通量大、涉及面广的中间产品，往往由母公司牵头，组织成员企业协商确定转移价格。协商价格的缺点是价格的高低受谈判双方讨价还价能力的影响，如果是集团内各成员企业多头协商或是需要协商的项目繁多时，将可能导致协商耗时耗力甚至难以得到统一的协商结果。

（三）双重价格

双重价格是针对买卖双方分别采用不同的价格作为内部转移价格。双重价格一般有两种形式：一是当产品在市场上有多种价格时，供应方采用最高市价，需求方采用最低市价；二是供应方以市场价格或协商价格作为计价基础，而需求方以成本作为计价基础。采用双重价格作为内部转移价格主要适用于企业集团内部核心层企业，这些企业由母公司直接控制，计价的目的不是确定各个企业的实际损益，而是对成员企业进行业

绩的考核和计量,是落实经济责任制的方式之一。实行双重定价虽然可以起到调动子公司积极性的作用,但是这种定价方式下,供应方按高价出售,需求方按低价购进,就可能使双方对成本控制的关心度下降,在成本管理方面有所松懈。

(四)成本转移价格

成本转移价格是以转移产品的成本为基础制定的内部转移价格。由于成本的概念不同,成本转移价格也有不同的形式:一是以产品的标准成本作为内部转移价格;二是以产品的标准成本加上一定的合理利润作为内部转移价格;三是以产品的标准变动成本作为内部转移价格。究竟采用哪种成本形式,应根据转移产品的特点和制定转移价格的不同要求来确定,而且都应该以标准成本而不是以实际成本为基础来确定内部转移价格,这样才不至于将中间产品供应方的功与过转嫁到购买方,便于正确评价双方的业绩。使用成本转移价格比较简便,所依据的成本数据是现成的,但成本概念的多样性也使得成本转移价格的选择具有一定程度的人为性。

尽管内部转移价格的形式有多种,总体而言,市场价格、协商价格较为适合企业集团内部具有独立法人地位的企业之间的交易结算,以便兼顾企业之间的利益。而双重价格、成本转移价格则较为适合某一企业内部非独立单位之间的结算,其主要目的是作为考核内部单位业绩的一种计量手段。

三、企业集团财务监控

在现代企业所有权与经营权相分离的条件下,所有者拥有企业财产所有权,并雇用经营者负责企业的日常经营管理,而企业作为独立法人依法拥有法人财产权。两权分离客观上形成了所有者与经营者之间的"委托代理"关系,在这种"委托代理"关系下,由于"道德风险"与"逆向选择"的存在,所有者确有必要对经营者的财务行为实施监控。这里所讲的财务监控主要是指以集团公司或母公司形式存在的核心企业对子公司的财务监控。

在企业集团中,母公司对子公司的财务监控措施主要有财务总监委派制、制度控制和内部审计监控等方面。

(一)财务总监委派制

财务总监委派制是指母公司直接向子公司派出财务总监,并将其纳入母公司财务部门的人员编制,由母公司实行统一管理考核的制度。它是实现对子公司财务控制的一种有效手段。财务总监委派制在实际操作中又可以分为两种类型:财务监事委派制和财务主管委派制。

1. 财务监事委派制

财务监事委派制是企业集团中的母公司以所有者及控股人的身份直接对子公司委派财务总监,专门行使对子公司财务活动进行监督的职能。财务总监作为母公司的代表,其主要职能是对母公司投出资本的保护,因此称其为财务监事更为贴切。财务监事的主要职责是:①检查监督子公司的经营管理方针政策,特别是财务政策是否符合母公司的总体政策与目标,财务管理制度是否健全有效;②通过母公司对子公司的重大决策行使批准或否决权,这些重大决策一般涉及母公司所有权利益以及母公司总体战略与政策、目标或章程;③监督子公司经营者决策行为,对子公司违反法律、法规以及母公司政策、目标或章程的行为以及损害子公司或母公司利益的行为,一旦发现,有权制止并责令其立即纠正;④行使对子公司重大的例外事件的决策处置权以及母公司赋予的其他决策监督权。

财务监事委派制,在较大程度上提高了母公司对子公司的财务监控力度,使子公司在追求自身局部利益的同时切实维护与保障母公司产权利益最大化。当然,财务监事委派制也有一定的缺陷。首先,作为独立的法人主体,母公司对子公司的财务监控显然是无法代替子公司的财务决策的。由于子公司对自身局部利益最大化的期望客观存在,就不可避免地会对母公司的监督行为及监督代表产生一定程度的排斥倾向与防范心理。其次,在这种制度安排下,由于财务总监并非属于子公司的经营者阶层,不直接介入子公司的日常经营管理事务,对经营者的管理决策后果并不直接承担责任,因此母公司要想对财务总监的工作业绩做出合理、准确的考核评价将是比较困难的。反过来,由于母公司不能对财务总监的工作业绩进行合理、准确地考核评价,将其收入与业绩挂钩,也就很难激励其对子公司实施积极有效的监督。

2. 财务主管委派制

财务主管委派制,即母公司以总部管理者的身份,通过行政任命的方式对子公司派出财务主管人员的制度。母公司派出的财务主管其人员编制和业绩考核均纳入母公司,以保证其能比较可靠地代表母公司直接介入子公司的财务和决策事务,总管子公司的财务管理事务。母公司派出的财务主管主要职责是:一方面,作为子公司经营管理者之一,主持子公司日常财务工作,建立健全子公司财务监控体系,从财务角度对子公司的各项重大经营决策提供专业支持。另一方面,作为母公司的经营者代表,要对子公司经营者的行为实施控制,以母公司的名义对子公司的决策作出分析评价进行监督,制止纠正其不当行为。

对子公司委派财务主管,使之直接介入子公司的管理决策,强化了母公司对子公司的财务监控,并缩短了母公司与子公司的信息沟通时间,提高了决策的效率。而且,由于财务主管直接介入子公司的决策管理,对公司决策管理的后果承担相应责任,这就为母公司对其进行业绩考核提供了依据。但是,财务主管委派也存在明显的缺陷,这是财务主管作为子公司经营管理者的同时又是母公司经营者代表的双重身份所导致的。派出的财务主管作为子公司的决策管理者阶层,是子公司经营者的助手,需要接受并服从子公司经营者的直接领导。而派出的财务主管同时又作为母公司经营者的代表,需要站在母公司的角度对子公司经营者的管理决策实施监控。也就是说,要求派出的财务主管既能接受子公司经营者的领导,又能对其领导实施监控,这本身是矛盾的。另外,财务主管作为子公司经营管理者直接介入子公司的决策管理,同时作为母公司经营者代表对子公司经营管理行为进行监控,这中间存在自己监控自己的问题,监控效果显然值得怀疑。

(二) 制度控制

制度控制是指通过统一制定集团内的财务会计制度来规范成员企业的财务行为,统一集团内成员企业的财务处理方法和程序,以实现对成员企业财务活动的有效控制。企业集团要对其成员企业实施有效的财务控制,要在遵守执行国家财务会计法规的基础上,由集团公司根据集团实际制定一系列财务会计制度,并要求成员企业贯彻执行。集团公司制定的财务会计制度内容复杂,但按范围不同,可分为综合财务管理制度、日常财务管理制度和成本管理制度。综合财务管理制度是指对企业集团重大的、综合的财务事项所制定的行为规范,如企业集团财务治理机构设置制度、授权与任免制度、业绩考核制度、重大财务信息传递与监控制度、投融资管理制度、资本运作管理制度、收益分配管理制度、财务预算管理制度等。日常财务管理制度是指针对企业集团具体财务事项和日常财务运作所制定的行为规范,如资金收支结算制度、费用开支管理制度、存货管理制度、固定资产管理制度、在建工程管理制度、工资福利费管理制度、收入管理制度、应收账款及应收票据管理制度等。成本管理制度是指针对企业集团内部各级生产经营单位的成本管理所制定的行为规范,如采购成本管理制度、制造成本管理制度、产品销售成本管理制度等。集团公司制订的财务会计制度主要应从集团角度出发,规范各成员企业的财务会计行为,维护集团公司和成员企业的合法权益,提高会计信息质量,充分发挥财务会计工作在集团管理与决策中的重要作用。

(三) 内部审计监控

企业集团财务管理内部层次多,财务关系复杂,需要建立和健全审计机构,对企业集团内部各项管理制度的执行情况、营业收入的真实性、成本费用的合理性等进行监督。企业集团内部的审计监督工作主要由核心企业审计部门统一组织。

1. 内部审计监控的作用

(1) 企业集团内部审计对企业经营成果的真实性、合法性实施审计,发挥监督作用。企业集团通过对资产的真实性审计,检查账实是否相符、计价是否正确、国有资产是否流失、是否存在风险性投资、有无潜亏因素;对负债的真实性审计,检查各种负债的真实性以及预提费用是否正确;对损益的真实性审计,检查收入是否及时、足额入账,各项成本费用、营业外收支是否符合规定,利润是否完整,利润分配是否合规等问题。

(2) 企业集团内部审计对规范企业财务管理起促进作用。企业集团的内部审计人员对集团公司的整体状况较为熟知,在对企业的经营成果和财务状况进行评价和鉴证的同时,可以及时发现企业财务管理中的缺陷,并通过出具管理建议书等形式,及时提出改进建议和意见,促进企业财务管理规范化。

(3) 企业集团内部审计,对进一步完善企业内部控制制度有着十分重要的作用。集团公司的内部审计机构通过对其所属子公司及控股公司内部控制的深入了解和研究,对其控制政策和程序的有效性进行独立评价,可以查找出企业经营管理的薄弱环节,并及时向经营者反馈其内部控制的缺陷,为改进企业内部控制的程序和方法提供建设性的意见,促进企业内部控制制度不断完善。

(4) 对企业财务状况进行客观反映,发挥内部审计的预警作用。为了维护所有者的权益,提高国有资产营运效益,确保受托经营的国有资产的安全、完整,企业集团内部审计,不仅仅停留在证实会计信息的可信程度、揭示会计资料的重大错报和漏报的水平上,应在核实经济指标、对企业内部控制提出改进建议、客观评价企业经营者经济责任的同时,兼顾企业财务状况的预测及分析,通过对企业资产和负债状况的剖析、经营前景的预测,对企业可能存在的重大经济隐患提出预警,从而发挥审计监督的"经济卫士"的职能作用。

2. 加强内部审计需注意的问题

在国家有关部门逐步健全内部审计职业规范,使内审工作有法可依,内审人员有章可循的前提下,企业集团强化内部审计工作还需要注意以下问题。

(1) 健全内部审计机构。企业集团对内部审计工作的重要作用应有深刻的认识,这是加强企业内部审计工作的重要保证。对从事内部审计工作的人员要实行严格的准入制度,实行专职化,保持其稳定性,要使内部审计机构成为集团企业管理机构中必不可少的一个机构,使内部审计人员在稳定的环境中工作。

(2) 建立与现代企业制度相适应的内部审计模式。为了适应现代企业制度财产所有者与经营者分离、制衡的运作机制,必须建立与之相适应的内部审计模式。内部审计机构的隶属关系大体上可分为三种类型:受总会计师或主管财务的副总裁领导;受总裁或总经理领导;受董事会领导。从审计的独立性、有效性来讲,领导层次愈高,愈有保障。

(3) 由传统的财务审计向经济效益审计转变。企业集团内部审计的根本目的是改善经营管理,提高经济效益。因此,内部审计监督应从企业集团的实际出发,把审计的重点放在内控制度和经济效益上,而不只是审查企业经济活动的合规性和合法性,这样有利于对企业集团的经营管理和经济效益作出评价,提出有建设性的建议,为企业集团取得最佳经济效益出谋划策。

(4) 在审计方法上,应从事后审计逐步向事前、事中审计转变。事后审计主要起监督作用。面对企业集团经营管理活动的多元化和现代化,单纯的事后审计方法已不能对其做出全面、科学、准确的评估。内部审计必须广泛采用事前、事中、事后审计相结合的方法,更多侧重于事前预防与事中控制,以利于对企业内部控制进行全过程、全方位的监督和评价。企业的采购计划、生产计划、销售计划、资金计划、投资计划及费用预算等均应做到事前审核、事中控制。经验丰富的内部审计人员,应能及时发现各个环节存在的问题,把企业的风险降到最低的程度。

(5) 内部审计与外部审计相结合。企业集团内审工作主要包括两部分:一是对财务数据真实性、合法性的审计;二是对企业集团经营管理的分析和评价。由于企业集团内部成员企业较多,财务数据庞大,因此,对财务数据真实性、合法性的审计可以委托事务所按照内部审计的目的进行审计,从而保证会计信息的真实、合法和完整。内部审计人员由于对企业集团的情况熟悉,应将工作重点放在对企业集团经营管理及业务流程的分析和评价上。内外审计的有机结合,既可解决企业集团内部审计机构人手少而任务重的矛盾,又有助于提高内审的效率与质量。

第四节 企业集团财务公司

一、财务公司的含义与功能

(一) 财务公司的含义

财务公司是报经中国银行保险监督管理委员会审查批准,由集团的成员企业出资认股(通常采用母公司控股方式)以及吸收部分金融机构参股而组建,专司集团内部存贷款、往来结算以及相互资金融通的非银行金融机构,具有独立的法人地位。财务公司作为企业集团的成员,在行政上受企业集团直接领导;作为非银行金融机构,在金融业务上接受中国银行保险监督管理委员会的监督管理。

财务公司名称应当经工商登记机关核准,并标明"财务有限公司"或"财务有限责任公司"字样,名称中应包含其所属企业集团的全称或者简称。未经中国银行保险监督管理委员会批准,任何单位不得在其名称中使用"财务公司"字样。设立的财务公司则应当符合《中华人民共和国公司法》和《企业集团财务公司管理办法》的有关规定。财务公司可以经营下列部分或者全部业务:对成员单位办理财务和融资顾问、信用鉴证及相关的咨询、代理业务;协助成员单位实现交易款项的收付;经批准的保险代理业务;对成员单位提供担保;办理成员单位之间的委托贷款及委托投资;对成员单位办理票据承兑与贴现;办理成员单位之间的内部转账结算及相应的结算、清算方案设计;吸收成员单位的存款;对成员单位办理贷款及融资租赁;从事同业拆借;中国银行保险监督管理委员会批准的其他业务。

符合条件的财务公司,可以向中国银行保险监督管理委员会申请从事下列业务:经批准发行财务公司债券;承销成员单位的企业债券;对金融机构的股权投资;有价证券投资;成员单位产品的消费信贷、买方信贷及融资租赁。

(二) 财务公司的特点

财务公司是专门办理集团内部金融业务的非银行金融机构,与信托投资公司、证券公司、保险公司和租赁公司等其他非银行金融机构相比,财务公司具有以下四方面特点。

1. 特定的资金来源

财务公司的资金主要来自集团成员企业投入的股本以及集团成员企业的存款,资金实力相对有限。

2. 特定的服务对象

财务公司建立在集团成员企业对金融组织共同需要的基础之上,集团成员企业投入的股本以及存款是其资本的基本来源,这决定了财务公司的服务对象主要是企业集团。

3. 接受双重领导

财务公司在行政上隶属于企业集团。同时,作为金融机构,要在业务上接受中国人民银行的领导、管理和监督。

4. 提供综合性金融服务

财务公司可以运用存款、贷款、代理结算、资金拆借、证券买卖等金融手段,从事经批准的人民币与外汇金融业务,为企业集团的发展提供综合性金融支持。

(三)财务公司的功能

1. 结算服务功能

企业集团各成员企业可通过财务公司进行内部结算,减少了集团成员企业通过专业银行结算而占用的时间,避免了资金结算的在途时间,提高了资金使用效率。财务公司通过开展以集团成员企业为服务对象的提供担保、资信调查、信息服务以及投资咨询等中介业务,为集团成员企业的发展提供全方位的服务。

2. 融资功能

企业集团通过财务公司可以聚集起各成员企业分散的、闲置的资金,实现集团内资金的横向融通与资金头寸调剂,有利于保障集团整体战略目标的实现。企业集团还可以借助财务公司的社会融资功能,为其开辟更加广阔的融资渠道。

3. 信贷功能

财务公司将其筹集的资金,以贷款的方式发放给集团内需要资金的企业,做到财尽其用。财务公司在信贷管理上可以起到商业银行难以起到的作用,因为财务公司信贷管理人员可以发挥其熟悉集团内部财务管理、生产管理、销售管理的优势,适时把握好资金的投向,并及时回收款项。随着财务公司经济实力的逐渐增强,其信贷功能将得到更大发挥,从而能更加有效地支持企业集团的生产经营,提高其竞争力。反过来,企业集团经营管理水平的提高,又进一步促进了财务公司信贷功能的发挥,由此形成了良性的循环。

4. 投资功能

企业集团将投资中心的功能赋予财务公司,有效地避开了成员企业条块分割、管理分散的弊端。财务公司可以根据企业集团的战略目标与财务政策,将集团内部的闲散

第十章 企业集团财务管理

资金聚合在一起,投向效益高、风险小的产业,或投向那些能够发挥集团优势、促进集团发展的重要项目,从而提高资金利用效率。财务公司还可作为中介组织、当好集团公司的投资参谋。

二、财务公司组织结构

财务公司的最高权力机构为董事会。董事会由董事长、副董事长、董事若干人组成。董事长可由集团公司推荐,副董事长、董事由出资单位协商产生。

董事会的职责是:①制定和修改公司章程,并报中国人民银行批准;②任命总经理,副总经理由总经理提名、董事会批准;③根据国家有关方针、政策和财经法规,制定公司的经营方针和经营目标;④根据国家产业政策,审定批准集团公司远期和近期信贷投资计划;⑤根据公司的业务发展,确定分支机构的设立;⑥需要由董事会决定的其他重大问题。

财务公司实行董事会领导下的总经理负责制。总经理的职责是:①组织制定公司的经营目标和发展规划,经董事会批准后贯彻执行;②组织年度信贷计划的编制和审定重大投资项目;③向董事会报告公司年度财务决算和利润分配方案;④任免公司职能部门和分支机构的负责人;⑤制定公司的各项规章制度并组织实施。

三、财务公司的运作特点

财务公司在其经营和管理活动中有其自身的特点,特别需要注意以下几个方面的问题。

(一)需要严格遵守法律法规

财务公司在经营管理上需要认真执行国家有关的金融法规,执行经批准的信贷计划和存贷款利率。严格按照中国银行保险监督管理委员会规定的业务范围开展经营活动,而不能超越业务范围。

(二)需要严格控制金融风险

财务公司应当建立和健全其内部的业务管理制度和财务管理制度,制定存款、贷款、投资等管理办法,对经办的贷款项目要执行严格的资信调查和可行性研究。在投资执行过程中,要进行检查监督,维护公司利益。公司受托的信托投资、贷款项目必须单独核算。公司还应当建立呆账准备金制度。

(三)需要正确处理各种关系

财务公司需要正确处理以下几个方面的关系。

1. 财务公司与其他金融机构的关系

首先,作为金融机构,财务公司要接受中国银行保险监督管理委员会的管理和监督。其次，由于财务公司经营范围较广，与银行和其他非银行金融机构在业务上有重叠或交叉之处，这就要求财务公司正确处理好与银行、其他非银行金融机构之间的关系。

2. 财务公司与企业集团的关系

财务公司在行政上隶属于企业集团，但是它是自主经营、自负盈亏的独立法人。因此，一方面企业集团不能对财务公司的正常业务进行行政干预；另一方面，财务公司应定期地向企业集团汇报经营情况，接受正确的领导和监督。

3. 财务公司与集团各成员企业的关系

财务公司与集团各成员企业之间是一种平等自愿、互惠互利的关系。成员企业既是财务公司的股东，又是财务公司服务的对象。各成员企业向财务公司开设存款户和贷款户，并由其向银行开户。财务公司负责资金的统一管理，办理信贷和结算，统一上缴税金。这样，财务公司对外与银行及财税部门发生联系，对内与集团各成员企业发生联系。

四、财务公司变通形式：财务结算中心

财务公司作为非银行金融机构，其设立必须经过中国人民银行批准。因此，能够建立财务公司的只是少数特大型企业集团。在实践中，大多数企业集团采用一种变通形式，即建立财务结算中心。

财务结算中心在行政上隶属于集团企业或母公司的财务部，本身不具有法人资格，是公司集团内各成员企业现金收付及往来结算的财务职能机构。它不像财务公司具有法人地位，但它与财务公司具有相同的作用。从实质上看，财务结算中心是把财务公司的运作机制引入企业集团内部，对整个集团资金实行统存统贷管理，在所有权和使用权不变以及自有资金随时可用的原则下，把分散在集团内部成员企业的资金集中起来，实行统一管理、分配和使用，并监督资金的流向。

设置财务结算中心后，企业集团的一切收入都集中到财务结算中心。除了日常零星开支，一切支出都通过财务结算中心转账支付。财务结算中心向集团内部各企业吸收存款、发放贷款，并具体办理其他中介业务。财务结算中心需要定期编报银行存款日报表、企业存款日报表和重大资金变动表等，防止资金在投放、运转和回笼中可能出现的漏洞，降低企业集团的财务风险。

实践证明，建立企业集团财务结算中心能够实现资金集中管理，强化资本经营意识，发挥集团资金优势；有利于减少银行户头，盘活存量资金，提高资金效率；有利于在同等生产经营规模下减少贷款，降低财务费用；有利于加强对所属企业的资金监管，控制不合理的开支，避免重大资金流失；有利于提高集团信用等级，树立良好的企业形象，获得银行的优惠贷款支持。

案例研究与分析

A集团公司资金池实践之惑

【案例资料】

一、案例公司简介

A集团公司前身为供电局劳务公司,成立于1979年,是电业局(国有特大型企业)成立的多种经营企业。1993年,劳务公司更名为电力实业公司。2002年,根据电力多种经营企业改制总体方案,成立资产管理中心,企业性质为集体所有制企业,以9家改制企业(包括电力实业公司)的净资产作为出资投入到各改制企业,注册资金为5 000万元,对改制后的电力多种经营集体企业的集体资产行使所有权,不开展生产、销售、投资等经营活动,以集体资产保值增值为目的,负责管理集体资产。电力实业公司更名为A实业集团公司,主要经营范围包括:对工业、商贸业、旅游业、房地产业、能源开展实业投资和电力工程建设。2012年,按照《公司法》要求,推进企业改制工作,A实业集团公司更名为A集团公司,由资产管理中心出资收购。

2012年更名之后,A集团公司出资收购了8家改制企业,建立了以资产管理中心为资本平台、集团公司为经营平台、所属各公司组成资本纽带关系的组织架构;资产管理中心作为市供电公司主办的集体企业,是国家电网公司主办的集体企业下属单位,受省级电力公司主办的集体企业统一管理,由市供电公司负责具体指导、监督。资产管理中心成立管理委员会,是中心的权力机构,管理委员由市供电公司和中心所属资产的实际经营平台A集团公司委派代表共计17名委员组成,改制后,A集团公司经营范围涵盖电力建安施工、物资供应、电力设备制造、物业管理、教育培训及化工业等,包括全资公司10家、控股公司5家、分公司6家,设立总部职能管理部门7个;同时,县区建安子、分公司依然委托当地供电公司管理。

二、A集团公司发展过程中面临的问题

1. 收购后严重缺血

2012年,A集团公司出资收购多家民营企业自然人股份,耗资约2.5亿元,实际支付约1.4亿元,其余资金暂由部分被收购公司垫资支付自然人,导致公司缺血严重,资金周转十分困难,一度面临资金链断裂的风险;大部分公司由于垫支资金导致公司正常运转资金不足,集团总部也无多余资金可供调剂周转,部分未垫支资金公司及回收较快的公司资金较充裕,但集团总部又缺乏内部调剂手段,导致各公司对集团怨言颇多、质疑不断。

2. 中标后有心无力

改制前,各公司为了在保持现有市场的基础上,进一步抢占市场份额,扩大市场影响力,承揽了一些低价中标项目;同时,由于作为电力公司主办的集体企业,承担了安全、稳定等社会责任，对施工质量的要求相对较高，在投标报价中的竞争力不强，加上企业管理较为粗放，在产值增长明显的情况下，企业效益却是始终在低位徘徊，资金使用捉襟见肘，公司面临不得不拆、借、贷的窘境，银行贷款规模快速增长。由于资金管理未实现统筹安排，集团公司存在多头对外融资的情况，各公司独立与银行开展业务合作，进行短期贷款融资，总体信贷业务较为分散。2012年，A集团公司贷款规模14 730万元，贷款分布在6家不同的公司，总体财务费用1 233万元，综合利息率高达8.37%。

2012年11月3日，在集团公司周例会上，集团全资公司JC公司目前资金周转出现问题，同时，集团公司收购JC公司自然人股权时，由JC公司垫支资金约2 000万元，现JC公司希望集团公司能够协调平衡，给予支持。但集团总部没有多余资金能够支持JC公司，收购自然人股权已将集团资金耗尽，银行贷款方面公司基本已无剩余授信额度和可供抵押资产；集团各下属公司中，目前资金相对较为充裕的有全资公司DJ公司和控股公司YX公司，在当前资金普遍不足的情况下，这两家公司是否愿意提供资金支持不能确定，且JC公司对DJ公司还有上百万欠款，挂账时间超过一年，集团内部各公司之间相互拖欠现象十分普遍，同时，集团公司对资金调剂的方式、成本等没有统一规定，若调剂资金不能及时归还，可能会对这两家公司产生不利影响。

3. "户"多钱不多

2012年9—10月，A集团公司审计处在对各子分公司开展摸底调查工作中，发现各公司银行账户数量普遍偏多，一个子分公司银行账户多达十几二十个，项目部账户管理混乱，部分长期未使用账户未及时办理销户手续等问题，资金风险较大。由于经验不足和管控能力欠缺，A集团公司对各子分公司的管理相对松散，各子分公司可以独立与银行开展业务合作，导致普遍存在多头开户的现象。

由于各子分公司经营状况及资金状况差异大，不同公司之间、同一公司不同项目部之间的资金配置状况不佳，致使难以有效发挥集团资金优势，主要体现在：一是由于不同行业生产经营具有不同的周期性和季节性，导致在同一时点，部分公司有大量闲置资金，另一部分公司资金周转又十分困难；二是即使同为建安行业，由于具体承接业务性质的不同也存在资金富余和短缺的情况不同，部分公司因项目前期需垫付大量资金，中期可能遇到业务拨款不及时等情况，资金紧缺十分严重；三是部分公司经营状况不佳，现金流状况不好，依靠银行贷款维持，还贷压力巨大，负担高额利息费用。

由于集团公司银行账户众多，资金分散，各公司的银行贷款利率一般为央行基准利率上浮20%～40%不等，远远高于集团总部执行的央行基准利率上浮5%～15%的融资成本，部分公司对外融资后由于还贷能力较差，往往需要依赖于集团总部支援还贷资金，集团公司难以对整体资金风险进行控制。

4. 历史的"三角债"

由于A集团公司是刚刚完成整合重组，先有子公司再有母公司的特殊性，母子公司间业务联系不紧密，加上县区子、分公司沿用原有管理方式，依然委托当地供电公司管理，集团公司管控能力不强，各公司因利益冲突各自为政。同时，各公司历史关联交

易频繁、关系复杂,又涉及部分公司关闭、重组、划转等重大调整,普遍存在多个公司共同参与大型项目施工的情况,加上管理粗放、资料缺失、人员更换等,大量历史拖欠和"三角债"长期得不到解决。尤其是施工企业对设备制造和物资供应企业的内部欠款高达几千万元,账龄较长,且多家施工企业相互之间欠款复杂,清理难度较大。

改制后,由于资金尚未形成系统管理,集团内部历史拖欠、相互扯皮导致复杂的"三角债"得不到清理和解决,集团总部缺乏统一的内部资金划转平台和管理手段。同时,总部对各公司资金管理的监督也成为纸上谈兵,集团企业资金的规模效应难以发挥。

三、一个理念、四位一体

1. 理念先行

针对公司组建初期资金管理存在的问题,A集团公司于2012年9月开始着手搭建公司资金池,出台了一系列资金管理制度办法,适应性调整组织架构,采用"资金收支两条线、资金全过程预算管控"的方式,对所属各子分公司资金进行集中管控;2012年10月开始试运行。

2. 账户归集

集团公司着手搭建资金池,第一要务是全面清理银行账户,并对各子分公司的银行账户实行统一管理。

一是选择银行设立集团公司资金池专用账户。搭建资金池,第一步是选择合作银行,也是非常关键的一步。A集团公司调研学习了其他公司资金池管理的先进经验,走访联系了当地多家银行,充分比较各大银行的服务质量、收费标准和管理经验,听取多方建议;同时,结合当时集团各公司银行账户分布及资金使用情况,最终选择了与公司有长期合作关系、网点分布较多、资金池管理经验相对丰富、实力雄厚的工商银行、农业银行及中国银行作为集团公司资金集中管理的合作银行,设立集团公司资金池专用账户,并签订了三方现金管理协议,协议对银行系统每日定时归集上划各公司二级收入账户资金、资金结算中心日常结算业务办理及向各公司二级支出账户(基本户)拨付日常费用等事项作了具体约定。二是分别设立一级和二级账户,实现资金归集。A集团公司结合行业特征和自身业务经营特点,成立资金结算中心,负责资金池总体运行,负责集团资金的总体筹划、安排,账户开立及注销的审批管理、资金管理制度的建立完善及资金预算的审核监督等。在实施资金池之前,A集团公司银行账户共计179个(含贷款专户、保证金专户、投标专户等),为此,集团总部要求各公司全面清理现有账户,在集团公司一级资金池账户的合作银行中,自行选择银行,限期完成资金池二级收入和支出账户的开立或调整上挂工作。各公司资金实行收支两条线管理,除贷款、保证金等专用账户外,只能在合作银行开立一个二级收入账户和一个二级支出账户。

A集团公司通过搭建总部一级账户、子分公司二级账户的资金池管理模式,按照收支两条线进行资金管理,转变"三高"为"三低",扭转"三低"变"三高",实现闲置资金和银行贷款的统筹管理和集中调配,以较低的内部交易成本取代较高的外部交易成本,使集团公司资金形成"拳头"效应。

最后,对银行账户数量进行严格控制,适度授权和完善内控。A集团公司实施资金池管理,目的就是要化零为整,实现资金的集中,而资金集中的前提和关键就是银行账户的集中。一方面压缩已有账户,另一方面控制新开立账户。为了有利于总部对资金池的总体控制和监督,A集团公司要求各子分公司资金池银行账户均对集团公司进行授权,集团公司可通过一级账户对所有挂接的二级账户进行查询,及时掌握各公司资金流向和资金余量,便于对总体资金的平衡调剂和统筹支配;同时,所有二级账户均可通过网上银行实施查询收款和资金归集情况,掌握资金收支及结余动态。

3. 制度保障

A集团公司改制组建以来,为适应依法治企要求,实现集团统一管理,各级企业主办单位及公司内部均新建了一系列管理制度,包括工程、物资、财务、人资、审计、考核等各方面内容;资金池管理涉及集团公司生存发展的关键问题,市供电公司针对企业财务及资金管理出台了相关管理办法,集团公司内部在此基础上制定了资金、账户、支付、核算等一系列具体的实施细则,完善了集团内部资金管理流程,细化了资金管理岗位职责,成立了二级资金集中管理小组,按月对各公司资金预算实施情况进行审核、评价和考核。

4. 组织优化

为保障集团公司资金池管理模式顺利运行,组织成立了以集团公司总经理为组长、分管项目副总经理、总会计师及财务部负责人为成员的二级资金集中管理小组,其主要职责为负责组织制订集团公司资金管理相关规章制度,审批各公司月度资金预算,对资金预算执行情况及资金管理情况进行考核,对各子分公司资金管理工作进行监管等;资金集中管理办公室设在财务部。

为了顺利推进资金集中管理,提升资金管理质效,集团公司资金池实行扁平化管理,即集团公司总部设立资金结算中心(与集团公司财务部合署办公),总体负责资金池管理和资金调剂工作;各子分公司"一把手"为本单位资金管理第一责任人,不再单独设立资金结算中心,只在财务部设立资金管理岗位,负责本公司资金池业务相关管理工作。

5. 预算管控

A集团公司资金预算严格按照要求履行审批程序,包括编制上报汇总审核—审批执行—预算调整—评价考核五个流程。

四、实施过程中的问题

1. 合作银行难协调

实施资金池模式过程中,A集团公司财务部在工商银行、农业银行和中国银行开展了集团综合授信业务,由集团总部分割授信额度到各成员企业;同时,银行账户数量大幅减少。各二级账户资金实时归集至一级账户,资金集中度较高,与银行开展融资业务议价能力增加,金融机构合作热情提高。与成立资金池之前,各公司银行贷款利率一般为基准利率上浮20%~40%不等,资金集中管理以后,集团公司总部对融资事项进行统筹安排,极大地争取了银行的优惠利率,贷款年利息呈现逐年下降的趋势。

但也是在合作银行方面,由于A集团公司大幅压降了银行账户数量,各地协办行利益受损,由此给集团公司资金集中管理造成了一定困难。针对该情况,各合作银行承办行对协办行给予了适度的利益补偿,并由总行进行一定程度的内部利益协调,在绩效考核方面进行还原,但协办行服务态度消极、业务办理补偿等情况依然无法避免,制约了A集团公司资金集中管理的步伐。

2. 子分公司难拿捏

A集团公司经营范围涉及电力建安施工、物资供应、电力设备制造、物业管理、教育培训及化工业等,各行业经营周期和资金回笼周期不同;通过资金池的实施,A集团公司资金结算中心根据各二级资金账户归集资金情况,适当进行内部调剂,合计解决临时性资金缺口约4 300万元。

但问题也恰恰源于此,一是部分资金相对充裕或融资形势较好的子分公司,由于集团公司资金池管理并未给其带来实质性好处,出于自身利益考虑,对资金集中管理工作较为抵触,配合度不高,影响公司资金管理工作高效开展;二是集团公司资金集中管理后,根据各公司经营状况及资金需求,对归集资金进行适当调剂,遭到被调剂公司反对,或者被调剂公司恶意增加当月资金支付需求,阻止集团公司调剂资金,不利于资金的优化配置,集团公司资金调剂空间较小,调控能力不足;三是部分公司诟病集团公司资金结算中心对结余资金的增值管理能力,资金结算中心职责由集团公司财务部履行,由于管理经验、人员素质等问题,加上上级单位和主办单位对投资的谨慎态度和管理要求,结余资金的增值业务几乎未开展,未能充分发挥资金集中的优势。

3. 预期效益难实现

在2016年年末集团总结大会上,针对资金池管理运行,提出了一系列问题。

一是资金预算管理缺乏刚性。A集团公司虽然制订了资金管理相关制度,但资金预算相关规定较为笼统和宽泛,对资金预算细化程度、资金预算执行情况等细节要求不清晰;资金预算编制也缺乏科学的筹划和分析,仅仅是简单的数据汇总,受业务人员工作经验、责任心等因素影响,预算管控形同虚设。同时,集团公司对各子分公司资金预算执行的约束力不强,预算执行事中控制缺乏,资金预算变动过于频繁。

二是集团公司对各子分公司的资金并没有实际控制权,且部分县区公司委托当地供电公司托管,风险控制能力较弱。集团公司虽然对银行账户管理有相关的制度规定,但各单位是否有新开立账户主要建立在自律基础上,集团公司可以通过一级账户查询各公司资金池账户情况,而池外账户就成了管控盲区,部分单位池外账户开立和注销较为随意;对各子分公司资金管理也较为松散,大额资金支付审批流于形式,存在有意拆分资金的情况,资金使用相对无序;同时,集团公司仅了解各子分公司资金池银行账户余额情况,对其内外部资金收支具体情况无法掌控,池外账户的资金更是脱离管控。

三是集团公司虽然设置了独立的内部审计机构,但很多时候主要采取事后检查评价的措施,也忽略了事前和事中的监督评价,事后检查评价的结果又往往停留在纸上谈兵阶段，没有对整改结果进行跟进和评价考核，导致"问题年年有，年年老问题"。

四是公司一体化信息管理系统尚处于初级阶段，主要以会计核算软件为核心，采用财务软件搭配Excel表格的方式进行资金管理，这明显制约了资金预算管理的效率和效果。

【案例思考】

A集团公司初期资金管理的特点是什么？存在什么样的问题？针对资金管理中的问题，A集团可选择哪些资金管理模式？最终选择了哪种模式？

【案例分析】

(1) 集团公司财务管理主要有以下特点。

一是财务管理多元化。集团公司财务管理的对象主要是全资公司、控股公司及分公司，由于各公司经营业务、行业发展以及规模不同，形成了多元化的管理格局，在决策权责、规范内容等方面表现出求同存异、因势而为的特点，如存在集团公司的财务战略与下属公司的相关财务政策差异，不同地域的税收差异，不同行业的资金运作、经营周期及监管力度差异等。

二是战略管理导向化。集团公司作为企业发展战略的组织者、指挥者，在经营和发展好自身业务的同时，更重要的是以股权关系为基础负责集团整体的资本运作和统筹策划管理，合理配置资源，达到资源整合的目标最大化和集团公司整体效益的最大化，因此，财务管理必须服务于集团公司整体战略。

三是财务决策层次化。集团公司作为核心企业，在确保发挥主导作用的基础上，要充分考虑不同区域、产业、管理层次的情况差异，维持适度的集权与分权关系，明确集团内部财务决策权的层次和范围，保证处于不同管理级次的下属公司拥有与之经营管理相匹配的决策权，真正调动和发挥下属企业的积极性和创造性，推动集团公司发展战略的顺利实施。

四是关联交易经常化。集团公司与下属公司、下属公司之间普遍存在频繁、大量的关联交易，充分发挥了业务协同和资源整合的最大效用。

(2) A集团公司初期资金管理存在的问题。

由于是刚刚完成整合重组，先有子公司再有母公司的特殊性，导致母子公司间业务联系不紧密，加上县区建安子、分公司沿用原有管理方式，依然委托当地供电分公司管理，集团公司管控能力不强，各公司因利益冲突各自为政，资金管理分散性强，可协调性差，资金管理相对薄弱；同时，由于各子分公司地处不同地域，财务资源过度分散，集团资金"集而不团"，难以形成合力，一定程度上加剧了集团公司的资金困境。2012年改制完成后，以公司财务部为主导，全面开展资金管理工作，当时公司资金管理存在的主要问题包括：资金分散程度高、部分公司存在高额闲置资金、部分公司负担高额贷款、财务费用较高、内部交易混乱等。公司财务部作为总公司职能管理部门，主要负责相关工作的上传下达和管理监督,无法对各子分公司进行全方位深入、精细的管理。

加之,A集团公司组织体系庞大,管理界面不清晰,多头管理、利益冲突导致重组整合后企业管理存在真空,难以发挥集团企业的协同效应,尤其是出资收购自然人股份耗用大量资金,导致资金紧缺,成为制约A集团公司发展、甚至危及生存的关键问题,如何管理和使用资金,最大限度地发挥资金效益,保障公司持续健康发展已迫在眉睫。

资金集中管理模式主要有:统收统支模式、拨付备用模式、内部银行模式、结算中心模式、资金池模式和财务公司模式六种,其特点、功能、优缺点各不相同。

(3) A集团公司根据自身财务管理需求,最终选择资金池模式,有如下几方面原因。

① 政策支持。财政部《关于印发〈企业国有资本与财务管理暂行办法〉的通知》(财企〔2001〕325号)文件规定;财政部2006年第41号令《企业财务通则》第23条规定;根据国家电网公司集体企业改革改制工作指导意见。

② 管理需要。一是资金池使集团与商业银行形成了紧密的战略联盟关系,具有独特的管理功效,即使以后想通过财务公司来进行资金管理,资金池模式也会使资金管理制度和流程更具效率。二是A集团公司重组整合后,公司战略目标清晰,以电力施工优势产业为主、其他产业为辅,面临良好的发展机遇,但各行业、各公司资金状况良莠不齐,存在部分公司有大量闲置资金、而部分公司却背负高额融资贷款利息的现象,加上历史原因形成大量内部"三角债",资金管理效率低下。三是A集团公司资信等级高,信誉良好,与多家商业银行保持着长期良好的合作关系,具备较强的融资谈判能力,能够充分发挥集团融资的优势。四是A集团重组整合后,已开始部署统一的财务集中核算系统,可实时监控各公司财务状况,且大部分子公司都是全资子公司,便于统一的规范化管理。五是经过前期长时间内外调研,实地考察,前期准备工作比较充分,为资金池的实施奠定了基础。

(案例来源:中国管理案例共享中心案例库)

第十一章 跨国公司财务管理

学习目标

1. 了解外汇风险的含义与种类、国际筹资的含义与特点、国际投资的含义、种类及特点、国际直接投资的动因、国际营运资本管理的概念和意义;

2. 熟悉跨国公司的含义、规避外汇风险的主要方法、国际直接投资方式及其特点、国际筹资成本、跨国公司对外投资的意义和作用;

3. 掌握跨国公司财务管理的特点、筹资渠道与方式、融资风险及其规避、对外投资的方式和营运资金管理。

经济全球化使各国经济的相互依存度和渗透性越来越强。跨国公司自诞生以来,经历了一个多世纪的漫长岁月,由小到大、由少到多获得举世瞩目的大发展。可以说,当今世界的跨国公司已在全球范围内的每一个领域、每一个角落落脚生根。我国改革开放以来,许多企业走向世界,到海外去从事国际投资经营活动,实现向跨国公司的变身。跨国公司从事的是跨国性生产经营活动,其财务管理与国内企业并不完全相同,有其特殊性。因此,了解跨国公司的财务管理特点、方式和手段具有重要的意义。

第一节 跨国公司财务管理概述

一、跨国公司的含义

跨国公司,又称多国企业、全球公司和跨国企业等。跨国公司最简单的定义是跨越国界,在国外经营业务的企业组织。美国阿兰·西·夏比罗在1998年所著《国际财务管理基础》中,对跨国公司作了一个概括:跨国公司是指在超过一个国家内从事生产和销售或服务的公司,一般有一个设在本国的母公司和5~6家设在国外的彼此之间有高度联系的子公司。有些跨国公司甚至有超过100家分布在全球各地的国外子公司。

上述定义表明：跨国公司的概念包含以下三个要义。一是跨国公司是一个工商企业，其实体的子公司不是在一国内，而是在多个国家内开展国际经营业务；二是跨国公司有一个强有力的经营决策系统，即母公司有共同的经营战略和经营政策，反映跨国公司整体的全球经营战略目标；三是跨国公司的各个实体之间分享利益、资源和信息，并分担经济责任。

尽管目前经济理论界对跨国公司的定义众说纷纭，有国别结构论、经营业绩论、经营战略论之别，但夏比罗的上述定义以企业的国别结构来界定，不失为有一定典型意义。

跨国公司是以本国为基地，在国外从事生产经营的企业。它作为一种以全球市场为战略经营目标的企业形态，在19世纪60年代就已出现早期雏形。当时，在经济比较发达的欧美国家，一些大型企业直接在海外设立分支机构和子公司。有代表性的企业有三家：1865年德国的费里德里克·拜耳化学公司在美国纽约州的奥尔班尼开设了一家制造苯胺的工厂；1866年，瑞典的阿佛列·诺贝尔公司在德国汉堡开办了一家制造甘油炸药的工厂；1867年，美国的胜家缝纫机公司在英国格拉斯哥建立了一个缝纫机装配厂，进行国际生产和经营。西方国家把这三家公司看作是跨国公司的先驱。随后，世界各地的跨国公司逐渐增多。

跨国公司的真正快速发展，是20世纪50年代以后的事情。由于世界政治、经济环境的变化，生产力水平不断提高，技术更新速度不断加快，运输、通信等条件不断改进，使得跨国公司获得空前的发展。同时，发达国家的一些大企业，出于追逐最大利润的需要，根据生产要素最佳配置的原则，充分利用世界各国各自不同的资源和市场优势，凭借其雄厚的财力，在世界范围内选择生产某一产品乃至一个产品的某个部件的国家，从事投资活动，从而使这些企业成为跨国公司，并使其自身在近几十年来获得空前的巨大发展，并改变了世界经济格局。据联合国跨国公司中心统计，20世纪60年代后期，西方发达国家有跨国公司7 276家，受其控制的国外子公司达27 300家；到20世纪70年代末80年代初，跨国公司的数量已增至10 000多家，由其控制的子公司和分支机构已达104 000家。正如联合国贸易发展委员会发表的《1997年世界贸易投资报告》关于跨国公司发展的数据所表明的那样，世纪之交，随着跨国公司的迅猛发展以及经济全球化的纵深推进，世界经济市场化、网络化和自由化趋势已成为不可逆转的潮流。跨国公司在全球经济中的地位目前还在增强。1973年美国国会税制委员会是这样描述跨国公司之于经济的影响的：跨国公司的发展"如同蒸汽机、电力的应用、汽车的推广一样，是近代经济史上一件十分重大的事件"。

二、跨国公司财务管理的特点

跨国公司是从事国际生产经营活动的企业。从企业财务的基本原理看，跨国公司的财务和国内公司的财务并无本质不同,区别仅仅在于前者所面对的是国际生产经营活动,而后者所面对的是国内生产经营活动。二者的区别主要体现在以下四个方面。

(一) 理财环境不同

跨国公司在不同国家和地区从事国际生产活动,必须适应所在国家或地区的环境,包括政治环境、法律环境、文化环境和地理环境等。贸易条件以及货币和资本市场的不完全性与国内经营是截然不同的。

(二) 风险不同

跨国公司在多国内利用市场和资源,寻找更多的获利机会,在增加盈利的同时,国际经营活动在地理上的分散性也会使其遇到一些国内生产经营所没有的风险,如政府对企业实行干预政策、外汇管理等。特别是国际投资经营面临着国内经营所没有的外汇汇率变动风险,即汇率风险,这给企业带来财务收支数额和资产数额的不确定性。影响汇率变化的诸因素包括通货膨胀率、利率、国际收支汇兑、政府政策等。跨国公司有必要加强汇率风险中的会计折算风险、交易风险、经济风险及风险汇率的防范。

(三) 财务管理方式不同

跨国公司以国际市场为经营范围,这就要求公司在管理方式和经营组织方面有相应的调整,运用国际财务管理的科学知识与技术,在国际金融市场和资本市场上进行筹融资,进行国际投资决策以及在经营中运用多种方法和手段以防范、分散和化解财务风险等。这里的关键是跨国公司作为国际经营的国际界集团公司,其集团内部多层次委托代理关系使财务控制成为最重要关键环节。跨国公司通过对外直接投资等方式组建起一个多层次委托代理关系。它由母公司、子公司、孙公司等构成系列层次的企业王国。这样,跨国公司内部的委托代理问题就会使付出的代理成本一般是大于国内公司的。拥有多个子公司的跨国公司的财务经理们也许会做一些使子公司价值最大化的决策,而这种决策并不会肯定符合整个跨国公司的利益最大化目标。而代理成本的大小则因跨国公司管理模式即集权式国际财务管理,或分权式国际财务,或将两者有机结合的管理模式而异。

第二节 外汇风险管理

一、外汇风险的含义与种类

外汇市场上的交易活动由于汇率不断变化而充满风险。它对国际理财既带来了大量盈利机会,也同时也对跨国公司理财带来可能的风险,即外汇汇率风险。外汇汇率风险可进一步分为折算(会计)风险和经济风险。

(一) 会计风险

会计风险是指基于会计报表和报表合并需要,跨国公司母公司将国外分子公司报表由当地货币换算成本币时,同上一报告期比较汇率发生变动所带来的风险。国际上主要有四种换算方法:流动/非流动项目法,货币/非货币项目法,时态法和现行汇率法。

1. 流动/非流动项目法

在该种换算方法下,期末资产负债表的所有流动资产和流动负债项目都以现行汇率换算成本币,所有非流动资产和非流动负债项目都采用历史汇率进行换算。当期的损益表,除固定资产折旧和摊销费用等按照相关资产入账时的历史汇率折算外,其他收入和费用各项目均按照当期的平均汇率进行折算。

2. 货币/非货币项目法

货币性项目包括货币性资产和货币性负债。货币性资产是指以货币形态存在的各项资产,包括现金、银行存款、应收账款和应收票据等金额固定的长短期债权。货币性负债是指以货币形态存在的各项负债,包括应付账款、应付票据、长期借款等金额固定的各项负债。除货币性项目以外的其他项目都作为非货币性项目。运用这一折算方法进行外币会计报表换算时,资产负债表上的货币性项目,按照资产负债表日的现行汇率折算;对于非货币性项目和所有者权益项目,则按照入账时的历史汇率折算;对于损益表中的折旧费用及摊销费用,按照原来入账时的历史汇率折算;销售成本项目按照历史汇率折算,其他费用项目和收入项目则按照平均汇率进行折算。

3. 时态法

时态法要求现金、应收及应付项目(包括流动与非流动项目),无论是在现行成本计量模式下,还是在历史成本计量模式下,都统一按照现行汇率进行折算。按历史成本反映的非货币性资产,按照历史汇率进行折算;按照现行成本反映的非货币性资产,按照现行汇率折算。收入和费用项目按照交易发生时的实际汇率折算,如果交易比较频繁,可以采用当期的加权平均汇率进行折算。实收资本按缴入资本当日的历史汇率折算,未分配利润是利润分配表折算的平衡数,所有者权益中的其他项目也按历史汇率折算。

4. 现行汇率法

现行汇率法也称期末汇率法,所有的资产、负债项目和营业收入、费用项目,统一按照期末的现行汇率进行折算。收入和费用项目,也可以按照当期的加权平均汇率进行折算,实收资本按照实际收到资本时的历史汇率进行折算。

(二) 经济风险

汇率的经济风险研究的是汇率变化对未来现金流量的影响。用 ΔPV 表示企业价值,Δe 表示汇率变化,汇率风险被定义为受不确定汇率变化的影响,企业价值的离散性。

根据购买力平价说理论,本国物价对外国物价比率的变化将导致汇率的反方向变化以保持相对购买力的平衡,费希尔国际效应理论认为:人们所持有资产的回报和所承担负债的成本隐含地包含了人们所预测的汇率变化。

汇率变动带来的经济风险可以分成两部分：交易风险和实际经营风险，交易风险是指以外币进行计价的经济交易在将来办理结算时可能遭遇的外汇损益，如外币性负债和应收账款。虽然交易风险通常被纳入会计风险体系，但由于它是现金流量风险，把它归纳为经济风险可能更恰当一些。

汇率和价格波动都会影响公司将来的收入和成本即经营性现金流量，这种风险即实际经营风险，如果企业的产品销往国外或设备原材料和零部件依赖进口，则企业面临着汇率变动的经济风险。

许多高层管理人员更多地关注以会计为基础的外汇风险，而较少留意经济风险。高层管理人员相信，证券市场上的投资者较多地关注财务报表公布的盈利和净资产数据，而忽视现金流量。

二、规避外汇风险的主要方法

为了避免和减少外汇风险造成的损失，跨国公司理财应加强跨国公司的外汇风险管理，全面分析影响汇率变动的原因以及发展趋势，预测汇率变动的幅度和衡量各种外汇风险的风险度和针对各种外汇风险制定和实施相应的防范风险的避险措施。例如，防范交易风险，可利用外汇期货、外汇期权等合约保值，或利用掉期交易等。应该说，有效地进行外汇风险管理，不仅可以防范、分解或减少风险损失，而且也有利于增加风险收益。

（一）交易风险的管理

防御交易风险的办法包括签订外币交易合同（使外币交易合同的现金流量正好抵消交易风险的现金流量）、价格调整条款、货币期权和外币借贷等。

【例 11-1】 假设 1 月 1 日，通用电气公司获得一项给德国汉莎航空提供汽轮（涡轮）机叶片的供应合同。按合同规定，12 月 31 日通用电气公司可以收到 2 500 万德国马克的货款。

要求：通用电气公司如何才能实现对这笔应收账款保值？

解答：

最直接办法的保值是卖出一笔一年期的 2 500 万德国马克的远期合同；也可以在货币市场上借入 2 500 万德国马克贷款并将马克换成美元，再将这笔美元投资于 12 月 31 日到期的有价证券。

1. 远期市场保值

假设德国马克的现汇汇价为 DM1 ＝ ＄0.40，一年期的远期汇率为 DM1 ＝ ＄0.3828，则卖出 2 500 万德国马克一年期远期外汇，12 月 31 日可以收入 ＄9 570 000，表 11-1 给出了三种一年以后现汇汇率假设下的汇兑损益。

表 11-1 远期外汇市场保值的可能结果

现汇汇率	应收账款原值	远期合同损益	总现金流量
	(1) +	(2) =	(3)
DM1=$0.40	$10 000 000	($430 000)	$9 570 000
DM1=$0.3828	$9 570 000	($0)	$9 570 000
DM1=$0.36	$9 000 000	570 000	$9 570 000

从表 11-1 可以看出,不论一年以后的现汇汇率为多少,应收账款的汇兑损益总是和远期合同的汇兑损益正好相互抵消。通用电气公司总是收入 2 500 万×0.3828＝$9 570 000,套期保值的成本从＋430 000 至－5 700 000 不等(＋号代表成本,－号代表收益)。

远期合同成本通常以年度远期升贴水表示:

$$\text{远期合同成本} = \text{年度远期升贴水} \frac{360}{n} \frac{(e_0 - f_1)}{e_0}$$

其中:e_0 为目前的外汇现汇汇率;f_1 为远期汇率;n 为远期期限。

远期合同成本或者说远期升贴水并不是套期保值的真实成本。套期保值的真实成本应该是:

$$\frac{360}{n} \frac{(e_1 - f_1)}{e_0}$$

其中:e_1 表示将来交割时的现汇汇率。

实际上,在有效市场里,远期合同的成本期望值一定是零,否则,就会存在套利行为。例如,通用电气公司管理层相信,尽管目前德国马克的一年期远期汇率为 $0.3828,实际上一年以后的 12 月 31 日德国马克兑美元的汇率会达到 $0.3910,则通用电气公司可以 $0.3828 的价格买入一年期远期马克,12 月 31 日完成远期合同交割收入现汇,再在现汇市场上以 $0.3910 的价格卖出现汇。如果通用公司预测准确,则 1 马克可获利 $0.3910－$0.3828＝$0.0082。套利行为会使远期汇率和远期到期日的现汇汇率趋于平衡,所以,远期汇率可能是远期到期日现汇汇率的无偏估计。

2. 货币市场套期保值

假设德国马克和美国美元的利率分别为 15% 和 10%,如果采用货币市场套期保值策略,通用电气公司会借入一年期 2 500/1.15＝2 174 万马克借款,在现汇市场上将马克掉换成 870 万美元(2 174×0.4＝869.6),再将 870 万美元在货币市场上投资一年,12 月 31 日通用公司收入 870×1.10＝957 万美元,通用公司可以这笔美元偿还 2 174×1.15＝2 500 万马克的借款。具体计算见表 11-2。

表 11-2　12 月 31 日货币市场套期保值行为的可能结果

现汇汇率	美元借款本利和	货币市场投资价值	套期保值损益
DM1＝＄0.40	2 174×1.15×0.4＝1 000 万	957 万	（＄43 万）
DM1＝＄0.3828	2 174×1.15×0.3828＝957 万	957 万	（0）万
DM1＝＄0.36	2 174×1.15×0.36＝900 万	957 万	＄57 万

投资价值减去德国马克借款本利和，即为货币市场套期保值损益。

远期合同净损益和货币市场套期保值净损益相等并非偶然。根据利率平价说理论，利率同远即汇率之间应遵循一定的比例关系。

3. 风险转移

如果德国汉莎航空公司和美国通用公司同意以美元对巨机涡轮叶片买卖合同进行计价和结算，则通用电气公司完全可以避免交易风险。但美元开票并不能消除货币风险。以美元开票只是将货币风险从美国通用公司转移到了德国汉莎公司。出口商总是争取以走势坚挺的货币开票，进口商总是争取以软货币开票。

4. 价格决策

假设原来美国通用电气公司将对汉莎航空公司的飞机汽轮（涡轮）叶片供应合同定价为 1 000 万美元，后来应汉莎公司的要求改用德国马克进行报价，通用电气公司采用当时的现汇汇率 DM1＝＄0.40 将 1 000 万美元换算成马克价 2 500 万马克（1 000 万/0.40）。事实上，如果通用电气公司想从该笔叶片销售中收入 1 000 万美元，公司管理层应当按照收款当日的一年期远期汇率＄0.3828 进行报价即 1 000 万/0.3828＝2 612 万马克。因此，合同一经签订，通用电气公司即损失 43 万美元（假设汉莎公司会同意 2 612 万马克的报价）。这种损失不属于汇兑损失，是管理疏忽损失。

如果销售合同系分期收款，外币销售价应当采用每个收款时点上的加权平均远期汇率进行套算。

5. 风险组合分散

外币风险可以通过创造外币资产或负债组合的办法，以一种货币的汇兑收益抵消另一种货币的损失来分散风险。

实践中，组合分散有三种做法：一是可以外汇卖空合同风险抵消外汇买空合同风险；二是如果两种货币汇率的变动正相关，则可以以一种货币的卖空抵消另一种货币的买空；三是如果两种货币的汇率变动是负相关关系，则两种货币的买空合同组合在一起或两种货币的卖空合同组合在一起均可减少风险。

6. 外币期权

外币期权有买入期权和卖出期权两种。买入期权的买方具有在某一约定期限以约定的兑换价格买入某种外汇的权利，而买入期权的卖方承担的是按约定价格卖出的义务。卖出期权的买方具有在约定期限内以约定价格卖出某种外币的权利，卖出期权的卖方承担的是应买方要求买进的义务。

（二）换算风险管理

跨国公司管理外币风险的途径主要包括调整现金流量、签订远期合同和创造外汇资产组合等。基本策略是：增加持有硬通货外币性资产，减少硬通货负债；减少软通货外币性资产，增加软通货负债。通过调整现金流量来规避外汇风险的基本策略对于硬通货和软通货来说是相对的。

其中通过增加持有硬通货外币性资产，减少软通货外币性资产的策略有：一是购买当地货币远期外币性资产，卖出地方货币远期外币性资产。二是增加地方现钞和有价证券持有量，减少地方货币现金和有价证券持有量。三是放宽以当地货币进行计价的赊销条款，减少地方货币计价应收款。四是加速软通货应收款的回笼，延迟硬通货应收款回笼。五是增加硬通货物资的进口，减少软通货物资进口。六是对于硬通货货币资产采用加速子公司之间应付款回笼而软通货则延迟。七是以当地货币对出口销售进行计价，以外币对进口销售进行计价。

通过减少硬通货负债，增加软通货负债来保值的策略有：一是减少在当地的借款而增加地方借款。二是加速偿还硬通货资产的应付款，延迟软通货资产应付款的支付。三是对于属于硬通货货币资产的推迟向母公司和其他子公司支付股利和特许权费，对于属于软通货的则采用加速的方式。四是硬通货采用延迟子公司之间应付款的支付，软通货则加速子公司之间的应付款支付。五是对出口商品以外币开票，对进口则以当地货币开票。

分别考察一下非经常性的大额机器设备出口企业、开辟了大量出口市场的制造商和典型跨国公司所面临的货币风险以及在处理货币风险方面的考虑。

非经常性的大额机器设备出口企业的产品主要在国内销售，偶尔收到来自国外的订单。如果销售价格以外币计价，出口商的应收款则面临外汇市场风险；如果以本币计价，则只不过是将货币风险转嫁给进口商。解决问题的办法在于使用远期合同，在签订远期合同之前，出口商应当以外币价格乘以收款当日的远期汇率计算出出口销售的本币价格。如果本币价格足够高，出口商可以签订这种设备销售合同，除非对货币投机感兴趣，出口商应当将将来的应收款以外汇远期的方式卖出去。

开辟了大量出口市场的制造商将大量的资源投入到了开发和维护国外市场上，如果外币贬值，该类企业的应收款价值将下降。假设购买力平价说成立，企业生产要素和产成品的价格比例关系不发生改变，外币贬值对企业的竞争地位不会有什么影响。然而，大部分情况是离货币购买力平价有距离，生产要素或者产成品的价格比例会发生改变。这些实际汇率变化会影响到出口商的竞争地位。

典型的跨国公司的大量收入来自国外的经营活动，在全球从事生产和销售业务，因此，它会受到来自相对价格变动的汇率变动的影响。除非企业对外签订了重大的含有固定收支条款的合约，否则可以被通货膨胀差额充分抵消的名义汇率变动不会招致大额的实际汇率风险。然而某一货币的实际贬值或升值可能严重影响一家企业的竞争地位。

企业对预期的或已经发生的实际汇率变动的反应取决于实际汇率变动持续时间的

长短。例如,当本国货币升值以后,出口商必须决定是否将对外产品出口的外币价格提高。如果提高的话,必须决定应该上调多少。如果汇率变动只是暂时的,夺回市场份额的代价昂贵,出口商还不如维持现有的价格水平。然而,如果汇率的变动是持久性的,即使丢失一块出口销售,企业也不得不提高出口价格。当汇率变动持续的时间达到一定界限时,企业应当考虑将生产设施搬到国外。同样,如果夺回市场份额的代价非常昂贵,企业宁可维持产品的外币价格,而选择将生产设施迁往国外。

例如,美国迷你波公司,一家生物医学、化工和电子设备制造商,产品在美国国内和国外均有生产。面临强劲的美元升值,迷你波公司削减美元报价,而维持在国外市场的外币销售价格。虽然短期来看,盈利受到影响,但公司管理层应当从长远考虑,因为夺回市场份额的代价将更加昂贵。为解除盈利压力,公司在日本和法国各增设了一家工厂。

(三) 应付汇率风险的市场营销策略

1. 市场筛选和市场细分

跨国公司必须根据不同国家所面临的经济风险程度采取不同的市场支持措施。一方面,产品差异大、品种多、顾客广泛的跨国公司在汇率变动中遭受的损失小,另一方面,原来顾客主要是富裕阶层的跨国公司,在本币贬值以后,由于外币价格下降,可以考虑向中下收入阶层渗透。

2. 价格策略

在制订价格策略时应着重考虑两点:第一,市场份额和利润谁轻谁重;第二,如何确定价格调整的频率。

产品的需求价格弹性越大,越适宜于降价从而促进销售。如果可以获得理想的规模经济优势,降价以后,随着销售和生产规模的扩大,可以降低生产成本。相反,需求价格弹性小,不存在规模经济,则应涨价或维持现行价格。

在频繁调整价格时,不应忽视价格调整对产品分销商带来的不便。当本币贬值,而国内又实行价格管制时,有的公司进行隐蔽涨价。例如,对原有的产品做轻微的改造,以新的产品形象在市场上销售。

3. 产品策略

汇率波动影响到新产品推向市场的时机选择。在汇率波动时期,经销商通常不愿意购入新产品,因为商品存货价值、广告支出和推销费用都变得不确定,从竞争地位来讲,本币贬值,或外币升值阶段是推出一个新品牌的理想时机。

如果本币升值,进口产品的冲击加大,某些产品品种可能被迫停产。如果本币贬值,企业的产品可能面临从国外高收入阶层消费向中低收入阶层消费的转型。

(四) 从生产管理角度控制汇率风险

1. 生产要素组合

在面临汇率波动压力时,生产要素的替代策略是一种强有力的缓解压力的手段。

例如，美国卡特彼勒公司，不论他们的卡特彼勒工厂坐落在哪里，他们都在全球范围内采购零部件和原材料。1984年，美元升值以后，原来50%以上从美国采购的活塞主要转向从巴西采购，一些工厂从美国搬往墨西哥。同时，卡特彼勒公司削减了大部分载重卡车的生产，开始从韩国进口生产线。

2. 工厂之间的产量布局

跨国公司的管理部门应考虑：提高货币贬值国的产量，减少货币升值国的产量。例如，过去罗门哈斯公司从美国向拉美市场供应水处理化学物资。当美元升值以后，罗门哈斯公司转向欧洲生产，因为那里成本更低。因此，跨国公司防御外汇风险的能力较一般出口商要强，因为跨国公司可以在全球范围内调整它的生产和销售活动。地处美国匹兹堡的威灵宫电器公司，在加拿大生产汽轮机，在西班牙生产发电机，在美国生产电流断路器，在巴西生产电子设备。

当然，国际生产也有其弊端，譬如多国生产势必缩小每家工厂的生产规模，从而削弱了规模经济优势，提高了单位成本。

第三节　国际筹资管理

一、国际筹资的特点

国际融资是指跨国公司通过不同的筹资途径，采取各种筹资方式在不同国家与地区之间进行融通资金的行为。由于跨国公司的经营国际化，其筹资也趋国际化。与原来国内筹资相比，具有以下几方面特点。

（一）筹融资渠道更广

跨国公司除了利用国内金融市场外，还可以利用子公司所在国的资本市场、国际金融市场等筹集资金。

（二）筹融资方式更多

跨国公司除了使用一般企业常用的股票、债券等筹资方式以外，还可以充分利用国际债券、国际租赁、项目融资和贸易融资等多种筹资方式，并从中选择适合企业筹资的具体形式。

（三）筹融资风险更大

跨国公司除了承担一般在国内筹资风险以外，还要承担诸如利率风险、汇率风险、国家风险和商业风险等更多、更大的筹资风险。

（四）筹融资规范制约更严

跨国公司在国际筹资过程中，始终要受到国际惯例、国际协定、各国法律的制约，要求比国内筹资时更严格、更规范。

(五) 筹融资成本更低

由于跨国公司筹资渠道广、筹资方式多,从而可以广泛地选择成本较低的市场筹集资本。同时,还可以利用子公司所在国的金融市场筹措资金,然后再转移到另一个子公司,从而降低筹资成本。

二、国际筹资渠道与方式

(一) 筹融资渠道

企业的筹资渠道是指企业在金融市场筹集资本的方向和通道,体现了企业资本的来源及流量。弄清筹资渠道的种类以及每种渠道的特点,有助于企业充分开拓和利用筹资渠道,从而筹集到企业所需的资本数额。企业筹资的渠道从地域上来看有国内筹资、跨国公司内部筹资和国际筹资。这里主要讨论国际筹资。目前国际筹资渠道主要有以下几方面。

1. 国际金融机构资金

国际金融机构有全球性和区域性之分。前者主要有国际货币基金组织、世界银行集团,包括国际复兴与开发银行和国际开发协会和国际金融公司三大组织所组成。后者包括亚洲开发银行、非洲开发银行、泛美开发银行和国际投资银行等。国际金融机构的资金主要来源于会员国认股金、借款、留存收益、资金回流等形式。其筹资条件优惠、利率低、期限长并伴有技术指导,但贷款申请条件苛刻,手续烦琐,并限定用途。

2. 各国政府资金

政府资金主要来自各国的财政拨款,并通过财政预算进行资金收付。一般要由各国的中央政府经过完备的立法手续加以批准后才能提供。这类资金通常为专项贷款,只能用于采购国外设备、技术和支付由贷款国提供的技术服务和培训等。绝大多数是约束性贷款。其筹资条件比较优惠、利率低、期限长、附加费少并伴有赠款。具体形式主要有政府贷款、政府混合贷款和政府赠款三种。

3. 欧洲货币资金

欧洲货币是存放于发行国境外银行中的该国货币资金的通称。如存放在伦敦银行中的美元资金称为欧洲美元。这一市场具有筹资灵活、数量大、用途不指定,以及贷款业务不受所在国货币当局的控制等优点,是一个很好的融资途径。

4. 各国国内经济团体组织资金

国内经济团体组织资金主要是各发达国家国内的企业、跨国公司、商业银行和各种养老基金等。这些机构存有大量游资,需要寻找出路,进行投资。可以说,这是境外筹资的主战场。

5. 各国民间资金

民间资金主要来自发达国家的民间个人的资金。由于这些国家的经济发达，人民生活水平高，有大量的剩余货币，又有投资的环境和习惯，是一个非常有潜力的资金来源渠道。

（二）筹融资方式

筹资方式是指企业筹集资本所采取的具体形式。体现着企业筹资性质，对于各种渠道的资本，企业可以采取不同的方式予以筹集。充分认识筹资方式的种类以及每种筹资方式的资本属性，有利于企业选择适宜的筹资方式。以较低的成本、较快捷的时间和较优惠的条件，筹集到所需的资本。目前筹资方式主要有以下几种。

1. 国际股权筹资

国际股权筹资是跨国公司通过投资银行等中介机构在国际上发行股票或吸收直接投资来筹集权益资本的一种方式，主要有吸收直接投资、发行股票等形式。

2. 国际债券筹资

国际债券筹资是跨国公司通过投资银行等中介机构在国际金融市场上发行债券筹集资本的一种方式。国际债券特点是它的发行人和投资人分属于不同的国家，债券总是卖给借款人以外的国家。跨国公司可以发行不同种类和不同时期兑现的各种债券，以达到筹集资金的目的。

3. 国际信贷筹资

国际信贷筹资是跨国公司利用贷款的形式来筹集资金的一种融资方式，包括国际商业银行贷款、国际金融机构贷款和政府贷款等。

4. 国际租赁筹资

国际租赁筹资是跨国公司通过国际租赁市场向国际租赁公司租赁本公司所需设备，以支付租金形式，而取得设备使用权。它是一种建立在所有权与使用权相分离基础上的，集融资与融物于一身的信用形式。就具体形式来说，包括经营性租赁和融资性租赁两种类型。

5. 国际贸易筹资

国际贸易筹资是跨国公司在进出口国际贸易业务过程中，通过银行提供资金融通的一种融资方式。它包括对外贸易信贷、国际保理业务和结算融资三大类。国际贸易融资是我国企业采用最多，历史最长的一种方式。其融资的形式随着国际贸易和金融业发展，不断推陈出新。

6. 国际项目筹资

国际项目融资是为某一工程项目而发放的贷款。它是以项目所产生的现金流形式的收益直接用于偿还项目贷款，并以项目资产作为贷款抵押的一种融资方式。这种融资方式是国际银行界在总结20世纪70年代贷款过程中的经验教训而创立的一种新型融资方式。一般用于大型建设项目，如能源矿藏开采和大型农业基础设施建设项目。目前，项目融资已成为跨国公司筹建大型项目的一种特殊的融资方式。

跨国公司的筹资渠道与筹资方式有着密切的关系。一定的筹资方式可能只适用于某一特定的筹资渠道,但同一渠道的资金往往可以采取不同的筹资渠道。因此,跨国公司筹集资金时,必须实现两者的合理配合。

三、国际筹资成本

(一) 影响资本成本的因素

由于跨国公司在国际范围筹措资本,使得影响跨国公司资本成本的因素大为增加。影响资本成本的因素概括起来为两大类:一类是直接因素,如利率、筹资费、筹资数额和红利等。这些因素可以直接计量。另一类是间接因素,如各国的市场差异、融资渠道的国际化和外汇风险的影响等。这些因素不能计量,但这些因素的变动,会影响企业筹资成本的大小。由于间接因素不可计量,所以在下面的资本成本确定中只仅仅包括可计量的直接因素。但在资本成本决策中,必须要考虑间接因素。否则的话,其决策是不可靠的。

(二) 资本成本的确定

资本成本是跨国公司为筹集和使用一定数量的资金所支付的各种费用之和。根据国际惯例,资本成本主要指长期资本的成本,其公式如下:

$$资本成本率 = \frac{年资金使用费用}{筹资总额 - 筹资费用} \times 100\% = \frac{年资金使用费用}{实际筹得的资金} \times 100\%$$

1. 债务资本成本

债务筹资所支付的利息,可以计入财务费用,作为计提所得税的扣减项目。因此,企业实际资本成本所负担的资金成本将减少。企业实际负担的是税后债务成本(用 K_b 表示),其计算公式如下:

$$K_b = \frac{I(1-T)}{P(1-f)}$$

其中:T 为所得税率;f 为筹资费率;P 为筹资总额;I 为年利息费用。

跨国公司母公司的外币债务成本,要考虑汇率变化对债务成本的影响。外币债务的税后成本的计算公式如下:

$$K_b = \frac{(1+R)S_1(1-T)}{S_0} - 1$$

其中:R 为外币债务的名义成本(利率);S_0 为取得外币债务时的即期汇率;S_1 为偿还债务时的将来即期汇率。

需要说明的是:跨国公司在筹集债务资本时,各国的债务成本是有差异的。这主要是由每个国家所用货币的风险利率和债权人所要求的风险溢价不同所决定的。各国无风险利率差异是由资金供求因素和各国间的不同税法、人口状况、货币政策和经济状况所决定的。而各国风险溢价差异则是由于各国经济状况、公司与债权人关系、政府干预及财务杠杆利用程度的不同所造成的。

2. 权益资本成本

权益资本成本实际上就是资本金的必要报酬率。所谓资本金必要报酬率是指股权投资者所希望得到的最低利润分红率。权益资本成本可能用以下三种方法进行测算：

(1) 资本资产定价模式法。其计算公式为：

$$K_s = K_f + \beta(K_m - K_f)$$

其中：K_f 为估计无风险报酬率；K_m 为平均风险股票报酬率；β 为股市的风险系数。

(2) 风险溢价法。其计算公式为：

$$K_s = K_b + RPe$$

其中：K_b 为税后债务成本；RPe 为风险溢价。

(3) 股利增长模型法。其计算公式为：

$$K_s = \frac{D_1}{P} + g$$

其中：K_s 为普通股必要报酬率；D_1 为预期第 1 年股利；P 为股票股市价；G 为股利固定成长率。

跨国公司的国外子公司的留存收益返回母公司，其留存收益成本的计算公式为：

$$K_{sf} = \frac{K_s(1 - T_f - T_a - W_f)}{1 - T_f}$$

其中：K_{sf} 为国外子公司的返回留存收益成本；T_f 为国外税率；T_a 为表示如果收益返回母国，以国外有关收益的百分比表示的额外应付税；W_f 为上述前提下的国外预扣税和其他支出成本；K_s 为子公司的留存收益成本。

3. 综合资金成本（加权平均资金成本）

一个企业的总资本不可能由单一资本所构成，以及通过单一方式所取得。而是多种类构成和多渠道、多方式取得。由于各种方式取得的资本成本不同，因此，需要计算一个综合的成本，以提供决策的依据。综合资本成本的计算公式为：

$$K_w = \sum_{i=1}^{n} W_i K_i$$

其中：K_w 为综合资本成本；K_i 为第 i 种个别资本成本；W_i 为第 i 种个别资本占全部资本的比重。

权益资本成本是一种机会成本，是投资人的机会成本，是投资人将资金投资于其他等风险资产可以赚取的收益。既然不同国家的无风险利率和风险溢价是不完全相同的，那么权益资本成本也就存在着国别的差异。此外，在确定权益资本成本时，要考虑相关国家的投资机会。一般来说，在有大量投资机会的国家里，其潜在收益也会相对较高，这会使资金的机会成本偏高，资本成本也就会高。

根据McCauley和Zimmer的观点，一个国家的权益成本可用股票市盈率来估算。因为市盈率反映了一个公司的股价与公司业绩（由收益测定）的比例关系。高市盈率意味着在特定收益水平时出售股票将获得高价，因而意味着权益融资成本较低。然而，可能由于一个国家通货膨胀率、收益增长率和其他因素的影响，而必须对市盈率进行调整。

总之，债务资本成本与权益资本成本的加权平均值为资本总成本。由于各国债务资本成本和权益成本资本不同，就使得一些国家的资本成本可能会更低。例如，日本被认为是一个资本成本相对较低的国家。它一般有相对较低的无风险利率，这不仅影响债务成本而且间接影响权益成本。另外，日本公司的市盈率通常也较高，这也使日本公司能以相对较低的成本获得权益融资。跨国公司可能期望得到来自资本成本较低国家的资金，但是当这种资金用来支持在其他国家的经营时，通常又会遇到汇率风险。这样，资本成本最终可能比预期要更高。

四、国际融资风险及其规避

由于国际经济政治环境的复杂多变、各国汇利率的走势迷离，再加上各国贷款者及投资者的目的、意图各不相同。所以，跨国公司的融资往往会面临比国内企业更多的风险。这些风险会造成企业筹资成本变动、筹资效果变动和筹资信用丧失。因此，对融资风险管理是筹融资管理的重要内容之一。

（一）国际融资风险的内容

国际融资过程中的风险主要是汇率风险、利率风险以及其他一些风险。

1. 汇率风险

汇率风险是指从借款到偿还期间由于借贷所用货币的汇率变化而给借款方造成的风险。在借贷合同中，双方都确认了借贷期限、币种、偿还方式及时间等内容，可以用一种货币借入和偿还，也可以借入一种货币，用另一种货币偿还。通常，它们是一些西方国家的货币，如美元、日元、马克和英镑等。这样，如果本币与这些货币之间的汇率是浮动的，借款合同签订时与债务清偿时汇率水平的不同，就会给债务带来不同的损失（或盈利）。这就是债务的汇率风险汇率。而且，借贷期限越长，汇率波动的不稳定性也就越强，债务人承担的汇率风险也就越大。

债务的汇率风险，在偿还前或保值前仅是一种未实现的风险。它是签署借款合同时的汇率与测算风险时的汇率相比较的差异部分。到债务清偿时，风险成为现实，它是借款时与偿还时汇率变化之差异。但是，实现了的风险程度大小还取决于债务方采取的汇率保值手段所达到的效果。汇率保值会抵消或部分地抵消借款与还款时汇率变化带来的损失。

因此，债务的汇率风险管理是十分关键的，它决定了债务成本的高低或投资收益的大小。有效的管理会缩小汇率变化的损失，甚至会化弊为利，而缺乏汇率风险管理或管理不当会使债务负担重，甚至最后陷入无力偿还的困境。

2. 利率风险

利率风险是指由于利率的上升或下降而造成的外币资产减少或负债增加的损失的风险。利率变动引起的风险可以说是外汇风险的具体形式之一，在债务风险构成中，它与汇率变动引起的风险是两种最主要的风险形式。

在浮动汇率制度下，国际金融市场上利率与汇率之间存在着密切的关系，某种货币的利率水平变化会使得该货币汇率水平发生相应的变化。一般来说，利率提高，该货币存款收益增加，外汇市场上对其需求增加，汇率会短期上升；反之，利率降低则汇率也相应下跌。因此，利率变化风险对于债务来说也就不仅限于直接的外债利息负担风险，而且也带来相应的汇率风险。

利率风险主要表现在利率水平的相对变动给债务的利息成本带来的可能性变化，具体有两种情况。

（1）一方面，如果借款是固定利率，则借款所用货币的市场利率水平在借贷期限内下降，债务人仍需按原定的较高利率水平付息，那么债务人实际支付的利息就相对地提高，即借款成本相对增加。另一方面，如果在借款期内市场利率相对于借款利率上升了，则债务人就会获得相应的收益。

（2）如果借贷是采用浮动利率，债务人支付的利息水平就随着市场利率水平变化经常地调整，在这种情况下，市场利率水平的提高直接造成借款利息偿付的增加，债务人的借款成本提高。

因此，进行债务的利率风险管理，选择良好的时机对债务人来说十分关键。

(二) 国际融资风险的规避

1. 企业汇率风险的防范

在国际经济活动中，防范汇率风险的方法和途径主要有以下几方面。

(1) 准确预测货币汇率变化趋势。企业通过预测货币汇率的变化趋势，把握各种汇率未来变化情况，才能相应地采取措施，以能使风险损失达到最低限度。影响汇率变动的因素主要有国际收支、国际经济金融、国际政治军事以及外汇持有人预期心理动态等方面。

(2) 选择有利的计价货币。一般情况下，企业在出口、借贷资本输出时，应尽可能选择硬货币。这样，当合同货币的汇率在结算或清偿时升值，就可以兑换回更多数额的本国货币或其他货币；而在商品进口或资本借入时，尽可能选择软货币。当合同货币的汇率在结算或清偿时下降时，就可以少支付一些本国货币或其他货币。

(3) 货币保值措施。货币保值措施是指在交易谈判上注意加上适当的保值条款。在浮动汇率条件下，主要是硬货币保值条款，即在合同中订明以硬货币计价，以软货币支付，并载明当时两种货币的汇率。载明支付时要根据汇率的变动进行等比例的调整。

采取货币保值时,还可以加上"一篮子"货币保值条款,在合同中写明支付货币与多种货币组成的"一篮子"货币的综合价值挂钩的保值条款。目前,在实际操作中,将支付货币与"特别提款权"或"欧洲货币单位"等复合货币挂钩的方法运用较普遍。因为这些复合货币本身就是价值比较稳定的,是由"一篮子"货币定值的货币单位。特别是在长期交易合同中,运用这种保值条款较为合适。

(4) 远期外汇交易法。远期外汇交易是企业在外汇市场上运用远期外汇买卖进行货币保值,以避免汇率风险的一种方法。具体做法是:将国际融资用于设备进口的企业,用外币计价结算的应付货款,在进行实际结算之前,即在进口合同签订后,立即同外汇银行签订远期以本币买进外币应付货款的远期外汇交易合同,合同交割日为贸易结算日。到贸易结算日,进口方企业用本币按约定汇率交割所需的外汇,支付进口货款。这样,此时无论外汇市场计价外币的汇率如何变动,总是一得一失互相抵消,进口企业就避免了外汇风险。

(5) 提前或延期结汇法。提前或延期结汇法是指在国际收支中,通过预测支付货币汇率的变动趋势,提前或延迟收付款项,也就是用更改外汇资金的收付日期来抵补外汇风险。在企业准备以国际融通的资金进口国外设备时,则可推迟向国外购货,或允许外国出口商推迟交货日期,或要求出口商同意它延期付款。这样,都可以达到推迟付款、避免风险的目的。

(6) 货币调换交易。货币调换是相反方向的一笔即期交易与一笔远期交易的一组平行交易,即用远期交易逆转即期交易,或是一定量外币在未来两个不同到期日的远期出售和同时购买的远期调换平行交易。还可以采取配对的办法,即一种风险货币的资金流动可以用一种外汇的相同数量、相同时间但方向相反的资金流动相抵消。

(7) 金融期货和外汇期权保值措施。金融期货和外汇期权保值措施,这两种交易都可以套取汇率有利变化的收获。金融期货可以将借款固定于较低成本,将投资固定于较高的收益上。外汇期权在付出一定保证金之后,可灵活执行,也可不执行合同。不执行合同,至多损失保证金,避免了较大损失。若汇率向有利方向变动,执行合同不但起到避免风险的作用,还可以套取较大的额外收益。

(8) 货币风险保险法。货币风险保险法是指为避免汇率风险,投保于保险机构并交纳保险费的方法。具体做法是:投保人提出有关单据证明,向保险公司交纳一定比例的保险费,保险公司对投保货币汇率险的汇率波动幅度加以规定,如汇率波动小,不超过一定幅度,保险公司不予赔偿,若波动幅度大于规定的范围,则保险公司对汇率风险损失提供赔偿,而汇率风险收益则归保险公司所有。目前,各国正在采取措施提高保险公司的预测水平,降低保险费标准,以利于企业对外融资和对外采购。

2. 利率风险的防范

国际融资风险管理中,利率风险的防范一般采用的是利率调换法、货币调换法,以及选择适当的资本结构法。

(1) 利率调换法。利率调换法是指两个独立的筹资者,分别借到币种、数量和期限相同,但计息方式不同的债务。如固定利率与浮动利率债务,可根据各自的筹资优势,通过中间人对利率部分进行调换,以各自获得较合适的利率种类。如果一个能以优惠条件获得固定利率资金却希望使用浮动利率资金的借款人,与另一个能获得较低浮动利率资金但需要借入固定利率资金的借款人进行利率调换,各自都能得到更满意的结果。

(2)货币调换法。货币调换法是指两个独立的筹资者,各自筹集到等值的、期限相同的,但以不同货币计息的债务,通过计息货币的调换满足各自调整债务货币结构的需要,达到避免货币汇率风险的目的。

(3)选择适当的资本结构法。这里的资本结构主要是借款结构和固定利率与浮动利率结构。利用债务资本,可以获得财务杠杆利益,但也将面临财务风险。因此,企业要在财务杠杆利益和财务风险之间作出权衡,安排好企业主权资本和借入资本之间的比例。同时,各种借款的利率是不同的,需要对借款的品种在期限、使用条件等方面作合理的安排。再则,安排好固定利率与浮动利率之间的比例,采取利率调换方法,降低利率风险。

第四节 国际投资管理

一、国际投资的含义、种类及特点

投资是使资本(金)得以保值增值而投放资本(金)于国内或国外的一种资本(金)价值的垫付行为。既包括直接的实体性投资,也包括间接的金融资产投资,前者包括重置型投资和扩充型投资,后者主要是证券投资、期货投资和期权投资。

跨国公司对外投资是商品经济发展到一定阶段的产物,它伴随着国际资本范畴的产生和发展而产生和发展。跨国公司对外投资一般是指跨国公司为获取较本国投资更高的收益而投放资本于国外的行为,是一种国际投资行为。可用作跨国公司对外投资的资本形式包括货币资本、实物、无形资产和其他资产等。

(一) 跨国公司对外投资与资本输出

跨国公司对外投资是同资本输出相联系的。跨国公司对外投资始于商品经济发展到一定高度的资本主义企业的资本输出。跨国公司对外投资与资本输出确有一定的联系:从表现形式看,它们都是资本由一国或地区流往他国或地区;从内容上看,跨国公司对外投资是国际资本流动或资本输出的客观载体;从最终目标看,都是为了一定的经济利益或社会(政治)利益。

跨国公司对外投资与资本输出或国际资本流动在内涵和外延上存在着很大区别,具体表现在四个方面。

第一，两者前提条件不同。资本输出的前提是国内出现"资本过剩"，帝国主义列强分割世界。而跨国公司对外投资的前提是国际分工的扩大，国际经济联系的加强，国际经济实力的提高。跨国公司进行对外投资的前提是拥有一定的技术和市场的垄断经营权，为实现其全球经营战略服务。从整体上看，跨国公司对外投资是在平等互利基础上的一种经济行为，而资本输出带有以强欺弱的不平等色彩，是一种带有暴利目的的特种经济行为。

第二，两者直接目的不同。资本输出的直接目的是追求利润的极大化，以营利为唯一目的。而跨国公司对外投资的直接目的并不是唯一的，具有多元性，除营利目的外，可能还包括带动商品出口，冲破贸易壁垒，降低商品成本，引进国外先进技术，培养人才，调整国内产业结构，分散资产风险等多种目的。

第三，两者所体现的经济关系不同。资本输出体现的是宗主国（资本输出国）对殖民地、半殖民地国家（资本输入国）的剥削关系，并使之固定化。而跨国公司对外投资所体现的是和受资各国之间的平等互利、经济合作的一种经济利益关系。

第四，两者所造成的经济后果不同。资本输出导致宗主国对殖民地和半殖民地剥削和掠夺的同时，又影响和阻碍了这些资本输入国家和地区的经济发展。而跨国公司对外投资所带来的是国际经济协作与交流、国际资源的共享、国际分工的深化和各国联系的加强，既有利于跨国公司加强竞争地位，又有利于受资国缓解资金紧缺的矛盾，进而迎头赶上。

（二）跨国公司对外投资的特点

与国内投资相比，跨国公司对外投资具有如下几方面特点。

1. 投资目的的多元性

一般的投资目的是赢利，跨国公司对外投资也不例外。但跨国公司对外投资目的除赢利外，还可能出于其他的目的，如改善跨国公司与东道国的双边关系，为投资者得到其他有利可图的机会做铺垫等。

2. 投资主体的一元化

国内投资的主体众多，既包括政府、企业和各种经济组织，又包括私人、个体户等，而跨国公司对外投资时其主体是单一的，并日益加剧国际资本市场的竞争。

3. 投资地域的广泛性

跨国公司对外投资以国际市场为舞台，是全球性的经济活动，投资地域相当广泛，需要在境外设立机构，既可以是生产经营性机构，也可以是服务后勤性机构。

4. 投资计价货币的多样性

跨国公司对外投资中通常必须采用可以在国际金融市场上自由兑换成其他国家货币或可向第三国办理支付业务的外国货币及其支付手段，如美元、英镑、法国法郎、德国马克、日元等。由于涉及不同国家的货币单位，很可能出现收入是以A种货币计量的，而权益却是以B种货币计量的情况，因而必然产生不同种类货币的汇兑、结算问题，这是跨国公司对外投资与国内投资的最明显区别之一。

5. 投资资金来源的多样性

由于国际资本具有双向流动性，既包括本国对外国投资，又包括外国对本国投资，这就必然导致投资资金来源和形式的多样性和广泛性，不仅包括企业的净资产，而且包括各国政府、单位和个人吸收东道国的政府、单位、私人的投资和信贷资金，以及向当地金融市场和国际金融市场筹集的资金。

6. 投资环境的差异性

在跨国公司对外投资中，投资者面临着不同的自然环境、政治环境、经济环境、法律环境、文化背景、社会习俗，投资环境复杂，特别是政策性和法律性较强，因而投资时必须进行投资环境的研究与评价。

7. 投资主体代表的民族性

在跨国公司对外投资中，虽然投资者是以企业的面目出现，但在东道国看来，却是来自"异己"的民族或国家的，要受东道国政府管辖，向东道国政府纳税；并会受到贸易保护主义和民族异己主义分子的歧视，同时作为投资者的外国公民在东道国只享有民事活动权利，没有参与东道国政治活动的权利。

8. 投资风险的多重性

跨国公司对外投资的风险性包括跨国公司对外投资中的政策风险、政治风险、经济风险、技术风险和其他风险。所谓政策风险是指由于东道国的投资政策、产业政策和技术经济政策上的变化或失误而给跨国公司对外投资效果带来的不确定性。所谓政治风险，是指国际上一些国家发生政变、内战和对外侵略致使有关国家政治动乱、政局不稳，由此而造成跨国公司对外投资效果的不确定性。所谓经济风险是指由于国际上各国的市场情况、投资状况、税率、汇率和通货膨胀的各种变化给投资环境和投资效果带来的不确定性。技术风险是指由于科技进步导致资产更新速度快、资产相对贬值而给跨国公司对外投资带来的效果的不确定性和投资损失。其他风险是指除上述以外的各种风险如自然风险、人为风险等，前者由于自然灾害造成的投资损失的可能性，后者是由于人为原因造成的损失可能性。

二、跨国公司对外投资的方式

跨国公司对外投资方式是多种多样的，在各国通行的对外投资方式主要有国际直接投资、国际间接投资和国际灵活投资等。

（一）国际直接投资

国际直接投资，又称对外直接投资，是指投资者在其所投资的企业中拥有足够的所有权或控制权的投资。具体表现为投资者以控制企业经营管理权为核心，以营利为目的，通过在东道国开设独资企业、兴办合资企业、合作企业等方式进行的资本投资活动。也就是说，国际直接投资的投资者直接到国外设厂开办企业或从事经营活动，直接参与所投资的国外企业的经营和管理活动。它是伴随着资金、技术、经营管理知识等国际资本由投资流入东道国为标志的,如果股票投资达到了对某企业足以控制的程度时,这时股票投资可由间接投资转化为直接投资。

(二) 国际间接投资

国际间接投资,又称对外间接投资,是指投资者不直接掌握跨国公司的动产或不动产的所有权,或在投资对象中没有足够的控制权的投资。具体表现为以购买外国公司的股票和其他有价证券以及中长期国际信贷为主要方式以取得股息或债息、利息等形式的资本增值为目的的投资。一般不涉及对投资所形成资产的经营和管理活动,投资活动主要在国际资本(金融)市场进行,因此也称金融投资,其中以国际证券投资为主要对象。

国际直接投资和国际间接投资区别主要表现在以下几个方面。

(1) 国际直接投资与国际间接投资的基本区分标志是投资者是否能控制作为投资对象的外国企业。根据国际货币基金组织的规定,拥有外国企业股票超过 25% 的为直接投资,否则为间接投资。这种股权参与下取得的对企业的控制权有别于非股权参与的情况。因为如果没有这种股权参与,即使能通过其他途径或方法而对企业产生影响,也不能称为直接投资。

(2) 国际间接投资的性质单纯,资本移动形式单一,其过程也比较简单,一般体现为国际货币资本的流动或转移。而国际直接投资不仅是单纯的货币资本的简单流动,而且是生产资本在国际间的流动或转移,其形式不仅包括货币形态,还包括实物形态和无形资产形态。而对于后两者需通过资产评估确认其价值。因此,从跨国公司对外投资的实际操作过程看,直接投资远比间接投资复杂得多。

(3) 一般来说,国际直接投资收益是随投资的经营状况而变化,不具有固定性;而国际间接投资收益相对固定,尤其债券利息和贷款利息,一般是事先确定的,收益相对稳定,不随跨国公司的经营状况而变化。

(4) 国际直接投资的风险较国际间接投资的风险大。另外,国际直接投资的投资期限较长,回收的时间也较长,项目资产的流动性也较证券资产差,因而其风险也较间接投资风险大。

(5) 国际直接投资主要有三种形式:一是直接在国外创办企业,包括与东道国创办合资或合作企业,收购国外现有企业等;二是控制外国企业的股权,从而达到控制该企业的目的;三是以利润进行再投资。而国际间接投资的形式有购买外国企业发行的股票,购买外国政府、金融机构和企业发行的债券,向外国政府、企业和个人提供一年期以上的中长期贷款或一年以内的短期贷款等。

(三) 国际灵活投资

国际灵活投资是指与国际贸易相结合的各种资金形态、实物形态、技术形态的国际技术经济合作。具体包括信贷、国际租赁、信托投资、项目贷款、技术引进、补偿贸易、合作经营与开发和国际工程承包等八种方式。

信贷是与进出口贸易相互结合的资金融通基础上的一种特殊的信贷形式;国际租赁是国际上与设备等物资的出租承租相互结合的金融信贷和物资信贷形式;信托投资是资本持有者委托他人代之进行的投资活动;项目贷款是指为特定的国际工程项目而采取的融通资金的方法;技术引进是指通过一定方式把技术从一国转让到另一国的技术投资方式;补偿贸易是指交易一方作为贷款方向另一方提供设备、技术和其他物资等,而进口方在一定期限内以产品或其他形式偿还本息的一种贸易方式;合作经营与开发是指合作双方按合同规定共同进行某种国际经济活动的合作;国际工程承包是指在国际承包市场上通过投标等方式承建工程建设项目。它是一项综合性的出口业务,也是跨国公司对外投资的一种常见方式。在这八种方式中,国际租赁、国际承包、国际补偿贸易和国际加工装配贸易被广泛采用。

三、跨国公司对外投资的意义和作用

跨国公司对外投资对世界经济的发展具有很大的影响作用。从总体上看,这种作用主要表现在以下几个方面。

(一) 有利于资源的优化配置,是推进新技术革命和调整产业结构的重要手段

世界各国的经济发展水平不同,资源的配置也存在很大差异。通过跨国公司对外投资可以互换资源,优势互补,达到互利目的,从而推进产业结构优化和技术的深化及发展。

(二) 是各国实现宏观经济发展目标的重要手段

受资国可以通过利用外资,来促进本国经济的发展,增加就业;而跨国公司又可以通过输出资本,来开拓国际市场,调整本国的经济结构。有利于把资源、劳动密集型和污染型产业转移出去,来促进本国技术密集型产业的发展。

(三) 推进了跨国公司的发展,加速了生产经营的国际化进程

跨国公司对外投资有利于突破保护主义障碍,维护和扩大海外市场,推进了跨国公司的发展。跨国公司通过直接投资,在国外就地生产、销售和输出,增强国际竞争力,进而加速了生产经营的国际化进程。

(四) 有助于开拓发展中国家新市场,推进国际经济区域化、一体化

跨国公司对外投资是开拓发展中国家新市场,从而形成互惠互利国际大市场的战略措施;也是进一步推进国际经济区域化、一体化的催化剂。跨国公司对外投资是生产和经营的国际化的必然结果和要求,同时国际大市场的形成和发展,又推进了跨国公司对外投资的迅速增加和急剧发展。

(五) 推动世界经济的发展,为生产力持久发展开辟了广阔的途径

跨国公司对外投资,使生产和资本集中,促进国际资本流动,开展国际竞争,推进了

各国生产力的发展,激起了世界新技术革命,同时缩小了国与国之间的生产力和科学技术的差距,为世界经济的蓬勃发展开辟了广阔的途径。

(六) 促进了生产国际化,为国际金融市场发展提供了必要条件

随着跨国公司对外投资的发展,资本和生产的国际化,推动了国际金融市场的巨大发展,特别是国际间接投资的增加推动了各国金融制度的改革和金融交易的自由化,进而为国际金融市场的发展创造了条件,大开了方便之门。同时,国际金融市场的发展又促进了国际间接投资的增加。

跨国公司对外投资对跨国公司和受资国的作用是不同的,对发达国家和发展中国家的作用也是不同的。对发达国家来说,它的积极意义在于:一是使发达国家从国外获取巨额利润,扩大了发达国家资本积累的规模和经济实力;二是在一定程度缓解了发达跨国公司的生产过剩危机;三是有助于改善其国际收支;四是发达国家通过向发展中国家的投资,开采石油矿物等自然资源,保证廉价原料和燃料的供应及劳动力的雇佣。对发展中国家来说,它的积极意义在于:一是在一定程度上弥补了发展中国家的资金短缺;二是有助于帮助发展中国家引进国外的先进技术和科学管理经验;三是使发展中国家出口总额增加,优化了出口商品结构;四是促进了新兴工业部门的建立,改变了发展中国家落后的经济结构;五是为发展中国家创造了就业机会,并提高了就业者的劳动素质。

总之,跨国公司对外投资促进了生产的国际化和合理配置生产力,促进了科学技术的国际传播与开发应用,促进了各国之间的贸易发展,有利于全球经济的一体化。无论对跨国公司还是受资国,对发达国家还是发展中国家都有利,这是跨国公司对外投资得以迅速发展的根本原因之所在,也是跨国公司对外投资在当今国际经济发展与交流中的重要性的具体表现。

四、国际直接投资的动因

国际直接投资,是指跨国公司为了获得长期的投资收益并拥有对企业或公司的控制权和经营管理权而进行的在国外直接建立新企业、购置旧企业、合资合作办企业等投资活动。国际直接投资的特点是投资者对所投资的企业拥有有效的控制权。国际直接投资的另一特征是:直接投资不是单纯货币形式的资本转移,它是货币资本、技术设备、经营管理知识和经验等国际经营资本由跨国公司向东道国的一揽子转移。

国际直接投资的动因可分为战略动因、行为动因和经济动因三大类。

(一) 战略动因

1. 市场追求型

市场追求型,即开辟新市场,实现公司全球发展。寻求市场的对外直接投资又分为两类:一类是为了开辟新的海外市场,占领销售据点;另一类是为了维持出口市场或国

内市场份额,突破贸易障碍的投资。对一些发达国家的跨国公司来说,对外投资是其进行全球扩张的一种经营战略,当跨国公司建立起了自己的国际生产体系之后,开始以全球市场为目标进行投资、生产、销售和开发等业务活动,使有限的资源得到更有效的利用,因而国际直接投资是跨国公司实现其全球经营战略的有效手段。

2. 原辅材料追求型

原辅材料追求型,即利用国外丰富的自然资源,实现最优资源配置。原材料追求型的公司在国外直接投资是为了在东道国获得廉价丰富的原材料等自然资源,以降低企业的生产成本。在石油、采矿、种植和林业等行业,其产品无论怎样进行差别化的创新,基本原材料都是一样的,为寻求稳定的石油、矿产品等资源供应,企业在具有廉价的生产要素的国家或地区投资经营,可以达到降低原材料价格(成本)的目的。

3. 生产效率追求型

生产效率追求型,即利用国外廉价的生产要素,降低企业经营成本。由于各国的发展水平和资源供求状况不同,各国的生产要素价格相对于其生产力水平存在着一定的差异。企业在具有廉价生产要素的国家或地区进行投资经营,可以达到降低成本,提高企业生产经营效率的目的,这种投资一般称为生产效率追求型投资。

4. 专利知识追求型

专利知识追求型,即学习国外先进技术和管理经验。为取得和利用国外先进的技术、生产工艺新产品设计、管理知识、关键设备和零部件、新品等而对外直接投资,称为专利知识追求型投资。具体方式可以是与当地高技术企业合资经营、收购当地高技术企业或在当地设立高技术实验室等,盛行的跨国公司战略形式下发生的直接投资也多属于这种技术、专利追求型投资。

5. 政治安全追求型

政治安全追求型,即谋求安全感,避免政治风险和国家风险。一方面,为了保证公司财产的安全和正常的经营秩序,避免许多发展中国家政治不稳定、政策不连贯、领导人更迭频繁、战乱和历史纠纷等政治风险和国家风险,一些跨国公司倾向于到那些对私人企业不会采取没收政策和较少干预的国家投资。另一方面,实行国际分散化经营,可以减少风险,取得较为稳定的收益。

(二) 行为动因

1. 外部刺激下的扩张动因

(1)来自不容忽视的外部建议,一般这种建议来源于外国政府、公共产品的销售人员和客户;(2)害怕失去占有市场的份额;(3)国外同行的竞争非常有力,相信某一领域内的国外投资是必要的;(4)本国市场遭遇了外国公司的强有力的竞争。

2. 公司组织内在的扩张冲动

(1)为零部件和其他产品开辟市场;(2)利用旧的机器和设备;(3)了解怎样使多余的资源资本化,扩散研究和开发的成果以降低固定成本;(4)通过在一个国家的投资,从一个已经失去的市场上获得收益。

(三) 经济动因

1. 市场不完全性理论

国内和国际产品市场和生产要素存在着非均衡性是现代国外直接投资理论的基础。根据现代直接投资理论，产品市场和要素市场的不均衡促进了国外直接投资。市场的不均衡也许是很自然的，但是这种不均衡往往是由于公司和政府的政策造成的。这表现在两个方面：由政府贸易限制政策或税收政策等导致的"非自然"的不完全性和由知识定价、交易成本造成的"自然的"不完全性，无论是哪一种不完全性，都阻碍了国际贸易的开展，限制了国际贸易的利益，促使公司以国际投资代替国际贸易的方式进入国际市场。

2. 内部化理论

进行对外直接投资目的是为了获得"内部化"利益的理论，是由英国学者巴克利和卡森提出来的。这实际上是市场不完全性理论的进一步发展。该理论认为，由于市场的不完善，通过外部市场而进行的贸易会导致许多附加交易成本，如签约成本、风险成本等，而跨国公司通过公司内部调拨价格在子公司之间产生供需交换，这种公司内的资源转移可以使交易成本达到极小化，从而获得"内部化"的利益。

3. 国际寡头垄断论

国际寡头垄断理论认为国际直接投资发生的最主要原因是跨国公司在国际竞争中具有垄断性的优势，最早是由海默提出来的。这种垄断优势主要表现在：(1)企业规模大，具有相当大的规模经济效益；(2)拥有经营管理和市场销售方面的专家；(3)由于跨国公司注重研究和开发工作，因而有比较先进的技术、具有技术优势；(4)财务实力强，资金来源渠道畅通；(5)产品多样化，可避免和分散经营风险。

4. 产品生产周期理论

产品生产周期理论是由美国哈佛大学教授费农创立的，他认为产品生产周期的不同阶段，应有不同的投资战略。在产品的创新阶段，创新国本国占有生产优势。在产品成熟和标准化阶段，对外直接投资除了利用东道国低廉的成本这一优势外，还可以有效地排斥当地生产商的模仿，保护本来通过出口所占据的那一部分市场，延长创新国的垄断优势。

5. 折中理论

折中理论从公司特有优势、内部化优势和国家特有优势三方面来说明跨国公司对外直接投资的经济动因。该理论认为，如果跨国公司具备公司特有优势和内部化优势却不具备国家特有优势，跨国公司只在国内生产经营，通过出口形式参与国际市场，只有当国家优势同时存在时，公司才会进行国际投资活动。

总之，尽管国际直接投资的动因可分为战略动因、行为动因和经济动因，但其基本诱因都离不开收入和成本目标驱使下的市场、生产要素、资源等因素，无论环境如何变化，它们总是构成跨国公司对外直接投资的最一般动因。

第十一章 跨国公司财务管理

五、国际直接投资方式及其特点

(一) 国际独资企业投资

国际独资企业是指由跨国公司依据东道国法律,在东道国境内设立的全部资本为跨国公司所有并独立经营的企业。它是国际直接投资的一种传统形式。这类企业具有以下几个方面的特点。

第一,是一个自然人企业,不具有法人资格。

第二,全部资本由跨国公司提供,自主独立经营,负无限责任,自己承担全部风险。

第三,受当地政府的控制较少,经营管理具有特别的灵活性,但风险大,安全性差。

第四,它的税负比较轻,只需缴纳一次所得税。

第五,容易保守业务秘密,竞争性和进取性较强。

第六,企业规模有限,存续期较短。

国际独资企业的形式主要包括国外分公司、国外子公司和避税地公司三种。

1. 国外分公司

国外分公司是指跨国公司为扩大生产规模或经营范围在东道国依法设立的、并在组织和资产上构成跨国公司的一个不可分割部分的国外企业。国外分公司的设立手续简便,但它不具有东道国当地企业的法人资格,在法律上和经济上没有独立性,在经营上受到的限制较多。

(1) 国外分公司的特点。①分公司没有自己独立的公司名称和公司章程,而只能使用与跨国公司相同的名称和章程。②分公司的主要业务活动完全由跨国公司决定,分公司一般用其国际公司的名义并根据后者的委托进行业务活动。③分公司的所有资产均属于跨国公司,跨国公司要对分公司的全部债务承担无限责任。

(2) 设立国外分公司的优点。设立国外分公司是国际直接投资的形式之一,它的优点主要在于:①设立手续简便,只需缴纳少量的登记费就可在其东道国取得分公司的营业执照。②跨国公司能够直接全面地领导和控制分公司的经营活动,包括人、财、物各个方面。③分公司的所在国对分公司在国外的财产没有法律上的管辖权。④设立分公司对跨国公司在纳税上具有一定的优惠,主要表现在亏损抵税和免缴利润汇出税。

(3) 设立国外分公司的缺点。设立国外分公司的缺点主要在于:①跨国公司要对分公司的债务负无限连带责任,这对作为投资者的国际公司显然是不利的。②分公司在国外完全是作为外国企业而从事经营活动的,它没有东道国的股东参与,因此其影响就比较小,开展业务活动比较困难。③分公司登记注册时必须提交跨国公司在全世界范围内经营状况的资料,从而给跨国公司带来诸多的不便。④分公司在终止或撤离东道国时,只能够出售其资产,而不能出售其股份,也不能采取与其他公司合并的方式,因而财产转让困难。⑤在国外设立分公司常会引起跨国公司所属国税收减少,因此,其所属国对分公司的法律保护措施较弱。

2. 国外子公司

国外子公司是指由跨国公司投入股份资本依法在东道国设立的独资企业。它虽然受跨国公司控制,但在法律上是独立的法人企业。

(1) 国外子公司的特点。①子公司具有自己独立的公司名称和章程。②子公司具有自己独立的行政管理机构。③子公司具有自己独立的财产,编制独立的资产负债表和损益表等财务报表,独立核算,自负盈亏。④子公司是独立法人,可以独立地以自己的名义进行各类民事法律活动,甚至进行诉讼。

(2) 设立独资子公司的优缺点。设立独资子公司相对海外分公司的优点主要表现在以下几个方面:①独资子公司拥有东道国的"国籍",投资灵活性大。②母公司对海外子公司只负有限责任。③由于子公司被视为东道国当地企业,常常可以享受到东道国当地政府给予的税收减免等优惠待遇。④子公司受到的经营限制较少、经营范围较大。⑤可以独立在其东道国银行贷款,而不必像分公司那样必须由其总公司担保。⑥子公司在其东道国营业终止时,可采用出售其股票(份)、与其他公司合并或变卖其资产的方式回收其投资。

设立子公司的缺点是手续较分公司复杂、费用也较高,审批手续较为严格,产品进入东道国市场的竞争激烈等。

3. 国际避税地公司

国际避税是指国际纳税人利用各国税法内容的差异,采取变更经营地点或经营方式等各种合法的形式和手段来谋求最大限度地减轻国际纳税负担的行为。避税地可以理解为外国投资者能够赚取利润或拥有财产而无需缴纳高额税款的国家和地区,简称无税或低税国家(地区)。

避税地公司主要有以下几种类型:(1)持股公司。持股公司是指在其他公司拥有一定数量股份从而能取得有效控制权的公司。它的收益主要来自股息和资本利得。(2)国际投资公司。国际投资公司是指专门进行各种证券投资的公司。(3)金融公司。金融公司是指专门为公司体系内各经营实体提供融资便利而设立的内部金融机构。(4)贸易公司。贸易公司是指主要经营商品劳务和租赁等项业务的公司。

属于避税地的国家和地区主要有巴哈马、百慕大、开曼群岛、瑙鲁、巴拿马、哥斯达黎加、牙买加等,多数的避税地都具有良好的基础设施和宽松的金融环境,能适应外国公司的经营需要。

避税地公司的基本作用在于它能为资本再投入和资本转移提供便利,从而使整个公司得到财务或税务上的利益。这种利益的取得往往通过各种公司内的转移价格来实现。转移价格是公司体系内部各种交易的内定价格,具有随意性、机密性和独立于外部市场价格的特点。跨国公司往往通过转移价格来调整公司体系内各公司的生产成本,转移公司的经营利润。从税收方面来考虑,就是利用转移价格把高税率地区的经营利

润转移到低税率地区或避税地以达到减少甚至逃避税收的目的。

(二)国际合资企业投资

合资企业,又称股权式合营企业,是指由两个或以上属于不同国家和地区的公司(企业)或其他经济组织,经东道国政府批准,在东道国境内设立的以合资方式组成的经济实体。

1979年联合国举行的发展中国家合资企业讨论会上,提出一个"真正国际合资企业"应具有的六大项特征是:一是一个独立组成的公司实体;二是来自两个或更多国家和地区的投资者;三是提供资本资产;四是在一定水平上分担一定程度的经营管理责任;五是共同分担企业的全部风险;六是除去分享纯收益外,合伙者均不得再从合资企业中取得其他收益。

合资企业的最高权力机构是董事会,日常业务工作实行董事会领导下的总经理负责制。

举办合资企业必须具备一定的条件,包括投资的安全保障、基础设施的完善和税收优惠。其设立程序一般包括立项及提出项目建议书、提交可行性研究报告、订立举办合资经营企业的书面文件、申报和正式审批、注册登记并领取营业执照等。

对合资企业的投资应注意几个方面的问题:一是确立合资企业的外资比例应各方协商确定;二是确立合资企业的经营期限不宜过短;三是确立合资企业的投资方式:现金、实物和工业产权;四是确立合资企业的经营管理。具体包括劳动工资管理、产品销售、财务管理和收益分配以及合资各方的争端的解决问题等。

1. 合资企业类型

国际上通行的形式是公司制,具体包括无限责任公司、有限责任公司、股份有限公司和两合公司等四种组织形式。

(1) 无限责任公司。无限责任公司是指由两个以上的股东组成的对公司债务承担无限责任的公司,即有股东用自己的全部财产对公司债务承担责任,而不光是用投入企业中的资本承担公司债务。

(2) 有限责任公司。有限责任公司是指由两个以上的股东组成的仅以投入企业中的资本额承担债务的公司,如中外合资企业。

(3) 股份有限公司。股份有限公司是指通过法定程序,向公众发行股票筹资,股东的责任仅限于出资额的一种企业组织。它是跨国公司和国际合资经营企业的主要形式。

(4) 两合公司。两合公司包括无限责任和有限责任的两合公司和无限责任和有限责任的两合股份公司。两者的区别在于是否通过发行股票筹集资本。

根据不同的标准和途径,合资企业可以划分为不同的类型:①按东道国政府设立合资企业的目标可划分为外向型合资企业、内向型合资企业和开发型合资企业。②按合资企业的投资比例可划分为对等型合资企业、参与型合资企业和联合型合资企业。③按合资企业的经营范围可划分为工业生产型合资企业、工程承包型合资企业、服务型合资企业和农业生产型合资企业等。不管哪种类型的合资企业,它们的共同特征都是"共同投资、共同管理、共担风险和自主经营"。

2. 国际合资企业投资的优缺点

国际合资企业投资的优点主要体现在:一是进行国际合资投资可以减少或避免企业的投资风险;二是可能取得多重投资优惠待遇和国民待遇;三是有助于取得新市场,了解当地情况和利用便利条件,有利于加强企业管理,提高经济效益。

进行国际合资投资的缺点是所需的投资时间比较长,审批手续比较复杂,审批的时间也比较长。此外,国外投资者往往不能对合资企业进行完全控制,因其外资股权受到一定比例限制。

(三) 国际合作企业投资

合作企业又称契约式合营企业,是指国外企业依据东道国有关法律,与东道国企业共同而在东道国境内设立的合作经济组织。可有两种方式:一种是法人式,即合作企业有独立的财产权,法律上有起诉权,并以该法人的全部财产为限对其债务承担责任。另一种是非法人式,即由两国以上合营者作为独立经济实体,通过契约组成的松散的合作经营联合体,不具有法人资格,它没有独立的财产所有权,只有财产管理和使用权,合作各方仍以各自法人资格身份在法律上承担责任。合作经营企业的管理可以由合作各方派出代表组成联合管理机构,也可以委托一方或聘请第三方进行管理。

合作企业组织形式灵活多样,手续简便、申请审批的程序也比较简单。合作经营的范围十分广泛,只要有利于合作双方的共同利益,都可作为合作经营项目。投资方式与构成都比较灵活,除现金、实物、工业产权、土地使用权之外,还可以以专有技术、资源开发权甚至出人、出劳务、提供服务等作为合作条件,且构成比例由各方自定。合作双方的收益可采用利润分成或产品分成的办法,比例由各方协定,无须按投资比例分配。关于债务与亏损的分担,均实行有限责任制。投资回收方式,一般可通过折旧或扩大利润分成比例等方式在合同期满以前回收投资,投资回收的方式、期限、均由参与合作经营的各方商定并在合同中明确规定。企业的清算,"非法人式"合作企业,外国合营者在收回其投资后原则上不参与企业清算,而全部剩余财产留归东道国所有。"法人式"合作企业的清算,由合作各方派代表组织清算委员会,按董事会通过的清算方案进行清算。

1. 合作企业与合资企业的区别

合作企业与合资企业的区别主要表现以下几个方面。

(1) 性质不同。合资企业是股权式合营企业,而合作企业是契约式合营企业,这是两者最大区别。

(2) 组织形式不同。合资企业为法人实体,而合作企业可以是法人式,也可以不是法人式。

(3) 投资收益不同。合资企业按资分红,合作企业可采用利润分成、产品分成或共同商定的其他方式,且比例事先不明确规定。

(4) 投资回收方式不同。合资企业通过利润分成收回,合资期满,剩余财产按出资比例分配,而合作企业可通过折旧和产品分成收回投资,合作期满不再参与剩余财产分配,而全部留归东道国所有。

2. 国际合作企业的审批

一般来说,一般项目的审批可由地方政府办理,大项目的审批则要报中央政府批准,审批程序也较简单。一般项目的申请书、可行性研究报告和合同,可一次报批。大项目分三个阶段报批,即先上报项目申请书和初步可行性研究报告,经批准后再上报正式的可行性研究报告,再经批准后,最后拟订并上报合作经营项目的合同与章程。

一般来说,合作经营企业合同的主要条款包括以下几方面。

(1) 合作经营企业的名称、地址、经营范围和规模。

(2) 合作经营企业的组织形式、法定代表的姓名、职务、国籍。

(3) 合作经营各方的名称、注册国家、法定地址、法定代表的姓名、职务、国籍。

(4) 董事会或联合管理机构组成。

(5) 合作经营各方的投资和提供的合作条件。

(6) 合作经营各方的投资缴付期限,以及欠缴时的责任。

(7) 合作经营企业的经营管理方式。

(8) 合作经营企业收益的分配方法(如回收投资额,则要有一条写明投资回收的方法及期限)。

(9) 合作经营各方对债务、亏损及风险承担的内容和方式。

(10) 合作经营企业采用的财务、会计制度。

(11) 物资购买办法和产品销售办法(包括内外销比例)、外汇平衡问题。

(12) 劳动工资、劳动管理、劳动保险等事项。

(13) 合作经营的期限和终止,包括合作期满时资产的处理,清算的程序和方法。

(14) 合作经营各方对投资的转让的规定。

(15) 违反合同的责任。

(16) 争议的解决方式。

(17) 合同文本的文字和生效条件。

3. 国际合作企业投资的优缺点

国际合作企业投资的优点主要体现在:一是合作投资所需的时间比较短;二是进行合作的方式具有灵活性和多样性;三是审批条件不像合资企业那样严格。

国际合作企业投资的缺点是不像合资企业那样规范,在合作过程中对合同中有关条款容易发生争议,从而影响合作企业正常发展。

国际直接投资方式除上述的国际独资企业投资、国际合资企业投资和国际合作企业投资三种基本形式之外,还有国际合作生产与合作开发,以及超过25%的国际股权投资。

六、跨国公司直接投资项目财务评价方法

(一) 跨国公司直接投资项目财务评价的不同主张

以投资带动发展是母公司跨国投资的主要目的,区别于母公司内部的生产投资和战略投资,子公司在投资方向上强调拓新领域、多元化。在项目财务评价方法上也有不同主张,产生了从母公司和子公司不同角度分别评价投资项目的问题。主要分歧表现为:(1)许可证、专利对母公司是收益,对子公司是费用;(2)母公司和子公司考虑角度不同,全局和局部;(3)汇率、税率等政策。

理论观点:①以母为主;②以子为主;③折中观点。

对同一个投资项目,从不同方法评价的结论肯定是不同的,如何解决这一矛盾?答案是结合具体情况选择评价标准。

矛盾:某个项目投资报酬率介于子公司和母公司之间。一般来讲,应该从集团全局为项目功能定位。这就区别了对内和对外销售所需要的不同建设要求。

(二) 母公司投资的现金流量计算

1. 初始现金流量

国外被冻结的资金会因为在国外投资而解冻,作为流入量。

2. 营业现金流量

考虑东道国通货膨胀影响。

3. 终结现金流量

(1) 清算价值法:变现。

(2) 收益现值法:期满以后还可继续使用的现金流量的现值,或者政府收购价值。

4. 汇回母公司的现金流量

(1) 汇回额的确定:看东道国政府规定。

(2) 汇率选择:汇款时汇率。

(3) 纳税调整:按照规定减免。

(4) 母公司丧失出口利润,从汇回利润中扣减。

(三) 跨国公司投资决策实例

【例 11-3】 一家总部设在 A 国的跨国公司将在 B 国进行一项投资。项目分析小组收集到如下资料。

(1) A 国一家跨国公司准备在 B 国建立一家独资子公司,以便生产和销售 B 国市场上急需的电子设备。该项目的固定资产需投资 12 000 万 B 元,另需垫支营运资金 3 000 万 B 元。采用直线折旧法计提折旧,项目使用寿命为 5 年,5 年后固定资产残值预计 2 000 万 B 元。5 年中每年销售收入 8 000 万 B 元,付现成本第一年为 3 000 万 B 元,以后随着设备陈旧,将逐年增加修理费 400 万 B 元。

(2) B国企业所得税税率为30%,A国企业的所得税税率为34%。如果B国子公司把税后利润汇回A国,则在B国缴纳的所得税可以抵减A国的所得税。

(3) B国投资项目产生的税后净利可全部汇回A国,但折旧不能汇回,只能留在B国补充有关资金需求。但A国母公司可从B国子公司获得1 500万B元特许权费及原材料的销售利润。

(4) A国母公司和B国子公司的资本成本均为10%。

(5) 投资项目在第5年底时出售给当地投资者继续经营,估计售价为9 000万B元(含流动资产)。

(6) 在投资项目开始时,汇率为800 B元/A元,预计B元相对A元将以3%的速度贬值。各年末的汇率预计详见表11-3。

表11-3 各年末的预计汇率

年份	计算过程	汇率(B元/A元)
0	—	800.00
1	$800\times(1+3\%)$	824.00
2	$800\times(1+3\%)^2$	848.72
3	$800\times(1+3\%)^3$	874.18
4	$800\times(1+3\%)^4$	900.41
5	$800\times(1+3\%)^5$	927.42

要求:根据以上资料分别以B国子公司和A国母公司为主体评价投资方案的可行性。

(1) 以B国子公司为主体进行评价。

第一,计算该投资项目的营业现金流量,见表11-4。

表11-4 投资项目的营业现金流量　　　　　单位:万B元

项目	1	2	3	4	5
销售收入(1)	8 000	8 000	8 000	8 000	8 000
付现成本(2)	3 000	3 400	3 800	4 200	4 600
折旧(3)	2 000	2 000	2 000	2 000	2 000
税前净利(4)=(1)−(2)−(3)	3 000	2 600	2 200	1 800	1 400
所得税(5)=(4)×30%	900	780	660	540	420
税后净利(6)=(4)−(5)	2 100	1 820	1 540	1 260	980
营业现金流量(7)=(1)−(2)−(5)−(3)+(6)	4 100	3 820	3 540	3 260	2 980

第二,计算该项目的全部现金流量,详见表 11-5。

表 11-5 投资项目现金流量计算表　　　　　　　　单位:万 B 元

项目	0	1	2	3	4	5
固定资产投资	−12 000					
营运资金垫支	−3 000					
营运现金流量		4 100	3 820	3 540	3 260	2 980
终结现金流量						9 000
现金流量合计	−15 000	4 100	3 820	3 540	3 260	11 980

第三,计算该项目的净现值,详见表 11-6。

表 11-6 投资项目净现值计算表　　　　　　　　单位:万 B 元

年份	各年的净现值 (1)	现值系数:$PVIF_{10\%,n}$ (2)	现值 (3)=(1)×(2)
1	4 100	0.909	3 727
2	3 820	0.826	3 155
3	3 540	0.751	2 659
4	3 260	0.683	2 227
5	11 980	0.621	7 440
未来报酬的总现值			19 208
减:初始投资			15 000
净现值			4 208

第四,以子公司为主体做出评价。该投资项目净现值 4 208 万 B 元,说明是一个比较好的投资项目,可以进行投资。

(2) 以 A 国母公司为主体进行评价。

第一,计算收到子公司汇回股利的现金流量。子公司汇回的股利可视为母公司的投资收益,应按 A 国税法纳税,但已在 B 国纳税的部分可以抵减 A 国所得税。因此,要在考虑两国所得税的情况下对股利产生的现金流量进行调整,详见表 11-7。

表 11-7 股利现金流量所得税调整表

项目	1	2	3	4	5
汇回股利(1)	2 100	1 820	1 540	1 260	980
汇回股利折算成税前利润(2)	3 000	2 600	2 200	1 800	1 400
B 国所得税(3)	900	780	660	540	420
(以上单位为万 B 元)					

(续表)

项目	1	2	3	4	5
汇率(4)	824	848.72	874.18	900.40	927.42
（以下单位为万A元）					
汇回股利(5)=(1)/(4)	2.55	2.14	1.76	1.40	1.06
汇回股利折算成税前利润(6)=(2)/(4)	3.64	3.06	2.52	2.00	1.51
A国所得税(7)=(6)×34%	1.24	1.04	0.86	0.68	0.51
B国所得税(8)=(3)/(4)	1.09	0.92	0.76	0.60	0.45
向A国实际缴纳所得税(9)=(7)-(8)	0.15	0.12	0.10	0.08	0.06
税后股利(10)=(5)-(9)	2.40	2.02	1.66	1.32	1.00

第二，计算因增加特许费及原材料销售利润所产生的现金流量，详见表11-8。

表11-8 特许费及原材料销售所产生的现金流量

项目	1	2	3	4	5
特许费收入及原材料销售利润（万B元）	1 500	1 500	1 500	1 500	1 500
汇率	824	848.72	874.18	900.40	927.42
特许费收入及原材料销售利润（万A元）	1.82	1.77	1.72	1.67	1.62
所得税(34%)	0.62	0.60	0.58	0.57	0.55
税后现金流量	1.20	1.17	1.14	1.10	1.07

第三，计算A国母公司的现金流量。为此，要先把初始现金流量和终结现金流量折算为A元。初始现金流量为15 000万B元，折算为A元为18.75万A元（即15 000/800）。终结现金流量为9 000万B元，折算成A元为9.7万A元。下面通过表11-9计算A国母公司现金流量。

表11-9 项目现金流量表　　　　　　　　　　单位：万A元

项目	0	1	2	3	4	5
初始现金流量	-18.75					
营业现金流量						
税后股利		2.40	2.02	1.66	1.32	1.00
特许费收入及原材料销售利润（税后）		1.20	1.17	1.14	1.10	1.07
终结现金流量						9.70
现金流量合计	-18.75	3.60	3.19	2.80	2.42	

第四,计算该项目的净现值,见表 11-10

表 11-10　项目净现值计算表　　　　　　　　　单位:万 A 元

年份	各年的净现值 (1)	现值系数:PVIF10%,n (2)	现值 (3)=(1)×(2)
1	3.60	0.909	3.27
2	3.19	0.826	2.64
3	2.80	0.751	2.10
4	2.42	0.683	1.65
5	11.77	0.621	7.31
未来报酬的总现值			16.97
减:初始投资			18.75
净现值			−1.78

第五,以母公司为主体作出评价。从母公司的角度来看,该投资方案的净现值为负的 1.78 万 A 元,说明投资项目效益不好,故不能进行投资。

这一示例说明,采用的评价主体不一样,得出的结论也可能不一样。究竟上例是否应该进行投资,取决于财务经理对待评价主体的态度。如果财务经理认为应以国外进行投资的子公司为评价主体,则项目可行;反之,如果财务经理认为应以 A 国母公司为评价主体,则此项目不可行。

中国化工集团巨资并购先正达的财务管理分析

【案例资料】

2017 年 6 月 27 日,中国企业海外收购的记录被重新打破,在先正达总部所在地瑞士巴塞尔,中国化工集团董事长任建新与先正达董事会副主席米歇尔·德玛尔宣布:中国化工集团完成以 430 亿美元的总交易额,正式收购先正达集团。这项交易成为中国史上最大的海外收购项目,同时也为中国化工、中化集团合并带来了不确定因素。本案例主要从中国化工集团与先正达的并购双方财务基本情况、并购融资支付方式及风险管理等多角度来分析此次并购。

一、企业简介

中国化工集团是经国务院批准在直属企业重组基础上新设的国有大型中央企业,中国化工是世界 500 强企业,并且是中国最大的基础化学的制造公司,中国化工主业为化工新材料及特种化学品、基础化学品、石油加工及炼化产品、农用化学品、橡胶制品、化工装备 6 个业务板块。中国化工在全球 140 个国家和地区拥有生产、研发基地,并有完善的营销网络体系,控股9家A股上市公司,有112家生产经营企业,4家直管单位,6家海外企业,以及24个科研、设计院所,是国家创新型企业,通过不断优化经营布局、强推转型升级、狠抓精细管理、推动技术创新、全面加强党建,实现集团高质量超常规跨越式发展,将公司建设成为研发、投资、建造、运营一体化的具有全球竞争力的世界一流企业。

先正达是一家具有259年历史的百年老店,总部位于瑞士巴塞尔,是全球第一大农药、第三大种子农化高科技公司。财政收入过亿美元,农药和种子分别占全球市场份额的20%和8%。公司当时在瑞士、伦敦、纽约和斯德哥尔摩的证券交易所上市。先正达致力于通过不懈的努力,为食物生产、供应和加工的各环节提供更加卓越、安全和环保的创新解决方案。先正达是全球领先的植保公司,在高价值种子领域名列第三。在全球农业科技领域,先正达拥有最具实力的运作和管理模式。跨作物、跨地区的市场营销能力使其在全球市场游刃有余。雄厚的研发实力使其在瞬息万变的业界保持创新优势。公司业务遍及全球90个国家和地区,每年先正达投资于研发的经费超过8亿美元。最终,于2017年被中国化工集团收购。

二、行业分析

自20世纪以来,世界农业化工行业发展飞快,市场经济总容量不断上升,在21世纪之后,虽然规模还在不断扩大,但实际上农化行业已经进入了成熟期,竞争激烈程度达到白热化状态,2015年,由于经济行业现状低迷,导致农化行业各类销售额不断下降,世界各地的有关农化行业公司在经济上都受到了一定的冲击,发展停滞不前,然而先正达公司在农化市场上排名依旧位列前位,稳定占据行业较大的市场份额,在竞争激烈的农化市场形成垄断局势,并且,为了保持垄断优势,先正达公司为企业的研究科研开发提供了巨额费用,着力发展企业农业化工的创新能力,为公司之后的长久发展提供保障。2017年,先正达被中国化工集团收购,加大其在农化市场中的份额,形成了农化市场全新格局,由于之前中国农药市场一直处于供大于求的状态,市场需求量一直不高,导致全国农药市场价格一直处于较低状态,农药用量也一直遭受限制。并且之前中国农化市场一直处于分散小规模化经营状态,研发能力较低,产品单一,缺乏创新开发新产品的能力,同时总需求量不高,与世界化工水平存在较大差距,这一次,中国化工集团对于先正达的收购,代表中国走进世界化工市场的一大步,不仅仅扩大其市场规模,而且使实现中国农化市场走向国际。

三、并购历程

在中国化工集团收购先正达企业之前,2015年美国孟山都公司曾经向先正达提出过收购要求,但是由于之前对先正达的管理严重干预等业务方面的问题,遭到先正达管理层的一致反对,明确拒绝其收购要求,随后,中国化工集团也提出相同收购要求,同样遭受拒绝。最终在2016年2月3日,任建新与中国化工管理层在苏黎世与先正达董事会签订收购协议,最终以465美元一股的价格收购了先正达100%的股权,总交易额最终为430亿美元,最终于2017年6月8日,中国化工集团宣布完成现金交割。

先正达之所以在第二次同意中国的收购请求原因在于,中国化工集团向先正达承诺允许先正达继续以公司名义经营,并且愿意保留先正达原有的研发团队及管理层,保留企业原本企业特色,这是其他并购方不能够满足的,并且在先正达董事会十个席位中同意为先正达保留四个,总部仍然位于瑞士,全球各个子公司及研究机构不受其影响,仍然正常运营。自此中国企业最大的海外收购案圆满完成,全球农化行业形成以美国、欧盟和中国"三足鼎立"的新格局,同时也是中国跻身全球农化行业第一梯队的第一步。中国此次收购实现了多方共赢局面,同时也保障先正达能够专注于研发新技术,大力提高农作物种植效率,提高农作物产量。对于提高我国农业竞争力,保障粮食安全起到了积极有效的防护作用。

四、并购风险

中国化工集团并购先正达的主要风险为融资风险,是指企业跨国并购融资和偿还并购债务导致企业发生财务损失的可能性。内源融资和外源融资是一般的跨国并购融资方式。内源融资具有融资成本较低、风险较小、融资速度快以及受企业盈利能力的影响融资规模有限的特点。外源融资中债务融资一般是发行债券或银行贷款,股权融资的主要方式包括发行普通股、优先股融资及永久债等。跨国并购融资风险主要表现在:第一,内部资金使用太多会导致企业经营现金流流出过多,对企业日常经营和现金需求造成较大的影响,导致企业资金流动性枯竭。第二,大规模债务融资会产生严重的债务负担,债务融资成本较高,企业还本付息的财务压力巨大,对企业的短期偿债能力和长期偿债能力提出了严峻的考验。第三,股权融资的发行程序较为复杂,可能无法满足跨国并购及时性的资金需求,同时可能导致股权稀释或控股权的丧失,损害公司利益,造成融资风险。跨国并购中并购方选择不同的支付方式,支付风险的表现也会各异。并购方支付方式的选择会受到并购方的动机和目标、并购方所在国的资本市场发展现状以及被并购企业的现实利益诉求等影响,现金支付因并购方股东交割清算时就能收到资金而逐渐成为最为常见的支付手段,现金支付需要企业一次性拿出大量现金增加了现金流压力,同时往往意味着要进行债务融资,加大了财务风险。股票支付不会对企业产生即时性财务压力,同时会使被并购企业成为股东,同时加强两者之间的利益关系成为新的利益共同体。但是股票支付会导致持股比例降低,股份被稀释,控制权丢失和恶意并购的可能性增加,同时股价的变化可能还会造成收购成本的上升。选择杠杆支付的企业并购资金大部分来源于将被并购企业的资产予以抵押,自身只需付出一小部分。然而这种支付方式的偿债风险较高,并购失败几率也会增加。选择适合自身的支付方式是降低支付风险的重要手段。

五、中国化工集团针对先正达的融资方案

由于并购所需现金为 430 亿美元,过程中预计还会产生财务费用 20 亿美元,还有 50 亿美元的债务重组贷款和 4 亿美元的流动资金贷款,共计 504 亿美元。中国化工集团准备利用旗下六个子公司进行收购,由中国化工集团的全资子公司中国化工农化总公司领头,首先募集 150 亿美元专项资金,加上中信银行的 50 亿美元优先级资金,同时以全部资金 250 亿美元以及中信银团的 125 亿美元并购贷款等各种筹资方式,最终集齐 450 亿美元,用于对先正达的收购。此外,先正达集团还将得到来自汇丰银团的 50 亿美元贷款,中信银团与汇丰银团分别将给出 2 亿美元的流动资金贷款。共计 504 亿美元。

中国化工对此次收购持乐观态度,在其要约中表示"中国化工及其子公司的财务状况与该收购无关。因为这是一笔全现金收购 100% 股权的交易,同时,交易的完成不受中国化工融资状况的约束。"因此对于中国化工,真正的风险来自跨国并购后企业的融合过程。

六、中国化工及先正达的财务状况

由于石油加工及冶炼产品的净利润率一直稳定提升,价格一直维持在盈利水平;同样能够保持盈利的还有化工机械与设备制造分部和科技开发、服务及设计分部,石油加工及炼化产品是中国化工的支柱性创收与盈利分部,这也是化工企业的主要经济收入来源。在连续 4 年内,中国化工集团合并报表显示综合收益总额均为负值,亏损额在 2013 年达到了最高值。虽然总体盈利情况呈好转的趋势,但无论是总资产收益率还是净利润额,都维持在相当低的水平。中国化工积极吸收经营业绩不良的国有企业进行改制的扩张方式有其固有的缺点:由于被收购的国有企业往往都有高负债低盈利的特点,在一定程度上导致了集团内部负债与权益的严重不平衡。此外,中国化工自 2006 年开始大规模通过或现金支付或综合证券支付的方式进行跨国并购以来,不断增加财务杠杆,导致负债总额不断提高,并在 2015 年达到最高值。同时,中国化工的流动资产虽多,但与流动负债相比还是显得严重不足,因此短期偿债能力也没有充分的保证。相比于先正达,无论是短期偿债能力还是长期偿债能力,中国化工都处于较差水平,尤其是流动比率与速动比率,都不足先正达的一半。

先正达在 2014 年及以后的营业收入呈逐年下降态势,降幅达到百分之十五,企业的净利润也在不断下降。同时,货币资金水平在 2015 年也出现大幅的下跌,2016 年略有回升,但仍处于企业货币资金水平的历史低位。针对低迷的市场销售现状,先正达主动减少存货量,防止存货囤积。2013—2016 年,与同行业相比先正达的现金流量均低于或接近于行业中位水平,在 2014 年处于行业最高水平,但中位数水平的现金流规模与先正达行业领先者的地位依旧不相匹配。与此同时,化学农药行业最高值也处于剧烈的波动中,说明整个行业现金流领先者的水平也不稳定。同时应收账款逐年增加,在企业整体收入下降的背景下,先正达的应收账款却在近年大幅增加,这与企业的经营情况形成矛盾。可能的原因是在市场整体较为低迷的情况下,企业为保持销量获得收入,以及在同业间形成更强的竞争力,同意或鼓励经销商以赊销方式购买商品,同时延长收款时间,从而导致应收账款的增加。

中国化工对先正达的收购如今已经圆满完成。然而通过审批或是完成交割并不意味着该项并购已经取得成功,要完全融合、掌控双方的业务与技术,要取得国内外投资者和客户的认可,要在现有的经营情况下取得突破,中国化工与先正达还有很长的路要走。

【案例思考】

请简述中国化工集团并购先正达的风险。

【案例分析】

化工集团并购先正达的风险在于两方面。①融资风险：跨国并购企业可能会导致企业因为融资或者偿还债务导致企业发生财务损失，还会导致企业经营现金流流出过多，从而影响企业日常经济活动和现金需求无法满足，还有跨国股权融资程序复杂，不能满足并购资金的及时性需求，最终导致股权稀释丧失等问题的产生。②跨国并购支付方式的风险：现金支付是最常见的支付方式，但是一次性拿出大量现金，无疑会增加企业现金流的负担，同时进行债务融资还会加大财务风险，若是以股权支付的方式进行，并购公司可能会成为新的股东，从而产生新的利益关系，杠杆支付的风险同样较高，还会为并购带来新的问题，有时企业要将各种支付方式组合起来，合理分配，让它们的优势和缺陷能够互为补充，互相制衡，持续有效地降低支付风险。

第十二章 公司重整与清算

学习目标

1. 了解财务危机、公司破产、公司重整和公司清算等基本概念,财务预警危机定性预警法以及财务危机预警系统;
2. 熟悉重整和清算程序以及破产财产、破产债权界定和破产财产分配程序;
3. 掌握非破产重整主要方式、破产重整计划制定和财务危机Z分数预警法。

任何公司都存在产生、成长、成熟和衰退的生命周期发展过程,即使是处于成熟期的公司也可能会因为各种因素而陷入财务危机。重整和清算是陷于财务危机公司所面临的选择。对于陷入财务危机但仍有转机的公司进行重新整顿,将可能使公司得以维持和复兴。虽然这只是一项补救措施,但却有可能改变濒临破产公司的命运。当然,如果重整未能起到挽救公司的目的,公司仍然只能选择清算。无论是重整,还是清算,均有自愿协商或申请破产两种途径可供选择。

处于财务危机的公司,无论是重整,还是清算,其财务管理就进入非常时期。此时所进行的财务管理是一种"例外"性质的危机管理,其主要的职能是防止财务状况进一步恶化,组织和落实整顿计划的制定并实施,采取应急对策,纠错、治错,避免破产清算。财务管理的内容也具有相对性和变异性,需要随着理财环境的变化及时调整或改变。如果财务危机公司选择申请破产,在破产法的法律框架下完成重整、和解或清算,公司的财务活动及财产就受控于破产管理人,并置于法院的监督之下。

第一节 公司重整与清算概述

公司重组和清算是财务危机公司走出财务困境的两种选择。进行清算,公司的法人资格消失,从而结束各种债权和股权关系。但清算作为公司不复存在或终结的一种形式,对大多数公司来说,是一种万不得已的选择。通常情况下,公司大多会尽全力通过债务、股权或资产的重组等方式,来完成对公司的重整,使之从财务危机的阴影中走出来,获得重生的机会。只有在重整无望或重整失败情况下,才会进入清算的轨道。公司重整既能起到保护债权债务人的合法利益;也能够通过努力使一些公司重整旗鼓,起死回生,起到保护社会资源并使之得到充分利用的作用;还能够减少职工因破产造成的利益损害。因此,许多国家的法律都会给予破产公司重整和解的机会。2006年8月27日第十届全国人民代表大会常务委员会第二十三次会议通过的、已于2007年6月1日起正式实施的《中华人民共和国企业破产法》,正式引入了破产重整制度。

一、财务危机

财务危机,又称为财务困境,学术界对此有多种不同的界定。威廉·比弗将公司的"财务困境"定义为出现破产、债务拖欠不偿付、银行透支、不能支付优先股股利。迪肯则认为财务危机公司"仅包括已经破产、无力偿还债务或为债权人利益而已经进行清算的公司"。卡米奇尔认为财务危机是公司履行义务时受阻,具体表现为流动性不足、权益不足、债务拖欠及资金不足四种形式。福斯特将财务危机定义为"除非对经济实体的经营或结构实行大规模重组,否则就无法解决的严重变现问题"。

在财务管理实务中,财务危机通常是指公司无法偿还到期债务的困难与危机。导致公司无法偿还到期债务,或因现金流量不足,或因资产价值不足。因此,财务危机又有技术性财务危机和实质性财务危机之分。

(一)技术性财务危机

技术性财务危机是指公司总资产的公允价值等于或大于总负债,但由于资产配置的流动性差,无法转变为足够现金用于偿还到期债务而导致的财务危机。这样性质的财务危机通常是暂时的和比较次要的财务危机,一般可以采取一定的措施加以补救。通过出售资产、减少资本支出、进行资产重组、与债权人协商谈判、发行新股或以债权换股权等方式,使公司免于清算。如果补救措施无效,则公司仍然可能停止经营,通过清算来偿还到期的债务。

(二)实质性财务危机

实质性财务危机是指公司的全部负债超过其全部资产的公允价值,所有者权益为负数,并且公司无法筹集到新资金以偿还到期债务的一种极端性财务失败。当公司资金匮乏和信用崩溃两种情况同时出现时,公司的破产便无可挽回。

二、公司破产、重整与清算

(一)公司破产

"破产"一词源于拉丁语"falletux",意思为"失败"。但从经济学和法学的角度来

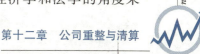

看,"破产"和"失败"的含义有所不同。经济学意义上的破产,是指公司由于管理无能、不明智的扩张、激烈的竞争、过高的负债等原因导致经营和财务状况恶化,在市场竞争中被淘汰。破产意味着公司经济实体的解体,它是公司的终结,又是经济资源重新分配的开始,在财务管理上为原有理财主体的消亡或再建恢复。从法学角度来看,破产是指在债务人不能清偿到期债务时,由法院强制执行其全部财产,公平清偿全体债权人,或者在法院监督下,由债务人与债权人会议达成和解协议,整顿复苏公司,清偿债务,避免倒闭的清算制度。破产意味着公司法律"人格"的丧失、法律主体的消亡。由此可见,经济学上的破产,侧重于破产淘汰;法学上的破产,侧重于破产还债。

从各国的破产立法实践看,在对破产原因的界定上,主要采用两种标准:一种是资产负债表标准,即将公司的资产不足以清偿全部债务作为公司破产原因;另一种是现金流标准,即将公司不能清偿到期债务作为公司破产原因。我国《破产法》将破产原因界定为:不能清偿到期债务并且资产不足以清偿全部债务,或不能清偿到期债务并且明显缺乏清偿能力。当公司出现上述情况时,就可以依照《破产法》的规定对其实施破产清算、破产和解或者破产重整。由此可见,新的《破产法》中破产不只是个"破产清算"的狭义概念,而是一个包含破产清算、破产和解和破产重整三层含义的综合概念。

破产是一个代价昂贵的过程,众多公司的破产对整个社会的经济必将是一个沉重的打击。因此,法律出于社会安定、保护债权人利益不受侵蚀等方面的考虑,不主张采取"破产清算"这种极端形式。公司从申请破产到最终破产清算,《破产法》为公司创造避免解体、再建恢复的机会,该程序在法律上称之为"和解与整顿"。

破产重整是指不对无偿付能力的债务人的财产立即进行清算,而是在法院的主持下由债务人与债权人达成协议,制定重整计划,规定在一定的期限内,债务人按一定的方式全部或者部分清偿债务,同时债务人可以继续经营。

破产和解是指破产程序开始后,债务人和债权人之间就债务人延期清偿债务、减少债务数额、进行整顿事项达成协议,以挽救公司,避免破产,终止破产程序的法律行为。债务人可以直接向法院申请和解;也可以在法院受理破产申请后、宣告债务人破产前,向法院申请和解。

破产清算是指对无可挽救的公司通过破产宣告,组织清算组清算债权债务,经清理后偿还债务,返还投资人的出资,然后终止经营,解散公司,使之归于终止。

(二) 公司重整

公司重整是指陷于财务危机但仍有转机或重建价值的公司,在与相关利益人协商的基础上,进行公司债务、资产或股权的整合,以摆脱财务困境、重获经营能力的行为。它是对已经陷入财务困境的公司实施的一种抢救措施。通过这种抢救措施,濒临破产公司中的一部分,甚至大部分能够重新振作起来,摆脱破产厄运,走上继续发展的道路。由此可见,公司重整是公司重组的一种特殊表现形式,确切地说,是对财务危机公司的重组。

公司重组,又称资产重组(广义概念)。虽然公司重组作为一个资本市场的热门名词,被广泛使用,但目前学术界尚无一个确切、统一的定义。一般来说,公司重组是指公司根据自身发展战略需要,对公司资产、负债和股权进行重新整合的行为,包括资产重组(狭义概念)、债务重组和股权重组等内容。资产重组是指对公司的资产重新组合和配置,以确定合理资产规模和结构,其实质是资产上权利的交换和资产上权利的重新设定。对公司资产的重组包括收购资产、资产置换、出售资产、租赁或托管资产等。债务重组是以债权为主要对象的重组,主要是从债权债务角度调整公司法人的负债规模和结构。股权重组是指在对公司股权重新界定的基础上,对股权规模和结构进行调整,确定合理的股权规模与结构的重组。资产和债务的重组通常与公司股权的重组相关联,而公司股权的重组又往往孕育着新股东下一步对公司资产和负债的重组。

通常情况下,公司重组主要是资产和股权重组。与公司资产和股权重组相关的内容已在第二章和第四章中进行了讨论,在第八章中还涉及上市公司的资产和股权重组问题。本章重点讨论财务危机下公司的重组。对于陷于财务危机的公司来说,重组的重点是债务的重组,资产和股权的重组在很大程度上是服务于债务重组。因此,在这里,我们借用《破产法》的重整概念,将其定义为公司重整。

(三) 公司清算

公司清算是指公司解散或破产后,结束其未了事项,收取债权,清理债务,并分配公司剩余财产等程序的总称。按导致清算原因,公司清算有自愿清算和非自愿清算两种类型。

基于诸多的原因,有些公司会选择自愿清算。导致自愿清算的原因是多种多样的,如公司章程规定的营业期限届满,公司章程规定的其他解散事由出现,经营目的达到而不需继续经营,公司合并或者分立需要解散,公司违反法律或者从事其他危害社会公众利益的活动而被依法解散,投资一方不履行合同章程规定的义务和外部经营环境变化无法继续经营等。

非自愿清算是指企业陷于财务危机,不能偿还到期债务而被迫进行的清算。导致其被迫进行清算的情形主要有二:一是公司的负债总额大于资产总额,事实上已不能支付到期债务;二是虽然资产总额大于其负债总额,但因缺少偿付到期债务的现金资产,未能偿还到期债务,被迫宣告破产。本章主要讨论此种情形下的公司清算问题。

三、公司重整与清算决策

当公司面临财务危机、濒临破产时,必须决定是通过清算来解散公司,还是通过重整生存下去。这项财务决策正确与否直接关系到公司的生死存亡,故必须慎重进行。这一决策关键取决于公司重整后的价值与清算价值两者孰高孰低。

重整价值是指公司重整后继续经营,所能得到的现金流量现值;而清算价值则是指公司进行清算所能得到的现金流量,它是全部资产的变现价值扣除清算过程时所发生的资产清理费用及法律费用后的余额。通常,以重整价值大于清算价值作为重整优先

考虑的条件。

如果公司重整价值高于清算价值，那么公司就会利用这一点来迫使债权人进行重整，这就可能造成重整计划对债权人的不公平对待。因此，法院或债权人对公司重整的认可是以重整计划是否具备公平性和可行性为依据的。公平性是指公司重整的认可是以重整过程中对所有债权人一视同仁，按照法律和财产合同规定的先后顺序，以各债权人的求偿权予以确认，不能违背法律。可行性是指重整应具备的相应条件，主要包括债权人与债务人两个方面。为了使重整可行，债务人一般应具备如下条件：一是必须具有良好的道德信誉，在整个重整过程中，债务人不能欺骗债权人，如非法变卖公司财产，损害债权人利益；二是债务人能提供详细的重整计划，以表明其有足够的把握使重整成功；三是债务人所处的经营环境有利于债务人摆脱困境，取得成功。为了使重整可行，必须经债权人会议讨论通过同意重整，并愿意帮助债务人重建财务基础。

第二节 公 司 重 整

公司重整按是否进入法律程序，借助法律强制性地调整相关利益人的利益，分为破产重整和非破产重整。破产重整，又称正式财务重整，是指通过向法院申请破产方式，对公司进行重整。非破产重整，又称非正式财务重整，是指不进入破产法律程序，通过债务公司、投资者与债权人等相关利益人的协商，完成利益调整，对公司进行的重整。

一、非破产重整

如果债务人属于技术性破产，财务危机也不是十分严重，而且能够恢复或偿还债务的前景比较乐观，债权人通常愿意私下和解，而不通过法律程序来进行处理。

（一）非破产重整的一般程序

非破产重整虽然不需要像破产重整那样严格遵守法律程序，但也必须经过一些必要的程序才能完成。通常情况下，非破产重整主要包括以下几个步骤。

1. 自愿和解提出

当公司不能及时清偿到期债务时，可由公司（债务人）或债权人提出和解。

2. 召开债权人会议

自愿和解提出以后，要召开债权人会议，研究债务人的具体情况，讨论决定是否采用自愿和解的方式加以解决。如果认为和解可行，则成立相应的调查委员会，对债务人的情况进行调查，写出评价报告。如果认为自愿和解不适宜，则向法院申请破产，采用正式法律程序来加以解决。

3. 债权人与债务人会谈

在和解方案实施以前，债权人和债务人要进行会谈，确定或调整公司重整方案。由于双方利益冲突和信息不对称,这一谈判过程往往是艰难而漫长的。债务和解谈判往往会涉及许多专业技术问题,在一些重大的债务重组中,通常会聘请专业财务顾问。

4. 签署和解协议

债权人与债务人签订的和解协议,是一个以债务偿付比率、偿债金额及偿债期限为主要内容的协议,在实务中通常称之为债务重组协议。

5. 实施和解协议

债务重组协议签订以后,债务人要按协议规定的条件对公司进行整顿,继续经营,并于规定的时间清偿债务。

(二)非破产重整的主要方式

公司重整的基本思路是通过对资产、股权和债务等方面的重整,改变资产负债表的左右两边,改善财务状况。其主要方式包括出售不良资产或非核心公司、与其他公司合并、减少资本支出及研究开发费用、发售新股、与债权人谈判和以债权置换股权等。

当公司陷于财务危机时,首先想到的是能否通过债务展期、债务和解或债转股等这些债务重组方式来摆脱。不过,即使是与债权人达成债务展期或债务和解协议,公司仍然需要以一定数量的资产来偿付债务。况且,公司重整的目的在于重新恢复公司的财务状况,维持正常的经营活动。因此,在重整过程中,是否能获得新的融资,往往事关重整的成败。由于重整的公司信誉较低,很难通过发行证券或向银行借款募集到所需的资金。因此,在重整的过程中,债务公司通常会通过出售一些不良资产或非核心公司、引入新的投资者或与其他公司合并等方式来获取重整所需的资金。因此,公司重整实质上是一项包括资产、负债和股权的综合性的重组工程,其中债务重组是核心,资产重组是为了保障债务重组的完成,债务重组则是股权重组的前提。

1. 债务展期

债务展期是指推迟债务的偿付日期,以使陷入财务困境的公司有机会生存下去,并在未来偿还其全部债务。债务展期是通过有与关各方签署展期协议来进行。签署展期协议的一般前提是:一是债务公司具有良好的信誉,公司管理者具有优秀的个人品质;二是债务公司具有复原的能力,从资金、技术、生产能力、市场、管理经营与才干等各方面都具备东山再起的条件;三是外部环境,特别是经营环境朝着有利公司复原的方向发展。

债务展期要得到所有债权人的同意,故往往由主要债权人组成一个债权人委员会,负责与全体债权人沟通,并与债务人协商确定能满足各方利益的计划。如果反对债务展期的债权人所占比例较大,则公司只能申请破产,进入破产程序。

为取得债权人的同意,财务失败公司的所有者通常会同意债权人在债务展期期间,有权对公司经营管理进行一定程度的干预,如限制产品赊销、限制股利支付等,以使公司能按债权人的意愿发展。债务展期能为财务危机公司赢得时间,使其调整财务,避免破产。虽然债务展期会使债权人暂时无法收取价款。但是,一旦债务公司从财务困境中恢复过来,债权人不仅能如数收回价款,而且还能给公司带来长远效益。

2. 债务和解

债务和解是指债权人自愿减少对债务公司的索偿权。如果债权人认为债务和解所收回的款项高于或接近于其在公司清算中支付法律费用后的所得，则债权人一般愿意接受和解。虽然债务和解会使债权人蒙受损失，但所回收的债权额通常要比破产清算所收回的数额多。债务和解要通过债权人与债务人之间，或债权人之间达成债务和解协议来进行。债务和解协议通常要规定减少债务额的数额或比例以及支付债务的最后期限。这种方法的实质是偿还部分债务以解决全部债务。但最重要的是应当公平地对待每一位债权人。债务和解的主要优点是：一是可使债权人获得更多的利益；二是债务公司还可维持生产经营活动。但导致公司财务危机的原因不会因债务和解而消除，如果债务公司经营手段依然如故，其财务状况仍有可能进一步恶化。

在债权人与债务人双方协商的过程中，通常还会产生一种债务展期与债务和解综合运用的解决办法。例如：先以现金清偿债务额25%，其余的分6次分期偿还，每次偿还债务额的10%。全部偿还额为债务额的85%。分期偿还部分通常用票据作为抵押凭证，债权人也可以寻求其他控制手段来确保其债权额的安全。

3. 债转股

将债务转换为股权，即"债转股"，也是一种可供选择的债务重组方案。但债务人根据转换协议，将可转换债券转换为资本的，则属于正常情况下的债务转换资本，不能视同此处所讲的债转股。

事实上，在成熟的市场经济国家，债转股有严格的限制条件。首先，这种转换基本上是同证券的流动性结合在一起的，即一般只有流动性债券才可转换股权，而且一般被转换为流动性股票。其次，转换程序和规则是选择性的，且一般是在破产程序中进行，债务人可以在破产重组方案中将一部分债券转为股票，但必须要经过各类债权人投票批准；如果债权人不愿意债转股，这样的方案是不会被通过的，重组协议不被通过就必须清算。再次，债券一般并不是被转换成普通股，而是优先股，甚至被转换成可赎回的、可回售的优先股，总之与债券的性质越相近越好。从国际经验看，虽然政府主导的大规模债转股可以脱离破产程序，但也并不背离破产制度的基本规则。

4. 资产处置

陷于财务危机，通常处于资不抵债的状态，留存收益可能出现赤字，资产的账面价值严重失真。因此，企业往往会进行一系列的资产处置。虽然资产的处置可以获得资金或进行债务剥离，但由于公司重整的目的是要持续经营，因此，核心优质资产必须保留下来。能够用于出售的主要是一些非主业或非核心资产。同时，在重整的过程中，公司也会对一些不良资产进行处置，以期获得一些重整所需的资金，并提升公司资产质地和未来盈利能力。

5. 引入新的投资者

引入新的股权投资者，作为战略投资人。投资人注入的资金，可以帮助公司缓解偿债压力，还能在较大的程度上改善公司财务状况。此外，战略投资人，也可为完成重整后继续经营的公司提供技术、管理和资金等支持,使公司尽快恢复元气,从财务危机的阴影中走出来。

(三) 非破产重整的利弊分析

非破产重整之于债务人和债权人利益主要在于:一是可以避免履行正式法律手续所需发生的大量费用,所需的律师、会计师的人数也比履行正式手续要少得多,使重整费用降至最低;二是可以减少重整所需的时间,使公司在较短的时间内重新进入正常经营的状态,避免了因漫长的正式程序使公司迟迟不能进行正常经营而造成的公司资产闲置和资产回收推迟等浪费现象;三是使谈判有更大的灵活性,有时更易达成协议。

但是,非破产重整也存在一些弊端。这主要表现在:一是债务人仍然控制着公司,这种情况可能引起法律纠纷,即仍有债务人经营的资产不断受到侵蚀而产生的种种问题。当然,可以采取许多控制手段来保障债权人债权额的安全。二是当债权人人数很多时,可能很难达成一致,特别是小债权人可能会纠缠不清,坚持要全额偿还。对此,一般的解决办法是设定一个基数,再加上他们的债权余额,按协商、调整后的百分比所计算出来的数额为准。三是没有法院的正式参与,协议的执行缺乏法律保障,可能得不到破产保护的好处。

二、破产重整

对于陷入财务困境的公司,无论是债权人,还是债务人,可以通过向法院申请破产的方式,按照法定的程序对公司进行破产重整。破产重整是在法院受理债权人申请破产案件的一定时期内,经债务人及其委托人申请,与债权人会议达成和解协议,对公司进行整顿与重组。破产重整是对达到破产界限的公司采取的拯救措施,具有债务清理和拯救公司的双重目的,是一种再建型的制度设计,以促进债务公司复兴,进而尽量减少债权人和债务人股东的损失。经过重整后,多数公司能起死回生,重新经营。不过,如果和解和重整无效,继续亏损,显然也可能会使债权人的利益受到更大程度的损害。破产重整中,法院起着重要作用,特别是要对协议的公司重整计划的公正性和可行性作出判断。

(一) 破产重整的程序

1. 由债权人或债务人向法院提出重组申请

公司在陷于财务危机时,可以向人民法院申请破产,进入破产重整程序。我国修订的《中华人民共和国企业破产法》(简称《破产法》)规定:债权人、债务人可以直接向人民法院申请对债务人实施破产重整;如果是债权人申请对债务人实施破产清算,在破产宣告前,债务人或者出资额占债务人注册资本10%以上的出资人可以向人民法院申请重整。也就是说,债权人、债务人以及出资额占债务人注册资本10%以上的出资人均可以申请对债务人进行破产重整。

第十二章 公司重整与清算

2. 法院指定管理人

为了保护原有公司债权人的利益，在公司重整期间，公司股东和董事会的权力被终止，由法院指定的管理人接管债务公司，负责或监督管理财产和营业事务。经债务人申请，人民法院批准，债务人可以在管理人的监督下自行管理财产和营业事务。管理人是重整工作的执行者，由有关部门、机构的人员组成的清算组或者依法设立的律师事务所、会计师事务所、破产清算事务所等社会中介机构担任。在重整期间，对债务人的特定财产享有的担保权暂停行使；债务人的出资人不得请求投资收益分配；同时，债务人的董事、监事、高级管理人员除经人民法院同意，不得向第三人转让其持有的债务人的股权。

3. 制定重整计划草案

公司要完成破产重整，关键是要能制定出能获得相关利益各方认可的重整计划。按照《破产法》的规定，重整计划草案由管理人或者债务人提出。重整计划草案至少应当包括债务人的经营方案、债权分类、债权调整方案、债权受偿方案、重整计划的执行期限、重整计划执行的监督期限和有利于债务人重整的其他方案等内容。

重整计划草案制作完成后，由债权人会议分组进行表决。按照《破产法》的规定，债权人会议应依照以下债权分类分成四个组：一是对债务人的特定财产享有担保权的债权；二是债务人所欠职工的工资和医疗、伤残补助、抚恤费用，所欠的应当划入职工个人账户的基本养老保险、基本医疗保险费用，以及法律、行政法规规定应当支付给职工的补偿金；三是债务人所欠税款；四是普通债权。同时，当重整计划草案涉及出资人权益调整事项的，应当设出资人组，对该事项进行表决。出席会议的同一表决组的债权人过半数同意重整计划草案，并且其所代表的债权额占该组债权总额的三分之二以上的，即为该组通过重整计划草案。各表决组均通过重整计划草案的，重整计划即为通过。

重整计划通过后，经人民法院裁定批准后，即可实施。同时，为了增加重整计划通过的可能性，公司破产法还赋予了人民法院强制批准权，即重整计划草案虽然未获通过，但符合法定条件的，人民法院也可以强制批准重整计划。

4. 执行重整计划

债务公司应按照重整计划所列示的措施逐项予以落实，包括整顿原有公司、联合新公司，以及随时将整顿情况报告债权人会议，以便债权人会议及时了解公司重整情况。重整计划由债务人负责执行，由管理人负责监督执行。人民法院裁定批准重整计划后，管理人应向债务人移交财产和营业事务。在重整监督期内，债务人应当向管理人报告重整计划执行情况和债务人财务状况。

5. 重整失败与终止

如果债务人或者管理人未在法定期间（人民法院裁定重整的6个月内）提出重整计划草案，或重整期间出现法定事由，或重整计划草案未获通过，或重整计划未获人民法院批准，或债务人不执行或者不能执行重整计划的，意味着重整失败，人民法院宣告债务人破产，对其实施破产清算。

重整终止既可能出现在重整期满时,也可能发生于重整期间。一些公司经过重整后,能按协议及时偿还债务,法院则会宣告终止重整;也有一些公司重整期满,不能按协议清偿债务,法院宣告破产清算而终止重整。在重整期间,如果债务人公司的经营状况和财产状况继续恶化,缺乏挽救的可能性;或者债务人有欺诈、恶意减少债务人财产或者其他显著不利于债权人的行为;或由于债务人的行为致使管理人无法执行职务的,经管理人或者利害关系人请求,人民法院即裁定终止重整程序,并宣告债务人破产。

(二) 公司重整计划

公司重整计划是指由管理人或公司其他利害关系人(包括债权人、股东等)拟定的,以清理债务、复兴公司为内容,并经关系人会议通过和法院认可的法律文书。它是对公司现有债权、股权的清理和变更作出的安排,是重整程序中最为重要的法律文件,事关债权人、股东等利害关系人的切身利益。重整程序能否提起,决定于重整计划草案是否被债权人接纳,得到通过,或者虽未通过但内容齐备、切实可行,被人民法院批准。

重整计划的内容通常包括:公司价值的估算;债务重整方案,包括债务调整方案和债务清偿方案;资产与业务重整方案,包括全部业务或部分业务的变更、实现业务变更的手段、业务发展规划等;经营管理重整方案,包括经营管理改进方案、管理人员的调整、人员的精简等;股权重整方案,包括股权转让方与受让方情况、股权转让的进度安排和作价、股权转让中股东的利益受损或没有受损的说明、公司减资计划等;融资方案,包括公司增资的规模、公司增资的方式、债务融资等;重整执行人;重整计划的执行期限。

1. 整期间的经营方案

债务人经营方案是制定重整计划草案的重中之重。经营方案应当对债务人的资产状况、产品结构、市场前景等进行深入的分析和论证,找出债务人陷入濒临破产困境的原因,并以此提出解决之道。在制定经营方案时,应根据债务人的具体情况,有的放矢,提供切实可行的可行性方案。

2. 债权类别

将各种利害关系人分门别类,分组表决,是我国《破产法》对重整计划表决方式的规定。债权根据性质不同,其让步幅度和清偿顺序也有所区别,一般可分为四类:一是对债务人的特定财产享有担保权的债权;二是债务人所欠职工的工资和医疗、伤残补助、抚恤费用,所欠的应当划入职工个人账户的基本养老保险、基本医疗保险费用,以及法律、行政法规规定应当支付给职工的补偿金;三是债务人所欠税款;四是普通债权,即由于各种合同违约或侵权形成的他人对债务人的债权以及担保权人放弃优先权或未受偿优先权而转成的普通债权。

3. 债权调整方案

债权调整方案是债务人对重整计划具体措施的体现。内容涉及公司整体情况的处理;公司重新发展的资金来源,主要包括可借入资本、出售部分资产换取资金、股份公司可征得证券监管部门的同意增发股票或债券募集资金,或进行合理的资本置

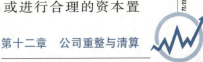

换等。

4. 债权受偿方案

在债权受偿方案中,应规定各类债权变动的具体情况、债权的受偿时间、金额、受偿方式和受偿条件、履行的担保等。

5. 重整计划的执行期限

确定重整计划的执行期限应该恰当,执行期限过长,不利于保护债权人利益;如果过短,难免操之过急,不利于重整计划的实现。

6. 重整计划执行的监督期限

对重整计划的执行进行监督是保证重整计划执行效果的一种重要手段。为了保证债务人严格按照重整计划进行公司重整工作,积极争取实现重整目标,在重整计划规定的监督期内,由管理人监督重整计划的执行。债务人应当向管理人报告重整计划执行情况和债务人财务状况。

重整计划执行的监督期限,建议与重整计划的执行期限相一致,保证整个重整计划期间都在管理人的监督之下。这样不仅能带给债权人信任感和安全感,更有利于管理人对债务人经营状况深入了解,一旦出现债务人不能执行重整计划的情形,即可请求人民法院裁定终止重整计划的执行,进入破产清算程序。

7. 有利于债务人重整的其他方案

这一项属于任意性内容,其内容可根据不同重整案件的具体情况而定。一般包括待履行合同的终止或确认、债务人对抗第三方权利的行使或调整、债务人财产的运用和其他与重整计划有关的重要问题等内容。

第三节 公司重整与清算

债权人通过对负债公司的全面调查和分析后发现,该公司已无继续存在的必要,公司的财务失败是不可避免的,则清算是唯一可供选择的出路。公司清算有非破产清算和破产清算两种形式。非破产清算是指由债权人与债务人之间通过协议私下解决。破产清算,又称司法清算,是指通过正规的法律程序进行的清算。

一、非破产清算

财务危机公司的管理层、股东和债权人如果一致认为持续经营该公司可能会导致公司资产的进一步损失,清算比出售或持续经营可以获得更大的价值,就会选择非破产清算。这样既可以避免诉讼成本,使债权人和股东更多地收回自己的资金,还节省了诉讼时间。因此,财务危机公司和其债权人通常偏好于非破产清算。如果公司管理层与债权人不能在清算上达成协议,可以在《破产法》法律框架进行清算,然而与法律服务联系的高额支出可能会使债权人所得支付减少，股东也可能一无所获。

非破产清算的一般程序是债权人经过协商后，将债务公司和资产交由按有关规定组成的清算委员会处理。清算委员会的职责主要包括：负责保管和控制债务公司的所有财产；决定负连带责任者的名单和催收应缴未缴的股款；查明应清偿的债务，编制公司财产目录和资产负债表；主持资产的拍卖和收款；按规定程序和预定的比率清偿债务。

由于非破产清算必须得到所有债权人的同意。因此，它通常仅适用于债权人人数较少且发行在外证券不为公开持有的公司。

二、破产清算

（一）破产清算的程序

破产清算由法院裁定，严格按法定程序进行。这一程序一般包括以下几个步骤。

1. 法院依法宣告公司破产

如果申请破产公司不具备和解和整顿的基本条件，或和解整顿方案被否决，人民法院宣告债务人破产。宣告破产后，债务人称为破产人，债务人财产称为破产财产，人民法院受理破产申请时对债务公司享有的债权称为破产债权。

2. 拟订破产财产变价方案，适时变价出售破产财产

管理人在对公司财产、债权和债务进行全面清理的基础上，拟定破产财产的变价方案，提交债权人会议讨论。依据债权人会议通过的破产财产的变价方案进行处理和拍卖。依据现行制度规定，除非债权人会议另有决议，否则变价出售破产财产应当通过拍卖进行。

3. 拟订破产财产分配方案并实施

破产财产分配方案由管理人拟订，在提交债权人会议讨论通过后，提请人民法院裁定认可。按照《破产法》的规定，破产财产分配方案应当载明参加破产财产分配的债权人名称或者姓名、住所；参加破产财产分配的债权额；可供分配的破产财产数额；破产财产分配的顺序、比例及数额；实施破产财产分配的方法等事项。通常情况下，破产财产的分配应当以货币分配方式进行，但债权人会议如果另有决议的，也可以实物或无形资产方式进行分配。

4. 破产程序终结并办理停业登记

管理人在分配完结后，应当向人民法院提交破产财产分配报告，并提请人民法院裁定终结破产程序。人民法院做出终结破产程序的裁定后，管理人持人民法院终结破产程序的裁定，向破产人的原登记机关办理注销登记。自此，公司法人资格正式终止。

（二）破产财产的清理

破产财产是指在破产程序中依法可以清算和分配的破产公司的全部财产。具体包

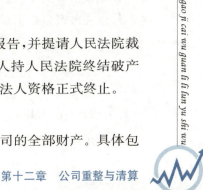

括破产申请受理时属于债务人的全部财产、破产申请受理后至破产程序终结前债务人取得的财产以及应当由破产公司行使的其他财产权利。构成破产财产所应具备的条件是：一是破产公司可以独立支配；二是在破产程序终结前取得；三是可以依破产程序强制清偿。破产财产一般具有以下特征。

1. 破产财产必须是财产或财产性权利

所谓"财产"是指能用货币来计量的财产，既包括动产，也包括不动产；既包括固定资产，也包括流动资产。所谓"财产性权利"，既包括物权，也包括债权。凡应当由破产公司行使的财产性权利，都属于破产财产。

2. 破产财产必须是破产公司经营管理的财产

所谓属于破产公司经营管理的财产，是指破产公司对财产具有相对独立的财产权和经营管理权。就国有公司而言，破产公司经营管理的财产，应包括国家授予公司经营管理的财产、公司自由支配的各项基金、公司自有资金以及其他公司和个人的投资等。

3. 破产财产必须是破产公司财产的全部

所谓"全部"，包括宣告破产时破产公司经营管理的全部财产，而不是其中的一部分。它既包括国内的财产，也包括国外财产，还包括由破产公司其他财产权所取得的财产。已经作为抵押担保的财产不能作为破产财产，应优先偿还该债权人。但担保物的价款超过其所担保的债务数额的部分，也属于破产财产。

4. 破产财产包括清算期间按法律追回的财产

清算前无偿转移或低价转让的财产、对原来没有财产担保的债务在清算前提供担保的财产、对未到期的债务在清算前清偿的财产和清算前放弃的债权等清算期间按法律追回的财产也属于破产财产。但租入、借入、代外单位加工和代外单位销售而存放在公司的财产和相当于担保债务数额的担保财产等则不属于破产财产。

（三）破产债权的界定和确认

债权是指依《合同法》约定或法律设定的民事法律关系中权利主体请求义务主体为一定行为或不为一定行为的权利。但并不是所有债权都能成为破产债权。只有依照破产程序申报，并经债权人会议确认的债权，才能作为破产债权。破产债权是一种特殊的财产请求权，它必须是能够直接以货币计量或者可以用货币折算，因而其范围要比民法中一般债权的范围窄。

债权清算对象是破产债权。构成破产债权必须同时具备以下三个条件：一是破产债权是在破产宣告前成立的债权。破产宣告后成立的债权，不得作为破产债权。二是破产债权必须是不享有优先受偿权的债权，即无财产担保或者虽然有财产担保但放弃了优先受偿权的债权。三是破产债权是根据破产程序行使的债权。破产债权必须是依照破产程序申报并确认的债权。

（四）破产费用和共益债务的确认与清偿

为确保破产程序正常而顺利地进行，我国《破产法》规定：对破产过程中产生的破产费用和共益债务随时进行清偿。破产费用是指人民法院受理破产申请后发生的以下费用：破产案件的诉讼费用，管理、变价和分配债务人财产的费用，管理人执行职务的费用、报酬和聘用工作人员的费用等。

共益债务主要包括以下几个方面的债务：一是人民法院受理破产申请后发生的因管理人或者债务人请求对方当事人履行双方均未履行完毕的合同所产生的债务，二是债务人财产受无因管理所产生的债务，三是因债务人不当得利所产生的债务，四是为债务人继续营业而应支付的劳动报酬和社会保险费用以及由此产生的其他债务，五是管理人或者相关人员执行职务致人损害所产生的债务和债务人财产致人损害所产生的债务等。

债务清偿必须在破产财产优先清偿破产费用和共益债务后方可进行。

（五）债务的清偿

债务清偿是指债务人根据法律或债权人的请求，履行自己的义务以满足债权人利益的以财产为内容的给付行为。债务清偿在公司破产清算中具有重要的地位，它直接关系到债权人和债务人的合法权益能否得到切实保障，必须严格遵守法定程序。债务清偿顺序关系到有关债权人能否收回借款或能否足额收回借款原值的问题。因为在债务清偿的顺序中，前一个顺序优于后一个顺序，只有在前一个顺序的债务全部得到清偿后，后一个顺序的债权才有可能得到满足或部分满足。为保证债权人的合法权益，管理人在负责偿还公司债务时，必须按照法定的顺序进行。

我国《破产法》规定：公司债务应在优先拨付清偿破产费用和共益债务后，按下列顺序进行清偿：

1. 付未付的职工工资、社会保险费

这是债务清偿的第一顺序。职工工资是职工收入的主要来源，是维持本人及其家庭成员生活的基本保证。社会保险费是职工社会保障制度的基本体现。这两项费用能否得到保证，直接关系到职工的物质利益，关系到社会的安定。因此，在债务清偿中，必须把职工利益放在第一位，优先偿付应付未付的职工工资和社会保险费，使职工的基本生活尽可能少受影响。

2. 应缴未缴的国家税金

应付未付职工工资和社会保险费清偿之后，公司的财产将被用于清偿应缴未缴的国家税金。税收是国家财政收入的主要来源，是国家实现其政治和经济宏观调控职能的物质基础。因此，在债务清偿中必须把应缴未缴的国家税同普通的债务区别开来，优先予以清偿。

3. 尚未偿付的债务，即普通破产债权

债务清偿的最后一个顺序是尚未偿付的普通债权人的债务。之所以将普通债权人的债务放到最后给予清偿，并不意味着普通债权人的利益不重要，而是因为普通债权人债务性质和形成原因与职工工资、社会保险费和国家税金不同，普通债权人理应承担更多的风险。有担保的债权人不在此序列中，他们有权基于担保物优先受偿。这种分配原则可以充分保护债权人的利益，特别是担保制度的存在，有效地保证债权人在债务人

违约时的资金回收。

由于破产财产数量有限,有时可能会不足以清偿全部债务,即处于同一清偿顺序的债务不能全部得到清偿。鉴于此,我国《破产法》规定:如果破产财产不能清偿同一顺序的债务,则应在同一顺序的债权人之间按债权的比例进行分配。

在实务中,管理人必须严格按上述程序清偿债务。如果出现财产不足清偿全部债务时,用可供清偿的财产金额除以于同一顺序债务累计额,计算出债务清偿率,再以债务清偿率乘以每个债权人的债务金额,求得每个债权人的清偿金额。债务清偿率和清偿金额的计算公式如下:

$$债务清偿率 = \frac{可供清偿财产金额}{同一清偿顺序债务总额} \times 100\%$$

某一债权人应得的清偿金额
  = 该债权人在同一清偿顺序内的债务总额 × 债务清偿率

偿还各项债务后,如果有剩余的破产财产,管理人应将剩余财产依法在所有者之间进行分配。有人认为,公司破产清算必然资不抵债,不可能出现这种情况。事实上,公司破产界限是不能偿付到期债务,这种状态出现,可能是因为资不抵债,也可能是流动性危机。因此,剩余财产分配是有可能出现的。剩余财产按所有者出资比例进行分配。

第四节 财务危机及其预警

危机是威胁公司持续经营的根本性危机。"冰冻三尺,非一日之寒",公司财务危机不是突然而至的,而是一个逐步积累的过程。美国危机管理专家菲克在其1986年所著的《危机管理》一书中,将危机的发展分为潜伏期、爆发期、成长或慢性化期和解决期四个阶段。公司管理者如果能在潜伏期察觉危机征兆,就可以采取有效措施避免或化解可能出现的危机。用于预警公司危机的大部分指标是利用财务数据得出的。因此,发现公司财务上的问题虽不能解决所有的公司危机,但以财务为基础的预警指标是公司危机较好的预警系统。

一、财务预警和财务危机预警系统

(一) 财务危机预警的含义

预警就是事先发出警报,告知一个人、一个组织甚至一个国家已经面临的危险情况,应注意哪些有可能发生的危机,以便提早采取防范措施。财务危机预警是指通过全面分析公司财务会计报告以及其他相关信息,利用及时的财务数据和相应的数据化管理方式,捕捉财务危机的信号,将公司已经面临的危险情况预先告知公司经营者和其他相关利益人,并分析公司发生财务危机的原因和公司财务运营体系隐藏的问题,提早做好防范措施,降低破产带来的威胁。

任何财务危机都有一个逐步呈现、不断恶化的过程。如果能及时预报财务危机状况,对公司的利益相关者均是十分必要的。经营者能够在财务危机出现的萌芽阶段及早采取措施,改善经营和财务状况,预防财务失败;投资者在得到财务危机预报后可及时处理现有投资,避免更大损失;债权人可以利用预报信息,做出适当的贷款决策并进行贷款控制;供应商可以在这种预报的帮助下做出信用决策并对应收账款进行有效管理。

公司财务危机预警,作为一种成本低廉的诊断工具,其灵敏度越高,就越能早地发现问题,就能越有效地防范或回避财务危机的发生。

(二) 财务危机预警系统

财务预警系统是进行财务预警的体系。公司财务预警系统是公司预警系统的一个重要组成部分。一个有效的财务危机预警系统应该具有以下职能:一是预知财务危机的征兆;二是预防财务危机发生或控制其进一步扩大;三是避免类似危机再次发生。因此,财务预警系统通常由以下四个部分组成。

1. 财务预警组织机构

为使财务预警功能得到正常、充分的发挥,公司应当建立健全预警组织机构。预警组织机构应与公司治理结构相匹配。上至公司的审计委员会、风险管理委员会,下至各具体业务单位,均为公司预警管理组织机构的成员。预警管理组织机构的主体应由相关的专业委员会、内部控制部门和风险管理部门等构成。

预警组织机构有两种设置模式:一种是预警组织机构相对独立于公司组织体制。预警组织机构的成员是兼职的,由公司经营者以及公司内熟悉管理业务、具有现代经营管理知识和技术的管理人员组成,同时聘请一定数量的外部管理咨询专家。预警机构独立开展工作,但不直接干涉公司的经营过程,它只对公司管理层负责。另一种是预警组织机构的日常工作由现有的某些职能部门,如财务部、办公室、审计部等分别承担,但是必须安排一个具体部门集中处理和安排有关事宜。预警组织机制的实施使预警分析工作经常化、持续化,并且具体到人,使系统的运转有了基本的"人"的基础。

2. 财务预警信息的搜集、整理和传递机制

有效预知公司可能发生的财务风险,预先防范财务危机的发生,是建立在对大量资料系统分析的基础上。因此,财务危机预警系统必须建立起信息搜集、整理和传递机制。有了"人"的机制,还需要有先进的辅助工具系统。在实务中,财务预警系统的信息搜集、整理和传递是借助计算机系统来完成的。一旦相关财务指标超过警戒值,计算机系统就会自动向主管人员或者经营者发出警报,促使经营者及时解决问题。在一定的意义上,财务危机预警系统是一个借助于计算机数据库技术、专家系统技术,结合风险管理具体方法与手段,融数据库、模型管理及财务专家知识于一体的智能化管理系统。

3. 财务危机处理机制

当设定的财务预警指标超出预警控制线时,财务危机预警系统发出预警,公司的经营者及相关部门要依据财务数据所代表的经营内涵进行深入分析研判,寻找原因,对症下药,以防财务恶化。

4. 财务危机的责任机制

公司一旦出现财务危机先兆,要能够及时寻找应承担责任的对象,并结合有效的奖惩制度,促使相关责任人提高警惕,在未来的经营期间,不再重蹈覆辙。财务危机的责任机制是财务风险预警机制能否正常连续运转的重要条件。

二、财务危机预警的技术方法

(一)财务危机征兆分析

在公司财务状况由顺境到逆境的演变过程中,通常可以从公司外部特征和财务特征两方面察觉到危机的征兆。公司外部特征通常包括:交易记录恶化、过度依赖借款及关联交易、通过收购或资本支出方式大规模扩张、财务报表及相关信息公布迟缓、管理层持股数下降、领导班子更换频繁等。财务特征分析主要可从财务指标和会计报表两方面进行分析。

1. 财务指标

公司日常经营过程中,通过观察现金流量、销售额、资产负债率等相关财务指标的变化,可以察觉财务状况恶化的苗头。

(1) 现金流量。公司出现财务危机,表现为缺乏支付到期债务的现金流。公司的现金流量与销售收入、利润密切相关,它们各自有可能上升,有可能持平,有可能下降,排列组合后呈现出联动的内在规律。

由现金流量表与利润表可知:在现金流量上升的同时,存在收入和利润同时上升现象,也存在收入和利润同时下降的现象,还存在收入下降、利润上升的现象及收入上升、利润下降的现象;同理,在现金流量下降的同时,既存在收入、利润同时上升的现象,也存在收入、利润同时下降的现象,还存在收入下降、利润上升的现象及收入上升、利润下降的现象。

通常情况下,一个公司在收入上升时,如果没有利润和现金流量伴随,那么该公司财务方面便会呈现出病情症状。因此,除收入、利润和现金流量同步上升属正常情况外,其余情况均可能存在着危机隐患。

(2) 营业收入的非正常下降。一般情况下,营业收入的下降,会导致公司当期或以后各期现金流入量的减少,当期现金流量受影响的程度主要取决于公司的信用政策。如果当期现金余额明显下降,存货大量积压,可以说公司财务出现了危险信号。

(3) 现金大幅度下降而应收账款大幅度上升。在稳定的信用政策下,若出现平均收现期延长,账面现金较少而应收账款较多,表明公司现金回笼状况差,现金流转可能会受到影响。

(4)财务比率。通过选择反映公司财务状况的各项比率进行比较,观察其变化趋势,从中捕捉危机信号。判断公司财务显现危机征兆的财务比率及表现可参见表12-1。

表12-1 判断公司财务状况的主要指标

财务指标	计算公式	财务危机征兆
资产周转率	营业收入/资产平均余额	大幅度下降
资本经常收益率	经常收益[注]/股东权益平均余额	大幅度下降或负数
销售经常收益率	经常收益/营业收入	大幅度下降或负数
经常收益增长率	本期经常收益增长额/前期经常收益	负数,并逐年下降
销售利息率	利息总额/营业收入	接近或超过6%(统计数据)
资产负债率	负债总额/资产总额	大幅度上升
长期适应比率	固定资产/(权益资本+长期负债)	降到1以下
流动比率	流动资产/流动负债	降到1.5以下
经营债务倍率	(应付账款+应付票据)/月销售额	接近或越过4倍(统计数据)

资料来源:王化成,《财务管理理论结构》,中国人民大学出版社,2006年,第279页。
注:经常收益=当期收益-补贴收入、营业外收支等非经常性损益。

2. 会计报表

一般来说,会计报表能综合反映公司在特定日期的财务状况和一定时期的经营成果和现金流量。因此,通过观察资产负债表、利润表和现金流量表总体结构和平衡关系,可以判断公司的安全状态。

(1)利润表。根据经营收益、经常收益与利润总额的亏损与盈利情况,可以将公司的利润表分为六种类型。不同类型利润表对应的安全状态如表12-2。

表12-2 不同类型利润表对应的安全状态

类型 项目	A	B	C	D	E	F
经营收益[注]	亏损	亏损	盈利	盈利	盈利	盈利
经常收益	亏损	亏损	亏损	亏损	盈利	盈利
当期收益	亏损	盈利	亏损	盈利	亏损	盈利
说明	接近破产状态		若此状态继续,将会导致破产		根据亏损情况而定	正常状态

资料来源:王化成,《财务管理理论结构》,中国人民大学出版,2006年,第279页。
注:经营收益=经常收益+财务费用。

(2) 资产负债表。根据资产负债表平衡关系和分类排列顺序,可以将公司财务状况分为X、Y和Z三种类型,即X、Y和Z型。X型表示公司处于正常状况。Y型表示已经亏损了一部分资本,虽资产仍大于负债,但财务已处于危机状况。Z型表示公司已亏损了全部资本和部分负债,处于资不抵债的状态,濒临破产。

(3) 现金流量表。剖析现金流量表所隐含的信息以判断公司的安全状态,正越来越受到人们的重视。对于一个健康的正在成长的公司来说,经营活动现金流量应是正数,投资活动的现金流量是负数,筹资活动的现金流量应是正负相间。经营活动、投资活动和筹资活动现金净流量的正负数值的不同,形成8种现金流量组合类型,参见表12-3所示。

表12-3 现金流量类型表

类型 项目	Ⅰ	Ⅱ	Ⅲ	Ⅳ	Ⅴ	Ⅵ	Ⅶ	Ⅷ
经济活动现金净流量	正	正	正	正	负	负	负	负
投资活动现金净流量	负	负	正	正	负	负	正	正
筹资活动现金净流量	正	负	负	正	正	负	正	负

第Ⅰ类型的公司,经营状况良好,不仅经营活动能带来源源不断的现金流量,而且有能力筹措资金,并有扩大生产经营或再投资的举措,说明财务状况稳定,处于良性循环状态。保持适度的投资规模,重视投资效益的取得,对这类公司来说,至关重要。

第Ⅱ类型的公司,经营活动的成效不错,贡献的现金流量在偿还债务的同时还能进行投资,但来自筹资方面的还款压力较大。因此,应密切关注经营状况的变化,防止经营状况恶化导致财务状况恶化。

第Ⅲ类型的公司,呈现二种可能:一是进入债务偿还期,经营活动获取的现金流量无法满足偿债需求,还需依靠投资变现来摆脱债务困境,这种情况下的公司已处于财务危机状态;二是经营处于良性循环中,又无较大规模扩张或没有合适投资项目,加之过去的投资效益良好,有足够的资金用于偿还前欠的债务,这种情况下的公司财务状况比较稳定和安全。

第Ⅳ型的公司,现金储备会增加。之所以出现这种情况,一种可能是公司经营和投资效益良好,并且具有较好的融资能力,财务状况良好;二是公司出于某种动机,如准备偿还大笔到期的债务或即将进行规模较大的投资等积聚资金;三是公司通过各种途径获得了大笔资金,尚未找到合适的投资项目。

第Ⅴ类型的公司,经营活动和投资活动均不能产生足够的现金流量,风险较大,各项活动都要依靠借债、接受所有者投资等外部渠道来筹集资金。筹资渠道是否畅通至关重要。如果公司处于初创时期,这种情况尚属正常。

第Ⅵ类型的公司,经营活动现金流出大于流入,投资效果较差,只能依靠以前年度的现金储备来弥补其现金短缺。这种情况只能维持一时,一旦现金储备消耗完,不能顺利进行筹资的话,只好变卖处置资产,缩减投资规模等手段套现,财务状况将变得很糟糕,面临被兼并或破产的危险。

第Ⅶ类型的公司,经营活动不能产生现金流量,主要依靠借债维持经营。如果投资活动现金净流入主要依靠收回投资或者处置长期资产取得,则说明虽然目前能筹措到资金,但仍无法弥补经营活动所需的资金缺口,公司的财务状况面临严峻的考验。

第Ⅷ类型的公司,不仅经营活动产生的现金流量不足,又处于偿还债务的高峰期,债务负担沉重,资金的来源主要依靠投资活动的现金流量。如果投资活动现金流量来源于各种投资收益,说明公司在分散经营风险方面取得一定成效,加强主营业务的管理和调整,公司是可以渡过暂时的经营和财务困境;但如果是通过收回投资来解决资金压力,则说明已陷入严重的经营和财务困境,发展前景堪忧。

(二) 财务危机预警方法

财务危机预警的方法有定性分析法和定量分析法之分。采用定性分析法所得出的结果是一种判断,而采用定量分析法则可以测得财务危机的警度数值。

1. 定性分析法

财务危机预警的定性分析法有不少,比较常用的有标准化调查法、"四阶段症状"分析法、"三个月资金周转表"分析法、流程图分析法和管理评分法等。

(1) 标准化调查法,又称风险分析调查法。它是通过专业人员、咨询公司、协会等机构和人员,对企业可能遇到的问题加以详细调查与分析,形成调查报告文件以供企业决策者参考。

(2) "四阶段症状"分析法。"四阶段症状"分析法是把企业财务危机病症大体分为四个阶段,而且每个阶段都有其典型症状。如果企业有相应情况发生,就一定要尽快弄清病因,采取相应措施,以摆脱财务困境,恢复财务正常运作。

(3) 管理评分法。美国学者仁翰·阿吉蒂在调查了企业的管理特性以及可能导致破产的公司管理缺陷后,提出采用管理评分法按照企业在经营管理中出现的几种缺陷、错误和征兆进行对比打分,并根据这些项目对破产过程和产生影响的大小程度对所打分数进行汇总处理。如果评价的分数总计超过 25 分,就表明企业正面临失败的危险;如果总分超过 35 分,企业就处于严重的危机之中;企业的安全得分一般小于 18 分。因此,在 18~35 分构成企业管理的一个"黑争区域"。如果企业所得评价总分位于"黑争区域"之内,就必须要提高警惕,迅速采取有效措施,将总分数降低到 18 分以下的安全区域。仁翰·阿吉蒂设计的管理评分表如表 12-4 所示。

表 12-4　管理评分表

项目		评分	表现
缺点	管理方面	8	总经理独断专行
		4	总经理兼任董事长
		2	独断的总经理控制着被动的董事会
		2	董事会成员构成失衡
		2	财务主管能力低下
	财务方面	1	管理混乱
		3	没有财务预算或不按预算进行控制
		3	没有现金流转计划或虽有计划但从未适时调整
		3	没有成本控制系统,对企业的成本一无所知
		15	应变能力差,过时的产品、陈旧的设备、守旧的战略
合计		43	及格 10 分
错误		15	欠债过多
		15	企业过度发展
		15	过度依赖大项目
合计		45	及格 15 分
症状		4	财务报表上显示不佳的信号
		4	总经理操纵会计账目,以掩盖企业滑坡的实际
		3	非财务反映:管理混乱、工资冻结、士气低落、人员外流
		1	晚期迹象:债权人扬言要诉讼
合计		12	
总计		100	

在运用管理评分表对企业管理进行评估时,每一项得分要么零分,要么是满分,不允许给中间分。所给的分数表明了管理完善的程度。分数越高,则企业的处境越差。

(4)"三个月资金周转表"分析法。判断企业"病情"有力武器之一是看看有没有制定三个月的资金周转表。是否制作资金周转的三个月计划表、是否经常检查结转下月余额对总收入的比率,以及营业收入对付款票据兑现额的比率以及考虑资金周转问题,这对维持企业的生存无疑是极为重要的。

这种方法的理论思路是当销售额逐月上升时,兑现付款票据极其容易。可是反过来,如果销售额逐月下降,已经开出的付款票据也就难以支付。而且,经济繁荣与否和资金周转关系甚为密切,从萧条走向繁荣时资金周转渐趋灵活,然而,从繁荣走向萧条,尤其是进入萧条期后,企业计划就往往被打乱。营业收放和赊销堵塞的回收都不能按照计划进行,但是各种费用的开支往往超过原来的计划。所以如果不制定特别细致的计划表,资金的周转就不能不令人担忧。

"三个月资金周转表"分析法的实质是企业面临的理财环境是变幻无穷的,要避免发生支付困难,就应当仔细计划,准备好安全度较高的资金周转表,假如连这种应当办的事也做不到,就说这个企业已经呈现紧张状态了。其判断标准是:如果制定不出三个月的资金周转表,这本身就已经是个问题;如果已经制定好了,就要查明转入下一个月的结转额是否占总收入的 20% 以上,付款票据的支付额是否在营业收入的 60% 以下(贸易业)或 40% 以下(制造业)。

(5) 流程图分析法。企业流程图分析是一种动态分析。这种流程图对识别企业生产经营和财务活动的关键点特别有用。运用流程图分析可以暴露企业潜在的风险,在整个企业生产流程中,即使一两处发生意外,都有可能造成较大的损失,如果在关键点上出现堵塞和发生损失,将可能导致企业经营活动或资金运转终止。一般而言,企业只有在关键点处采取措施,才可能防范和降低风险。

2. 定量分析法

财务危机预警定量分析法包括单变量模型和多变量模型两大类。

(1) 单变量模型。单一变量模型是运用单个变量(即财务比率)来预测(警)财务危机的方法。美国学者费兹帕屈克率先将财务比率引入财务危机的预测中。威廉姆·比弗于 19 世纪 60 年代在这方面的研究中取得突破性进展。他运用统计方法和财务比率,对公司财务危机预测进行了研究,创立了单变量模型。威廉姆·比弗的研究表明:对于公司失败最具有预测能力的是现金流量与债务总额比,其次是债务总额与资产总额比(资产负债率)、净利润与资产总额比(资产净利率)。这是因为现金流量、净收益和债务状况不能改变,并且表现为公司的长期状况。由于失败对于相关利益人来说代价是高昂的,因此,决定一个公司是否要宣告破产或拖欠偿还债务,主要是长期因素,而不是短期因素。比弗的研究还表明,在预测企业的财务危机时,应对现金、应收账款和存货三个流动资产项目予以特别注意,对于现金和应收账款较少,而存货较多的企业,分析时应特别警觉。

在进行财务危机预警时,单变量模型尽管有效,但局限性明显。通过分析单一财务比率是不可能全面预测公司的财务状况的。一方面,可能用某一财务比率单独分析时效果不明显,与其他财务比率一同考虑却可能增强解释能力;另一方面,不同的财务比率可能对同一公司有相互矛盾的预测,以至于难以判断。正是由于这种先天局限性,加之和其他利用财务比率的财务预警方法一样,受到行业、地区、通货膨胀和虚假会计信息等因素的影响。因此,单变量模型只是朦胧地说明了公司正处于困境或未来可能处于困境,但不能具体证明公司可能破产或何时破产。因此,单变量模型在财务危机预警中的应用并不广泛。

(2) 多变量模型。多变量模型是一种综合评价公司财务危机的方法。当预测公司是否会面临财务危机时,只需将多个财务比率输入模型中,模型会通过计算得到一个结果,然后根据结果判断是否会面临财务危机或破产。多变量模型又包括多元线性回归分析模型、多元逻辑模型、多元概率比模型和人工神经网络模型等,其中以奥特曼(Altman)的多元线性回归分析模型(Z 分数模型)应用最为广泛。

① Z 分数模型。美国经济学家爱德华·奥特曼于 20 世纪 60 年代中期创建的 Z 分数(Z-score)模型。它是运用多种财务比率加权汇总产生的总判别分(称为 Z 分数值)来预测财务危机。Z 分数值的计算公式为:

$$Z = 1.2X_1 + 1.4X_2 + 3.3X_3 + 0.6X_4 + 0.999X_5$$

X_1 是营运资本与总资产比值。营运资本与总资产比率是公司的流动资金相对于总资产的比例。营运资本是流动资产减去流动负债后的差额。一般来说,对于经历长期经营损失的公司来说,其营运资本相对于总资产将会有所缩减。这是公司是否将面临停止运营的最好指示器之一。

X_2 是留存收益与总资产比值。该比率反映公司累计获利能力。留存收益是公司在整个寿命期内投资的收益或损失总量。在使用该比率时,要考虑到公司已存在时间(年龄)因素。一家成立时间不长的公司,其留存收益与总资产比值很低是正常的。

X_3 是息税前利润与总资产比值。息税前利润与总资产的比率可以衡量除去税收及其他杠杆因素外,公司资产的获利能力。因为公司的最终生存是基于资产的盈利能力,所以该比率分析对公司财务危机的预警尤其有效。

X_4 是权益市场价值与负债账面价值的比值。权益市场价值与债务的账面价值之比能够说明在公司债务超过资产,无力偿清债务而破产前,公司的资产价值能下降多少。例如:公司权益市场价值为 1 000 万元,债务为 500 万元,资产为 1 500 万元,这意味着在公司无力偿还债务之前,资产价值只能下降 2/3 即 1 000 万元。然而,若公司权益市场价值为 250 万元,则公司资产价值下降 1/3,即 250 万元,它将陷入无力偿还债务的境地。

X_5 是销售收入与总资产的比值。资产周转率是一种能够反映公司资产营运能力的财务比率。该比率可以衡量公司在竞争环境中的资产管理能力大小。

一般来说,Z 分数值越低,公司就越可能破产。Z 分数值如果大于 2.99,破产可能性很小;Z 分数值小于 1.81,破产概率很高;当 Z 值介于 1.81～2.99 时,处于灰色地带。值得一提的是:由于进入该区的公司财务状况不稳定,运用 Z 分数值预测财务危机发生误判的可能性很大,因此,奥特曼称之为"灰色地带"。运用这一模型,可以通过对 Z 分数值的计算来判断公司处于何种状态,一旦发现处于警戒状态,就应当及时采取措施,调整经营战略和财务策略,以降低出现破产的相对概率。

由于计算简单,可操作性强,Z 分数模型的运用较为广泛。在各大证券机构的交易操作系统中,大多能检索到各上市公司的 Z 分数值。由于每股市价是一动态数据,因此，证券机构在计算 Z 分数值时，不是采用权益市场价值，而是用股东权益合计数除以负债合计数计算 X_4 的数值。

② ZETA 模型。为了便于为非上市公司评分，1977 年奥特曼等人又对原始的 Z 分数模型进行扩展，建立了第二代模型——ZETA 模型。该模型包括 7 个解释变量。

X_1 资产报酬率，采用息税前收益与总资产之衡量。

X_2 为盈余稳定性，采用对 X_1 在前 5～10 年估计值的标准误差指标作为这个变量的试题。收入上的变动会影响到公司风险。

X_3 为债务保障，可以用人们常用的利息保障倍数。

X_4 为累计盈余，可以用公司股东权益/总资产来度量。

X_5 流动性，可以用人们所熟悉的流动比率衡量。

X_6 资本化率，可以用普通股权益与总资本之比衡量。

X_7 规模，可以用公司总资产的对数形式来度量。该变量可以根据财务报告的变动进行相应的调整。

实证研究表明，ZETA 模型的分类正确率高于原始的 Z 分数模型，特别是在破产前较长时间的预测准确率较高，其中灰色区域为 -1.45～0.87，Z 分数值在 0.87 以上为非破产组，小于 -1.45 区域为破产组。

③ EDF 模型。EDF 模型的基本思想是，如果资本市场有效，那么关于被评估公司的信用状况、资产价值的所有信息都全部反映在股票价格的波动之中，可以根据公司资产价值的波动性（公司股票价格的波动性）来衡量公司资产价值水平下降到违约触发点水平的概率，即公司违约概率。"资产价值=账面负债+股权价值"，其中负债的账面价值波动性可以近似为 0，这样公司资产价值的波动性情况可由股票价格的波动性得到。

公司违约的可能性被定义为公司资产价值小于违约点（负债水平）的概率，EDF 模型用公司资产价值与违约点的差距，即"违约距离"。

三、财务危机的应急预案

公司财务危机应对的关键是捕捉先机，即在危机到来之前，建立明确的、便于操作的危机应急预案，避免事前无计划、事后忙乱的现象。应急预案的内容可能会随着公司经营范围、理财环境的变化而变化，但一般应包括：①处理危机的目标（包括最高目标和最低目标）与原则；②与债权人的谈判策略；③专家与组织；④应急资金的来源；⑤削减现金支出和变卖资产的顺序；⑥资产结构和负债结构的调整和优化措施；⑦应急措施，利用媒体与债权人进行传播和沟通，以此控制危机，以取得债权人与社会对公司的信任；建立危机控制中心等。⑧重组计划。财务危机应急具体对策见表 12-5。

表 12-5　财务危机应急对策

对策	举例	优缺点
规避	放弃风险大的投资项目	操作简便易行,安全可靠,效果有保障,但该方法易丧失盈利机遇,或为竞争对手所利用
布控	公司建设项目投资的标的、与客户签订的购销合同的标的等重大财务决策采取保密措施	可有效控制财务风险的发生和发展,但该方法受技术条件、成本费用和管理水平的限制
承受	变卖资产偿还到期债务	丢卒保车,但该方法会发生实际经济损失,并由公司内部资产进行补偿
转移	将已识辨的财务风险予以保险或转让、转租、联营、合资、预收等	可减少或消除一时的风险损失,转移不慎,有可能孕育新的风险因素
对抗	公司已资不抵债,再增加借款;投资已亏损,再追加投资	高风险,可能会改善现状,但也可能遭受更大的损失

案例研究与分析

大海集团破产重整

【案例资料】

大海集团诞生于 1988 年 7 月 1 日,当时还叫作稻庄镇洗染厂,资产仅有 23 万元,员工只有 23 个人。在此之后的 30 年,大海集团迅速崛起,在传统印染纺织行业里站稳脚跟后,继而在新能源等新兴行业里不断开疆拓土,成为了中国企业 500 强榜单的常客。

截至目前,大海集团已经拥有职工 6 000 余人,是一个集"纺织、新能源、新材料、国际贸易"等为主导的跨行业、跨地区、国际化的综合性大型企业集团。技术实力雄厚,生产装备居国内一流,生产规模和经济效益居全国同行业前列,具备生产高技术含量、高附加值产品的能力,产品结构合理,主要生产各类纯棉纱线、坯布、床上用品、光伏组件、多晶硅、太阳能灯和太阳能充电器等十大类近千个品种。

从地理位置来看,山东大海集团所在的山东东营,位于黄河入海口,拥有中国第二大油田胜利油田,民营经济较为发达。2017 年东营市 GDP 高达 3 750 亿,全国排名第 49,人均 GDP 在山东省排名第一。近些年,东营市的经济蓬勃发展,从 2017 年公布的名单来看,有 12 家企业上榜中国企业前 500 强,其中山东大海集团排名第 228。而 2018 年位列第 217 位,在中国民营企业 500 强中排名第 63。

在新能源领域,2009 年 10 月 30 日,山东大海新能源发展有限公司注册成立。公司被山东省发改委列为山东省第一批战略性新兴产业重点项目,被列入 2015 年度"国家火炬计划"。截至目前,公司拥有硅片产能 3.5 GW、组件 1 GW,先后在多个国家和地区进行大型地面电站建设和屋顶分布式光伏电站,至今已开发户用分布式光伏电站3万余户。这样的一个明星民企,在迎来成立30周年之后的短短几个月,却无奈地进入到破产重整程序。冰冻三尺,非一日之寒,大海集团的问题,远比想象中复杂。

近几年,在民营经济不景气的大背景下,大海集团不可避免地也面临着发展压力。大海集团原本的自救计划是:与上市公司南风股份进行重大资产重组。然而今年5月,南风股份公告称,经公司与交易对方反复磋商及沟通,双方未能就本次交易的交易价格、交易方式等核心条款达成一致意见,并难以在较短时间内达成具体可行的方案以继续推进本次重大资产重组。经审慎考虑,双方资产重组计划宣告终止。

屋漏偏逢连夜雨,大海集团刚刚与南风股份终止合作,还没有缓过气之时,麻烦又上门。根据大海集团5月发布的关于主要资产被冻结的公告显示:华融西部开发投资股份有限公司(下称"华融西部")与大海集团因合同发生纠纷,于4月9日向宁夏高院申请诉前财产保全。

最终,宁夏高院裁定,冻结山东大海集团持有的大海新能源99 000万股、山东镁卡车轮2 000万股、山东鲁东天然气5 000万股,资产账面价值106 000万元。此次资产冻结,给大海集团造成了重创。

紧接着,在2018年6月27日,评级机构大公国际将大海集团主体信用等级由AA调整为A+,评级展望由稳定调整为负面,将"17大海01"信用等级由AA调整为A+。针对信用降级,大海集团表示,公司将积极筹措资金兑付兑息,减小对投资者的影响。但从最终结果来看,本来就缺少资金的大海集团,并没有很好地解决融资问题,最终被债务人拖入破产的泥潭。

【案例思考】

请结合案例资料思考大海集团有限公司存在哪些问题,并结合所存在的问题进行具体分析。

【案例分析】

大海集团有限公司存在盈利能力弱、流动性压力大、担保代偿风险高、资不抵债违约风险高等问题,具体分析如下:

(1) 贸易收入占比高,盈利能力弱,现金流不佳且历史投资激进。

公司收入60%来自贸易业务,综合毛利率仅4%左右且呈下降趋势。由于贸易业务盈利能力弱,毛利润主要来自新能源和纺织业务,分别由子公司大海新能源和欧纱纤维经营,另外公司还有经营金融租赁业务。公司盈利表现正常,2017年由于债务兑付压力转让持有的东营银行股权,账面值0.8亿元,确认投资收益1.85亿元。不过受贸易业务影响,应收、存货和预付款均增长,公司盈利变现效率不佳,2017年实际经营现金流大幅净流出(现金流量表重分类),2018年上半年经营活动现金流大幅净流出16.43亿元。而且公司历史投资较为激进,其中2014年新建硅片和无氧铜杆产能、

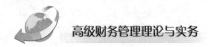

2016年认购控股子公司东海租赁发行的资产支持证券导致投资支出较高,大部分年份存在自由现金流缺口。

(2) 短期流动性压力较大,资产受限比例高、再融资难度大。

2018年6月末公司短期债务55亿元,应付票据13亿元。由于票据规模大,货币资金受限7.46亿元,可动用货币资金仅13.17亿元,未使用授信也仅4.64亿元,远不足以覆盖净短债。截至2018年6月末,公司受限资产合计25.74亿元,占净资产的46.6%,占总资产的15.2%,可能影响公司再融资。

(3) 公司部分借款逾期,主要盈利主体股权被冻结或转让。

2018年4月,华融西部因对公司的部分借款逾期而向法院申请财产保全,法院裁定公司持有的大海新能源、镁卡车轮、鲁东天然气的全部股权司法冻结,合计占公司2017年末净资产的19%。2018年6月,公司将欧纱纤维全部55.3%股权转让予东营市志远化工有限公司,转让对价476.09万美元,公司对其丧失控制权。由于大海新能源和欧纱纤维分别是公司主要盈利来源,其股权被冻结、转让导致公司合并范围内偿债能力大幅下降。如前所述,公司因债务兑付压力已经出售了东营银行的股权,侧面反映了其面临的流动性压力之大。

(4) 资金拆借规模大,对外担保多、代偿风险高。

2017年公司其他应收款增加14亿元,主要为公司对相关往来单位提供资金拆借。截至18年6月末,公司对外担保金额26.72亿元,占2017年末净资产的47.61%,主要为与山东民企互保,且都在东营地区,其中山东金茂纺织、山东奥戈瑞等多家被担保企业已出现借款逾期,公司过去已对部分担保进行代偿,未来仍存在较高代偿风险,进一步加剧公司偿债压力,并且该互保风险反过来还会影响公司再融资。大海集团曾为多家企业担保并偿还贷款,甚至在2017年托管天信集团并进行注资,担保企业出现的一系列问题使得大海集团资不抵债,最终走上破产重组的道路。

图书在版编目(CIP)数据

高级财务管理理论与实务/李志学,张泓波主编. —上海:复旦大学出版社,2022.8
(复旦卓越. 21世纪管理学系列)
ISBN 978-7-309-16035-2

Ⅰ.①高… Ⅱ.①李… ②张… Ⅲ.①财务管理-高等学校-教材 Ⅳ.①F275

中国版本图书馆CIP数据核字(2021)第242029号

高级财务管理理论与实务
GAOJI CAIWUGUANLI LILUN YU SHIWU
李志学　张泓波　主编
责任编辑/谢同君

复旦大学出版社有限公司出版发行
上海市国权路579号　邮编:200433
网址:fupnet@fudanpress.com　http://www.fudanpress.com
门市零售:86-21-65102580　团体订购:86-21-65104505
出版部电话:86-21-65642845
上海华业装潢印刷厂有限公司

开本 787×1092　1/16　印张24　字数511千
2022年8月第1版
2022年8月第1版第1次印刷

ISBN 978-7-309-16035-2/F·2854
定价:58.00元

如有印装质量问题,请向复旦大学出版社有限公司出版部调换。
版权所有　　侵权必究